1913. Henry, Sohn wohlhabender Eltern, landet als Schiffbrüchiger an der afrikanischen Küste, in der deutschen Kolonie Tola, und gibt sich unter fremdem Namen als Architekt aus. Er macht die Bekanntschaft des gescheiterten Holzhändlers, der enthusiastischen Käthe, des ambitionierten Offiziers und des opiumsüchtigen Arztes. Thomas von Steinaecker zeichnet das so realistische wie phantastische Bild einer wahnwitzigen deutschen Gesellschaft.

»Von Steinaecker fängt historisch Verbürgtes, Fiktion und Gegenwartswissen zugleich ein und schüttelt es so lange durch, bis es nicht mehr voneinander zu trennen ist.« Christoph Schröder, Die Welt

»vielschichtig, kunstvoll und unterhaltend« Christian von Zittwitz, Buchmarkt

Thomas von Steinaecker, geboren 1977 in Traunstein, wohnt in Augsburg. Er schreibt vielfach ausgezeichnete Romane – unter anderem ›Wallner beginnt zu fliegen‹ und ›Das Jahr, in dem ich aufhörte, mir Sorgen zu machen, und anfing zu träumen‹ – sowie Hörspiele. Außerdem dreht er Dokumentarfilme, für die er unter anderem den ECHO Klassik erhielt. Für S. Fischer Hundertvierzehn initiierte er das »Mosaik-Roman«-Projekt ›Zwei Mädchen im Krieg‹ und veröffentlichte ab Oktober 2015 zusammen mit der Zeichnerin Barbara Yelin den Fortsetzungs-Webcomic ›Der Sommer ihres Lebens‹. Im Frühjahr 2016 erschien sein Roman ›Die Verteidigung des Paradieses‹.

Weitere Informationen, auch zu E-Book-Ausgaben, finden Sie bei
www.fischerverlage.de

Thomas von Steinaecker

Schutzgebiet

Roman

FISCHER Taschenbuch

Erschienen bei FISCHER Taschenbuch
Frankfurt am Main, April 2016

© Frankfurter Verlagsanstalt GmbH,
Satz: Fotosatz Amann, Memmingen
Druck und Bindung: CPI books GmbH, Leck
Printed in Germany
ISBN 978-3-596-03306-5

Für Stefanie

Wir leben in einer Zeit, in der alles möglich ist.
Jules Verne: Das Karpathenschloss, 1892

1 DER ANGRIFF

Die Verrückten meinen es ernst. Bei jeder Kugel, die dicht neben ihm im Boden einschlägt und Staub aufwirbelt, zieht Colonel Durand hinter dem Dornbusch den Kopf ein. Durch den Feldstecher späht er die Zinnen der Festung entlang. In Bismarckburg, wo der Stellvertreter des deutschen Bezirksamtmannes, ein Baum von einem Mann, nach kurzen Verhandlungen ohne jede Kampfhandlung kapitulierte, hieß es doch, die Station Benēsi verfüge über keinerlei strategische Bedeutung. Mit Widerstand der noch etwa fünf verbliebenen Bewohner oder der Schutztruppe sei nicht zu rechnen.

Was aber, *sacré culot*, verteidigen diese Verrückten jetzt in dieser gottverlassenen Gegend? Steppe, wohin das Auge reicht, und gleich hinter den grauen Mauern: eine verkohlte Fläche von der Größe eines Dorfes. Aus dem Aschenfeld ragen vereinzelt Stümpfe und Baumgerippe, ganz so, als sei hier schon einmal eine Schlacht geschlagen worden. Möglich, dass sich im Inneren des mächtigen Gebäudes etwas befindet, das einen Kampf auf Leben und Tod rechtfertigt – möglich, aber unwahrscheinlich. Fest steht: Eine gut vorbereitete Verteidigung sieht anders aus. Wie die Deutschen auf dem Wehrgang in hastigen Bewegungen hin und her irren, das reinste *Guignol*. Ein Maschinengewehr befindet sich offensichtlich auch nicht in ihrem Besitz, lediglich Kleinfeuerwaffen. In spätestens einer Stunde wird der ganze Spuk vorüber sein.

Ein Knall hallt durch die Steppe. Der Ballon mit der Antenne, der über dem linken der beiden Türme der Festung schwebte, ist zerschossen, flattert in die Tiefe. Gleich darauf, tatsächlich ganz wie im Kasperltheater oder bei einer Spieluhr, schiebt sich eine weiße Fahne zwischen die Zinnen. Nein. Ein fetter Mann, so breit wie ein Laken, hat sich aufs Wehr gestellt und feuert auf die Angreifer – ja ist denn das zu fassen.

Colonel Durand gibt dem Soldaten, der ein paar Meter entfernt von ihm hinter einem Stück Wellblech Deckung sucht, ein Handzeichen: *Jetzt!* Der Schuss streckt den Mann im weißen Anzug sofort nieder. Rücklings, wie ein mit Steinen gefüllter Sack, liegt er da.

Und die Verrückten –?

Feuern weiter. Ein braungebrannter Dünner, oder ist es ein Eingeborener?, beugt sich über den Getroffenen. Colonel Durand nimmt ihn ins Visier, ein Schuss ins Bein wird ihm eine Lehre sein. Doch da hat die dunkle Gestalt sich schon wieder erhoben, Durand abgedrückt. Der Mann taumelt – Durand reißt den Feldstecher an die Augen –, taumelt zum Rand der Mauer – was tut der? –, hält sich die Seite, macht einen Schritt vor. In die Luft.

2 EIN PLATZ AN DER SONNE

Henry schlägt die Augen auf, er treibt im Meer. Wasser, in allen Richtungen. Bis zum Horizont. Er ist verloren.

Die Sturmwolken haben sich verzogen, die Sonne brennt ihm ins Gesicht. Ein stechender Schmerz in seinem rechten Fuß, bei dem Unglück muss er sich verletzt haben. Um ihn schaukeln auf den glitzernden Wellen Setzlinge, Tannen, Fichten, Pappeln, umgestürzt, aufrecht, noch in ihren Töpfen, schaukelt ein Wald, der aufgeblähte weiße Körper eines Pferdes. Daneben, vielleicht eine Armlänge von Henry entfernt, ein Balken, an den sich jemand klammert, ein Mann. Henry will rufen, hat keine Stimme mehr, seine Zunge, ein Stein in seinem Mund. Er greift nach dem Mann und ins Leere, in die über den Balken geworfene Jacke, lässt die Tür los, an der er hängt, es zieht ihn hinab, er schnappt nach Luft, sinkt, warum nicht sinken? Wenn nicht von Haien gefressen, wird er entweder verdursten oder ertrinken. Er sinkt tiefer.

Es ist egal.

Das Salz in seiner Nase. Der Druck auf seinen Körper. Ein paar Minuten kürzen endlose Stunden sinnlosen Leidens ab. Doch die Vorstellung, tot zu sein, will einfach nicht ihren Schrecken verlieren. Und die Ruhe, von der es heißt, dass sie einen am Ende überkommt: Sie stellt sich nicht ein. Stattdessen arbeitet es weiter in ihm. Wofür hat er all die Strapazen auf sich genommen? Wofür hat er alles aufgegeben? Das soll es nun also gewesen sein, sein Leben?

Unwillkürlich strampelt er mit den Beinen. Steigt höher, noch während sich in seinem Kopf Wörter formen. *Ich will nicht.*

Und wieder: *Ich. Will. Nicht. Sterben.*

Da erträgt er es nicht länger, atmet ein, Wasser statt Luft, nach oben muss er, nach oben, sucht Halt, greift nach etwas über sich, irgendetwas, bekommt es zu fassen, zieht sich an die Oberfläche, spuckt, hustet, Rotz rinnt ihm aus der Nase. Erschöpft legt er den Kopf auf das schwankende Stück Holz. Es ist die Tür, seine Tür.

Er treibt im Meer. Die Sonne scheint.

EIN BLITZ ZUCKT AUF, im grellen Licht kniet Natalie am Heck des Beiboots, das vom Sturm hin und her geworfen wird, Gischt spritzt an ihm hoch. Den einen Arm hat sie nach Henry ausgestreckt, den Mund aufgerissen, brüllt, wie auch der Kapitän hinter ihr. Was, das kann Henry wegen des Dröhnens um sich herum nicht verstehen. In der Entfernung ragt der silberne Bug der *Brünnhilde* senkrecht aus dem Meer. Wie ein Kirchturm. Verzweifelt versucht Henry, die Tür, auf der er liegt, in die Richtung des Beiboots zu lenken. Eine Welle hebt es mit sich, hält es einen Herzschlag lang in der Höhe – dann treibt es mit einem Mal kieloben, ist es in der Schwärze verschwunden.

»Natalie«, flüstert er, er ist wieder bei Stimme, schreit: »Natalie!« Etwas läuft aus seinem Mund, etwas Weiches, Salziges, Wasser, nein, Brei. Henry blickt ins verschwommene Gesicht einer alten Schwarzen, klammert sich an die Tür und merkt, dass er nur einen Sackfetzen in den Händen hält.

»Natalie!«, ruft er der Alten zu, die ihn, wie er meint, immer noch mit ungerührtem Ausdruck ansieht. Mit ihren Fingern füttert sie Henry aus einer Schüssel. Sie murmelt, summt leise dazu, er kann es jetzt hören. Das Dröhnen des ohrenbetäubenden Sturms ist plötzlich verstummt.

Auch als sich Henry – Minuten oder Stunden später – im Traum behaglich auf dem roten Diwan im Salon seiner Eltern in New York ausstreckt, begleitet ihn dieses Murmeln. Und wieder Murmeln, Summen, im Halbschlaf, während er sich in die Hosen macht, es warm an seinen Beinen entlang rinnt – sieht ihm die Alte dabei zu? Ihm ist zu übel, er ist zu schwach, als dass ihn das beschäftigen könnte.

Der unförmige Raum, in dem er schwebt, schrumpft, und er muss, er will hinaus. Als er dann, endlich einigermaßen klar im Kopf, in das Gesicht der Alten schaut, die, das erkennt er auch ohne Brille, keine Zähne mehr hat, weiß er: Das Fieber ist überwunden, er hat das Schiffsunglück überlebt, es ist ausgestanden. Natalie, seine Frau, jedoch ist tot, sie muss tot sein.

Er aber will leben.

Er fühlt den klumpigen Brei, den ihm die Alte einflößt, in seiner Speiseröhre, seine Zunge leckt an ihren Fingern. Es ist ihm, als sitze er in seinem eigenen Magen. Die Wände sind feucht.

IRGENDWANN ist er dann stark genug, um aufzustehen. Er spannt sich das Brillengestell, das man neben ihn gelegt hat, um die Ohren. Trotzdem nimmt er alles leicht verschwommen wahr, auch fehlt das rechte Glas. Unter dem ruhigen

Blick der in einer Ecke hockenden Alten schwankt er auf den Ausgang zu, das Loch in der düsteren Hütte, stolpert, stürzt, rappelt sich auf. Draußen reißt er die Hand vors Gesicht – ein stechender Schmerz in den Augen – und blinzelt zwischen den Fingern hindurch ins gleißende Licht: Vor sich runde Lehmhütten mit Wellblechdächern. Eine Ziege dreht sich meckernd nach ihm um. Eine Schwarze sitzt im Schatten einer Hütte – er ist einer Ohnmacht nahe. Urplötzlich kommt ihm da ein Kupferstich in den Sinn, ein Kupferstich aus einem Buch, das er in New York abends im Bett als Vorbereitung auf die Reise gelesen hatte: *Unser Platz an der Sonne*. Lange hatte er damals die Illustrationen auf den Seiten betrachtet. Nun steht er direkt vor ihnen – eine Wirklichkeit, in die er nur einzutreten braucht. Stattdessen torkelt er vor Erschöpfung und Übelkeit zurück, tastet sich an den Wänden der Hütte entlang, weil er in ihrem Innern plötzlich nichts mehr erkennen kann, stößt gegen etwas, die Alte, ein Tier, und erbricht sich mehrmals auf den Boden der Behausung, bevor er auf seinem Lager oder dem, was er dafür hält, in einen tiefen Schlaf fällt.

Bei seinem nächsten Ausflug gelangt er bis an den Rand des Dorfes, in das man ihn verschleppt hat. Aber kein Meer, keine Siedlung, nicht einmal ein Weg ist zu sehen. Nur das hohe ausgedorrte Gras und die Dornbüsche der Steppenebene. Einige krüppelige Bäume. Hier und da Kühe und Büffel. Zirpen.

Tage später stiehlt er sich noch einmal davon. Diese trostlose Ansammlung vereinzelter Hütten kann nicht weit entfernt vom Strand gelegen sein, wo ihn die Wilden wohl gefunden haben, und hat er den einmal erreicht, muss er doch unweigerlich auf eine Straße oder eine Stadt stoßen, und von dort wiederum kann es keine zwei Tage dauern, bis er an sein eigentliches Ziel gelangt, die Festung Benēsi. Auf der Landkarte wirkte Tola am westlichen Rand des riesigen Kontinents winzig klein, ein afrikanisches Liechtenstein. Doch als die Mittagszeit vergeht, die Landschaft sich immer noch nicht verändert und er sein Wasser aufgebraucht hat, das er in einem aus der Hütte entwendeten Fellbehältnis aufbewahrt, entschließt er sich zur Umkehr. Fürchterlich ist die drückende Hitze außerhalb der schattigen Hütten, unerträglich Henrys Durst.

Die Schwarzen haben keine Notiz von seinem Fluchtversuch genommen. Abends stellt ihm die zahnlose Alte wie immer eine Holzschüssel mit Brei hin. In weißen Flocken schält sich seine Haut vom Nacken und den Armen. Auf einen weiteren Ausbruch verzichtet er vorerst, da er es für möglich hält, sich in der Steppe zu verlaufen. Ohnehin muss von Benēsi aus Rettung zu ihm unterwegs sein. Die Ahnung, dass er sich für einen Suchtrupp zu weit entfernt vom Unglücksort befindet, unterdrückt er.

Vier Tage nach seinem Ausflug tritt Henry auf dem Marktplatz vor ein Grüppchen von Männern, die ihm die Anführer dieses Eingeborenenhaufens zu sein scheinen, und deutet auf einen Esel.

»I want to go to Benēsi. In order to do so I need this donkey and a certain amount of food. So show me the way to the city and get my things ready – if you will.«

Im grellen Tageslicht klingt der Satz nicht ganz so ehrfurchtgebietend wie Henry noch in der Nacht zuvor erhofft hat. Die Schwarzen wenden die Köpfe nach ihm. Henry kneift das rechte Auge zusammen. Ob die Brille den Wilden Respekt einflößt? Er kann ihren Ausdruck nicht deuten.

»Benēsi. I wish to go to Benēsi.«, wiederholt er, unsicher geworden. Vielleicht kennt man hier die Festung Benēsi nicht, sicher aber doch die Hauptstadt Tolas.

»Loué?«, setzt er fragend hinzu. Ein nackter Junge stellt sich vor ihn, reckt das Kinn hoch und hält sich die Finger wie Ringe an die Augen. »Benēsi. Ai sch tu Benēsi«, äfft er ihn nach.

Einer der Männer baut sich stumm vor Henry auf. Obwohl der Schwarze kleiner ist als er, duckt sich Henry instinktiv.

»Please«, versucht er es noch einmal. »Loué… I will die here …« Zum ersten Mal seit er hier ist, hat er Angst vor diesen Wilden. Die Eingeborenen seien weitestgehend friedfertig gegenüber dem Weißen eingestellt und kooperativ. So hieß es. Die Schutzherrschaft der Deutschen lasse sie in jeder Hinsicht profitieren, sei es in den Sachen der Hygiene, der Wirtschaft oder der Bildung. Warum hielt man ihn also fest? Warum halfen sie ihm nicht, seinesgleichen zu finden? Und wenn sie ihn ermorden wollten, warum hatten sie es nicht schon längst getan? Wenn der Suchtrupp ihn nicht findet, wird angenommen werden, Henry sei beim Schiffbruch ums Leben gekommen. In diesem Fall wäre er tatsächlich tot. Einen Henry Peters gäbe es dann nicht mehr. Neben seinem Namen in den Akten zu Hause wird ein Kreuz oder der Vermerk *vermisst* gesetzt, selbst wenn in diesem Dorf, diesem Loch immer noch jemand lebt oder besser vegetiert, ein Weißer, einer, der einmal den Namen Peters trug.

In der Hütte haust er zusammen mit einer Familie: einem Mann, zwei Frauen, sechs Kindern und der Alten. Sie beachten ihn kaum, sein Essen – Brei, Fladenbrot, selten Fleischabfälle, Datteln – wird kommentarlos in die ihm zugeteilte Ecke geworfen. Bei dem Mann oder den Frauen darf er nicht sitzen. Eines der Kinder hat ihm einen Stecken in die Hand gedrückt. An den Gesten des Kleinen kann er ablesen, dass er auf die Ziegen vor der Hütte aufpassen soll. Also wird er zum Hirten. Zumindest vorläufig. Bis ihm ein Ausweg aus dieser Situation einfällt. Seine Scham darüber, dass er auf eine ihm selbst unerträgliche Weise nach Kot stinkt – er hat noch immer Durchfall – und seine Hose mehr und mehr einem Fetzen gleicht, ist mittlerweile größer als die Trauer um Natalie. Ihre Hochzeitsreise, die zwei Wochen auf dem Schiff, war die längste Periode, die sie zusammen verbracht hatten. In den Monaten davor hatten sie stürmische Liebesbriefe ausgetauscht; sie schrieb ihm nach New York, er ihr in die Fasanenstraße nach Berlin. Wie sehr sie sich auf die Reise freuten, von der keiner wissen durfte. Ihr gemeinsames Geheimnis schweißte sie noch mehr zusammen. Fast jeden Abend war er zu Hause mit ihrem Porträt in der Hand eingeschlafen. Eine der Fotografien hat er auch jetzt noch immer wieder vor Augen, vielleicht weil er sie so oft betrachtet hat. Sich an Natalie selbst zu erinnern, wie sie da in der Kajüte neben ihm lag, an Deck mit ihrem weißen Sonnenschirmchen spazierte, will ihm nicht gelingen.

Nachts liegt er frierend auf dem nackten Boden in der Hütte, zählt die Tage, die er schon im Dorf verbracht hat, und versucht, das aktuelle Datum zu errechnen. Hin und wieder wird er von seinen Gefühlen überwältigt. Verzweiflung, weil keine Veränderung seiner Lage in Sicht ist. Hoffnung, weil es doch nicht sein kann, dass er, der Amerika und Europa kennt, *gut* kennt, ein wahrer Weltbürger, in einer Hütte im afrikanischen Busch versauert. Und er beschimpft sich: Warum musste er nach Tola fahren und Natalie mit ins Unglück stürzen. Nie hätte er es hier zu irgendetwas gebracht. Als Handlanger Selwins. Der war der Architekt, der hatte das Sagen, nicht er, sein Lehrling. So sinnlos und klein ist all das, für das er bisher gearbeitet hat. Seine Ausbildung in Chicago. Seine Grand Tours durch Europa. Ja, sein ganzes bisheriges Leben. Weibische Weinkrämpfe überkommen ihn, nach denen er sich, wie er zu seiner Verwunderung feststellt, besser fühlt. Anfangs verbirgt er seine Tränen vor den Wilden. Dann kümmert es ihn nicht mehr. Auf Wurzeln kauend, gucken sie ihm mit stumpfen Augen zu. Nach solchen Ausbrüchen lässt er seine Wut darüber, die Beherrschung verloren zu haben, an den Ziegen aus. Mit einem Stock prügelt er auf sie ein. Sie meckern.

Er hört auf, die Tage zu zählen. Noch einmal ist er ausgebrochen, marschiert allein in der prallen Sonne durch die glühende Steppe. Als er etwas hört, das wie das Klappern von Pferdehufen klingt, rennt er los, er will es nicht glauben, Erleichterung und Freude steigen dennoch in ihm auf. Dann steht er fassungslos vor einem an einem Baum aufgehängten rostigen Topf. In der Nacht, unter freiem Himmel, glaubt er, erfrieren zu müssen. Wie kalt es hier wird. Er hat seine Kräfte überschätzt. Am Morgen versucht er, mithilfe des einen Glases seiner Brille ein Feuer zu entfachen. Die kleine Flamme wächst rasch und greift auf einen ausgedorrten Strauch über. Nur mit Glück gelingt es ihm, das Feuer wieder zu löschen. Lange trampelt er auf der rauchenden Asche herum, um ganz sicher zu gehen, dass die Gefahr eines Buschbrands gebannt ist. Endlich taumelt er zurück ins Dorf. Vor einer Hütte tuschelt eine junge Schwarze mit einer anderen und blickt zu ihm hinüber. Jeder Tag ist von da an derselbe. Immer ist es Sommer. Vielleicht September. Die Fragen, was aus den Mitreisenden wurde, was die Schwarzen gegen ihn im Schilde führen und warum der Rettungstrupp immer noch nicht eingetroffen ist, sind vergessen. Es wird für Henry zunehmend wichtiger, dass er regelmäßig seine Mahlzeiten bekommt, vor allem nicht nur Abfälle; dass die Ziegen zum Sonnenuntergang im eingezäunten Bereich vor der Hütte zusammengetrieben sind. Und er empfindet es als eine der größten Freuden seines bisherigen Lebens, als ihn der Mann in der Hütte zu sich winkt. Seitdem essen sie wortlos zusammen. Nur manchmal ertappt er sich dabei, dass er beim Anblick einer Hütte diese automatisch auf ihre Statik hin prüft oder überlegt, wo am besten eine Kanalisation zu platzieren wäre. Das sind die wenigen Gelegenheiten, bei denen er sich noch die Brille kurz vor die Augen hält. Ansonsten spürt er kein Bedürfnis mehr, die Dinge scharf zu sehen.

Einmal macht er beim abendlichen Zusammensitzen den Versuch herauszubekommen, wie er in dieses gottverlassene Dorf gekommen ist und was mit ihm geschehen soll.

»Mein Schiff ist gesunken. Haben *Sie* mich gefunden?« Er probiert es mit Deutsch, obwohl er merkt, dass er etwas aus der Übung ist. Englisch wäre ihm lieber. Doch schnell hat er wieder in seine zweite Muttersprache hineingefunden. Mit den Händen unterstreicht er seine Beschreibung vom Untergang der *Brünnhilde*.

»Haben *Sie* mich gefunden?« Er deutet auf die Schwarzen. Sie zeigen ihm ihre weißen Zähne. »Können Sie mir sagen, wo wir hier sind?«, fragt er weiter. Er weiß nicht, was für Gesten er machen soll, deutet auf die Wand der Hütte und auf sich, sagt: »Hier«. Ein Kind kann das Lachen nicht mehr unterdrücken, klopft auf den Boden, »Hier«, auf seinen Bauch, »Hier«. Mit jeder weiteren nutzlosen Frage – das idiotische »Sie« kann er einfach nicht abstellen – wird er zorniger auf die Wilden und auf sich selbst. »Wie lange bin ich schon hier?«,

»Haben Sie noch andere Überlebende gefunden?«, »Haben Sie von der Festung Benēsi gehört?« Plötzlich verstummt das Gelächter.

»Benēsi?«, sagt der Schwarze, den Henry für sich Otto nennt, weil ihn dessen kantige Gesichtszüge und die weißen Schläfen an seinen Großonkel Otto erinnern; eine Frau des Schwarzen, die dickere, heißt für Henry nach seiner Großtante Dixi.

»Holz«, sagt der Schwarze.

Aufgeregt nickt Henry. »Holz.«

Für einen Moment meint er in den Augen des Schwarzen so etwas wie Achtung zu erkennen.

»Benēsi?«, fragt Henry noch einmal, drängender.

»Benēsi, Benēsi«, wiederholt der Schwarze und schaut zu Boden.

»Wo – Holz? Wo – Benēsi? Können Sie mich dorthin führen?« Henry erhebt sich. Die Wilden sprechen also Deutsch. *Thank God.* Aber mehr als »Benēsi« und »Holz« scheinen sie nicht zu verstehen. Oder sie wollen es nicht. Sie haben sich von ihm abgewandt und murmeln sich etwas zu.

Obwohl Henry das nach diesem Abend erwartet hat, ergibt sich keine Änderung seiner Lage. Zu einem weiteren »Gespräch« kommt es nicht mehr. Die Familie verhält sich ganz so, als hätte der kurze Wortwechsel zwischen ihnen und ihrem Gast oder Gefangenen, es macht keinen Unterschied, nie stattgefunden.

Hin und wieder glaubt Henry fest daran, die ganze Reise, sogar Natalie und sein Auftrag, in der Festung Benēsi an der Errichtung einer neuen Siedlung mitzuwirken, sei seiner Einbildung entsprungen, er lebe schon immer hier – nur um sich selbst dann wieder zu ermahnen, jetzt bloß nicht irre zu werden. Natürlich gibt es die Festung Benēsi, natürlich hat es auch Natalie gegeben.

Seine größte Sorge ist es, wieder zu erkranken. Es wäre sein zweiter und diesmal sein richtiger Tod. Um gesund zu bleiben, hat er für sich selbst ein Programm entworfen. Allein es täglich zu befolgen, gibt ihm Kraft. Er geht ins Bett mit dem Gedanken, am nächsten Morgen aufstehen zu müssen, um 20 Liegestütze und 30 Kniebeugen zu machen. Hygiene ist ihm wichtig. Als er sieht, dass sich die Kinder hin und wieder mit den Blättern eines Busches einreiben, Blätter, die würzig riechen und, so folgert Henry, Krankheitserreger abtöten, macht er es ihnen nach. Schon bald wäscht er sich morgens mit den Männern des Dorfes am Tümpelufer. Mit Befriedigung betrachtet er seine Oberarme, die langsam wieder an Umfang gewinnen. Beim Ziegenhüten rechnet er. 1 + 2 + 3 = 6, 3 x 16 = 48, 4 x 16 = 64. Er sagt sich die Namen seiner Urgroßeltern, Großeltern, die bedeutendsten architektonischen Errungenschaften der Menschheit auf, angefangen mit dem Turmbau zu Babel. Taft ist der Präsident der Vereinigten Staaten. 52 vor Christus schrieb Cäsar »De Bello Gallico«. 1863: Königgrätz. 1866: Gettysburg. Nein, umgekehrt. Er ist sich nicht mehr sicher, ob die Zuordnung der Jahreszahl zu einem Ereignis stimmt. 1865 oder 1866? Oder 1867? Er darf nichts vergessen. Er baut Häuser, dann ein ganzes Dorf – aus Ästen, die im Gras vor der Hütte liegen, damit er nicht aus der Übung kommt. Es gibt eine Kirche, ein Rathaus und ein Postamt. In den Straßen unsichtbare Menschen.

Anders als in New York die Neger-Hausmädchen, fand er anfangs die schwarzen Weiber nur hässlich. Nach einiger Zeit bleiben seine Blicke jedoch immer wieder an ihren nackten

Brüsten hängen. Er hat sich abgewandt und geschämt und daran denken müssen, dass die Weiber hier ja nicht einmal wie zu Hause der Rasse der *Nigger* zuzurechnen sind, sondern nur Wilde sind, und dass er sich deshalb auch nicht schämen muss.

Eine Schwarze gefällt ihm besonders. Er nennt sie insgeheim Johanna, nach der Schauspielerin Johanna Brom, die er oft im Theater gesehen hat und der halb Berlin zu Füßen lag. Die ersten Male versteckt, dann mehr und mehr ohne auf den Mann in der Hütte zu achten, der fast täglich mit einer seiner Frauen schläft, befriedigt Henry sich in seiner Ecke, das Bild der Schwarzen vor Augen, Johanna.

Einen verstauchten Fuß hält er vor den anderen geheim. Unter großen Schmerzen tut er so, als könne er ohne Probleme laufen. Möglicherweise würde er als arbeitsuntauglicher Krüppel in die Steppe getrieben werden. Die Entzündungen an seinen Zehen will er dann nicht wahrhaben. Er ertappt sich dabei, wie er sich selbst beruhigt, ganz so, als erkläre er die Lage einem Fremden: »No problem at all. It was worse yesterday.« Es sind diese Sätze, die er vor sich hinlallt, als er eines Tages wieder der Alten ins Gesicht sieht, die ihn füttert. »Ich hab' kein Fieber, kein Fieber, ich hab' doch kein Fieber!«

Es kann sein, denkt er plötzlich und verwirft den Gedanken sofort wieder, dass er schon die ganze Zeit hier lag, seit dem Untergang der *Brünnhilde*, und dass er die Zwischenzeit nur zusammenfantasiert hat. Als er wieder bei Sinnen ist, das Fieber sinkt, glaubt er für eine Schrecksekunde, er müsse auf der Stelle seiner Pflicht nachgehen, Ziegen hüten, sonst hätten die Wilden das Recht, ihn zu bestrafen.

Morgens macht er seine Liegestütze, wäscht sich, reibt sich mit den Blättern des Busches ein, dessen Namen er nicht kennt und den er *dog rose* nennt, weil ihn die hellroten Beeren an die Hagebutten zu Hause erinnern. Mit einem Schwarzen sitzt er im Schatten einer Hütte. Einmal sieht er, wie ein Bewohner des Dorfes mit einem aufgespannten Regenschirm in die von der Hitze brütende Steppe hinaus spaziert. Aber Henry ist zu sehr mit dem Backen von Fladen, der neuen Aufgabe, die ihm übertragen wurde, beschäftigt, als dass ihn das wirklich kümmern könnte. Er möchte auch gar nicht darüber nachdenken, was dieses Bild bedeutet.

Es ist ein Bild mehr.

ER TRITT AUS DER HÜTTE und alles ist anders. Die Wege zwischen den Hütten sind gefüllt mit Pferden und Gestalten in langen weißen Gewändern und Turbanen, nur ihr Gesicht ist unverhüllt. Inmitten der Hühner und Ziegen liegen bunte Tücher auf dem Boden ausgebreitet, darauf Waren, Schmuck, Textilien, auch Früchte. Jemand schlägt eine Trommel, es wird gerufen und laut gelacht. Das Dorf hat sich in einen Basar verwandelt. Von dem Mann, bei dessen Familie er in der Zeit ohne Tage, Wochen und Monate gelebt hat, wird er auf ein Pferd ohne Sattel gehoben. Um nicht mit dem Oberkörper nach hinten zu kippen, muss er sich am Reiter festhalten, der, das sieht er jetzt, den Karabiner einer deutschen Marke umhängen hat. *Mauser.* Schon ist die Karawane aufgebrochen. Nahezu lautlos zieht sie auf einem Pfad durch die Steppe. Nur einmal noch dreht sich Henry um, nach seiner monatelangen Leidenszeit, da ist das Dorf bereits nicht mehr zu sehen gewesen.

Dann, es kann keine Viertelstunde vergangen sein, stoßen sie auf eine Straße, eine breite Chaussee, auf der von Eingeborenen gezogene Karren rollen und an deren Ende zu Mittag etwas Mächtiges, Graues aus dem Horizont wächst, ein Felsen, vom Wind und Regen geglättete Türme, Zinnen, eine Festung, in deren Mauern Schiefer glitzert: Benēsi. Henry kann es kaum fassen. All die Monate, in denen er immer wieder von der Festung geträumt, sich nach ihr gesehnt, Fluchtpläne wegen mangelnder Orientierung als irrsinnig verworfen hat, lag sein Ziel nur wenige Stunden zu Pferd, höchstens zwei Tagesmärsche vom Dorf entfernt.

Im Innenhof der Festung sieht Henry, der die Schmerzen in seinen Hoden und dem Rücken kaum länger ertragen hätte – mit Sattel zu Hause war er ein guter Reiter –, einen fleischigen, mittelgroßen Weißen, vielleicht 40 Jahre alt, mit angegrautem Kaiserbart und Spazierstock in einem cremefarbenen Anzug und grüner Krawatte, sehr elegant, wie aus einer Zeitschrift ausgeschnitten, mit dem Schwarzen, der der Anführer der Karawane sein muss, verhandeln und dabei auf ihn, Henry, deuten. Kläffend drängen sich zwei Wolfshunde um ihre Beine. Jetzt sagt der Weiße etwas zu ihm, Henry kann seine – wie ihm beim ersten Hören scheint – muhenden Laute nicht verstehen.

»I beg your pardon, Sir.«

Plötzlich die Angst, dass man vielleicht auch hier weder Deutsch noch Englisch spricht.

»Ludwig Gerber. Der Verwalter Benēsis. Habe Sie schon erwartet. Verzeihen Sie, dass wir Sie erst jetzt auslösen konnten, Herr ...«, wiederholt der Dicke. Der starke bayerische Einschlag der Sätze klingt in Henrys Ohren seltsam unwirklich und fehl am Platz in dieser Umgebung.

Man wusste die ganze Zeit über, dass er in diesem Loch gefangen gehalten wurde. Es fällt ihm wie Schuppen von den Augen, während er mit der Hand die rutschende Hose hält. Er war nur das Pfand in einem Geschäft zwischen zwei Parteien, hier die Schwarzen, da die Weißen. Henry Peters aber hat er in diesem Dorf oder sogar schon am Strand, wo vielleicht auch einmal Natalie und die Überreste seiner Habe angespült würden, zurückgelassen. Für immer. Henry Peters, den Assistenten von Gustav Selwin, dem in jener fürchterlichen Nacht ein von einem Mast herabstürzendes Segel den Schädel zertrümmerte. Ungläubig hatte Selwin, dem das Blut sofort aus Mund und Nase schoss, in Henrys schreckgeweitete Augen geschaut, solange bis er auf die Knie ging und vornüber kippte; als habe er seinem Schüler noch etwas sagen wollen. Henry mag mit seinen 27 Jahren erheblich jünger sein als Selwin; wer aber soll das in seinem momentanen Zustand schon so genau erkennen. Unvergleichlich angenehm, für einen erfahrenen Architekten gehalten zu werden. Ungeahnte Befugnisse. Außerdem, das fühlt er: Die Monate im Dorf der Eingeborenen, sie haben ihn reifen lassen. Jede Katastrophe birgt auch die Möglichkeit eines Neubeginns in sich.

Er stellt sich vor: »Gustav Selwin, Architekt. Überlebender der *Brünnhilde*. Zu Ihren Diensten.«

Unmittelbar nachdem Henry von Gerber das erfahren hat, was er ohnehin schon zu wissen glaubte, dass es sich nämlich bei ihm, Selwin, um den einzigen bekannten Überlebenden des Schiffbruchs handelt, wird er von einem Schwarzen in dunkelblauer Livree durch schier endlose Gänge, über knarzende Holztreppen, an ausgestopften Papageien, Geweihen und Köpfen seltsamer Tiere vorbei, in ein Zimmer geführt.

Ein Waschtisch, ein Sekretär, ein Holzparavent, der den Schlaf- vom Wohnbereich trennt, ein Himmelbett.

Ein Fenster im zweiten Stock mit Blick auf die Steppe.

Hinter ihm schließt sich die Tür. Gerber in seinem gelben Anzug vorhin, die frischen, stark süßlich duftenden Früchte in einer Schale auf dem Tisch, dann das vollbärtige Gesicht mit der kaputten Brille und den schulterlangen fettigen Haaren im Spiegel, das seine Augen besitzt. Wie eine Fata Morgana.

DIE POSTEN IN DEN GÄNGEN sind für den Komfort und zur Sicherung der Festung unabdingbar. In Situationen wie diesen kommt Gerber sich jedoch wie ein Gefangener vor, dessen Bewegungen hier im Zimmer die Schwarzen draußen mit großen Ohren verfolgen. Kaum hörbar, aber für Gerber viel zu laut, quietscht die Tür, als er sie einen Spalt öffnet, gerade so weit, dass er den Kopf hindurchstecken kann, um vorsichtig nach dem Boy Ausschau zu halten. Die Gänge sind leer. Eine gescheckte Katze läuft davon, dreht sich nach ihm um, läuft weiter. Eigentlich ist das ein Regelverstoß: die Nichtbesetzung eines Postens. Für heute soll es ihm recht sein.

Rasch schließt er die Tür wieder, hastet nur im Beinkleid durchs Zimmer zur Truhe, hebt den Deckel und holt den Schurz heraus.

Gerber ist erst vor einer Woche wieder dieses Heidengerede vom schwarzen Elefanten als Ahnherr des Negervolkes in den Sinn gekommen und zugleich dieser Tanz der Schwarzen in Loué, als er vor knapp zwei Jahren mit seiner Schwester Käthe gerade in der Hauptstadt eingetroffen war. Auf einer Straße hatte sich damals ein Mob gebildet. Gerber war mit Zachary Pike, dem Landvermesser, den er während der Überfahrt auf dem Schiff kennen gelernt hatte, auf die Veranda des Verwaltungsgebäudes getreten, in dem sie residierten, und konnte von dort den Menschenauflauf überblicken. In dessen Mitte standen drei Eingeborene. Nur mit einem Schurz bekleidet, bewegten sie sich, eigentlich waren es nur sehr kleine Bewegungen mit dem Kopf, den Beinen und dem Gesäß gewesen; diese vollführten sie aber mit so viel Grazie und Kraft, dass ihr Schauspiel Gerber unmittelbar und gewaltig beeindruckte. Ihre Ketten scharrten.

»Der Chief des wichtigsten Stammes in Tola zusammen mit seinen Söhnen«, hatte Zachary Pike Gerber zugeraunt. Und weiter: »*Das ist der Elefantentanz.*«

Wie Gerber damals erfuhr, ging die Legende, dass der Chief eben dieses Stammes von einem gewaltigen Elefanten namens Mnaba, schwarz wie die Nacht, abstamme, der von allen anderen Tieren in der Steppe und im Dschungel gleichermaßen geachtet wie gefürchtet wurde. Schrecklich sein Zorn. Groß seine Güte. Zu ihm flohen sie, wenn der Löwe nach Beute jagte; ihm beugten sie sich, wenn er einen seiner Untertanen, der einem anderen ein Leid zugefügt hatte, mit seinen Stoßzähnen aus dem Dschungel trieb. Einmal im Jahr, nach der ersten Regenzeit, feierte man ihn. Und wenn sich am Ende vor Mnaba und seiner Gemahlin die Geschenke aus Früchten, Gold und Edelsteinen türmten, so die Legende, dann war es an ihm, seinen Getreuen zu danken. Er erhob den Rüssel, begann ihn zu schwenken, nach links und nach rechts, die Beine dazu, bald bebte der gesamte Dschungel von Mnaba-Di, dem Elefantentanz, den die Stammeshäuptlinge, die Elefantenabkömmlinge, bis heute aufführen. Sie spenden ihrem Volk Dank. Umgekehrt fließen ihnen Kräfte, magische Kräfte, zu.

Als ihm vor einer Woche die Geschichte wieder einfiel und er diesen elenden Schurz nicht vergessen konnte, war Gerber schließlich zu Hoki, der Schneiderin, gegangen, um einen neuen Anzug in Auftrag zu geben – nur um am Ende noch wie beiläufig hinzuzufügen, dass Hoki ihm außerdem noch ein Lendengewand anzufertigen und einige Ketten nach der Sitte der Chiefs der Umgebung zu besorgen habe, zu Studienzwecken, sie wisse schon, der Schurz solle seine Größe besitzen. Und kein Wort zu irgendjemandem, sonst … er machte mit der Faust das Zeichen für eine herabschnellende Peitsche.

Seit gestern Abend liegt das Bestellte nun in seiner Truhe.

Sein Beinkleid möchte er doch anlassen. Dann die erste Schwierigkeit: Wie legt man so ein Ding an, wo befindet sich hier ein Knopf, eine Schnur? Zumindest scheint Gerber der Schurz zu passen; mit den Händen gehalten, spannt sich das Lederstück um seinen Bauch. Und jetzt – es bereitet ihm mit einem Mal unbändiges Vergnügen, eine Freude wie seit Kindertagen nicht mehr – macht er einen Schritt nach vorne, links, rechts, beugt den Oberkörper, und dann, gleich dem Elefanten, der mit seinem Hinterteil grazil und doch mächtig die Stämme des Dschungels beiseite schiebt: ein Hüftschwung.

AUF DEM GRUND DES OZEANS liegt sie, Natalie Peters, geborene Treibel, zwischen Algen, ihre Kette, das Medaillon mit der Fotografie ihres Mannes schwebt an ihrem Hals, die

Arme hat sie erhoben, als balanciere sie, die Augen weit geöffnet, schaut sie auf die Schwärme von Fischen, die an ihr vorbeiziehen, rot, schwarz, gelb, die sie streicheln, an ihr knabbern, da ist der Finger ab, nach Tagen, Wochen, die Nase, das Ohr, ihr weggenascht und fortstibitzt, reißt die Strömung ihr das Kleid in Fetzen, nackt liegt sie da, ohne Bein und Arm und Gesicht, werden die Algen zu ihrem Mund, ihren Augen, grün.

D ie Eingeborene hebt ihre Hängebrust mit der Hand
an, damit das Baby auf ihrem Arm leichter daran
saugen kann. Ab und zu kratzt sich die Frau. Bei jeder Bewegung klirren die Reife – aus Gold? –, die ihr wie ein
Mühlsteinkragen vom Hals abstehen. Sie schaut teilnahmslos, als ob sie Henry nicht wahrnehmen würde. Auf der weißen Tafel vor dem Zaun ihres Geheges liest er: *Négresse avec
petit (Tola)*.

Auf der Wiese daneben haben sich die Schwarzen in einer
Reihe vor einem Lagerfeuer aufgestellt, über dem ein Tier
brät, machen zwei Schritte vor, beugen den Oberkörper, treten zurück, eine menschliche Welle, dazu singen sie etwas. Sie
tragen schwere Holzschilder und Lanzen, ihre nackten Oberkörper sind vollständig tätowiert. Der Rauch des Feuers weht
so dicht, dass der Eiffelturm, der die ganze Zeit über mächtig
im Hintergrund in den Himmel ragte, verschwunden ist. Fast
scheint es Henry in diesem Moment, als ob er sich tatsächlich
im afrikanischen Busch befände.

Was die Tätowierungen wohl darstellen?, fragt Henrys Cousine, Mlle. Villiers, die ihr Taschentuch wieder vom Mund genommen hat, so dass ihre schmalen Lippen zum Vorschein
kommen.

Ob er etwas erkennen könne.

Sie beugt sich über den hüfthohen Holzzaun, hält dabei ihren
weißen Hut am Hinterkopf mit der einen Hand fest, in der anderen ihr zusammengebundenes Spitzensonnenschirmchen.
Eine brünette Strähne hängt ihr ins Gesicht.

Henry ist unklar, ob das eine weitere Probe ist, das Stichwort für etwas, das von ihm erwartet wird. Kurzentschlossen ruft er nach dem Wärter mit dem gelben Tropenhelm. Einer der Eingeborenen im Gehege solle an den Zaun treten. Der harsche Befehlston aus seinem Mund überrascht ihn selbst – und freut ihn zugleich, weil er seine eigene Stimme sicher und, wie er meint, nahezu akzentfrei in der fremden Sprache reden hört. Als seine Cousine entrüstet sagt, sie verlasse unverzüglich das Gelände, weiß er, dass er richtig gehandelt hat. Mehrmals dreht sie sich um und zeigt ihm ihr schnell aufgespanntes Schirmchen, woraufhin er sie lächelnd bitten muss, zu bleiben. Schließlich lässt sie sich mit gespielt beleidigter Miene und erhobener Stupsnase dazu bewegen.

Wortlos, mittels eines Stocks, einer Art Zeigestab, hebt der Wärter den tätowierten Arm des schwarzen Mannes an, etwa so wie man ein Stück Fleisch in der Pfanne wendet, um zu überprüfen, ob es schon gar ist. Mlle. Villiers wirft zunächst nur einen kurzen angewiderten Blick darauf. Dann, nachdem Henry über die bunten Spiralen, Kreise und Rechtecke auf der Haut des Wilden streicht – ganz glatt ist sie, wie die eines Kindes –, berührt auch seine Cousine den Arm vorsichtig mit den Fingerkuppen. Ihren Handschuh hat sie dafür abgestreift. Einen Augenblick lang, das sieht Henry an ihrer gerunzelten Stirn, ist sie völlig gefangen genommen. Der Gedanke verwirrt ihn über die Maßen, dass das der erste nackte Männerarm sein könnte, den seine Cousine berührt, und dass er, Henry, sich schuldig gemacht haben, dass er zu weit gegangen sein könnte. Er trägt die Verantwortung bei diesem Ausflug. Eigentlich ist die Szene absolut ungehörig – und trotzdem befriedigt ihn der Anblick der schmalen Finger seiner Cousine auf den Tätowierungen des Eingeborenen.

Henry ist es fast, als könnte er ihre Berührung auf seinem eigenen Oberarm spüren.

Später schlendern sie in Richtung Ausgang, da erblickt er etwas, nach dem er schon insgeheim Ausschau gehalten hatte. In der Sorge, dass seine Cousine ihn auslachen würde, wenn er darauf bestände, den Umweg zu machen, hatte er sich jedoch damit abgefunden, dass es sich eben wohl oder übel nicht ergeben würde. Nun steht es nur wenige Schritte entfernt vor ihnen: le manoir à l'envers, *das verkehrte Haus*.

»Attendez, attendez«, murmelt Henry und greift seine Cousine an der wieder behandschuhten Hand.

Ein kurioser Anblick, allerdings weniger imposant als Henry es sich nach der Zeitungslektüre vorgestellt hatte.

Eine auf den Kopf gestellte mittelalterlich anmutende Festung. Die vier Türmchen dienen als Fundament. Darauf, einige Meter über der Erde – eine nicht zu verachtende statische Leistung – ruht der Wehrgang; wie die Borte eines Vorhangs hängen die Zinnen davon herab. Dann folgt der erste Stock, ganz oben schließlich, mit umgedrehten Rundbogenfenstern, das Erdgeschoss.

»Mais c'est drôle!«, entfährt es seiner Cousine. Jetzt ist sie es, die Henry zu der Schlange vor dem Eingang zieht. Nur widerwillig folgt er ihr. Als er die Menschenmassen erblickt, ist ihm mit einem Schlag die Lust verloren gegangen, das verkehrte Haus zu besichtigen. Das ist eine Kuriosität; keine Sache, auf die man als ernsthafter Architekt, wie er einmal einer sein würde, Bezug nehmen könnte.

Während sie warten, fallen Henry die Schweißperlen auf, die sich im trotz ihrer ansonsten zarten Figur üppigen Dekolleté seiner Cousine gebildet haben und die sie wie nebenbei, dabei tief in die Furche fahrend, mit ihrem Taschentuch abtupft.

Um die kopfstehende Festung an den Türmchen vorbei durch eine Luke im Wehrgang zu betreten, muss man eine steile Eisenleiter erklimmen. Im Inneren quiekt seine Cousine vor Vergnügen. Ein Tisch, Stühle, die von der Decke hängen. Ein Lüster, der aus dem Boden heraus, an einem straffen Drahtband in die Höhe ragt. Die Kerzen glimmen elektrisch. Bilder an den Wänden, mit dem Nagel am unteren Rand des Rahmens befestigt.

Ein Scherz, muss Henry denken. Er wandert hier im Stein gewordenen Scherz des Russen herum, der all das ersonnen hat. Henry wird ganz übel bei dem Gedanken. Dass er diesem Russen auf den Leim gegangen ist, ist ein Beweis mehr für seine Unreife, dafür, dass er noch weit davon entfernt ist, ein wahrer Gentleman zu sein, der über einen Lebensplan verfügt und die Verantwortung für seine Taten übernehmen kann, weil er sich seines Ziels gewiss ist.

Als seine Cousine und er das verkehrte Haus wieder verlassen, kommt es Henry für Sekunden so vor, als sei auch die Welt um ihn, die Bäume mit ihren Wipfeln, die Herren mit ihren Zylindern, die Damen mit ihren Schirmchen, falsch herum.

Am Ausgang besteht seine Cousine darauf, zum Salon der Frézons eine Droschke und nicht die Métropolitain zu nehmen. »Ach, wissen Sie, eingepfercht zwischen so vielen Menschen überkommt mich auf der Stelle schlimmstes Unwohlsein«, zwitschert sie mit ihrem Pariser Akzent und macht mit einem ganz und gar undamenhaften Pfiff einen Kutscher auf sich aufmerksam. »Allein schon der Gedanke, dass jetzt gerade« – sie deutet auf den Boden – »unter unseren Füßen Hunderte von Franzosen in Zügen durch enge Tunnels rasen! Also eines kann ich Ihnen, cher cousin, versprechen: So lange ich lebe, werde ich nur ebenerdig reisen. Selbst auf die Gefahr hin, dass man mich deshalb trotz meiner Jugend in allen Salons für altmodisch erklären wird. Ich werde mich, Sie sind mein Zeuge, der Flut von Neuerungen, die jedes Jahr unsere Hauptstadt überschwemmen, verweigern. Jawohl. Manchmal habe ich ja sogar im Nachhinein das Gefühl, in zwölf Monaten ist nicht ein, sondern seien vier, fünf Jahre vergangen. Ich weiß nicht, wie es Ihnen dabei geht, aber mir dreht sich der Kopf!«

Henry bietet ihr beim Einsteigen in die Kutsche seine Hand an und widerspricht ihr nicht, obwohl er es in New York liebte, mit der ratternden Subway unter den höchsten Häusern nicht nur Amerikas, der Welt!, wie er dann stets dachte, hindurch zu fahren, allein gezogen von der Kraft der Elektrizität, die bald auch in der Provinz alle Zugtiere oder gar vor Karren gespannte Menschen überflüssig machen würde. Und irgendwann würde man Gebäude statt nach oben Stockwerk um Stockwerk nach unten bauen. Strom würde sie taghell erleuchten. Kein Heimweh würde einen zurück an die Oberfläche steigen lassen, weil doch alles und noch prächtiger vorhanden wäre, in der Welt unter der Welt.

Auf der Fahrt in der Droschke, die Champs-Elysées entlang, bei der jedes Mal, wenn sie von einem Automobil knatternd überholt werden, das Fluchen des Kutschers zu vernehmen ist, haben Mlle. Villiers und Henry eine Zeitlang schweigend durch das Fenster geschaut. Er darf nicht vergessen, sobald er zu Hause ist, auch wenn es heute Abend spät werden sollte, noch mit der Nachtpost den Brief an Natalie abzuschicken, den er ihr nach dem Aufstehen geschrieben und in dem er ihr ihrem Wunsch gemäß den Ablauf des heutigen Tages Punkt für Punkt geschildert hat, mit wem er was unternehmen werde, bei wem er eingeladen sei. Er könnte ihr allerdings den

Brief auch erst morgen oder übermorgen senden – bis auf einige Namen, mit denen seine Verlobte ohnehin nichts anfangen kann, wäre der Inhalt derselbe. Besichtigung von This-is-an-important-building-to-see, anschließend Kaffee und Kuchen im Salon von Madame I-don't-know-her-face. So niedlich sei ihr Cousin, immerzu in Gedanken an seine hübsche Verlobte und die anstehende Hochzeit. Wie schön doch die Liebe sein müsse für den, den Amors Pfeil endlich treffe, und wie beneidenswert Henry doch sei! Ein trauriger Unterton schleicht sich in die Stimme Mlle. Villiers, die sich, soweit Henry weiß, immer noch nicht für einen ihrer vielen Verehrer entschieden hat.

Ja, sicherlich, antwortet er. Er könne sich über die Maßen glücklich schätzen. »Chère cousine«, fährt er auf Französisch fort, er muss gar nicht nach dem passenden Ausdruck suchen; es ist wie damals, als er als Kind auf dem Handschlitten den Hügel im Central Park herunterrutschte, »was halten Sie aber von diesem plötzlichen Einfall? Wie muss es wohl sein, als Wilder durch Paris zu fahren? Also sich in genau dieser Situation zu befinden – als Wilder –, in der ich mich gerade befinde, in dieser Kutsche, einer schönen jungen Dame gegenübersitzend. Wenn ich selbst also ein Wilder wäre sozusagen, in Schurz und beinahe nackt«, Mlle. Villiers kichert und hält sich die Hand vor den Mund, »was würde ich wohl empfinden, beim Anblick der Gebäude hier. Was meinen Sie? Mir kam gerade der Gedanke, ob ich sie nicht für die Gipfel eines einzigen großen Bergmassivs halten würde. Und die Automobile – wahrscheinlich erschienen sie mir als eine unbekannte, unheimliche Spezies von Tieren oder gar – oder gar als Geister.«

Wie als Antwort darauf ertönt von Ferne aufgeregtes Hupen,

das in Henrys Ohren tatsächlich für eine Sekunde wie der Ruf eines Tieres klingt.

»Des weiteren frage ich mich«, führt er hastig seinen Monolog zu Ende, »was genau der Eingeborene wohl sähe. So las ich vor kurzem im *Figaro* einen Bericht über gewisse Stämme in Neuseeland, die das Schiff der Entdecker nicht wahrnahmen, nicht wahrnehmen *konnten*, da es ihre Vorstellungskraft sprengte. Gut möglich, dass der Eingeborene die Stadt, den Verkehr und all das gar nicht sähe und stattdessen nur die Menschen, die Passanten in einem leeren Raum, nicht wahr?«

Mlle. Villiers dreht sich zu Henry. Über ihrer Stupsnase eine tiefe Falte.

»Doch wenn die Wilden nur das denken und sehen können, was sie kennen, und sie leben also nun hier, in diesem Dorf, auf dem Weltausstellungsgelände, im ihnen unbekannten Paris – wo denken diese Menschen dann, dass sie jetzt gerade sind, Henry?«

M. FRÉZON STELLT THESEN AUF. Mme. Willot pflichtet ihm bei, sie ist seine Adjutantin. M. Allou widerspricht M. Frézon, er ist sein Widersacher. M. Cormier ist auf M. Frézons Seite. Mme. Frézon wechselt ihren Standpunkt. M. Grévy ist der vornehme Zuhörer, er schweigt. Mlle. Villiers stellt Verständnisfragen, über die die anderen schmunzeln. Mme. Allou versucht zu vermitteln, sie ist die Schlichterin.

Schon kurze Zeit nach seiner Ankunft im Salon der Frézons hat Henry die herrschende Rollenverteilung erkannt. Sie gleicht jener der Gesellschaften, die er aus New York kennt.

Sagt M. Frézon »A« und M. Allou »B«, sagt Mme. Allou »Mais ce n'est pas grave, mes chers amis! A, c'est B!« Und so weiter.

Henry richtet sich in seinem Ledersessel auf und blickt immer zu demjenigen, der das Wort hat, um einen interessierten Eindruck zu vermitteln. Es gilt, dem Ruf des jungen, hochintelligenten Mannes zu entsprechen, von dem er weiß, dass er ihm, durch seine Mutter und seinen Onkel verbreitet, vorausgeeilt ist.

»Und jede Note entspricht wirklich einer Farbe?«, fragt Mme. Allou mit gespieltem Erstaunen, während sie mit ihrem seidenen Fächer wedelt und die Pfauen darauf Räder schlagen lässt.

Man diskutiert über die Stücke eines Komponisten, bei denen sich angeblich zu den Klängen des Orchesters mittels eines Farbenklaviers die Decke des Konzertsaals in einen schillernden Regenbogen verwandeln soll.

»In der Tat, Madame. Ich wurde selbst Zeuge eines solchen Schauspiels bei meiner letzten Reise nach St. Petersburg«, hebt M. Frézon an zu erzählen. Und Henry erinnert sich mit einem Mal an die Recherchen für eine Studie, die er in der Blackstone Library an jenen Tagen in Chicago entwarf, an denen sein Lehrer Burnham keine Zeit für ihn hatte – was leider häufig vorkam.

Henry plante damals, ein Werk über nicht realisierte Bauwerke zu schreiben, Gebäude, die durch den Tod ihres Schöpfers oder aufgrund widriger Umstände nicht fertig gestellt werden konnten. Der Ursprung für dieses Vorhaben lag in einer Episode aus seiner Jugend, die ihn nachhaltig beeindruckt hatte. Der gute alte Ferguson, der ihm bewundernswert geduldig, aber dennoch erfolglos, die Grundgriffe auf der Violine beizubringen versuchte, erzählte Henry einmal von Beethovens *Zehnter* Sinfonie, ja richtig, es gebe sie, oder besser: es hätte sie beinahe gegeben. Der Meister habe sie schon fertig im Kopf gehabt und einem Freund auf dem Klavier vorgespielt. Allein der viel zu frühe Tod des Genies habe die Niederschrift verhindert und die Welt um ein Meisterwerk gebracht, die, existierte die Partitur, nicht dieselbe wäre, da sei er, Ferguson, sich sicher.

In den folgenden Unterrichtsstunden hatten der Lehrer und sein Schüler über weitere Fragmente der Musikgeschichte gesprochen. Mozarts »Requiem«: Wären doch mehr Skizzen vorhanden, die über den ursprünglich intendierten Fortgang der Komposition Aufschluss geben könnten! Schuberts lang vergessene »Unvollendete«: War der Torso Absicht? Schließlich Richard Wagners Projekt über den Heiligen der Inder, Buddha, eine Oper namens »Die Sieger«: Vielleicht im Kopf des Komponisten komplett vorhanden; allein, die wenigen Notizen, die er von ihr hinterließ – nicht aussagekräftig genug, *what a shame*.

Henry, der zunächst froh darüber war, eine Pause von den praktischen Demonstrationen seiner musikalischen Unfähigkeit nehmen zu dürfen, fand es bald seltsam, ja, beunruhigend, wie lang und mühevoll die Wege sein konnten, die zum erlösenden, aber dann häufig nur flüchtig irgendwo hingekritzelten Einfall führten. Und beides, die Wege und der Einfall, waren vollkommen nutzlos und würden nie jemanden kümmern, käme es nicht zur Veröffentlichung des Werkes. Das Ohnmachtsgefühl angesichts der Erkenntnis, wie viele unfertig liegengelassene Arbeiten voller brillanter Ideen in all den Jahrtausenden verschwunden sein mussten, ohne dass man sie je zu Gesicht bekommen hatte, erfasste Henry wieder, einige Jahre später, bei seinen Spaziergängen in Chicago.

Er stellte sich vor, die Stahlgerippe der Gebäude um ihn blieben durch unglückliche Zufälle nackt, die wichtigsten architektonischen Werke, auf die Burnham und er ihre Hoffnungen setzten, Ruinen, die bald wieder abgerissen werden würden. In dieser Zeit beschloss Henry, zum Streiter für das Reich des Unvollendeten zu werden. Er würde ihm zu neuer Geltung verhelfen. Hätte er sich erst einmal einen Namen als Architekt gemacht, würde er sich unter anderem auch dafür einsetzen, dass jene Werke, die als Plan existierten, aber bislang unrealisiert geblieben waren, tatsächlich gebaut würden. Der ungerechte Lauf der Geschichte: Er würde durch Henry zumindest ein wenig in Ordnung gebracht werden.

Diese schwärmerischen Studententage liegen zwar nun schon einige Jahre zurück. Aber die Erinnerung an sie lässt in Henry, während M. Frézon weiter von seinen russischen Erlebnissen erzählt, einen Gedanken aufsteigen, der in ihm beim letzten unsäglich langweiligen New Yorker Salon bereits an Kontur gewonnen hatte, dann aber durch die Reisevorbereitungen, die Überfahrt nach Europa zu seiner zweiten Grand Tour verdrängt worden war: Er wird *nicht*, wie von seinem Vater gewünscht, dem sein Immobilien-Geschäft in New York nicht mehr genügt, die Außenstelle von »Peters-Immobilien« in Berlin übernehmen. Wenn er jetzt, wie mit seinem Vater abgesprochen oder besser: von ihm *diktiert*, nach der Rückkehr von seiner halbjährigen Reise durch Europa weg aus New York, seinem Geburtsort, und damit aus der Stadt, die er liebt, für lange und vielleicht für immer nach Deutschland zieht und deutsche Kunden für den Ankauf von Land im amerikanischen Osten akquiriert, dann wird die Architektur für Henry zum bloßen Steckenpferd werden. Die Ausbildung, der Unterricht bei Burnham, alles wäre umsonst gewesen. Seine Träume würden Träume bleiben. Seine Mutter würde Recht behalten. Immer wenn er von seinem Wunsch spricht, Architekt zu werden, bekommt sie diesen zärtlichen Ausdruck, an dem er erkennt, dass sie zwar stolz auf ihn ist, in ihm aber noch einen Jungen sieht, den man nicht für voll nimmt. In Berlin würde er von allen als »echter Peters« wahrgenommen werden. Er würde unglücklich werden.

Und dann die Sprache! Wenn er Deutsch spricht, macht er noch immer so viele Fehler. Manchmal ringt er nach dem richtigen Wort, *he's fumbling for words.* Er weiß dann, dass er den passenden Begriff schon einmal gehört hat; oft will er ihm jedoch nicht im rechten Moment einfallen. Französisch spricht er fast genauso gut wie Deutsch. Nur: Er *ist* doch eigentlich Deutscher – zwar der Sohn von Berliner Auswanderern und in den USA geboren, aber in deutschen Kreisen aufgewachsen.

Andererseits gehen ihm bei seinen Briefen an Natalie Ausdrücke wie »Meine Liebste« und »Ich liebe Dich«, »Ich verzehre mich nach Dir« leichter von der Hand, als wenn er sie auf Englisch schriebe. Mehr noch, das Deutsche verleitet ihn dazu, die Rolle des Liebhabers zu spielen, von der er immer noch nicht weiß, ob sie ihm auch wirklich liegt. In das Verhältnis mit Natalie ist er ja zu Anfang mehr oder weniger ohne eigenes Zutun hineingerutscht. Zu Hause wurden die Treibels, wichtige Geschäftspartner des Vaters, und insbesondere deren älteste Tochter über die Maßen gelobt. Die Eltern hatten schon länger eine Zusammenführung ihrer Kinder im Sinn. In der weitläufigen Wohnung der Treibels in Charlottenburg vor zwei Jahren, als er ihnen auf seiner ersten Grand Tour einen Besuch abstattete, schien dann auch alles überaus gespannt darauf zu warten, wie wohl die erste Begegnung verlaufen würde. Wie auf einer Bühne kam er sich vor. Und hatte nicht eine der alten Damen, die in ihren grünen Samtsesseln versunken saßen, sogar einen Operngucker gezückt, durch den sie ihn betrachtete? Gerührt lächelten die Mutter, Großmama und sämtliche Tanten im Salon einander zu, als Natalie errötend vor ihm knickste. Hätte man ihnen applaudiert, es hätte ihn nicht verwundert.

Nachdem man dann die jungen Leute im Wintergarten allein gelassen hatte, wurde schnell deutlich, dass Henry und Natalie dieselbe Abneigung gegenüber der Situation verband, in die sie beide gegen ihren Willen geraten waren.

»Wie die uns angestarrt haben!«, seufzte das Mädchen und traf den verwirrten Gesichtsausdruck der dicken Tante Erna so genau, dass Henry schallend auflachen musste. Man fand Gemeinsamkeiten im Wunsch, solchen Gesellschaften ein für alle mal zu entfliehen. Natalie, die Henry von Anfang an Heinrich nannte, konnte witzig und treffend Konversation machen. Das Entzücken darüber, dass sie überaus kunstinteressiert war, deutete er wenig später als etwas, das er bei Unterhaltungen und Ausflügen mit den blassen jungen Damen der deutschen Gemeinde in New York noch nie empfunden hatte – das musste sie wohl nun sein: die Liebe.

Beim nächsten Tête-a-tête im Wintergarten, am folgenden Tag, hatte Natalie ihm wie gebannt zugehört, als er ihr von seinen Studien bei Burnham erzählte. Mit ihren schwarz gekräuselten Locken und wässrig blauen Augen, ihrem träumerischen Blick und den Lippen, die sie so spitzbübisch schürzen konnte, wenn jemand ihren Spott herausforderte, war sie tatsächlich die Schönste der drei Treibel-Schwestern. Nicht wenige angesehene Junggesellen Berlins, so hieß es, hatten bereits um sie geworben. Henry hatte nach ihrer

Hand gefasst, Natalie schien sofort begriffen zu haben; kuss-bereit hatte sie den Kopf in den Nacken gelegt. Er war nicht darauf eingegangen, möglicherweise ein Fehler, da ihn dieses Bild auf der restlichen Strecke seiner damaligen Grand Tour geradezu verfolgte, sein Verlangen nach diesem so schönen und klugen Mädchen, das solch einen Kussmund besaß, nur vergrößerte und ihn zu schriftlichen Ergüssen veranlasste, in deren leidenschaftlichen Ton er sich manchmal beim nochmaligen Durchlesen kaum wiedererkennen wollte.

Bald waren die Briefe zwischen Berlin und New York zu einer liebgewonnenen Gewohnheit geworden. Wie gut es tat, über das kaum erträgliche Gewicht schreiben zu können, das die goldberahmten Gemälde der vielen Generationen von Peters in der Eingangshalle ihres Hauses für ihn bedeuteten; von seinen Hoffnungen, Wünschen für die dann hoffentlich selbst bestimmte Zukunft. Und wie wunderbar zu lesen, das »Ich verstehe Sie«, das »Wir empfinden gleich«, das »Halte aus, lieber Heinrich«.

Dass all dies dann vor zwei Wochen in Charlottenburg zur Verlobung geführt hatte, war logisch und absehbar gewesen. Freilich: Bis zu einem Nachmittag im Herbst letzten Jahres in New York schrieb Henry zwar regelmäßig nach Deutschland, und es beunruhigte ihn, wenn Natalies Briefe nicht wie sonst einmal wöchentlich eintrafen – doch an eine feste Bindung hatte er bis dahin nicht gedacht.

»Wie findest du denn die kleine Treibel?«, hatte ihn damals unvermittelt seine Mutter gefragt.

»Natalie?«, auf so ein Gespräch war er nicht vorbereitet gewesen. »Well, she's a splendid girl, I suppose.«

Seine Mutter, nach einer Pause: »Ja gibt es denn … möchtest

du denn sagen, dass es etwa... eine Überraschung geben könnte?«

Erst da, als Henry erkannte, worauf seine Mutter hinaus wollte, tauchte in ihm die Idee einer Ehe mit diesem Mädchen auf, merkte er, dass sie bereits als zu ihm gehörig betrachtet wurde – und es erfüllte ihn mit einem Mal mit Glück, wenn er sie sich an seiner Seite vorstellte. Jemand, der aus eigener Erfahrung wusste, wie es war, schwer an einem Erbe wie dem seinen zu tragen; jemand, der wahrlich bezaubernd anzusehen war; jemand, den er all das, was er die letzten Jahre über Architektur und Kunst gelernt hatte, nun selbst lehren konnte, ein Projekt.

»Liebe Mutter...«, antwortete er.

Die hielt ihr Taschentuch an den Mund, Tränen schossen ihr in die stets geröteten Augen. »Nein, unser Junge!«, weinte sie, um dann mit bemerkenswert kräftiger Stimme, durch das Haus laufend, zu rufen: »Vater, schnell! Es ist etwas passiert!«

Nach über zwei Jahren des regen Briefverkehrs zwischen den Kontinenten wurde also Verlobung gefeiert. Auf der Überfahrt hatte Henry an der Reling beim Anblick der grünschwarzen Tiefen unter sich noch eine gewisse Furcht vor dem Kommenden befallen – eine Furcht, die wie weggeblasen war, als er seiner freudestrahlenden Natalie die zarte weiße Hand küsste und Herrn Treibel eben das fragte, was schon lange für niemanden mehr eine Überraschung darstellte. Wie anders und, ja, reizender Natalie doch war als das Mädchen, nach dem er sich während der Zeit des Wartens täglich mehr gesehnt hatte, obwohl er es, wenn er sich an es zu erinnern versuchte, gar nicht mehr klar vor sich sah, ein Umstand, der nur umso mehr seine nicht selten mit dem

Wörterbuch verfeinerten schriftlichen Liebesbeteuerungen befeuerte.

Andererseits fühlt und denkt er eben amerikanisch. *Ganz und gar*, wie der Deutsche sagt. Schon früh, als ihm Minna, sein Kindermädchen, deutsche Gutenachtgeschichten vorlas, hatte er mit ihr darüber auf Englisch gesprochen, hatte er gegen die Spitznamen und Koseworte, die ihm seine Mutter als Junge auf ihrem Schoß ab und zu auf Deutsch ins Ohr flüsterte, auf Englisch protestiert und mit Wonne beim Mittagessen die derben Schimpfwörter, die er vom Spielen mit den anderen Kindern im Viertel kannte, den Erwachsenen über die makellos weiße Tischdecke hinweg zugerufen.

Und all diese Sitten und Moden in Berlin! Er kennt sich da nicht aus. Die drei Male, die er sich mittlerweile dort aufhielt und eine im Kreis der New Yorker Deutschen gebräuchliche Redensart verwendete, wurde er schief angesehen. »Das sagt man heutzutage übrigens nicht mehr«, flüsterte ihm Tante Edeltraud einmal leise mit einem wohlwollenden Gesichtsausdruck zu. Als er damals von seiner ersten Deutschlandreise nach New York zurückkehrte, sah er seine Bekannten und Verwandten, die meisten – so wie seine Eltern – gebürtige Deutsche, mit anderen Augen. Die Zeit, so schien es ihm, war für alle Auswanderer mit dem Moment des Verlassens der Heimat stehen geblieben. Die Auswanderer selbst, in ihren mit Samt ausgekleideten Salons, hatten etwas von eingemachten Schattenmorellen in einem Kompottglas.

Jenes Deutschland, das Henry aus den Geschichten seiner Eltern von Kindesbeinen an vertraut war, und das doch auch *seine* Heimat sein sollte, glich für ihn vor seinem allerersten Besuch einem Land aus einem Märchenbuch. Einem Land mit schroff erhabenen und schneebepuderten Alpen im Süden, sturmumtosten Meeresküsten im Norden, dazwischen: dunkle Tannenwälder; bevölkert vom urigen Wurzelsepp in Lederhosen und vom tollkühnen Deichgraf, Schauplatz großer und glorreicher Schlachten.

Rein gar nichts hatte es dann gemein mit dem unübersichtlichen, geschäftigen Berlin. Und wenn schon Henry bei seinem ersten Besuch vor einigen Jahren das legendäre Land seiner Vorstellung darin nicht wiederzuerkennen vermochte, so hatte er doch für einen Moment gehofft, hier stattdessen wenigstens einige beispielhafte Pionierleistungen der Moderne vorzufinden, schließlich nannte man die Stadt ja auch *Spree-Chicago*. Allein: Bis auf Behrens' Turbinenfabrik schienen die Berliner Neubauten – protzig-klobige Fassaden oder triste Blocksiedlungen – den Charakter ihrer Bewohner nach außen kehren zu wollen, das lautstark Auftrumpfende der Ober-, das selbstgefällig Kommode der Mittel- und die maßlose Tristesse der Unterschicht. Alle Pracht wirkte beim näheren Hinsehen wie eine aus tief sitzenden Minderwertigkeitskomplexen heraus entstandene Miniatur-Kopie von Paris. Stolz wurden da wahlweise Schinkels antikisierte Theater- und Museumstempel oder seine neugotischen Kirchen als »typisch deutscher Stil« angepriesen. Architektonisch gesehen freilich tiefstes Mittelalter. Aber keines, das in Henry jenes wahrlich märchenhafte Schaudern auszulösen vermochte, das er etwa beim Anblick von Notre-Dame empfand. Vielmehr hinterließ die Automobilfahrt an der Seite eines mit Burnham bekannten Berliner Architekten, die *Linden* entlang, einen überaus schalen Nachgeschmack. Es war ihm, als bewege er sich durch die Kulissen eines Theaterstücks.

Eine gänzliche andere Situation bot sich dar, als sie dann am Werderschen Markt vor der Bauakademie das Fahrzeug stoppten. Das sollte auch von Schinkel sein? Dieser kühle und doch hoch elegante rote Kubus, der auf jeden Schein verzichtete und den Mut, ja, die Unverschämtheit besaß, sein rein funktionales Wesen an der Fassade unmissverständlich kenntlich zu machen? Einige Tage lang hatte Henry danach über einem Schinkel-Band gesessen und dessen nie ausgeführte Pläne studiert. Nicht die Paläste und Schlösser, sondern seine Kaufhäuser, die ihrer Zeit fast 100 Jahre voraus gewesen waren. Wären sie doch nur gebaut worden! Berlin wäre ein Ort gewesen, an dem Henry sich gern aufgehalten hätte – zunächst jahrzehntelang eine Stadt der Zukunft (statt wie in Wirklichkeit immer schon der Vergangenheit) und, nachdem die Gegenwart mit den Ideen Schinkels endlich gleichgezogen wäre, zeitgemäß. Was nur sollte er hier?

Sein Vater, das erkennt er im Salon der Frézons mit einem Schlag, hielt ihn für ein Exemplar des »Best of Both Worlds«, das er sich als seinen Nachfolger heranzüchtete. Dieser Nachfolger besaß aufgrund der doppelten Zugehörigkeit sowohl zu den Vereinigten Staaten als auch zu Deutschland von Geburt an jenen Vorteil, der dem Vater – zu seinem Kummer in beiden Ländern ein Ausgewanderter – lebenslang verwehrt bleiben würde und den er nun doch, indirekt, durch seinen Sohn wettgemacht hatte.

»Mais non!«, ruft M. Frézon aus.

»Mais non«, kommt das Echo aus Mme. Willots Richtung.

Es ist in genau diesem Moment, in dem Henry jene Entscheidung trifft, zu der er bis dahin unfähig war; für die er, wie er nicht ohne Genugtuung feststellt, bislang nicht die nötige

Reife besaß: Er wird auf keinen Fall die Leitung des väterlichen Büros in Berlin übernehmen, von dem er sich während einer nächtlichen Kutschfahrt bei seinem letzten Besuch im Sommer wünschte, es würde in einer großen Schlacht samt seiner Beamten- und Soldatenbevölkerung in Flammen aufgehen, so dass man es neu aufbauen könnte.

Er sieht M. Frézon ins Gesicht. M. Frézon hat die Hände auf den Stock zwischen seinen Beinen gestützt, den Kopf mit dem akkurat gewichsten Schnauzbart leicht gereckt. Henry ist das alles mittlerweile überaus zuwider, die Salons, die feine Gesellschaft. Er spürt diese Wut in sich aufsteigen. Früher hätte er Respekt vor dem Gockel M. Frézon empfunden und sogar vor einem aufgeregten Huhn wie Mme. Willot. Hier und jetzt könnte er den beiden auf der Stelle mit seinen weiß behandschuhten Händen den Hals umdrehen.

Er wird seinen Eltern sagen, seine Braut und er reisten nach der Hochzeit im Juli nach Italien. In Wirklichkeit wird er mit ihr nach Tola fahren. *Durchbrennen.* Selwin, der Potsdamer Architekt, den Henry bisher nicht persönlich kennt, hat ihm ein Angebot gemacht, ihn dorthin als sein Assistent und Lehrling zu begleiten.

Sehr geehrter Herr Peters, begann der mehrseitige Brief Selwins in ungelenker Handschrift und in für Henry nicht immer einfach nachzuvollziehenden Gedankengängen. *Um es gleich geradeheraus zu sagen: Ich benötige einen Gehilfen für meine anstehende Reise in unsere afrikanische Kolonie Deutsch-Tola. Ihr Vorgänger, das möchte ich nicht verschweigen, hat sich wegen der Neger dort in die Hosen ge*****. Was das Geld anbelangt, so soll es daran nicht scheitern & wir werden sicher handelseinig werden.*

Mister Burnham, der Sie mir empfahl, meinte, Sie seien daran interessiert, »*Erfahrungen zu sammeln & die neuesten Errungenschaf-*

ten auf dem Gebiete der Architektur in die Tat umzusetzen«. Wohlan – auch wenn unsere Aufgabe in vorderster Linie darin bestehen wird, Bauten zu errichten, die vor allem eines tun, nämlich ihren Zweck zu erfüllen, so glaube ich, nicht zuviel zu versprechen, wenn ich Ihnen sage, dass hier für einen Jungspund wie Sie es sind nach vollendetem Dienst die einmalige Möglichkeit besteht, sich architektonisch auszuprobieren. Die Bedingungen sprechen für sich, wie ich denke. Der Verwalter, Ludwig Gerber, ist ein redlicher Unternehmer, Arbeitskräfte stehen ausreichend zur Verfügung, Neger, die billig & ohne zu murren unsere Pläne umsetzen werden. Um Ihnen die Größe unseres Vorhabens vor Augen zu führen: Man plant dort nichts Geringeres als die Aufforstung eines nicht gerade kleinen Teils Steppe mit deutschen Laub- und Nadelhölzern, die dort, soviel man hört, um einiges schneller und besser wachsen als in der Heimat. Unterstützt wird das Projekt von der Bremer Kolonialgesellschaft, insofern ist es über jeden Zweifel erhaben. Und wo ein Wald ist, da benötigt man Holzfäller. Und wo Holzfäller sind, da braucht man Häuser, da entsteht bald eine Stadt, ein Handelszentrum im Herzen Tolas. Im Übrigen die fortschrittlichste und friedlichste Kolonie Deutschlands, nicht zu vergleichen etwa mit Deutsch-Südwest, und so weiter.

In Erinnerung ist Henry vor allem der Schlusssatz des Briefes geblieben:

Vorausgesetzt, Sie besitzen den männlichen Mut und die Ausdauer, deren es zugegebenermaßen für die harte Zeit in Tola bedarf.

Anders als all jene, denen ihre Lebensumstände einen Strich durch die Rechnung gemacht haben, wird er, so der Beschluss in seinem Sessel bei den Frézons, das Angefangene vollenden und seiner Bestimmung, der Architektur, folgen. Höchstens für ein Jahr wird er in Tola bleiben. Sobald er Erfolge vorweisen kann, werden ihn auch die Eltern in seinem Vorhaben unterstützen, ein eigenes Architekturbüro zu gründen, da ist er sich sicher. Er wird ihnen Fotos der Häuser schicken, die er gebaut hat. Und Natalie? Sie wird ihn natürlich gerne begleiten. Auf den Brief, den er ihr schickte, damals, nachdem er über Tola das erste Mal nachgedacht hatte, antwortete sie ihm, wie er es sich erhofft hatte, sie folge ihrem Mann überallhin. Sie wolle ohnehin die Welt sehen, gerne auch andere Länder und Städte als jene, die ihre Freundinnen bereits bereist haben.

Wie immer, wenn er von einer Sache begeistert ist, spürt Henry auch jetzt den Drang in sich, sich mitzuteilen, selbst wenn er den Anwesenden seinen eben gefassten Plan nicht offenbaren kann. In die Stille der Gesellschaft hinein – die Diskussion ist entweder beendet oder unterbrochen – sagt er: »Oui, les couleurs. Mais ce que je ne comprends pas, c'est pourquoi un C correspond avec rouge ou vert?«

WIE IST ER NUR hierher gekommen?
Er hat zuviel getrunken. Soviel ist sicher. M. Frézon und M. Allou hatten ihn noch in eine Bar am Montmartre eingeladen. »Américain!«, hatte M. Allou bedeutungsvoll hinzugefügt. Am Ausdruck seiner Cousine las Henry ab, dass dies eine große Ehre darstellte und er die Einladung keinesfalls ausschlagen durfte. Allerdings war er zu diesem Zeitpunkt noch davon ausgegangen, dass er mehr vertragen würde. Vielleicht hatten ihn auch die Atmosphäre der Bar und die amerikanische Bedienung, ein richtiges Girl aus Kansas, zum Übermut verleitet. Redselig war er geworden, hatte auf Deutschland geschimpft, was bei M. Frézon und M. Allou auf großen Beifall stieß. Dann war er über die Glasmalerei in

den französischen Gotik-Kirchen ins Schwärmen geraten, schließlich über die Wolkenkratzer, ihre technischen Voraussetzungen, Stahlskelette, Lifte, Klimaanlagen.

»Sie begleiten uns doch sicher noch ins *Miou-Miou*«, hatte ihn da M. Allou mit einem Lächeln und hochgezogenen Brauen unterbrochen.

Es klang für Henry, als wolle man ihn prüfen. Auch wenn er nicht wusste, was genau er sich unter dem *Miou-Miou* vorzustellen hatte, ahnte er doch, worum es sich handelte. Die Frage zu bejahen, als sei er schon die ganze Zeit über davon ausgegangen, den Abend in solch einem Etablissement ausklingen zu lassen, löste in ihm eine seltsame Lust aus, die mehr vom bevorstehenden Übertritt eines Verbots herrührte als von der Aussicht auf das, was ihm im *Miou-Miou* wohl geboten werden würde.

In der Kutsche war er dem Erbrechen nahe. M. Frézon hatte den Arm um ihn gelegt, stark und väterlich, und erneut von den Farben gelallt, den sieben Elementarfarben, die mit den Tönen der Oktaven übereinstimmten. Draußen war ein rot blinkendes Mühlrad vorbeigezogen. Ja, so war es gewesen. Wann und wie er aber aus der Kutsche ins *Miou-Miou* gelangt war, wie lange er sich nun schon hier befindet und wo M. Frézon und M. Allou geblieben sind, darüber fehlt ihm in diesem Moment jede Kenntnis.

Er stützt seine Stirn an der Wand des dämmrigen Ganges ab. Als er genügend Kraft gesammelt zu haben meint, torkelt er weiter. Einige Türen sind lediglich angelehnt. Gelächter dringt heraus. In einem Zimmer sitzt eine Frau aufrecht auf der Bettkante. Sie hat ihre entblößten Brüste über dem Korsett mit den Händen angehoben. Ein Mann im Anzug, ist es M. Allou?, kniet vor ihr und saugt daran wie ein Baby. Die

Frau sieht, dass Henry sie beobachtet, es scheint ihr nichts auszumachen. Fast teilnahmslos wirkt sie.

Im Zimmer nebenan steht ein Mann mit gespreizten Beinen und erhobenen Armen in der Mitte des Raumes. Jedes Mal, wenn die bis auf die schwarzen Lackstöckelschuhe ebenfalls nackte Frau hinter ihm die Peitsche auf seinen Rücken niedersausen lässt, stößt er einen schrillen Schrei aus.

Eine Stimme, die ruft.

»Monsi-heur? Monsi-heur?« Ist er damit gemeint? Als er durch die Tür mit der Nummer 69 tritt, geht alles so schnell, dass Henry, der noch einmal mit Macht die Übelkeit in sich aufsteigen spürt, es gehorsam mit sich geschehen lässt. Eine nackte Frau kommt auf allen Vieren, hechelnd wie ein Welpe, auf ihn zu gekrochen. In einer Mischung aus Entsetzen und höchstem Vergnügen sieht er sie seine Hose aufknüpfen. Als sich der Mund der Frau, warm und nass, um sein Glied schließt, muss er daran denken, dass er sich ja, laut seinem Brief an Natalie, in diesem Moment mit seiner Cousine auf einem Bankett befinden müsste, der Feier nach der Premiere eines neuen Theaterstücks.

D as Frühstück wird um sechs Uhr fünfzehn eingenommen. Ich bitte Sie, pünktlich zu erscheinen. Es
gilt, die Grußordnung einzuhalten. Als Verwalter
bin ich Ihnen vorgesetzt. Ebenso Schirach. Nicht so aber
seine Neger. Das heißt, Sie haben mich und Schirach zu grüßen, indem Sie die rechte Handkante horizontal an die Stirn
führen, diese aber nicht berühren, warten Sie ...«
Gerber schaut auf seine Hand, hebt sie, lässt sie dann wieder
sinken. *Wurstfinger*, denkt Henry, eines seiner deutschen Lieb-
lingswörter, blitzschnell ist es in seinem Kopf aufgetaucht –
ausnahmsweise. Ansonsten hat sich in Benēsi alles verlang-
samt. Nicht nur jede Bewegung, auch jeder Gedanke kostet
Henry untertags einige Mühe, wenn die trockene Hitze auf
den Körper drückt und in die Lungen beißt. Unentwegt muss
er die Gläser seiner neuen Brille putzen, die ihm der Festungs-
Arzt, ein Dr. Brückner, besorgt hat. Die einzigen Gegenstände
hier mit einer bemerkenswerten Geschwindigkeit sind die Fächer der Bewohner, wie jener in Gerbers linken Hand, mit dem
er gedankenverloren, aus dem Gelenk heraus, wedelt.
»Mei, Sie wissen schon, wie Sie's machen müssen«, fährt Gerber fort. »Wenn einer der Neger Sie nicht grüßen sollte, bitte
ich, dies mir oder Schirach unverzüglich zu melden. Die
Neger kennen die Strafen und warten bei Verstößen darauf.
Ich untertreibe nicht. Sie erwarten die Strafe. Beim Gegrüßt-
Werden dem Grüßenden nicht in die Augen sehen. Ja, Ihnen
mag das komisch erscheinen.« Gerber ist Henrys Befremden
nicht entgangen. »Aber unter uns, ich denke, es ist für das

Gelingen unserer Arbeit unabdingbar, dass wir uns hier an einige Regeln halten, so wie es überhaupt wichtig ist, dass wir vorbildlich handeln, also, dass wir Vorbilder an a) Pünktlichkeit, b) Effizienz, c) na, Sie wissen schon, gegenüber den Eingeborenen abgeben. Man blickt zu uns auf. Wir repräsentieren hier unser Land und mithin«, Gerber macht eine bedeutungsschwangere Pause, er bemüht sich, Hochdeutsch zu sprechen, kann aber die bayerische Einfärbung seiner Sätze nicht verhindern, »mithin zwei Millennien – oder was weiß ich wie viele – an Zivilisation. Hier ist übrigens der Speisesaal, den Sie ja schon kennen, daneben das Raucherkabinett.«

Er öffnet die Tür zu einem hohen Raum. Der große und der kleine Klaus, die beiden Wolfshunde, die Gerber auf Schritt und Tritt begleiten, laufen hechelnd hinein. Wie überall auch sonst in der Festung: unpolierter, grauer Steinboden. Eines aber ist anders, Henry hört es sofort, es tickt hier drin irgendwo etwas. Eine Uhr. Und tatsächlich, an der einen Wand hängt sie, unter einem matt goldenen Zifferblatt mit Sonne und Mond baumeln zwei Zapfen, ihr Pendel schwingt. Es ist die erste funktionierende Uhr, die Henry in Benēsi bisher zu Gesicht bekommt. Denn auch wenn in den Zimmern und Fluren der Festung an Stand- und Kuckucksuhren wahrlich kein Mangel herrscht – keine von ihnen ist aufgezogen. Starr verharren ihre Zeiger auf längst vergangenen Stunden. Wie man dennoch die Tagesordnung streng zu befolgen in der Lage ist, bleibt Henry ein Rätsel. Die täglichen Rituale müssen den Bewohnern in Fleisch und Blut übergegangen sein; auf die Uhr scheint hier niemand blicken zu wollen.

Durch die Fenster ist auf der Veranda der schwarze Wächter mit seinem Stab zu erkennen. Wie er mit so einem Stöckchen die Raubtiere der Steppe abhalten will, das würde Henry nun doch interessieren. Angreifende Krieger fremder Stämme wird man so jedenfalls kaum in die Flucht schlagen können. Anscheinend leben tatsächlich Schwarz und Weiß in Tola anders als in den anderen Kolonien einigermaßen friedlich nebeneinander. Auf der langen Tafel ist bereits für das Diner gedeckt: Porzellan, Teetassen, die sich unter dem mächtigen Lüster aus Elfenbein seltsam zierlich ausmachen. Mit den geschwungenen Elefantenstoßzähnen und den Metallstangen sieht er aus wie ein überdimensionaler medizinischer Apparat. Ansonsten findet sich in der Festung eine seltsame Mischung aus unterschiedlichstem Mobiliar. In den langen Gängen mit den niedrigen Decken und den Geweihen an den zum Teil unverputzten Wänden, die vom Lieblingszeitvertreib Gerbers zeugen, steht immer wieder ganz unvermittelt ein Biedermeier-Stuhl, eine Jugendstil-Kommode, ein Kleiderständer mit einem Pelz daran, aus dem, als Henry ihn anfasste, die Motten stiebten. Hinter einer Ecke ist er sogar auf ein Bett gestoßen, frisch bezogen, als schliefe jemand darin. Später erfuhr er, es handele sich bei all dem um die Einrichtung, die Gerbers Vorgänger, französische Händler, bei ihrem überstürzten Auszug hinterlassen haben – die Rede ist von einem Selbstmord.

Gerber lässt noch einmal den Blick schweifen, als wolle er sich vergewissern, dass alles seine Ordnung hat, dann schließt er die Tür. Gemächlich spaziert man weiter den Gang entlang. »Um sieben Uhr findet der Morgenappell im Innenhof statt. Ich teile die Arbeiter in Trupps ein für die Waldarbeit. Über 50 Neger. Keine leichte Aufgabe, nebenbei gesagt, überhaupt mal Ordnung in so einen Haufen reinzukriegen. Punkt zwölf Mittagessen. Um fünfzehn Uhr dreißig wird der Tee serviert, auch wenn wir keine Engländer sind, Sie verstehen schon ...« Gerber lacht kurz auf, hoch und heiser, während er sich mit einem Taschentuch den Schweiß von der Stirn wischt. »Um achtzehn Uhr Nachtmahl. Jeden Mittwoch gibt es mit Herrn Lautenschlager, meiner Schwester, Dr. Brückner und mir eine Whist-Runde, an der Sie selbstverständlich, wenn Herr Lautenschlager abgereist ist, auch teilnehmen können. Die Festung verfügt über diverse Spiele. Auch ein Tennisplatz ist vorhanden. Meine Schwester spielt. Sie sehen, man lebt hier fast wie im Grand Hotel. Wenn Sie einen Wunsch haben, fragen sie einfach einen der Boys. Sie verstehen Englisch, auch Deutsch. Ein paar Brocken zumindest. Bitte sehr. Fragen Sie!«

Vor einer Tür steht ein Boy in dunkelblauer Livree mit blank polierten Goldknöpfen, ohne dass Henry erkennen kann, welche Funktion er hier ausfüllt. Als er Gerber und Henry kommen sieht, streckt er den Rücken durch und schlägt überraschend flink die Hacken aneinander. Der Knall hallt durch den breiten Gang. Sein Blick ist starr auf die Wand gegenüber gerichtet. Wahrscheinlich wartet er einfach auf Anweisungen. »Ich bin aber gerade tatsächlich wunschlos gl...«, versucht Henry abzuwehren.

»Na los. Fragen Sie«, insistiert Gerber. Henry errötet.

»What kind of games do you have here?«, fragt er leise und schaut zu Boden.

»Yes, Sir. Sir, we have a lot of games here, Sir«, ruft der Eingeborene und nimmt dabei Haltung an wie ein echter preußischer Soldat.

»Sehen Sie«, Gerber lächelt triumphierend, es ist ein überaus liebenswürdiges Lächeln. Die dünnen Enden seines Kaiserbartes, die jetzt zittern, seine runden Wangen, erinnern

Henry an ein Murmeltier. »Der deutsche Geist hat hier ein würdiges Zuhause gefunden«, flüstert der Verwalter. Zum Eingeborenen gewendet, mit starkem deutschem Akzent: »Thank you ... nothing.« Henry muss kurz schmunzeln. Ob Gerber überhaupt versteht, was der Schwarze da geantwortet hat?

»Ja«, sie schreiten langsam den Gang entlang, das *Tock-Tock* ihrer Schuhe, Gerber hat den Fächer eingesteckt und die Hände hinter dem Rücken gefaltet. »Natürlich können Sie auch gern an den von Schirach geleiteten Exerzitien der Truppe teilnehmen. Ich könnte deshalb bei ihm vorsprechen. Sofern Sie es wünschen, können Sie auch den Bestrafungen beiwohnen. Nicht der schönste Anblick, sicherlich. Aber, glauben Sie mir, ab-so-lut notwendig, um hier für Ordnung zu sorgen.«

Henry will in Richtung Wendeltreppe gehen, die in die Wohnräume im ersten und zweiten Stock führt; aber Gerber weist ihn mit einer kurzen Bewegung der Hand an, um die Ecke zu biegen. In welchem Trakt befinden sie sich eigentlich gerade? An der Wand hängt ein ausgestopfter Pfau, er thront auf einem Ast. Sein Rad schimmert blau.

»Die Schwarzen sind nichts anderes gewohnt im Übrigen. Na, wie die miteinander umgehen, werden Sie noch früh genug mitbekommen. Der Schwarze ist grausam und erwartet auch von uns, dass wir ihn angemessen, aber mit all der nötigen Härte bestrafen, sobald er gegen das Gesetz verstößt. Andernfalls würde hier alles zusammenbrechen, glauben Sie mir.«

»Bestrafungen ...?«, fragt Henry ungläubig. Er ist eigentlich davon ausgegangen, in den Stunden seit seiner Ankunft zumindest einen ersten Eindruck von Gerber gewonnen zu haben: Der Verwalter mag grobschlächtig, ja ungehobelt und cholerisch veranlagt sein, worauf auch der stets hochrote Kopf schließen lässt. Im Grunde seines Wesens scheint er aber gutmütig. Henry gegenüber benimmt er sich nahezu väterlich. Gestern sah er außerdem, wie Gerber dem Boy, der wohl sein persönlicher Diener ist, über den Kopf streichelte und ihm Süßigkeiten gab, die dieser sofort in den Mund steckte und knackend zerbiss. Letztlich leuchtet Henry aber das, was Gerber eben gesagt hat, ein. Wer ein derart großes und wichtiges Unternehmen für das Reich verfolgt, muss Respekt und Disziplin von seinen Leuten einfordern.

Durch eines der Fenster zum Innenhof kann Henry sehen, dass sie sich gerade gegenüber jener Stelle befinden, an der sie vorhin standen, dem Eingang zum Speisesaal. Der Blick des Soldaten drüben, soweit das zu erkennen ist, trifft genau auf Gerber und ihn.

»Mei, Bestrafungen. Natürlich, wie gesagt, keine schöne, aber eine notwendige Angelegenheit. Wir haben hier ja auch, abgesehen vom Forst, den es zu pflanzen gilt, eine erzieherische Aufgabe gegenüber den Wilden. Das wirft täglich neue Fragen auf. So gibt es wichtige juristische Feinheiten. Auch das muss klar durchdacht sein. Ob man beispielsweise die Flusspferdpeitsche oder ein Tauendchen anwendet. Benutze ich die Flusspferdpeitsche, ist der Schwarze kaputt. Er fällt für Tage aus und fehlt mir im Wald. Der Dumme bin also am Ende ich. Benutze ich hingegen das Tauendchen, wird das von den Schwarzen möglicherweise als erträgliches Übel betrachtet. Übermütig begehen sie die Tat erneut. Sie sehen, die Sache ist so einfach nicht. Und schließlich: Wann ist ein Vergehen mit dem Tode zu bestrafen? Zweimal musste ich schon Schirach seines Amtes walten lassen. Einer der Bengel hatte

versucht, den Forst anzuzünden. Verstehen Sie? An-zu-zün-
den! Aus reiner Bosheit. Das Murren unter den Dienern und
Soldaten nach Vollstreckung des Urteils – Strang, Sie verstehen – war groß. Letztlich zeigte es aber Wirkung. Die meisten
Eingeborenen wissen zwar, dass sie von der Festung und der
Stadt, die bald stehen wird, profitieren – Arbeit, Geld, ein festes Dach über dem Kopf. Instinktiv unterstützen sie unser
Vorhaben. Trotzdem sind die Neger-Soldaten hier aus gutem
Grund nicht mit Schusswaffen ausgestattet. Nur Schirach
und ich, wir tragen Revolver bei uns«, er hebt das Sakko, an
seiner Hose steckt ein Halfter. »Das empfehle ich im Übrigen
auch Ihnen. Lassen Sie sich nachher mal von Käutner, dem
Gefreiten hier, unser Arsenal im Keller zeigen. Denn für den
Ernstfall sind wir gerüstet, glauben Sie mir. Die Festung und
alle damit verbundenen Pläne, das ist meine feste Überzeugung, sind am Ende doch wichtiger als das Leben anderer
oder gar unser eigenes, gell?«

Gerber zieht einen Schlüsselbund aus der Tasche und
schließt die imposante Holztür auf, vor der sie stehen geblieben sind. Er atmet schwer. Auch Henry ist völlig außer Puste,
obwohl sie nur wenige Meter zurückgelegt haben. Zudem ist
er von den letzten Worten Gerbers tief ergriffen und fühlt
endlich, was ihm während der Monate im Eingeborenendorf
und manchmal auch schon davor abhanden kam: einen
Sinn. Ihm fällt wieder der Grund ein, warum er trotz der ent-
setzlichen Katastrophen auf dem Weg hierher nicht aufgegeben hat und zurück nach New York gefahren ist. Er möchte
»Ja« sagen, bringt aber keinen Ton heraus. Gerber dreht die
Lampe neben der Tür auf.

Im niedrigen Raum vor ihnen, an der Decke Holzplanken,
Ölgeruch in der Luft, steht ein Mühlrad, ein gewaltiges Ding

aus Metall, in einer türkisfarbenen Ummantelung. Aus der Mitte ragt ein dicker Stab.

»Was sagen Sie?«, Gerber kann vor Stolz kaum sprechen, er drückt seinen Bauch heraus und blickt Henry erwartungsvoll an.

»Das ist ja ... nicht zu glauben«, Henry hat nicht die leiseste Ahnung, was der Verwalter ihm da präsentiert. Eine Maschine, so viel ist zumindest sicher. Viel wichtiger ist jedoch: Wie kann sich Henry aus dieser Notlage befreien? Selwin war Ingenieur, Henry muss also, wenn er nicht auffliegen will, über Dinge des Technischen Bescheid wissen. Er lächelt. Macht einen Schritt vor.

»Wo haben Sie *die* denn her?«, staunend.

»Das glauben Sie nicht, gell? Ist ein wahres Prachtmädchen. Eine echte Schuckert. Habe ich mir Stück für Stück aus Deutschland bestellt und hier eigenhändig nur mit ein bisschen Hilfe der Boys zusammengesetzt – glauben Sie nicht, gell?« Gerber geht rasch zur Maschine und streicht darüber. »Wenn das Mädchen erst mal auf Touren kommt, was denken Sie, was wir da für Strom haben werden – Strom! Die Lampen lagern im Keller, gut verpackt, aus Leipzig, Niethammer, die besten, nebenbei gesagt. Damit elektrifizieren wir den ganzen Innenhof, den Tennisplatz, ach was, die ganze Stadt, Ihre Stadt, Selwin!« Gerber hat die letzten Worte hallend in das Rad hinein gesprochen und den Blick über sein Werk schweifen lassen. Zum zweiten Mal heute überrascht er Henry. Dass Gerber so ein Ding mit diesen Wurstfingern zusammenbauen kann ... nicht übel. Siedendheiß ist Henry inzwischen eingefallen, dass es sich um so etwas wie einen Generator handeln muss. Die stickige Kammerluft lähmt seine Gedanken. Tief kramt er in seinem Fachwissen.

»Wie viele – Voltampere?«

»Ha!« Gerber, dem der Sauerstoffmangel hier nichts auszumachen scheint, hat sich rasch nach ihm umgedreht. »Über 500!« Er klopft auf die Ummantelung und reißt dabei die kleinen Augen auf, als habe er eine Vision.

»Über 500«, wiederholt Henry anerkennend, während er versucht zu verstehen, wie dieser Generator einmal zum Laufen gebracht werden soll. Weder sieht er eine Vorrichtung dafür noch Leitungen, die den erzeugten Strom verteilen würden. In Chicago, im Masonic Temple, durfte er einmal einen Blick in den Maschinenraum des Lifts werfen. Wenn ein Rädchen sich vom Dampf drehte, fuhr an den Seilen ein Gewicht in die Höhe und der Lift hinab, das verstand er. Aber hier . . .

»Dann bin ich aber mal gespannt. Würden Sie mir die Ehre erweisen und – den Generator anwerfen?«

Gerber guckt verlegen und untersucht plötzlich mit gerunzelter Stirn eine nicht vorhandene Delle im Rad. »Ja. Da gibt es diese Kleinigkeit. Dass wir Benzin dazu benötigen. Damit der Motor läuft. Der Bezirksamtmann in Bismarckburg, Reimann, dieser Dickschädel, rationalisiert zurzeit. Kennen Sie Reimann zufällig?« Gerber blickt Henry aus dem Augenwinkel an und spricht sofort weiter, als der kurz den Kopf schüttelt. »Aber ich komme schon noch zu meinem Recht, das können Sie mir glauben. Ich habe da meine Wege. Ist aber ansonsten ein wahres Prachtmädchen, was meinen Sie?«

Er klopft, wie um sich selbst zu bestätigen, wieder auf die Ummantelung der riesigen Maschine, die in diesem Moment nicht einmal, denkt Henry, die Nützlichkeit einer Fleischkonserve besitzt.

UNWILLKÜRLICH BLEIBT HENRY IM SCHATTEN des breiten Torbogens stehen. Eigentlich wollte er die ruhige Stunde des Nachmittags nutzen und – noch vor der von Gerber angekündigten, aber bisher nicht stattgefundenen Führung – sich ein Bild vom wichtigsten Teil Benēsis machen, dem Wald oder, wie Gerber ihn gerne nannte, dem deutschen Forst auf afrikanischem Boden, wobei er unmittelbar danach effektvoll innehielt, mitten im Satz, als lausche er seinem Echo. Ausschließlich deutsche Baumarten. Fast schon 1200 Hektar. Ein wahres Wunder. Noch dazu bereits üppig gewachsen – nach nur zwei Jahren. Und mit jedem Jahr, mit jeder Schiffsladung mit Setzlingen, mit jeder fruchtbaren Regenzeit werden es mehr, ja, von nun an vermehrt sich der Wald geradezu von selbst, ohne größeres Zutun!

»5000, das ist das Ziel fürs erste. Hektar, Sie verstehen«, so Gerber mittags zu Henry.

Aber beim Anblick des auf dem Boden hockenden Boys, der hier Wache schieben soll und in der Ausübung seiner Pflicht mit dem Rücken zur Mauer vom Schlaf überwältigt wurde, überkommt auch Henry Müdigkeit. Heftig gähnend, betrachtet er den Schwarzen. Der Kopf ist ihm auf die Brust gesunken, die wulstigen Lippen haben sich zu einem Spalt geöffnet. Bevor es an die Errichtung der Stadt geht, will Henry unbedingt einen Eingeborenen zur Bauweise ihrer Hütten befragen, die ihm in ihrer Mischung aus Lehm, geflochtenem Stroh und Holz stabiler vorkommen als so manch andere herkömmliche Konstruktion.

Die Nachmittagstunden scheinen freilich eine ungünstige Zeit zu sein, um überhaupt jemanden im wachen Zustand anzutreffen. Als Henry schließlich beschloss, allein loszugehen, hat er aus dem Zimmer des Verwalters durchdringendes Schnarchen vernommen, keiner der Boys befand sich auf seinem Platz. Auch hinter Fräulein Gerbers Tür ist es totenstill gewesen. Und als er die Wirtschaftsräume im Erdgeschoss passierte, saß vor der Küche das hübsche kleine Negermädchen in seinem schwarzen Kleid und der weißen Schürze auf einem Stuhl neben einer Kommode, den Kopf im Arm darauf vergraben. Es herrscht aber auch eine brütende Hitze, die einem buchstäblich die Sinne vernebelt, noch viel schlimmer als damals im Dorf, das, so hat Henry mittlerweile herausgefunden, viel näher am Strand liegt als ursprünglich gedacht, so dass dort zumindest hin und wieder eine erfrischende Brise wehte.

Unterm Torbogen kneift Henry jetzt die Augen zusammen und versucht, die Chaussee nach Bismarckburg zu erkennen. Schon nach ein paar hundert Metern beginnt die Steppe zu flirren, und der Sand, die Büsche und der hellblaue Himmel verschwimmen wie hinter einem Schleier. Nur ein einsamer Gockel mit herabhängendem Kamm stakst draußen in der prallen Sonne umher und gibt gurrende Laute von sich. Bevor er seinen angewinkelten Fuß wieder aufsetzt, guckt er zu Henry, verharrt, mitten in der Bewegung, starrt. Henry macht einen Ausfallschritt nach vorne, der Hahn rührt sich nicht. Als wolle er Henry daran erinnern, auch ja seinem Vorsatz nachzukommen, sich den Wald anzusehen – und sich nicht etwa zurück ins kühlere Innere der Festung zu begeben.

Also gibt sich Henry einen Ruck, es ist, wie wenn er von einer Klippe springen würde, tritt ins blendende Weiß hinaus, der Hahn setzt seinen roten Fuß endlich auf, und Henry möchte zusammensacken; kaum im Freien, werden seine Arme bleischwer, hebt er nur mit Mühe die Stiefel, unter deren Sohlen der Boden brennen muss. Die Sonne glüht durch den schützenden Hut hindurch. Seine schwarzen Haare darunter. Seine ganze Kraft nimmt er, ein Taucher, jetzt zusammen, rennt über den staubigen Vorplatz der Festung – schon bald werden hier die ersten Hütten für die Siedler gebaut werden –, bis zur sanften Anhöhe, wo allmählich das Steppengras dichter wächst, steigt den Hügel hoch und blickt von oben, nach Luft ringend, sich die Seiten haltend, über die Mulde, die Büsche. Die Pflanzen ändern ihre Farbe, je näher sie am Usulū stehen, von grau zu grün, als würde aus dem schlammig braunen Fluss, dessen Verlauf er hinter den saftigen Sträuchern und unter den vereinzelt kreisenden Vögeln nur erahnen kann, gleichermaßen Farbe und Leben sickern. Ja, so Unrecht haben die Wilden wohl nicht, denkt Henry, wenn sie von ihm als von einem Gott sprechen. Und es bleibt nur zu hoffen, dass er auch gegenüber Fremden gnädig gestimmt ist.

Als Henry von der Anhöhe aus den Blick auf das Gehölz am Ende der Mulde richtet, die tatsächlich erstaunlich hohen Fichten und Birken, ordentlich nebeneinander, meint er zu spüren, wie ihm die vielen verschiedenen Grüntöne wohl tun, wie sie in sein Innerstes dringen und dort ihre heilende Wirkung verbreiten. Er schnuppert. Ein kräftiger Duft schlägt ihm entgegen, würzig und doch lieblich, modrig und doch mit einem Hauch Rosmarin, harzig-süß, majestätisch frisch, ätherisch. Mehrmals muss er niesen. Ganz gefangen genommen von dem Wald vor ihm, dem deutschen Wunder, schlittert er den Hang herunter und stapft durch das kniehohe Gras, in dem es zirpt und summt. Mit jedem Schritt scheinen ihm die Stämme in der Ferne mächtiger, die Wipfel weiter.

Und er kann sie hören, ihr hohes Rascheln, beim kleinsten Windhauch. Im Gegenlicht schweben Ahornpropeller durch die Luft, von Insekten umtänzelt. Wo aber ist der Eingang zum Forst?

Henrys Blick gleitet die Baumreihen entlang. All die Geschichten aus seiner Kindheit von der Holzfrau, dem Schatzhäuser, dem Holländer Michel kommen ihm wieder in den Sinn, als er schließlich den mit Kieseln aufgeschütteten Weg entdeckt und darauf zuhält. Früher, bei seinen Besuchen in Deutschland, hatte er oft gehofft, er würde auf seinen Spaziergängen einmal auf eines dieser Märchenwesen stoßen. Hier und jetzt scheint es ihm zum ersten Mal seit langer, langer Zeit wieder durchaus im Bereich des Möglichen. Mit klopfendem Herzen streift er die abgerissenen Halme und Blätter von seiner Hose und seinem Hemd; dann tritt er ins Zickzack der pflanzlichen Schatten.

Die Stadt besteht aus drei konzentrischen Kreisen. Der innerste Kreis ist das Zentrum. In ihm befinden sich: die Kirche, das Rathaus, die Post, ein Theater- und Konzerthaus. Das Zentrum wird von einem zweiten Kreis, der Straße, umschlossen. Die Straße verbindet das Zentrum mit dem äußersten Kreis, den Wohnanlagen. Jede Wohnung ist gleich weit vom Zentrum entfernt. Die Wohngebäude stellen Städte in der Stadt dar, in ihrer Mitte befindet sich ein Hof, in der Mitte des Hofs ein kleiner Park mit Bäumen. Die Fassaden der Wohngebäude ähneln sich, die soziale Klasse ihrer Bewohner ist erst im Innern der Gebäude erkennbar. Zum Lebensgefühl der Bewohner – Ausgelassenheit, Zusammengehörigkeit – trägt die Architektur bei. So wie ich zu dir bin, bin ich zur Stadt. Ich bin die Stadt. Du bist die Stadt. Blicken die Bewohner aus den Fenstern auf der dem Zentrum zugewandten Seite ihrer Häuser, sehen sie die anderen Bewohner. Blicken sie aus den Fenstern auf der dem Zentrum abgewandten Seite, sehen sie Landschaft. Dort leben sie zusammen mit den anderen, hier ganz für sich. Es ist, als ob die Stadt auf der anderen Seite nicht existierte. Die Stadt ist je nach Bedarf durch weitere dreiteilige Kreis-Einheiten, die beliebig an die erste Kreis-Einheit angefügt werden können, zu vergrößern. Sie wächst organisch, aber klar geordnet, wie eine Pflanze. Kreis-Einheiten, die ausschließlich aus Bürokomplexen und Industrieanlagen bestehen, sind denkbar.

Hier, hinter den Zinnen der Festung, erinnert sich Henry mit einem Mal wieder an den Entwurf, den er in Chicago ausarbeitete, als er noch bei Burnham studierte. Er schaut über die Steppe, die innerhalb weniger Minuten in der blauen Dämmerung des Abends verschwunden ist. Der Sommer damals, die eleganten Wolkenkratzer, allen voran sein geliebtes Reliance Building; die Männer, die in ihren schwarzen Anzügen im Eingangsbereich verschwanden, während identisch aussehende Büroangestellte hinter den Fenstern in den oberen Stockwerken bei ihrer Arbeit saßen. All das kommt ihm jetzt, vier Jahre später und Tausende von Meilen entfernt, so unwirklich vor. Nichtsdestotrotz: Wenn es ein Gebiet auf der Welt gibt, das sich für eine Kreis-Einheit-Stadt eignet, dann dieses hier, in den weiten Ebenen der tiefsten Wildnis, die doch nur darauf warten, der Zivilisation zugeführt zu werden.

Wäre Selwin, also der wirkliche, der tote, mit einer Kreis-Einheit-Stadt zufrieden gewesen? Sicherlich hatte Selwin durch Burnham einige von Henrys Arbeiten gekannt, vor allem sein Cape-Cod-Haus. Mehr als wohlwollendes Lob hatte er aber nie aus dem Mund des mürrischen Selwin während der ohnehin immer seltener werdenden Gespräche auf der Überfahrt vernommen. Einmal hatte Henry Selwin in einem ihn selbst überraschenden Redefluss vom Newtonschen Kenotaph Boullées und Ledoux' Kugelhäusern vorgeschwärmt.

»Diese architektonische Kühnheit«, hatte er gegen die starke Brise gerufen, »wenn sie bloß auf offene Ohren gestoßen und umgesetzt worden wäre, also, Herr Selwin, stellen Sie sich das doch einmal vor: Die Entwicklung der Kunstgeschichte, ach was, die Menschheit hätte das um Jahrzehnte vorangetrieben – so aber gibt es diese Gebäude nur auf dem Papier und sie werden als Luftschlösser abgetan.«

Dabei verhalte es sich doch so, war er in seinem besten Deutsch fortgefahren und hatte sich dabei wie bei einem Examen an der Schule gefühlt, obwohl es doch nur Selwin und die Möwen über der *Brünnhilde* waren, zu denen er sprach, dabei verhalte es sich doch so, dass auch solche Fantasien Gültigkeit besitzen, oder etwa nicht? Der Übergang zwischen Wirklichkeit und Fiktion sei nicht selten fließend. Er könnte Selwin seine Studien vorzeitiger Todesfälle und widriger Umstände zeigen, die viele Meisterwerke manchmal kurz vor ihrem Abschluss verhindert hatten. Ganz anders freilich heute. Heute stehe man am Anfang einer ganz neuen Epoche: Ob Selwin ihm nicht beipflichte, dass die bahnbrechende Technik gerade in der Architektur vieles möglich mache, was früher nicht zu realisieren war und eben deshalb Hirngespinst bleiben musste?

»Außerdem weht doch ein neuer, ein frischer Geist, ausgehend von den USA, durch die Welt, zumindest das müssen Sie mir konzedieren, Herr Selwin. Und man tut wohl besser daran, die baulichen Fantasien ernst zu nehmen, denn schon bald könnten sie vor unseren Augen stehen, fest, aus Stein und Stahl.«

Bei diesen Worten zog Selwin, dessen dichter schwarzer Bart Henry davon abhielt, seine Miene zu lesen, hörbar die salzige Luft ein.

»Stein und Stahl«, wiederholte der, als wolle er die Wörter auf ihre Bedeutung hin abklopfen.

Mit einem Schlag merkte Henry, auf wie wenig Verständnis er bei seinem Gegenüber mit seinen Ausführungen stieß. Schnell schloss er, er denke ganz einfach, dass man in letzter Zeit gute Fortschritte gemacht habe und dass er hierzu sein Scherflein beitragen wolle, Selwin solle ihm im Übrigen seinen jugendlichen Übermut nachsehen. Der lenkte dann, als hätte der junge Amerikaner gar nichts gesagt, das Thema auf einige organisatorische Angelegenheiten, die Fortsetzung der Reise von Loué nach Bismarckburg per Bahn betreffend, bevor er sich verabschiedete und unter Deck verzog.

Henrys Abneigung gegenüber Selwin wuchs im Lauf der Überfahrt. Mit jeder abschätzigen Bemerkung oder Geste, mit jedem Beisammensein, bei dem Selwin wieder einmal geschwiegen hatte, ganz so, als erachte er Henry mittlerweile einer Unterhaltung nicht mehr für würdig und bereue den Beschluss, ihn dazu gedrängt zu haben, mitzukommen; mit jeder weiteren Plauderei an der Seite von Natalie, die der in seinen Bart schmunzelnde Selwin schon mit wenigen Worten zum verlegenen Kichern bringen konnte.

Insgeheim jedoch bewunderte Henry den Architekten, auch wenn er versuchte, sich dagegen zu wehren. So musste man sich geben. Lauter deutsche Wörter waren es, die ihm zur Beschreibung seines zukünftigen Vorgesetzten in den Sinn kamen.

Erfahrung, Witz, Seelenruhe.

Ihr Klang übte eine größere Faszination auf Henry aus als jener ihres amerikanischen Äquivalents. Zuweilen ertappte sich Henry dabei, wie er Selwin aus der Ferne studierte. An der Reling schaute der sinnend aufs Wasser, schwatzte scherzend mit dem Kapitän. Und ohne dass er es wollte, imitierten Henrys Arme, sein Kopf die eben am anderen gesehenen eleganten Bewegungen.

Und nun? Jetzt? Wie hätte Selwin gehandelt? Täglich, wenn ihn wieder Zweifel plagen, ob er der zukünftigen Aufgabe, *seiner* Aufgabe in Benēsi gewachsen ist, stellt sich Henry diese Frage. Selwin, der Erfahrene, der Vernünftige, hätte sich, nachdem alle Siedler von Bord gegangen waren, von der Lage und den Anforderungen vor Ort ein Bild gemacht. Als erstes hätte er wohl damit begonnen, das Sägewerk zu bauen, das einzige Gebäude des künftigen Dorfes, von dem Henry die Pläne gesehen hatte, Pläne, die mit der *Brünnhilde* im Meer versunken waren.

Es gibt Henry Sicherheit, sich fast beiläufig einige Züge des toten Lehrers angeeignet zu haben: Ruhig und bedachtsam tritt er auf. Der Schiffbruch hat ihm, so meint er, so hofft er, die letzte jugendliche Fahrigkeit ausgetrieben. In der Festung scheint niemand Verdacht zu schöpfen. Auch sind keine Nachforschungen von etwaigen Hinterbliebenen zu erwarten, die den Schwindel gefährden würden. Der richtige Selwin war alleinstehend gewesen, so dass keine Briefe privaten Inhalts erwartet werden dürften. Solange Henry nicht zu hohe Forderungen stellt und seine Bauten Gerbers Ansprüchen genügen, wird der ihm alle nötigen Mittel zur Verfügung stellen, da ist er sich sicher.

Er durchschaut diesen bayerischen Verwalter noch nicht ganz, der ihm immer wieder zur Bekräftigung seiner eigenen Phrasen auf die Schulter klopft. Bei den Mahlzeiten im Speisesaal der Festung herrscht eine ähnliche Rollenverteilung mit ähnlichen Spielregeln wie in den Salons, die Henry nur zu gut kennt. Als die Türen vor ihm am ersten Abend aufschwangen, meinte er noch zu träumen. An der Tafel stand scheinbar viermal derselbe Mann, zur Begrüßung nickend, dicklich, mit Kaiser-Wilhelm-Bart: vier Doppelgänger Seiner Majestät, die sich dann doch bald sehr voneinander unterschieden. Beim Essen hatten die Bewohner Benēsis ihre unterschiedlichen Positionen und ihre Stellung in der Festung zu erkennen gegeben. Da ist neben dem Verwalter Gerber der etwas verkommene Arzt Brückner mit den feuchten Augen und der gelben Haut, bei der sich selbst die tolalesische Sonne vergeblich um eine braune Färbung müht; wahrscheinlich selbst der beste Kunde seines Arzneischrankes. Da ist Schirach, der Offizier, der seine mangelnde Intelligenz durch bei jeder noch so unpassenden Gelegenheit geäußerte Zitate kaiserlicher Aussprüche wettzumachen versucht. Außerdem leistet ihnen gerade ein Forschungsreisender Gesellschaft, Dr. Rüdiger Lautenschlager, ein rotblonder norddeutscher Hüne, der auf Henry wie ein etwas in die Jahre gekommener Held aus einer germanischen Sage wirkt. Binnen der nächsten Monate möchte er weiter ins Landesinnere reisen; seinen Erzählungen von Expeditionen und einheimischen Legenden könnte Henry stundenlang zuhören.

Und schließlich, nicht zu vergessen, Gerbers schweigsame, schöne Schwester Käthe. Denkwürdig waren ihre ersten Begegnungen verlaufen. Henry hatte sich am ersten Tag auf dem Weg zum Verwalter in den labyrinthischen Gängen verirrt. Plötzlich stand er hinter einer Ecke der Schwester des Verwalters gegenüber. Die wilden blonden Locken. Der überraschte, dann aber sofort kecke Blick. Die Augen, so nussbraun wie der Teint. Als sei sie im Wald einem seltenen, scheuen Tier begegnet, musterte sie ihn von oben bis unten. Der herausfordernd geöffnete Mund. Sehr genau hatte sie sich den Neuankömmling angeschaut. Endlich knickste sie. Begann wieder, ihren rosa Fächer zu schwingen.

»Käthe Gerber, sehr erfreut«, eine überraschend tiefe Stimme. Sie streckte ihm die Hand hin.

Er spürte seinen eigenen warmen Atem, als er sich zum Kuss zu ihr beugte und dann bewundernd die langen dünnen Finger mit den feinen grünen Adern aus der Nähe betrachtete. In der Aufregung vergaß er sich vorzustellen. Erst nachdem sie ihm die Richtung gewiesen hatte, entschuldigte er sich noch einmal mit einer Verbeugung, wie ein linkischer Schulbube, musste über sich selbst lachen und rief noch im Weitergehen: »Gustav Selwin, übrigens. Ich bin Selwin, der Architekt.« Auch sie hatte ihre Habsburg-Lippen zum Lachen geschürzt. Anders als die anderen Deutschen, die sich mühsam durch die Festung schleppten, schien sie in ihrem langen weißen Kleid zu schweben. Sie hatte mit einem leichten bayerischen Akzent geantwortet, in den sich aber, völlig kurios, hier und da ein ganz und gar unpassendes Wort aus einem Dialekt einschlich, der Henry fremd war. Später erfuhr er, dass sie einige Zeit in Danzig verbracht hatte, was erklärte, warum das »Schöne« bei ihr »scheen« war.

Tags darauf hatte er in seinem Zimmer Musik gehört und für einen Augenblick angenommen, sie käme von draußen. Von den Eingeborenen. Doch er kannte die Melodie nur zu gut aus New York. Schumann. Nachdem er sich durch die Gänge und Treppen vorgetastet hatte, in denen er sich allmählich zurechtzufinden begann, stand er endlich vor einer angelehnten Tür. Im Zimmer dann schwere Bastteppiche, ein bunter Stoffparavent, ein Schreibtisch aus dunklem Holz mit Papierstapeln, zugezogene beige Vorhänge, ein Klavier. Daran: Die Schwester des Verwalters. In keiner Weise wirkte sie überrascht, dass er hier ungebeten auftauchte, spielte unbekümmert weiter, diese eine Melodie, sah ihm dabei unverwandt in die Augen. Henry ahnte wohl, sie wollte ihm damit etwas sagen; was genau, das herauszufinden würde er sich in den nächsten Tagen zur Aufgabe machen.

Hier, auf dem Wehrgang, fühlt er sich am wohlsten. Am linken Turm schwirren Schwalben aus und ein; in einem der Gänge müssen sie ihre Nester gebaut haben. Ihr Schwatzen hallt von den Steinen wider. Der Gedanke, dass sie wie die anderen Bewohner der Festung möglicherweise den weiten Weg aus Deutschland zurückgelegt haben und in ein paar Monaten schon wieder heimkehren, berührt ihn seltsam.

Die Luft wird mit jedem Meter, den die Sonne tiefer und tiefer sinkt, kühler und erträglicher. Es ist, als fiele die Last, ständig einen anderen zu spielen, von ihm ab, als könnte Henry in diesen Stunden wieder er selbst sein. Das Innere der Festung, in der die Luft in den Mittagsstunden zum Schneiden dick steht, ist ihm unheimlich. Und die vielen leerstehenden Säle, an denen er immerzu vorbeiläuft. Gerber hatte ihm erklärt, man habe die Räume für die Passagiere der *Brünnhilde* vorgesehen; nach der Ankunft der nächsten Siedler und dem Bau der Stadt werde man in ihnen die Büros der *Verwaltung Benēsi* einrichten. Einmal konnte Henry seine Neugier nicht mehr zügeln, er klopfte an eine der schweren Türen und trat vorsichtig ein. Der in der Leere hallende Steinboden, über den aufgeschreckt etwas raschelte; die Spinnweben in den Ecken; die kahlen Wände und staubigen Fenster, hinter denen die Steppe nur als verschwommener brauner Fleck erkennbar war. Henry war es in diesem Augenblick, als wehte ihm der kühle Hauch der Toten entgegen, die nach dem Schiffbruch nicht etwa auf den Grund des Meeres gesunken waren, sondern sich hier, als dauerhafte Mahnung an die Lebenden, sie nicht zu vergessen, einquartiert hatten.

Bereits als kleines Kind hatte Henry dieses Gefühl, das nur als Gabe zu bezeichnen war. Wenn er einen Raum betrat, konnte er buchstäblich die Geschichte und alle Ereignisse spüren, die sich in der Vergangenheit darin abgespielt hatten. So die

Anspannung im Büro seines Vaters, die heimlichen Ehedramen und Momente stillen Familienglücks in den Wohnungen der Bekannten seiner Eltern und nicht zuletzt in deren eigenem Haus. Oft begann er, als sie irgendwo zu Besuch waren, ohne einen für die anderen ersichtlichen Grund zu schmunzeln, weil er die Heiterkeit der einstigen Bewohner, die sich in den Ecken des Zimmers angesammelt hatte, die Witze, das dankbare Lachen, das Meckern, das Prusten zu fühlen meinte. Oder seine Mutter musste ihn an der Hand mit sich zerren, weil er ahnte, dass in dem Salon, in dem er die nächsten Stunden absitzen sollte, einmal etwas ganz und gar Ungutes geschehen war.

Mit elf Jahren zeichnete er Grundrisse von Häusern oder beschrieb in kurzen Texten Zimmer, in denen er gern wohnen würde, später ganze Städte. Insbesondere seine Mutter glaubte, in seiner lebhaften Fantasie dichterisches Talent zu erkennen. Als er ihr mit achtzehn begeistert von Jules Vernes »Reise zum Mond« erzählte, bestärkte sie ihn darin, doch einmal selbst etwas Ähnliches zu probieren, einen Roman – vielleicht auch aus dem Grund, weil sie, wie er später herausfand, selbst als Heranwachsende Gedichte auf die leeren Büttenpapierseiten eines ledergebundenen Buches geschrieben hatte und zu einem bestimmten Zeitpunkt sogar mit dem Gedanken gespielt haben mochte, sie zu veröffentlichen, bis die Heirat mit seinem Vater ihre Pläne zunichte und sie zur Ehefrau eines wohlhabenden Immobilienhändlers machte.

Henry entwarf daraufhin eine Geschichte im Kopf. In ferner Zukunft wird der erste Passagierexpress – der aussieht wie ein richtiger Zug – mit den unterschiedlichsten Typen an Bord in den Weltraum geschossen. Er kommt von seinem Kurs ab und rast an den Planeten vorbei durchs Sonnensystem. Nur ein Ende fehlte noch – doch Henry dachte bereits an eine Fortsetzung, viele Fortsetzungen, mehrere Bände einer Serie mit denselben Figuren. Allein zur Niederschrift hatte er es nie gebracht. Ein Kupferstich – Passagiere, die schwerelos mit verwundertem Ausdruck in ihren Abteilen schwebten – war das Einzige, was von dem Projekt verwirklicht wurde. Henry hatte ihn nach eigenen Vorzeichnungen in Auftrag gegeben und mit mehr Scham als Stolz seiner Mutter in einer silbern beschleiften Mappe zum Geburtstag überreicht.

Wenig später, zeitgleich mit dem Beginn des sterbenslangweiligen Unterrichts beim Buchhalter seines Vaters, der ihn zur Mitarbeit bei »Peters-Immobilien« qualifizieren sollte, setzte er bei der Mutter durch, dass ihm vom Architekten des Hauses seiner Eltern in New York, Aron Leitner, einmal pro Woche eine Privatstunde über die Grundlagen der Architektur gegeben wurde. Zwei Jahre darauf, nachdem ihm sein Vater eine feste Stelle als Akquisiteur in seinem New Yorker Büro übertragen hatte, vermittelte Leitner Henry an den »großen« Daniel Hudson Burnham in Chicago. Burnham, der diesen grauenvoll historisierenden *White City*-Stadtteil verbrochen hatte. Als stehe man nicht am Anfang des 20. Jahrhunderts! Dann aber wiederum stammte auch so etwas wie das Rookery Building von ihm: außen mächtig und innen doch luftig, hell und hochmodern! Und erst der Masonic Temple, in dessen 22. Stockwerk man während einer Theateraufführung das Panorama der nächtlichen Stadt genießen konnte; das höchste Gebäude der Welt und dabei wahrlich kein Turm zu Babel, würde doch kein Gott an der Perfektion seiner Konstruktion Anstoß nehmen und ihn in sich zusammenfallen lassen!

Einen ganzen Sommer und Herbst lang wohnte Henry am

Stadtrand von Chicago in der Holzvilla seiner verwitweten Tante Elfriede mit ihren vier Rauhaardackeln. Das Haus war im Gothic-Revival-Stil gebaut, mit vielen kleinen nutzlosen Spitzbögen, schlanken Pfeilern, kitschig bunten Butzenscheiben in den Fenstern der Erker und als Krönung mit nicht einem, sondern gleich drei schlanken Schornsteinen auf dem Dach. Allein die tägliche Fahrt mit der U-Bahn ins Zentrum machte da auf Henry den Eindruck einer Zeitreise. Zu seiner nicht geringen Enttäuschung beschränkte sich das Studium bei Burnham jedoch darauf, still in dessen Studio zu sitzen und zu versuchen, die Angestellten nicht zu stören, in der Hoffnung darauf, dass der Meister ihm, was selten genug vorkam, nach Feierabend etwas über seine Projekte und Methoden verriet.

»It all depends on the upper department«, pflegte der am Ende der Sitzungen gleichsam zusammenfassend hinter seinem Schnauzbart zu grummeln, wobei sein Finger mit der Beharrlichkeit eines Spechts gegen die Stirn tippte.

Wenigstens – und das entschädigte ihn für all die letztlich nicht sehr ergiebigen Stunden – durfte Henry an einem Auftrag Burnhams mitwirken, für den der »Chief«, wie er liebevoll im Atelier genannt wurde, weder Zeit noch Lust hatte. Henry sollte ihm einfach einmal den Entwurf vorlegen, so die Abmachung. Gemeinsam wolle man dann an den Details feilen, Burnham würde seinem Schüler großzügigerweise seinen Namen leihen. Die einzige Vorgabe beim Ferienhaus des wohlhabenden, aber noch kinderlosen Ehepaares, den Ascotts, am Cape Cod, bestand darin, dass das Gebäude, das auf einem sanft ansteigenden Hügel über dem Meer liegen sollte, eingeschossig zu sein hatte.

Der Entwurf sah einen fensterlosen Eingangsbereich am Fuß

des Hanges vor; Henry nannte ihn für sich »die Höhle«, auch weil ihn Herr Ascott mit seinem bereits in jungen Jahren von grauen Strähnen durchsetztem Haar und der spitzen Nase, auf die das gesamte Gesicht schnauzenartig zulief, an einen Dachs erinnerte. Der Aufgang zu den Wohnräumen würde aus einer engen, schnurgeraden Treppe bestehen, die matt elektrisch beleuchtet werden konnte. Dämmerschein. Der Eintritt in das Haus gleichsam ein Purgatorium, in dem der Bewohner mit jeder weiteren Stufe wie auf einer Himmelsleiter seine Sorgen hinter sich lässt. Am oberen Treppenabsatz dann nach der letzten Anstrengung die Erleichterung, das tiefe Einatmen der reineren Luft. Auf einem kleinen Podest würde man durch das südlich ausgerichtete lichtdurchflutete Wohnzimmer mit seinem weißen Marmorboden blicken, durch die Glasfront, auf den Atlantik und die glitzernden Wellen. *In Paradisum.*

Wenn Henry während der Bauphase vor den wie vom Meer angespülten Ziegeln und Holzplanken den Arbeitern Anweisungen erteilte, war es ihm manchmal, als stünde er in einer Landschaft seines Gehirns, die hier vor seinen Augen nach und nach Gestalt annahm. Dann, endlich, eines Nachmittags saß er mit seinem Lehrer den Ascotts gegenüber, die Fensterfront im Rücken. Mit seinen kleinen Dachsaugen blinzelte Herr Ascott ins Sonnenlicht. Nicht alles stimmte mit Henrys Pappmodell überein, das Tante Elfriede an einen Ehrenplatz zwischen ihre Tassen gestellt hatte. Nach Burnhams überaus kritischen Anmerkungen – »Hm, this doesn't work«, murmelte der stets nur – hatte Henry es einer Korrektur nach der anderen unterziehen müssen. Der junge Peters verfüge über erstaunliche Einfälle, über die er aber zu oft deren Realisierbarkeit vergesse, hieß es in einer Besprechung im

Studio. Dennoch konnten die Ascotts an jenem Tag Burnham zu einem wieder einmal überaus eindrucksvoll gelungenen Werk gratulieren. Mehr als die indirekten Komplimente wog jedoch das Gefühl, das Henry in diesem Moment erfüllte. Die Gewissheit, etwas Bleibendes, Handfestes geschaffen zu haben, das der Natur draußen, den durch die Fenster sichtbaren anstürmenden Wogen des Meeres und dem Wind, trotzen und einen schützenden Rahmen für das Leben der beiden Bewohner und all ihrer Nachfolger abgeben würde. Die Geschichte der Ascotts, das ahnte Henry, sie konnte in so einem Gebäude nur eine glückliche sein.

Die leeren Räume der Festung jedoch, über denen er jetzt gerade auf dem Wehrgang steht, besitzen für ihn etwas zutiefst Bedrückendes. Nicht wegen der Dinge, die sich darin ereignet haben, sondern der Geschichten wegen, die sich darin noch abspielen werden. Die enttäuschten Hoffnungen, die Dramen. Mit seinen Zinnen, Schießscharten, den Türmen scheint Benēsi für nichts anderes als künftige, erbitterte Kämpfe gebaut worden zu sein.

Bei Henrys Ankunft waren die Überreste der Leiche des Schwarzen auf dem kahlen Baum vor der Festung halb verwest gewesen. Tagsüber versuchte er nicht darauf zu achten, hatte Brechreiz verspürt, wenn er den von Vögeln zerhackten Körper sah. In der nun fast vollkommenen Dunkelheit hat sich der Tote in Geäst verwandelt. Wenige Meter daneben schimmert unter einem Palmblätterdach hartnäckig das Rot des Tennisplatzes, nein, es sind die Fackeln an dessen Umrandung. Zwei in weiß gekleidete Gestalten – eine davon könnte Gerbers Schwester sein – stehen dort nebeneinander und reden. In der Nacht beginnt hier das Spiel.

SELWIN GENIESST die Kühle des Abends. Hat sich noch nicht ganz akklimatisiert, der Preuße. Zugegeben, ist wirklich unerträglich geworden, diese Hitze. War ja auch schon so im Jahr davor, wenn sich Gerber richtig erinnert: Im vierten Monat der Trockenzeit war's da nicht mehr auszuhalten. Was hatte er sich damals für Sorgen um seinen Wald gemacht! Sich an dieses Schweineklima als Europäer zu gewöhnen, wäre aber auch abnorm, das kann keiner von einem erwarten – selbst wenn man, so wie Gerber, eine Zeitlang im Kongo verbracht hat, wo es weiß Gott auch nicht gerade angenehm war... Nein, letztes Jahr war's nicht so arg. Das Unterholz im Wald ist jetzt schon ganz ausgedorrt. Ein gutes Drittel der Ahorndickung ist dahin. Kann man einfach verbrennen, die Bäumchen. All die Mühe, die man mit ihnen hatte, all die Sorgfalt, die man auf sie verwandt hat. Bloß weil die Bewässerungskanäle kaum noch Wasser führen. Ganz zu schweigen von dem Rohrsystem, das er sich ausgedacht hatte. Aber selbst der Usulū ist stellenweise auf die Größe eines Baches geschrumpft, so weit reicht kein Rohr, um den noch anzuzapfen. Wie schnell das hier gehen kann... ein paar Tage länger Sonne als die üblichen vier Monate und zack: alles tot. Und dann kübelt es wieder herunter, in der Regenzeit, ein Vierteljahr lang, von einem Tag auf den anderen. Urplötzlich kann man sie riechen, die Wolken, wie sie sich im Landesinneren zusammenziehen, und dann schüttet es und schüttet, und mit dem Regen kommt diese drückende Schwüle, in der man sich nicht mehr bewegen mag. Und dazu die lästigen Fliegen überall. Nicht mal so hier ein paar und hier ein paar, nein, Millionen. Dieses Land kennt einfach kein Maß. Na, wird Zeit, dass dann zumindest auch der Wald schön *über die Maßen* wächst... und wenn der Regen nicht kommt? Was dann? Ob der Zauber der einheimischen Medizinmänner, die laut Schirach im Hinterland schon am Tanzen sind, tatsächlich etwas bewirken kann? Einen Versuch wäre es zumindest wert, sollte sich die Situation weiter zuspitzen ... ach was, genau so wie im letzten Jahr wird der Regen alle Sorgen binnen Minuten wegwaschen.

Umso wichtiger, dass dieser Selwin bis dahin etwas geschafft hat. Denn wo die Pflanze gut gedeiht, da tut sich der Mensch mit dem Bauen schwer. Guckt vielleicht deshalb immer so nachdenklich, der Herr Architekt. Jetzt lässt er noch einmal den Blick über die düstere Steppe schweifen. Überdenkt seine Pläne für die Siedlung. Sie beschäftigen ihn, gut so. Spricht ja von nichts anderem, wenn er denn mal das Maul aufbekommt. Eine ziemliche Memme wahrscheinlich, mit seinen weichen Zügen, zudem eitel. Bei seiner Ankunft noch völlig verwahrlost, hat er bereits am selben Tag nach dem Barbier verlangt, sich das Haar stutzen lassen, wie mit dem Lineal den Mittelscheitel gezogen, das Kinn sorgfältig glatt rasiert, duftet außerdem nach Rosen oder so einem Zeug. Dazu diese karierten Anzüge, die er bei Hoki in Auftrag gab. Ist wohl gerade Mode in Berlin ... wie er sich heute Morgen über die Schwüle beklagte. Naja – ein weiterer und dieses Mal noch längerer Aufenthalt bei den Wilden wäre gewiss ganz heilsam für so einen!

Gerber tritt zurück vom Fenster. Selwin, der eine Ewigkeit oben schräg gegenüber an den Zinnen gestanden hat, geht, die Arme vor der Brust verschränkt, den Wehrgang entlang, zur Treppe in den Turm, ihn friert wohl, über ihm kreisen schwarz die Schwalben. Er muss Selwin diese Flausen austreiben, von wegen Stadt, von wegen auch für andere deutsche Kolonien vorbildliche Siedlung. Es wird nicht allzu lange dauern, ein, zwei Wochen, dann wird Gerber Selwin so weit haben, dass er ihm aus der Hand frisst. Alle kommen sie hier an mit weiß Gott was für Erwartungen und Plänen. Wie das Amen in der Kirche folgen die ersten Enttäuschungen. Das macht mürbe. Gerber hat es mürbe gemacht. Am Ende sind sie mit allem zufrieden, was bloß nicht den Stillstand und die Langeweile verlängert. So oft hat Gerber es schon bei all den Auswanderertrupps im Kongo und in den ersten Monaten in Tola erlebt.

Gerber wird Selwin weiter bearbeiten. Ihm zureden. Bei den Mahlzeiten und den Spaziergängen, die sie zusammen unternehmen werden. Ja doch, Selwin, sicher. Ihre Stadt, wir werden sie bauen. Jetzt braucht es aber erst einmal das Sägewerk, als erstes bauen Sie das Sägewerk. Die Pläne haben Sie mir doch schon vor Monaten geschickt, wir fangen am besten nächste Woche mit dem Bau an. Sie sagen, wie viele Männer Sie brauchen, und die bekommen Sie. Und dann, Selwin, dann setzen Sie sich mit den Ingenieuren in Loué zusammen und planen mit ihnen gemeinsam die Eisenbahnlinie.

Die Bewilligung der Linie ist reine Formsache, wenn der Gouverneur Maysenbug oder Reimann, der Bezirksamtmann aus Bismarckburg, erst einmal hier waren und den bald 2000-Hektar-Forst mit den kräftigen Bäumen mitten in der Steppe, wenn man dieses grüne Wunder erst einmal mit eigenen Augen gesehen hat, dann wird man die Linie bewilligen. Spätestens wenn gleich daneben auch noch das Sägewerk steht und in Betrieb ist ... naja, noch eindrucksvoller wäre es wahrscheinlich, wenn sich hier der ein oder andere zusätzliche Siedler tummelt ... so wird's gemacht: Allerspätestens nach der Ankunft der Siedler sollen die Herren aus Bismarckburg oder Loué antanzen. Davor kann man ja schon einmal anklopfen, nachhaken, den Boden beackern und begießen wie bei einer Pflanzung. Im Vergleich dazu freilich ist die Sache mit Selwin ein Kinderspiel. Selwin ist ein Würstchen. Mit dem wird Gerber allemal fertig.

Wäre Gerber noch in München, bedeutete das eine andere Ausgangslage – fürchterlich der Gedanke daran. In den Gesellschaften in München und auch im Kongo war Gerber letztlich, das weiß er selbst, eine Null. Rund wie eine Null und in der Mitte schauen sie durch dich durch. Weil du nichts bist. Weil du nichts erreicht hast. Das Einzige, was sie von dir wahrnehmen, ist der Rauch deiner teuren Zigarren, in den du dich einhüllst, wenn du wieder zu einem Zirkel oder einer Soiree musst. Und du musst ja. Kontakte pflegen, zeigen, dass du da bist, dass es dich noch gibt. Aber im Lauf der Zeit hast du die Kniffe gelernt. Was es zu beachten gilt, damit sie dich bemerken. Hier ein Witz – sie lachen höflich –, hier eine Einladung – sie nehmen natürlich gerne an und fressen und saufen umsonst. Du wirst nie zu ihren Freunden gehören. Du bist »Der Fette«, der »Gerber-Sohn«; der, der kein Talent hat, dem sein Vater wegen angeblicher Unfähigkeit sein Vermögen vorenthalten hat; der, der die anderen anpumpt und anpumpt und anpumpt, der katzbuckeln muss. Sie warten doch nur, bis du komplett pleite bist, bis auch dein letztes Projekt gescheitert ist und du mit dem Gesicht voran auf dem Boden liegst. Dann stürzen sie sich auf dich und teilen die Beute unter sich auf. Aber bevor es zu diesem letzten Akt in deinem Leben kommt, das dann eine Tragödie wäre und nicht der Triumph, von dem du immer geträumt hast, bevor es dazu kommt, haben sie Angst vor dir wie vor einem wilden Tier im Käfig – vielleicht schafft er es doch? Vielleicht bricht er doch noch einmal irgendwann aus? Schließlich ist er der

»Gerber-Sohn«. Und wenn du es einmal geschafft hast – dann, ja dann kommt keiner mehr an dir, dem Fetten, vorbei. Dann zerdrückst du sie mit einem Hüftschwung beim bloßen Versuch, *Mnaba-Di*, so tanzen Elefanten.

Hier, in Benēsi, gibt es bald niemanden mehr, auf den Gerber angewiesen wäre, sobald die Eisenbahn endlich genehmigt ist. Nicht einmal auf den Gouverneur, seine Heilig- und Herzoglichkeit Adolf von und zu Maysenbug. Offiziell passiert nichts ohne seine Zustimmung. Aber hat seine preußische Herzoglichkeit auch nur einmal die Freundlichkeit besessen, den werten Hintern aus seinem Palast in Loué zu bewegen und zu begutachten, wie sich seine Landsleute im Norden abmühen, diese Kolonie in ein Land zu verwandeln, das dem Reich und nicht zuletzt seiner Herzoglichkeit zu aller Ehre gereicht? Zu allem Überfluss heißt es, Maysenbug sei irre geworden. Die ständige tolalesische Sonneneinstrahlung, der Sinne verwirrende Harmattan-Wind. Maysenbug habe seine Uniform abgelegt und trage nur noch die grauen Kittel der Einheimischen. Ebenso seine Frau. Eine Schande. Victoria von Maysenbug. In Negertracht! Was für eine Verkafferung! Die beiden lassen sich in einer Sänfte durch die Straßen tragen und von den Einheimischen als Chiefs bejubeln. Außerdem geht das Gerücht um, Maysenbug habe dem protestantischen Glauben abgeschworen und in einer Stammeszeremonie den tierischen Gottheiten der Wilden Treue und regelmäßige Opfer versprochen. Und was sagt Berlin dazu? Nichts. Natürlich. Was könnten die auch schon aus der Ferne ausrichten. Und so jemanden also, so einen verkafferten Herzog muss Gerber um Unterstützung bitten wegen der Eisenbahn. Fährt die aber einmal und hat Selwin seine Stadt gebaut, dann ist Schluss mit dem Theater, den ewigen Bittgesuchen, könnten

Sie bitte, darf ich Sie um den Gefallen, dringend ersuche ich Sie. Dann wird nur noch gemacht, was er will. Dann ist er der Chief.

Gerber köpft die Zigarre, zieht an ihr, während er sie entzündet. Bei jedem Zug glimmt ihr Ende, ein Lichtpunkt im dunklen Zimmer, kaum zu erkennen der Schreibtisch, die Bilder des Kaisers und Hollwegs an den Wänden, der große und der kleine Klaus neben dem Bett, die ab und zu knurrend die langen Ohren anheben. *Plop* und noch einmal: *Plop* schallt es von draußen, vom Tennisplatz. Der schmächtige Käutner, für dessen Knabenkopf selbst das kleinste Uniformkäppi zu groß ist, spielt mit Käthe. Sie wird ihn wieder besiegen. Entweder schlägt sie tatsächlich vorzüglich; oder der Gefreite, der einzige Weiße in Schirachs Schutztruppe, taugt auch dazu nichts.

Aber gut, dass sie wieder spielen. Seit dem Untergang der *Brünnhilde* und damit der kostbaren Setzlinge – Kastanien! Mein Gott, warum hatten es ausgerechnet so teure Hölzer sein müssen? –, des Werkzeugs und nicht zu vergessen dem Verlust der 137 Arbeitskräfte hatte keiner mehr an Tennis gedacht. Als man ungeduldig auf das Eintreffen der Siedler wartete und schließlich Käutner schüchtern mit dem Telegramm aus Bismarckburg, der Unglücksnachricht in der Hand im Büro erschien, da hatte Gerber gewankt, als stünde er selbst auf einem vom Sturm hin und her geworfenen Schiff. Für eine Sekunde war auch er untergegangen, rang er mit gerecktem Hals nach Luft wie ein Ertrinkender. Seine letzte Hoffnung, die Faktorei in Benēsi, schien in weite Ferne gerückt, das Kapital aus dem einst gewaltigen, aber zerschlagenen Holz-Imperium seines Vaters war mittlerweile nahezu aufgebraucht. Wenn er nicht bald der Kolonialgesellschaft

Umsätze vorlegen konnte, müsste er das Projekt, den doch gerade so verheißungsvoll sprießenden Forst, aufgeben. Und wohin wäre er dann gegangen? Wer hätte denn noch Verwendung für einen dreimal – dreimal! – gescheiterten Unternehmer gefunden?

Im Nachhinein ist ihm unklar, wie er die Zeit damals überhaupt überstehen konnte. Bewegungslos hatte er stundenlang in seinem Zimmer gesessen, das zwar die Bezeichnung *Büro* trug, in dem er aber keine Arbeit verrichtete, schlichtweg aus dem Grund, weil durch den Untergang der *Brünnhilde* keine vorhanden war. Nichts nahm er mehr wahr, nicht einmal Käthe, die dreimal am Tag leise ins Zimmer schlich, um ihm das Essen zu bringen. Wo war er in dieser Zeit gewesen? Verloren. Verloren in Gedanken, in seiner Angst. Seinen Geldgeber, die Bremer Kolonialgesellschaft, hatte er nie mit eigenen Augen gesehen. Wenn er nur wüsste, wer genau dort für ihn zuständig war. Die Schreiben, die er erhalten hatte, trugen stets unterschiedliche Unterschriften. Petersen, Brenner, Klunkert, von Woyz… Wie würde wohl ihre Reaktion ausfallen? Würden sie beschließen, noch einmal ein Schiff zu schicken? Mal bestand die Gesellschaft für ihn aus einer Runde von Herren im Frack, die in dichtem Rauch um einen Tisch saßen und Zigarren schmauchten; mal schmolzen alle Gesichter zu einem einzigen zusammen, das einem hageren Mann mit fein rasiertem Oberlippenbart und spitzen Lippen gehörte und einer in die Länge gezogenen Acht glich. Ja, der Mann war gar kein menschliches Wesen, er war eine Zahl! Die Acht wurde zur Neun, zur Zehn, zur Elf, zu einem steigenden, dann wieder bodenlos in die Tiefe stürzenden Aktienkurs. Am Ende war die Kolonialgesellschaft ein Gebäude, das Bremer Rathaus, das Gerber von Abbildungen kannte, verwandelten sich die Fenster in Augen, die Tür in einen Mund, der mit scheppernd-tiefer Stimme zu ihm sprach: »Aber ich bitte Sie! Gänzlich unmöglich, Herr Gerber. Gänzlich unmöglich! Selbstverständlich kein Kredit! Denken Sie doch bitte an Ihre vergangenen Misserfolge!«

Seine Eilnachrichten, die er direkt von Urge, dem schwarzen Postboten, in der nächsten Telegrafenstation in Bismarckburg nach Bremen drahten ließ: unbeantwortet. Seine bis auf den Pfennig genauen Berechnungen, wie viel Kapital er benötige, wie viel Gewinn das Gehölz in den nächsten zehn Jahren abwerfen würde (er konnte ja alles genau belegen!), von irgendeinem unwichtigen Bürschlein der Kolonialgesellschaft wurden sie ihm im Original mit Anmerkungen – in Rot! – zurückgeschickt. Hier habe sich übrigens ein Fehler in seine Kalkulation eingeschlichen, man ersuche ihn um weitere Aufstellungen. Und dann ... Triumph! Der Brief eines Walter Gebhards, Generalsekretär der Kolonialgesellschaft. Man habe mit Trauer und Bestürzung vom Untergang der *Brünnhilde* erfahren, der nicht nur für Gerber, sondern für ganz Deutschland wie »für die Sache selbst« einen schweren Verlust darstelle. Nach eingehender Prüfung der Unterlagen habe man sich dazu entschlossen, ein weiteres Schiff mit knapp 100 Siedlern und einer Ladung mit den erforderlichen Waldarbeitsgeräten sowie 630 neuen Setzlingen zu einem Datum zu entsenden, das ihm später mitgeteilt werden würde.

Wenige Wochen nach dem Unglück, während derer es nun wieder zu warten galt, kam Gerber das Gerücht zu Ohren, nicht alle Siedler seien mit der versunkenen *Brünnhilde* umgekommen und von den Suchtrupps tot und aufgequollen am Strand aufgelesen worden. Einer, ein einziger habe überlebt und halte sich in einem Eingeborenendorf ganz in der Nähe auf. Es dauerte eine Weile, bis man sich mit den Schwarzen handelseinig war. Gerber hatte gehofft, wenn er auf Zeit spiele, würde vielleicht der Preis des Überlebenden sinken. Schirachs Drängen auf eine Strafexpedition, um den deutschen Gefangenen zu befreien und der frechen Negerbande ein für alle Mal den Garaus zu machen, lehnte er ab. In den Augen der Schwarzen in seiner Festung glaubte er ohnehin schon genügend triebhaften Hass zu erkennen. Wie ein Rudel Raubkatzen warten die doch nur, bis sich ihnen ein Grund zum Aufstand bietet.

Wie glücklich dann die Fügung, dass es sich bei dem völlig erschöpften und ausgemergelten Mann nicht etwa um einen nutzlosen weiteren Esser handelte, sondern um Selwin selbst, den Architekten und Ingenieur. Überraschend jung ist der zwar, zugleich aber voller Elan. Wie anschaulich er über seine Pläne sprechen kann, die Stadt, die er zu bauen beabsichtigt. Soll er, soll er alles. Vor allem aber erst einmal das Sägewerk – die neuen Siedler sind ja schon fast auf dem Wege! Gerber wird Selwin reden und immer weiter reden, ihn *auslaufen* lassen. Solange der sein Handwerk versteht, ist Gerber das Gefasel egal. Und wird Selwin nicht demnächst zur Besinnung kommen, was seine Aufgabe hier anbetrifft, wird der bis dahin so höfliche Gerber ihm eben seine andere Seite zeigen. Selwin wird sich dann seine Pläne ganz schnell aus dem Kopf schlagen und stattdessen einfach Gerbers Befehle ausführen. Er wird, weil er muss.

Draußen, in der Steppe, schwillt das Gezirpe an. Das *Plop-plop* des Tennisballs ist verstummt. War wohl nur eine kurze Partie. Kann sich Käthe also wieder mit der Befriedigung eines Siegs schlafen legen.

Gerber schließt das Fenster und entzündet die Öllampe auf dem Schreibtisch, steckt sich die Zigarre in den Mund und sieht nach, wo er die Whiskyflasche gelassen hat. In den Abendstunden hier kommt man immerzu unweigerlich ins Sinnieren über die guten wie auch die unguten Dinge der Vergangenheit. Dabei gilt es, nach vorne zu schauen! Aber die Wölkchen aus seinem Mund hüllen ihn weiter in Erinnerungen, Erinnerungen, die er wegzublasen versucht – bis er sich ihnen am Ende dann doch widerwillig hingibt.

Die Erkenntnis, dass er, der einzige Sohn des berühmten Hermann Gerber, für unfähig gehalten wurde, das Unternehmen seines Vaters, das Zwieseler Holz-Imperium, das sich vom Bayerischen bis hinein in den Böhmerwald erstreckte, eines fernen Tages zu übernehmen, war damals, kurz nach seinem vierzehnten Geburtstag, mit einer plötzlichen Zunahme seines Körpergewichtes einhergegangen. Innerhalb weniger Monate erst 20, dann 30, dann 40 Pfund mehr – beim Entkleiden vor dem Bad hatte er eines Abends an sich selbst, an seinen aufgeschwemmten Gliedern erst mit Ungläubigkeit und schließlich mit Entsetzen hinabgeschaut: Das sollte *er* sein?

Als Geburtstagsgeschenk hatte der Vater eine Zehnhektar-Schonung mit Tannen anlegen lassen. Sie erhielt den Vornamen des Sohnes, »Ludwig-Schonung«, und wurde ihm in einer Art Zeremonie überantwortet.

»Kümmere dich darum!«, raunte der Vater ihm mahnend zu, als Gerber in Anwesenheit von halb Zwiesel mit einer goldenen Schere ein von seiner kleinen Schwester gespanntes Seidenband mit der Aufschrift »Alles Gute« durchschnitt. Streng beobachtete Krämer, der Prokurist, ihn dabei durch sein Monokel.

Doch nachdem Gerber anfänglich jeden Baum geflissentlich begossen und beschnitten hatte, war er nach einigen Wochen wieder mehr mit den gemeinsamen Spielen mit Käthe auf dem Gelände des Guts beschäftigt. Stundenlang lag er in den Sägespänen auf dem Speicher des Hauptwerks und sah den Maschinen zu, wie sie sich drehten und mahlten. Das geschenkte Fleckchen, seine Pflicht den Bäumen und vor allem dem Vater gegenüber vergaß er darüber.

Eines Nachmittags, als er über die Wiesen lief, hielt er plötzlich inne. Nicht viel größer als er selbst, wie Brüder, standen vor ihm verdorrte und arg geknickte Jungtannen, der schützende Zaun hatte Löcher. Tiere mussten in Gerbers Schonung gelangt sein und ihr zerstörerisches Werk verrichtet haben. Er war auf eine Probe gestellt worden, das verstand er dann, als er weinend nach Hause rannte. Er hatte sie nicht bestanden.

Der Vater schimpfte nicht. Viel schlimmer war seine Strafe. Keine Überraschungsbesuche mehr bei den Privatstunden. Kein Über-den-Kopf-Streicheln. Sonntags, auf dem Weg zur Kirche, saß er auf dem Zweisitzer in der Mitte seiner beiden Kinder und unterhielt sich wenn, dann ausschließlich und zu allem Überfluss überaus liebevoll, scherzend mit der Tochter. Die Gespräche mit dem Sohn indes verliefen von nun an stets ähnlich. Dreimal in der Woche wurde Gerber zur Mittagspause an der Hand seines Lehrers aus seinem Zimmer im so genannten »Kindertrakt« gezerrt, den er und seine Schwester zusammen mit den Bediensteten bewohnten. Der Herr des Familienguts residierte seit dem Tod seiner Frau bei der Geburt Käthes im Flügel des Gebäudes gegenüber. So ging es über Stiegen und durch die sonst verbotenen Flure und Vorzimmer ins »Bureau«; auf dem Weg dorthin unzählige Geweihe an den Wänden, die Beute ganzer Generationen von Gerbers. Hinter dem Pult wirkte der Vater dann groß und mächtig wie ein Berg, eigentlich nur ein paar Meter entfernt und doch noch unerreichbarer als sonst. Ohne aufzustehen überflog er den regelmäßigen Bericht des Lehrers und schleuderte dem Sohn in barschem Ton seine Wut entgegen: »Was? Du bist also nicht in der Lage, richtig zu rechnen?« und »Sieh dir Käthe an! Die kann das! Dabei ist das Dirndl jünger als du!« Zuweilen war auch der stets stumme, dennoch höchst aufmerksame Krämer zugegen, was Gerbers Scham in diesen Momenten vergrößerte.

Obwohl er damals die ferne Gestalt seines Vaters zu gleichen Teilen fürchtete wie hasste, ahnte er, dass er ihr von nun an nie entkommen würde, bis an sein Lebensende – hatte der ihn doch eines Tages morgens und mit jedem Tag mehr zum Entsetzen des Sohnes aus dem Spiegel mit seinen hellblauen Augen, dem semmelblonden Haarschopf, dem kleinen Grübchen im wie an den Kopf angeschraubten rundlichen Kinn angeblickt. Ein Kinderporträt des Vaters im Esszimmer bestätigte es: Der Ludwig kam ganz nach dem Hermann. Nur dass er eben nicht dessen Schneid und Fleiß geerbt hatte. Sogar wenn Gerber lachte, war es das Lachen seines Vaters gewesen, das tief im Schlund begann und in heiseres Kichern mündete. Mit seiner neuen Leibesfülle noch nicht vertraut, hatte Gerber sich selbst eine Zeitlang nicht mehr völlig unter Kontrolle. Fasste er die Blumen- oder Papiergestecke an, die seine Schwester für ihn bastelte, zerfielen diese gegen seinen Willen in seinen Händen. Die Katzen und Hunde des Guts, mit denen er bisher herumgetollt war, bekamen Angst vor ihm, nachdem er sie mit seinen dicken Fingern zu fest gestreichelt und ihnen dabei, das hörte er an ihrem überraschten Winseln, wehgetan hatte.

Käthe machte rasche Fortschritte am Klavier. Wunderschöne Klänge drangen durch die Gänge des Guts. Als sich Gerber einmal heimlich zum Instrument schlich und daran dieselben Gesten vollführte wie seine Schwester, ertönte nur hässlicher Krach. Auch bei den Tennisstunden, die sie auf dem Rasen neben dem Sägewerk erhielten, erwies er sich als wenig erfolgreich. Sein Lehrer meinte, er sei zu ungeduldig. Die ersten Partien gegen Käthe verlor er. Dann ließ er es.

Es gab freilich Tage, an denen Gerber wenn schon nicht liebevoll, so doch mit Bewunderung zu seinem Vater aufblickte. Vielleicht weil jener noch nicht all die in den Sohn gesetzte Hoffnung aufgegeben hatte, nahm er ihn – und nicht wie bei anderen Ausfahrten auch Käthe – bei solchen Gelegenheiten mit in sein Reich, in die Wälder neben dem Gut und den Holzplätzen, in denen man, wie das Kindermädchen mit erhobenem Zeigefinger mahnte, sich leicht verirren und dann für immer abhanden kommen könne, so riesig seien sie. Am Morgen der Exkursion schlüpfte Gerber stets in dieselbe schon am Abend zuvor bereitgelegte Tracht, die er im Verdacht hatte, schon seinem Erzeuger gehört zu haben: den grünen Janker, die Lederhosen, die bestickten Stiefel, den Filzhut und endlich das Messer – so schön glatt poliert der Griff aus dem Hauer eines Wildschweins!

In derselben Aufmachung, mit geschultertem Gewehr, wartete der Vater vor dem Eingang des Guts. Stumm schritten sie über die Wiesen. Arras, der gutmütige Schäferhund, der sonst faul im Hof lag, hetzte ihnen nun voraus und, mit Schaum um die Lefzen, winselnd, um sie herum, als seien sie seine Beute.

Die Stille dann, wenn Gerber neben dem Vater im Versteck kauerte, ein Nest im Unterholz. Alles außerhalb dieser Welt, die den Gerbers und nur ihnen allein gehörte, existierte nicht mehr. Wärme, auch bei schlechtem Wetter. Der süße Modergeruch. Der Blick durch das Fernglas auf den einen Fleck in dem von Blättern freigegebenen Ausschnitt vor ihnen. Die brennenden Augen. Das Schnaufen des Vaters. Sein unterdrücktes Husten. Das Hecheln des Hundes. Die Pilze unter einem umgestürzten Stamm. Champignons? Morcheln? Jäh dann der eine Moment. Etwas bewegt sich vor ihnen, grau im Grün. Mit einem Mal lief die Zeit wieder weiter. Der Vater riss das Gewehr hoch, legte an, sein weit aufgerissenes rechtes Auge, Schüsse krachten, eins, zwei, Gerber zählte mit, während er sich die Ohren zuhielt. Der knackende Aufruhr im Holz. Wenig später: wieder Stille. Dieselbe Szene, der umgestürzte Stamm, die Pilze, als sei gar nichts geschehen.

Gerber, der sich früher oft vor den wilden Tieren des Waldes geängstigt hatte, freute sich inzwischen darauf, mit dem wie toll anschlagenden Arras zum erlegten Reh, Hasen oder Fuchs zu laufen und seine Hand auf das warme Fell zu legen, das sich oft noch rasch senkte und hob, in die Augen des Tieres zu schauen, die sich voll Angst nach ihm verdrehten – bevor der Vater den Gnadenschuss abgab. Das Wild, das sie beide auf dem abendlichen Heimweg um die Schultern trugen, bildete, das spürte Gerber damals, auf einmal wieder ein Band zwischen ihm und seinem Vater, der zuweilen mit einer Stimme, ganz anders als sonst, behutsam, beinahe sanft, dem Sohn zu erklären anfing, wie man den und den Baum heiße, wie die Erde für sein Gedeihen beschaffen sein müsse, mit welcher Pflanze man welches Tier am besten aufziehe.

Schließlich sprach er von der Pflicht, die sie, die Gerbers, hätten; die Pflicht dem Wald und seinen Bewohnern gegenüber. Nicht gelte es, ihm unendliches Wachstum zu gewähren. Das führe letztlich zum Tod. Das Unterholz erhalte kein Licht mehr und verfaule, die Tiere vermehren sich ungehemmt und finden nicht mehr ausreichend Nahrung – elendig gehe alles zugrunde. Die unbearbeitete Natur sei feindlich, nicht nur dem Menschen gegenüber, auch sich selbst. Die Pflicht – der Vater sagte hier »*unsere* Pflicht« – ihre Pflicht sei die Pflege, das Wachsen zu lenken.

»Läuterung, Bub – so nennt man das, was du bei deiner Schonung vergessen hast«, fuhr er fort. »Wir läutern den Wald, indem wir die starken, vielversprechenden Bäume fördern und die Konkurrenten, schädliche Viecher und krüppeliges Holz, entfernen. Du siehst, im Forst geht's auch nicht anders zu als sonstwo auf der Welt.«

Gerber, der seinem Vater bei seinen Ausführungen schließlich nicht mehr folgen konnte, schaute nur stumm in die in der Dunkelheit versinkende Natur vor ihm. Das begriff er, dass all das, was ihn umgab, feindlich gesinnt war. Die Stämme ächzten, die Äste sirrten und fauchten, die Tiere schrieen. Und er erinnerte sich an eine Bibelstelle, aus der in der Messe vorgelesen worden war. Die Erde, so das Gebot, solle der Mensch sich untertan machen.

Es war an diesen Abenden, dass sich Gerber, der sonst keinerlei Bedürfnis nach den sonntäglichen Kirchgängen oder den Lehrstunden des Pfarrers auf dem Gut hatte, *gebenedeit* fühlte. Ja, das war das Wort, von dem er zwar nicht genau wusste, was es bedeutete, das für ihn jedoch, besonders mit dem Zusatz »gebenedeit unter den Weibern« sowohl auf etwas Heiliges als auch auf etwas verführerisch Unziemliches wies. Das

Fleisch des erlegten Tieres aß er an diesen Abenden mit großem Appetit.

Nur einmal, erinnert sich Gerber jetzt in seinem Zimmer,
während er das undurchdringliche Braun des Whiskys im
Schein der Öllampe betrachtet, ein einziges Mal war der
Sohn dem Vater überlegen, der ihn in regelmäßigen Abständen, auch noch als 17-, 18-Jähriger, sich bücken ließ, damit
er ihn bei erneut schlechten Zensuren mit dem spanischen
Rohrstock züchtigen konnte. Eines Sommers, angezogen
von Stimmen aus dem Hof, ging Gerber durch die kühlen
Flure, rannte, als er die erregten Rufe des Vaters vernahm.
Atemlos stand er dann vor der Haustür – und konnte nicht
anders als kichern, prusten vor Lachen wegen des Schauspiels, das sich ihm bot: Sein Vater schob, begleitet von zwei
Dienern, auf die er einschimpfte, ein Hochrad vor sich her im
Kreis, das ihm bis zur Schulter reichte; versuchte im Laufen
darauf zu hüpfen, seine dicken Beine zappelten in der Luft,
das Rad war schneller, und da flog er schon, mit der Nase
voran, in den Staub. Die Diener um ihn, wie geschäftige
Ameisen, die sich vielmals entschuldigten, wobei sie sich ver-
beugten, als könnten sie etwas für die Ungeschicklichkeit
ihres Herrn.

Nach diesem Tag wurde das Hochrad auf dem Gerber-Anwe-
sen nicht mehr gesehen. Der Sohn aber sollte seitdem eine
heimliche Sympathie für Räder entwickeln, insbesondere für
Fahrräder, später Autos und die Rädchen an den neuesten
Sägemaschinen, von denen sein Vater behauptete, der durch
sie verheißene Fortschritt sei bloße Augenwischerei. Er setzte
weiterhin auf die alten Geräte. Gerber wusste es besser. Zum
ersten Mal hatte er in den Augen des Vaters, wie er da so im
grellen Mittagslicht wie ein Käfer vor ihm lag, Angst gesehen.

Die Angst vor dem, was kommt, unaufhaltsam, und ihn überrollen wird.

Die Freude über das nicht übermäßig, aber überraschend gute Zeugnis an der Akademie wurde von einer Unglücksnachricht getrübt. Als er nach Zwiesel zurückkehrte und im Gut als erstes nach seiner Schwester suchte, um ihr erleichtert von den anstrengenden Examen in aller Ausführlichkeit zu berichten, da war sie nirgendwo aufzufinden. In der Küche traf er auf Gertrud, die Haushälterin.

»Ach, Ihr Herr Vater hat's Ihnen nicht gesagt, weil er Sie wohl während Ihrer Prüfungen nicht belasten wollte ... ach je, das ist aber auch eine schöne Bescherung ...«, schon rannen ihr die Tränen über die Wangen.

Gerbers Elan war schlagartig geschwunden, er musste sich anlehnen. Was um Himmels willen war denn geschehen? Wo war Käthe, auf die er sich, das merkte er mit jedem weiteren beunruhigenden Wort aus dem Mund der Alten, bei seiner Rückkehr am meisten gefreut hatte.

»Nun sagen Sie doch schon!« Ihm versagte die Stimme.

»Im Grunde genommen ist, verzeihen Sie, Ihr Herr Vater auch ein wenig selber daran schuld ... schließlich war er es, der Ihre Schwester zu diesem Ball nach Regensburg geschickt hat in der Hoffnung, dass sie dort auf eine gute Partie treffen tät.«

»Eine ... gute Partie?«, wiederholte Gerber ungläubig, kalten Schweiß auf der Stirn. Hieß das, der Vater hegte die Absicht, seine Schwester mit jemandem zu verheiraten, der dann das Unternehmen *gut* und damit *würdiger* als der eigene Sohn führen würde, der derweil nichtsahnend in München studierte?

»Jaja, Käthe ist ja nun auch einmal im besten Alter. Und sicher war auf dem Ball auch eine Vielzahl von jungen Herren anwesend, die das Wohlgefallen Ihres Herrn Vaters gefunden hätten.« Die gute Gertrud zog ein Taschentuch aus ihrer Schürzentasche und schnäuzte sich lautstark, während sie weitererzählte. »Aber dass Ihre Schwester sich auch ausgerechnet den Mann ausschauen hat müssen, der Ihrem Herrn Vater am wenigsten gefallen hat! Weder gut betucht noch hier in der Gegend ansässig. Ein Mannsbild aus Danzig, mit einem Backenbart nach der englischen Mode von anno dazumal. Herrgott!« Sie schlug die Hände zusammen und blickte zum Himmel. »Und wissen Sie, was der Laffe trug, als er hier über den Hof mit Ihrer Schwester am Arm zu Ihrem Herrn Vater stolziert ist? Einen knallroten Frack und einen ebenso lackierten Spazierstock!« Bei der Erinnerung daran musste Gertrud nun doch wieder lächeln. »Die Madeln in der Küche haben ihn nur den Kikeriki genannt. Buchta heißt er in Wirklichkeit, Anton Buchta. Na, Tuch hat der schon ... ein Stoffhändler ist er, aber ihm gehört nicht einmal das Geschäft in Danzig ... ist bloß ein Pächter. Ganz und gar nicht präsentabel. Herr Gerber, können Sie sich das vorstellen, was das für Ihren Herrn Vater bedeutet?«

Das konnte Gerber in der Tat. Das fürchterliche dunkelrote Gesicht des Erzeugers. Gleichzeitig empfand er im selben Augenblick auch so etwas wie Kollegialität mit diesem Preußen, dem es vor dem alten Herrn so ergangen sein musste wie ihm selbst nur allzu oft.

»Katastrophe«, stieß er hervor. »Katastrophe.«

»Ich war ja nicht dabei, als der Herr Buchta und Ihre Schwester bei Ihrem Herrn Vater im Büro vorgesprochen haben. Aber es war ja auch nicht zu überhören«, Gertrud begann zu flüstern, als fände das Gespräch der drei gerade eben in einem Nebenzimmer der Küche statt und man dürfe dabei auf keinen Fall stören. Instinktiv beugte sich Gerber zu ihr vor.

»Er oder ich, Käthe.«

»Wie bitte?«

»*Er oder ich*. Ich weiß nicht, wie oft Ihr Herr Vater das gerufen hat. Der Herr Buchta hatte um die Hand Ihrer Schwester angehalten und zugleich wohl seine Vermögensverhältnisse offengelegt. Dass die aber auch so stur sein muss, die Käthe, und sich nicht ein wenig Zeit lassen konnte, bis der Vater sich an den Herrn Buchta gewöhnt hat. Vielleicht hätt's sich ja auch als ein Strohfeuer herausgestellt, wer weiß das schon?«

»Wenn sie was nicht haben kann, dann will sie es erst recht«, murmelte Gerber und schüttelte den Kopf, »ist schon immer so gewesen.«

»Ganz genau. Genau so, Herr Gerber. Genau so ist es. Aber es war wirklich herzzerreißend, als dann die Stimme Ihrer Schwester zu vernehmen war: Aber ich lieb' doch euch beide! Bitte, Vater, zwing mich nicht zu so was, wo ich doch euch beide so gern hab'! Und als Antwort immer nur: Er oder ich, frag' ich dich, Käthe!« Gertrud quollen wieder die Tränen, auch Gerber musste schlucken.

»Nun, wie's dann im Einzelnen weitergegangen ist, das hab' ich nicht angehört... jedenfalls hab' ich den Herrn Buchta später mit gesenktem Kopf fortfahren gesehen, während Käthe durch die Zimmer gelaufen ist und gepackt hat. Nur das Nötigste, das meiste hat sie da gelassen. Das Seltsame war: Sie weinte zwar dabei, gleichzeitig erschien sie mir aber durchaus heiter, ist halt ganz verliebt in diesen Tuchhändler aus Danzig, des dumme Madl. Was soll ich noch sagen?

Bis zum am Abend war's fort. Und Ihr Herr Vater ... mei. Wie der nachts hier im Hof gebrüllt hat, er habe keine Tochter mehr, das gesamte Personal sei sein Zeuge, ja, er habe nie eine gehabt. Und die Hunde haben gejault – eine solche eine Angst hab' ich gehabt. Ja, Herr Gerber, und nun. Nun ist sie fort, Ihre Schwester. In Danzig, im Osten, ich weiß nicht wo ...«

Ein Heulkrampf schüttelte die gute Gertrud, sodass Gerber sie in den Arm nahm und ihr auf den Rücken klopfte.

Wie stark du bist, dachte er in einer Mischung aus Stolz und Neid. Seine Schwester, *die Kleine*, hatte es geschafft. Sie war den Erzeuger los, während er selbst ihn weiterhin in der Hoffnung auf sein Erbe ertrug.

Ganz so herzlos konnte der freilich nicht sein. Erfuhr Gerber doch wenig später, dass seine Schwester als Buchta eine immer noch ansehnliche Mitgift von, Achtung!, 70 000 Mark nachgeschickt bekommen hatte. Vielleicht sah der Alte dies auch nur als den Schlussstrich unter einem für ihn ungünstigen Geschäft an. Tunlichst mied Gerber das Thema in der Gegenwart seines Vaters anzusprechen, in Erinnerung an Gertruds Erzählung von dessen Toben.

Hatte er aber erhofft, ihm würde nun, mit seinem zufriedenstellenden Abschluss sowie als neuerdings einziger Nachkomme zumindest ein Teil der Leitung in Zwiesel übertragen, so irrte er sich. Stattdessen teilte der Vater ihm in einem innerhalb des Guts zugestellten Brief mit, er setze ihn hiermit als Verwalter des vergleichsweise kleinen Besitzes im böhmischen Franzfeld ein. Bei seiner Ankunft dort wartete eine weitere Enttäuschung auf ihn. Sein Vater hatte ihm den stillen Krämer als Bewacher zur Seite gestellt, mit dem er das Haus teilen musste und der, so glaubte Gerber mit Sicherheit zu wissen, in seiner Kammer regelmäßig Berichte nach Zwiesel schrieb.

Als den Vater plötzlich wenige Tage nach seinem 65. Geburtstag, der in Zwiesel mit einem Jahrmarkt gefeiert wurde, ein Schlagerl traf, besaß selbst der Anblick der aufgebahrten Leiche im Trachtenanzug nichts Versöhnliches, vor der Gerber lange ganz allein und, er wusste nicht wie, bitterlich weinend stand. Die Schwester war nicht gekommen. Alles ging dann so weiter wie bisher – ganz so, als agiere sein Vater noch aus dem Grabe heraus. Nun fiel zwar auch das Unternehmen in Bayern dem Sohn zu; die undankbare Tochter war enterbt, ihre Mitgift hatte sie ohnehin erhalten. Aber erneut war Krämer der eigentliche Profiteur. Auf Lebenszeit war er zum alleinigen Geschäftsführer des Holz-Imperiums bestimmt. Dem in den Augen des Alten bis zuletzt unfähigen Sohn war es auf diese Weise unmöglich gemacht, über sein fast 40 000 Hektar großes Erbe frei zu verfügen. Für jede Umsetzung eines Vorschlags brauchte es die Einwilligung Krämers, der höflich und gescheit reden konnte, während er hinter seinem fest ins Auge geklemmten Monokel Gerber unerträglich spöttisch anblickte. Gerber wollte Franzfeld veräußern, um das Startkapital für ein eigenes Werk im Schwarzwald zu haben. Mit spitzen Lippen schüttelte Krämer den Kopf. Gerber legte Pläne für eine Modernisierung von Zwiesel vor, bessere Maschinen bei gleichzeitiger Einsparung von Arbeitskräften, die Erschließung neuer Märkte, man könnte verstärkt ins Ausland importieren ... Mit vor sich ausgestreckten Händen wehrte Krämer ab.

Gerbers Kunden freilich, die glaubten, der Tod seines Vaters habe den Sohn zum Millionär gemacht, während er doch in Wirklichkeit nicht viel mehr oder sogar weniger in der Tasche hatte als sie selbst, nannten ihn weiterhin den »Gerber-Sohn« und nicht etwa, wie erhofft, einfach nur Gerber.

Aus diesem Gefühl heraus, nicht Herr im eigenen Haus zu sein, suchte er Zerstreuung – beim Jagen und schließlich bei gesellschaftlichen Anlässen, die ihm an sich lästig waren: die vielen Leute, das Gegackere der Dirndl, von denen ihn nie eine ansah, obwohl er mit seinem neuen Kaiser-Wilhelm-Bart durchaus etwas hermachte. Wollte er aber jemals höher hinaus und damit endlich beweisen, dass er nicht nur die Statur seines Vaters, sondern auch dessen Talent zum Holzhändler hatte, brauchte er Kontakte, brauchte er Fürsprecher, Geschäftspartner.

So geschah es, dass er auf einem Ball in Prag einem gewissen Golo Cohen sein Ohr schenkte. Das mit dem Tanzen, das war so eine Sache. Deshalb hatte Gerber die ganze Zeit über nur am Rande gesessen, den Takt zaghaft auf den Schenkeln mitgeklopft und den sich drehenden Paaren zugesehen, bis es ihm selbst ganz schwindelig im Kopf wurde. Mit einem Mal rückte ein schmächtiger Mann an ihn heran, dessen Ohren und Nase sofort seine Rasse verrieten. Auf diesem Gebiet wusste Gerber Bescheid.

Gerber hatte sich, vielleicht schon in der Ahnung, dass nun etwas Wichtiges geschehen würde, zu dem Männchen herübergebeugt. Mit seiner hohen Stimme hatte es auf Gerber gegen die Walzer und Dumkas einzureden begonnen.

»Gerber, nicht wahr? Sie sind doch Gerber! Genau – Gerber, der Unternehmer. Gestatten: Cohen, Unternehmer. Also von Berufs wegen. Cohen der Nachname, Unternehmer der Beruf.«

Er habe da etwas für Gerber, eine interessante Idee, wie er, Cohen, meine. Er betreibe nämlich eine Plantage, in Afrika, im belgischen Kongo-Land. Kautschuk! Gerber sei ja sicher mit dem Stoff bekannt. Cohen besäße eine Kautschuk-Plantage. Kautschuk! Der Stoff, dem die Zukunft gehöre. Es sei ja immer wichtiger, dass Gebäude gut geschützt seien, vor Wind und Wetter. Nicht zu vergessen, der Kleidermarkt, Gummibekleidung sei besonders in verregneten Regionen wie Deutschland, England und Skandinavien stark im Kommen. Und endlich die aufstrebende Branche der Verhütungsmittel, derer sich ein Mann bedienen könne. Aber nun auch, das solle Gerber sich mal vorstellen, Gebisse aus Gummi! Wahrscheinlich besitze sogar die eine oder andere ältere Dame im Raum eines... er selbst – Cohen entblößte seine Zähne – beiße besser denn zuvor! Und dann der Automobilmarkt! Reifen sage er da nur. Reifen. In zehn Jahren gebe es nämlich keine Kutschen mehr, nur mehr Autos. Und die bräuchten Reifen. Reifen aus Gummi, aus Kautschuk. Kurz, warum erzähle er Gerber das alles? Seine Plantage, Cohens Plantage, nun, der gehe es nicht gut momentan. Nein, sogar schlecht, besehe man es recht. Er habe die Plantage auf Pump betrieben. Jetzt säßen ihm die Gläubiger im Nacken, und das sei doch ein Jammer, wenn er das alles aufgeben müsste. Diese an sich sichere Geldquelle der Zukunft, eine Goldader aus Gummi sozusagen – er grinste. Selbstverständlich würde Gerber beteiligt werden.

»Sie kommen doch aus Zwiesel im Bayerischen Wald, nicht wahr?«, fuhr Cohen damals fort, »ich selbst stamme, das können Sie nicht wissen, na, Sie werden staunen, ich stamme aus Weiden, was für ein Zufall, oder? Zwei Bayern in Prag! Also darauf müssen wir aber jetzt trinken!« Er griff blind nach einem Glas, das er dem verdutzten Gerber reichte, und stieß mit ihm an. »Auf Kautschuk! Das heißt übrigens übersetzt ›Träne des Baumes‹. Na, wir beide werden schon mehr zu lachen als zu weinen haben, meinen Sie nicht?«

Die Kapelle spielte die ersten Takte von »Wiener Blut«. Aus irgendeinem Grund, vielleicht, weil ihm eines der Mädchen auf der Tanzfläche gefiel, hatte Gerber verpasst, an dieser Stelle nachzuhaken. Zu Hause, in Franzfeld, erschien ihm alles attraktiver als die eigenen vier Wände. Schnell stand der Beschluss fest, sein Glück bei den Afrikanern zu versuchen. Beim Vertragsabschluss mit einem strahlenden Cohen in dessen Prager Haus hätte er kaltschnäuziger sein und eine bessere Beteiligung herausschlagen müssen.

Die Plantage im Kongo ... ja ... wie lange das nun schon her ist. Anfänglich hatte Gerber dort tatsächlich so etwas wie Erleichterung verspürt, sogar zum ersten Mal seit seiner Verfettung kurze Momente des Glücks. Immer dann nämlich, wenn er nach der morgendlichen Besprechung mit Cohen vor der kaum zu ertragenden Hitze auf die schattige Veranda der Farm flüchtete, wo ein Fächer schwingender Boy hinter ihm stand. Den noch fremden Geruch des Kautschuks in der Nase, tauchten Bilder vor ihm auf, zum Greifen nah: wie die Haine mit der Zeit vergrößert werden würden, ebenso die Hütten der Sklaven, der Holzplatz und die Öfen zur Vorvulkanisation. Ein Ort von internationaler Bedeutung würde hier entstehen. In Deutschland würden sie ihn nicht mehr den *Holz-Gerber* oder, wie in seiner Kindheit in Zwiesel, den *Holzkopf* nennen, sondern den *Kautschuk-König*. Harte Arbeit und Investitionen würde das erfordern, ohne Zweifel. Den Wald um Franzfeld würde er verkaufen müssen; seine gesamte Energie würde er aufbringen, um das bei Krämer durchzudrücken, ihm vielleicht als Bonbon eine Gewinnbeteiligung einräumen. Gelänge dies nicht, müsste Gerber einen

Kredit aufnehmen, der ihm freilich aufgrund seines Namens ohne Probleme gewährt werden würde. Nach einiger Zeit – möglicherweise schon nach ein, zwei Jahren – wäre er endlich sein eigener Herr und all das hier vor ihm sein Reich, unabhängig sogar von dem des Kaisers zu Hause.

Am Ende dauerte es über vier Jahre, bis die Plantage »Neu-Zwiesel«, wie Gerber sie getauft hatte, erste spärliche Gewinne abwarf. Vier Jahre, in denen Gerber feststellen musste, dass – erneut, auch hier, in »Neu-Zwiesel« – nicht er das Sagen hatte, sondern ein anderer: Cohen, der zugegebenermaßen in Sachen Finanzen und Kautschuk besser beschlagen war als er selbst. Nichtsdestotrotz hatte Gerber geglaubt, man hätte sich sozusagen stillschweigend darauf geeinigt, dass er als der Geldgeber letztlich die eigentliche Leitung der Plantage innehaben und Cohen ihm lediglich beratend zur Seite stehen würde. Dem war nicht so. Böse dableckt hatte Cohen Gerber. Denn so sehr er auch darauf drängte, angesichts des Gerüchts von neuen Plantagen in Ceylon, die bald den Markt überschwemmen und damit den Preis drücken würden, ein Büro in Deutschland einzurichten, um neue Kundenschichten zu erschließen oder Anzeigen zu schalten – seine Vorschläge blieben unbeachtet und verliefen im Sand der kongolesischen Steppe. Ja, wenn *Sie* das finanzieren wollen, meinte Cohen. Immer seltener ließ der sich auf der Plantage blicken; stattdessen zog er sich auf seine Farm zurück. Gerbers Tatendrang, der ihm noch unlängst Herzrasen verursacht hatte: verpufft. Keine Großprojekte mehr im Blick. Er war schon zufrieden, wenn er bei dieser verdammten Schwüle bis zum Mittagessen aus dem Bett gekrochen war, hier und da die Rechnungen kontrollierte und sich die Berichte seiner Aufseher anhörte.

Dazwischen lagen zwei Reisen im Jahr nach Deutschland zur Akquisition von Investoren und um sich bei Krämer nach dem vorenthaltenen Erbe zu erkundigen, der, wie sich herausstellte, mittlerweile das einst so mächtige Imperium des Vaters Stück um Stück veräußert hatte. Der Holzhandel liefe ja zurzeit, so der weiterhin spitzlippige Geschäftsführer, überaus schlecht, auch wegen der günstigen Angebote aus dem Ausland. Zudem habe der Vater die Modernisierung der Fabrik versäumt. Wahrscheinlicher war jedoch, wie Gerber vermutete, dass sich der Sauhund bereicherte und den Sohn übers Ohr haute. Warum hatte der Vater ihm das nur angetan und so leichtfertig sein eigenes Lebenswerk aufs Spiel gesetzt? Hätte er nur dem Sohn oder auch der Tochter vertraut, dann wäre es besser bestellt gewesen um die Zukunft der Familie. Die Lehre daraus konnte nur sein, so bald wie möglich auf eigenen Beinen zu stehen und Unabhängigkeit von den Gewinnen des väterlichen Unternehmens zu erlangen. Das Projekt Kongo musste gelingen!

Geplagt von solchen Sorgen fuhr Gerber stets im Anschluss an seine Geschäftsreisen zur Kur nach Bad Ischl, von der er aber nur noch erschöpfter zurückzukehren pflegte. In den ersten Tagen nach der Rückkehr in den Kongo war er dann wieder vom verfluchten Ammoniak- und Schwefelgeruch der Vulkanisationsöfen erwacht, schweißgebadet, um sich Sekunden später aufs Neue zu erinnern, dass dies ja sein Leben sei, das von ihm selbst gewählte.

Es war an einem dieser Morgen, an denen er glaubte, tatsächlich in der Hölle gelandet zu sein, als er zu den Wohnstätten der Sklaven schlich. Am Abend zuvor hatte ihm Cohen einen Vortrag über die körperlichen Vorzüge der Negerin gehalten. Die Arbeiter befanden sich in den Hainen und an den Öfen, man konnte sie singen hören. Eine junge Sklavin, die gerade Hemden wusch, griff Gerber am Handgelenk, zwang sie auf eine Strohmatte in einer der Hütten, um an ihr das nachzuholen, was er sich jahrelang heimlich, die Hand am Glied, vorgestellt hatte, und was er, wie er vor Cohen gelogen hatte, schon oft in böhmischen Bordells erlebt hatte. Dann aber, innerhalb von Sekunden, noch bevor er in die Sklavin eindringen konnte, war es vorüber. In ihrem verheulten Gesicht glaubte er einen spöttischen Ausdruck wahrzunehmen, den er nicht ertrug und mit einem Faustschlag auslöschen wollte. Allein: In dem Moment, in dem er ausholte, ließ er den Arm dann doch wieder sinken und lief schamerfüllt zur Farm zurück.

Im Zigarrenrauch, der jetzt durchs düstere Zimmer schwebt, kann Gerber noch immer, all die Jahre später, die Fratze der Schwarzen sehen, ihre Lippen, wie sie sich geradezu triumphal straffen und zum Grinsen öffnen. Ein Moskito hat es trotz des Gitters zu ihm hinein geschafft und umkreist die Lampe auf dem Tisch.

Gerbers Begegnung mit Karl Lüderitz fand an einem, im Nachhinein betrachtet, denkbar ungünstigen Ort statt, um Geschäfte zu knüpfen, im Hamam in Bad Ischl während eines Kuraufenthalts.

»Lüderitz, Vize-Vorstand der Kaiserlichen Kolonialgesellschaft Deutsch-Tola«, hatte sich der lange blonde Dünne mit dem hochroten Kopf hinter einer Dampfsäule vorgestellt. Die leichte Verbeugung des Nackten, der noch immer seine Brille trug, sowie sein nur mühsam zum Hochdeutsch gezähmtes Platt wirkten auf Gerber seltsam unpassend. Interessierte Blicke von den schwitzenden anderen Kurgästen auf den Liegen.

»Sie sind doch Gerber. Hermann Gerber aus Zwiesel, wenn ich mich nicht irre.«

»Naja, Gerber schon.«

»Donnerwetter! Guter Mann! Freut mich!«

»Naja, aber Ludwig. Das andere war der Vater.«

Vielleicht, um nach der Verwechslung das verlegene Schweigen zu überbrücken, hatte Gerber dann vom langsamen, *zu* langsamen Aufstieg seiner Plantage erzählt, wo es im Übrigen ähnlich heiß sei wie in dem Dampfbad, in dem man sich befinde. Zur Überraschung Gerbers, der unwillkürlich beim Gespräch die Hand vors Geschlecht gelegt hatte, pflichtete Lüderitz ihm bei.

»Verstehe da sehr wohl, was Sie sagen. Erlaube mir aber die Bemerkung, dass der Kongo der Belgier indes nicht annähernd die Vorteile der deutschen Kolonien bietet. Und wie geradezu barbarisch man dort noch mit den Eingeborenen verfährt, du meine Güte. Sie wissen es ja sicher selbst: Man hält dort immer noch *Sklaven*! Und so was schimpft sich europäisch!«

Entrüstet schüttelte Gerber den Kopf. Was aber sei der Kongo gegen Deutsch-Südwest und Deutsch-Ostafrika. Sogar ein Winzling wie das Tola-Land habe sich gemausert: Keinen Pfennig koste es den Deutschen daheim. Ganz auf eigenen Beinen stehe es inzwischen. Es sei nur eine Frage der Zeit, bis das Kind den Vater stützen könne. Am nächsten Tag musste Lüderitz abreisen. Gerber aber waren die Begegnung und insbesondere die Worte über das Tola-Land im Kopf geblieben.

Der Brief aus Bremen im sechsten Jahr von »Neu-Zwiesel« kam dennoch unerwartet. Man habe vor ein paar Monaten ein Gespräch in Bad Ischl geführt, schrieb Lüderitz, als habe es damals auch nur den Hauch eines offiziellen Treffens gegeben. Was dann folgte, klang für Gerber so, als habe sich der Bremer zu lange im Dampfbad aufgehalten. Die Kolonialgesellschaft plane die *Aufforstung* von Teilen der nördlichen tolalesischen Tiefebene. Ha! Aufforstung! Und das mitten in der Steppe, oder wie? Doch nicht, Achtung!, mit einheimischen Hölzern, für die in Deutschland kein Markt vorhanden ist. Nein: Ausschließlich mit Tanne, Fichte, Birke, Buche, Eiche, Esche. *Ein deutscher Wald auf afrikanischem Boden!* Köstlich! Ob dieser Absurdität konnte sich Gerber auf der Veranda ein schelmisches Kichern nicht verkneifen. Diese Witzmatrosen aus Bremen. Wussten wohl nicht, dass er wie jeder gute Waldbesitzer auch eine nicht unbeträchtliche Erfahrung als Pflanzer besaß.

Mit jeder weiteren Zeile zur Qualität des Bodens, zum nahegelegenen Fluss sowie zur Ergiebigkeit des Niederschlags gewann das Projekt jedoch immer realistischere und durch den Zusatz am Ende für Gerber gar verlockende Züge: Man trage sämtliche Kosten für die ersten 5000 Setzlinge, für die schwarzen Waldarbeiter und für eine zehnköpfige Schutztruppe, welche die Sicherheit der Aufzucht gewährleisten würde. Eine angemessene Unterkunft, eine ehemalige französische Festung, 40 Kilometer entfernt von der zweitgrößten Stadt des Landes, Bismarckburg, könne auf seinen Wunsch hin erworben werden. Gerber verpflichte sich lediglich zur Verwaltung, zur Schaffung einer Infrastruktur und einer nach zwei Jahren zu entrichtenden Abgabe von 53, dann, weitere zwei Jahre später, von 73 Prozent seiner Gewinne. Sofern Gerber den Kredit in Anspruch nehme, den einzuräumen ihm die Kolonialgesellschaft anböte, müsse er diesen im unwahrscheinlichen Fall des Nichtgelingens der

Aufforstung natürlich auch abbezahlen. Sicherlich, kein leichtes Unterfangen, man wolle ihm da nichts vormachen. Schließlich wisse man aber in Bremen, dass es nur wenige Holzhändler gäbe, die, was das Können und Wissen betreffe, an Gerber heranreichten und so weiter und so fort. Außerdem unterstütze der Gouverneur von Tola, Herzog Adolf von Maysenbug, das Projekt »mit Rat und Tat«. Auf diesen Brief aus Bremen konnte man bauen: Hier standen konkrete Zahlen, Fristen und nicht zu vergessen das Versprechen von Männern mit Ehre – schwarz auf weiß und nicht so prahlerisch ins Blaue hinein gesprochen wie damals von Cohen.

Von da an hatte Gerber mehr denn je, mit jedem weiteren ereignislosen Nachmittag auf der schattigen Veranda in »Neu-Zwiesel«, seine Chancen auf ein eigenes prosperierendes Unternehmen und ein ihm gemäßes Leben im Kongo schwinden sehen. Wie ein Zauberwort klang in dieser Zeit in Gerbers Ohren der Name des Ortes in Tola, an dem die Neupflanzung stattfinden sollte: Benēsi. In ihn begann Gerber seine frisch erwachten Hoffnungen zu setzen; nur Benēsi ließ ihn die wöchentlichen Gesellschaften mit den anderen Plantagenbesitzern auf der Farm des Rinderzüchters Mondstein ertragen, die einer mehrstöckigen chinesischen Pagode glich. Bei diesen gemeinsamen Diners mit anschließendem Trinkgelage spielte ohnehin immer nur Cohen eine Rolle, der sich als der Weltgewandte und Gebildete gab. Gerber saß inmitten der anderen, war da und doch nicht. Mondstein insistierte, dass einige seiner weiblichen Dienstboten ihre Kittel und Schürzen ablegten und lediglich in extra angefertigten Röckchen aus Kokosnussschalen die Gäste servierten. Oft erzählte er, wie Abbildungen dieser Röckchen ihn schon als Knaben fasziniert hätten und dass nun endlich der afrikanische Traum seiner Jugendzeit Wirklichkeit geworden sei. Einwände eines Forschungsreisenden, dass ihm kein Land, nicht in Afrika oder sonstwo auf der Welt, bekannt wäre, in dem diese Tracht üblich sei, wischte Mondstein mit einer angewiderten Geste beiseite. Mondsteins halbnackte Mägde hatten zudem alle Gäste an diesen Abenden mit »Mein Herr« anzureden. Jede andere Äußerung war Mondstein gleich, nur diese beiden Wörter sollten sie »möglichst akzentfrei und oft« äußern, so dass der Salon stets von einem leisen Echo erfüllt war, sagten doch die Eingeborenen aus Angst vor Bestrafung zu jeder Gelegenheit das Eingebläute. »Danke« wurde mit einem devoten »Mein Herr« beantwortet, ebenso »Wie heißt du«, »Was gibt es zu trinken, was zu essen?«: »Mein Herr«.

Ganz Europa ging im Mondsteinschen Salon ein und aus, Engländer, Franzosen, Belgier, Portugiesen und Deutsche, weshalb Cohen spaßeshalber diese Zusammenkünfte als »unseren Ausflug nach Hause« bezeichnete. In diesem Europa trieb man es bunt. Ein Engländer, Eduard Malone, erzählte Geschichten von seinen Expeditionen nach Südamerika. Auf einer von ihnen habe er angeblich Saurier entdeckt – »*lebende*, wohlgemerkt!«, wie er mit bedeutungsvollem Blick hinzusetzte. Bei seiner nächsten Reise gedenke er, eines dieser urzeitlichen Monstren einzufangen und nach London zu überführen. Seine Frau, eine zarte Person mit einer Vorliebe für wagenradgroße Hüte, unterbrach ihn dann, indem sie ihm wie einem Schulbuben auf die Hand schlug und streng meinte, er solle aufhören, solch einen Unfug zu verbreiten. Wenn er so ein Monster nach Hause brächte, würde sie das gesellschaftlich ruinieren. Wer würde dann noch auf ihre Partys kommen wollen?

Eine Frau von der Statur eines dicken Mannes, in Uniform, mit Monokel, die nur »die Generalin« genannt wurde, rauchte einen Zigarillo nach dem anderen und erklärte mit lauter Stimme auf Französisch, wie die Österreicher die Preußen anno 1866 hätten bezwingen können. Der fette Heßling, der sich jedes Mal darüber recht echauffieren konnte, puterrot anlief und auf Deutsch dazwischenrief, dass das ja wohl die Höhe sei, dass die preußische Armee allein schon wegen ihrer materiellen Überlegenheit jede Schlacht gewonnen hätte. Das sei immer schon so gewesen, damals unter dem alten von Moltke – und erst recht jetzt unter seinem Neffen! Nur seine gute Erziehung und die Tatsache, dass man sich in Belgien sozusagen auf neutralem Boden befinde, hindere ihn daran zu vergessen, dass hier eine Frau – *Dame* möchte er nicht sagen – spreche, ansonsten verlange er Satisfaktion! Auf der Stelle! *Satisfaktion!* Brüllte den Satz mit rollenden »R«s und sank schließlich, auf Mondsteins höfliche Ermahnung hin, erschöpft zurück in seinen Sessel, auf dessen äußerste Kante er während seiner Rede gerutscht war. Später am Abend benahm er sich wieder äußerst liebenswert und charmant. Ein leichenblasser Brite mit länglichem Gesicht namens Munro, von dem es hieß, er sei in Burma aufgewachsen, saß die ganze Zeit über still in einer Ecke und machte Notizen.

Des weiteren Kleinschmidt, der gerne zum Besten gab, wie er den trinkfesten irischen Missionaren im Land ihren Grund und Boden abluchste, indem er sie in tagelangen Verhandlungen unter den Tisch gesoffen habe, was nur mithilfe von Kleinschmidts Geheimwaffe, der Ölsardine, zu bewerkstelligen gewesen war, will sagen, einer gründlichen Einölung des Magens vor Verhandlungs- beziehungsweise Trinkbeginn, wobei sich Kleinschmidt, gurgelnd vor Lachen, an dieser Stelle seiner Erzählung auf den Bauch klopfte.

Am Ende sang man aus vollem Halse und wild durcheinander. Lieder aus der jeweiligen Heimat, wobei nicht selten einem von ihnen Tränen in den Augen standen. Eine mehrsprachige Kakophonie, die sich aber, je später es wurde, hin und wieder in einen vielstimmigen Kanon verwandelte, von einer wundersamen Harmonie, die Gerber an die Seele rührte.

Heute wäre er den Mondsteinschen Gesellschaften im vollen Umfang gewachsen, da ist er sich sicher. Als Verwalter stellt er ja auch etwas anderes dar als damals. Er hätte sogar nichts dagegen, wenn der Hitzkopf Heßling oder das Großmaul Kleinschmidt ab und zu in Benēsi zum Whist- oder Bridgespiel vorbeikommen würden.

Gerber führt das Whiskyglas an den Mund, er kann seinen Kehlkopf hören: wie er bei jedem Schluck nach vorne rutscht, um die Flüssigkeit passieren zu lassen. Diese Stille in allen Räumen der Festung, abends, wenn die Bediensteten sich nicht mehr unterhalten und der Klavierdeckel in Käthes Zimmer zugeklappt bleibt. Diese tiefe Stille, die hinter jedem Satz lauert und in die man in Stunden wie diesen, nachts, allein, stürzt wie in einen Abgrund.

Unterhaltungen wie jene bei Mondstein versprächen zumindest Ablenkung. Käthe, ja, Käthe, – oder auch das Käthchen, wie er seine Schwester manchmal nennt, die zählt nicht. Wäre sie mit ihrer verdammten Sturheit nicht gewesen, er säße jetzt nicht hier und müsste sich nicht wieder mal den Kopf darüber zerbrechen, ob die Entscheidung, alles auf eine Karte zu setzen, richtig war. Gewiss, auch er wollte nach Tola-Land ziehen. Nur den letzten Ausschlag, bedenkt man es recht, den gab seine Schwester dazu. Er wird in Zukunft weniger auf ihre Einflüsterungen hören, soviel steht fest. Man muss sich vor ihm vorsehen, vor dem Käthchen. Denn am Ende kriegt es immer, was es will.

Das hatte ungefähr zu dem Zeitpunkt angefangen, als die Geschwister sich nahezu zeitgleich während ihrer Pubertät verwandelten. Er in seinen Vater, Käthe aber – sofern Gerber das anhand der Gemälde im Gut beurteilen konnte – in die Mutter. Bleich, die hohen Wangenknochen, dichtes, zu einem Zopf geflochtenes blondes Haar, etwas Freches, Keckes lag in ihrem Blick, ein Eindruck, der verstärkt wurde durch den stets einen Schlitz weit geöffneten Mund. Neigte Gerber zur Fülle und wurde manchmal seiner Wut nicht Herr wie der Vater, war das Käthchen wohlproportioniert und überaus charmant. Das spitze und dadurch überlegen wirkende Lächeln auf den Lippen, mit dem sie alle auf dem Gut für sich gewann, war jenes der Mutter auf der Fotografie im Medaillon des Vaters.

Geradezu entsetzt entdeckte Gerber eines Tages, dass sich seiner Schwester unter dem Kittel der Busen zu wölben begann und ihr die Burschen in Zwiesel dumm hinterherstierten. Bisher waren der Wald, die Wiesen, die Hügel und Holzplätze, das Sägewerk ihrer beider Reich gewesen. Beinahe jeden Nachmittag hatten sie nach dem Privatunterricht hier gespielt, die kühlen Weinkeller mit den schier endlosen dunklen spinnwebbehangenen Stollen erkundet, Käthe immer voran; hatten sich in die Sägespänehügel im Hof eingegraben oder waren darauf eingenickt; hatten von den Arbeitern Spielzeug geschenkt bekommen: kleine Geschöpfe, die sich beim näheren Hinsehen als Drachen und Einhörner herausstellten, Blumen – aus Holz! Vor allem aber waren sie in die Kronen der Buchen, Eichen und Kastanien des Guts geklettert. Dort lebten sie dann – die endlosen Stunden eines Nachmittags lang. Das Land unter ihren Beinen hörte auf zu existieren. Die einzig wirkliche Welt, das war das Blau, das Weiß und Grau gewesen, das zwischen den Blättern hindurchschimmerte, die Länder und Kontinente am Himmel, die nur ihnen gehörten, und deren Geschichten die sonst so schweigsame Käthe, den Blick nach oben gerichtet, ihrem Bruder erzählte, von Königen, Intrigen, Schlachten, die sich auch in diesem Moment über ihren Köpfen für die Dauer des »Alles Andersrum«, wie diese Stunden in den Bäumen für sie hießen, abspielten. Gerber hätte nur die Hand nach den Wolken auszustrecken brauchen, und er hätte sich hochziehen können zu den himmlischen Imperien.

Doch das, wie Gerber meinte, unzertrennliche Band zwischen seiner Schwester und ihm – es riss von einem Tag auf den anderen. Der Vater, der für seinen Sohn nie Zeit gehabt hatte, für Käthe fand er sie plötzlich. So wie er Gerber früher mit auf die Jagd genommen hatte, durfte die Tochter ihn auf einem eigenen Pony bei seinen Ausritten begleiten. Das Kindermädchen, Else, wurde zu ihrer neuen Vertrauten. Lugte Gerber neugierig vom Flur in Käthes Zimmer, wo man seit neuestem flüsterte, wurde die Tür schnell und mit einem bösen Blick geschlossen. Doch dem nicht genug: Nach Gerber erhielt auch die kleine Käthe Unterricht in Buchhaltung und darüber hinaus, vom Vater höchstpersönlich, in der Forstwirtschaft – ein Mädchen!

Gerber konnte nicht so tun, als sei alles noch beim Alten. Aber weil Käthe nicht darüber sprechen wollte und immer weniger Zeit mit ihrem Bruder verbrachte, war das Gut plötzlich ausschließlich das Reich Gerbers gewesen. Bald kam ihm das alleinige Herrschen darin langweilig und lächerlich vor. Die »Alles Andersrum«-Welt war doch eigentlich nur etwas für Kinder gewesen; und genau das, ein Kind, das war er ja wohl auch nicht mehr, wenn sogar das Käthchen nun schon angeblich erwachsen war.

Während Gerbers erstem Jahr auf der Handelsakademie in München hatten seine Schwester und er kaum noch Kontakt gehalten. Sie erledigte inzwischen kleinere Geschäfte für den Vater, dem es offensichtlich gleich war, dass die Leute über »die Gerberin« redeten, die allein mit der Kutsche in die Stadt fuhr und mit Kollegen des Vaters verhandelte wie ein Mann. Weil in ihrem Bruder, als er davon erfuhr, eine ihm unerträgliche Mischung aus Scham und Wut über die väterliche Ungerechtigkeit hochstieg, versuchte er, nicht weiter darüber nachzudenken. Bei seinen wenigen Besuchen zu Hause war die Schwester *halt auch da* und sprach, vielleicht aus Taktgefühl – zart besaitet war sie ja – lediglich über Dinge des Haushalts; ansonsten hielt sie sich im Hintergrund. So war es am Vater, über Wildverbiss, Käferbefall und den Franzosen zu schimpfen, der den Markt mit billigen Hölzern zerstöre.

Nach Käthes Flucht ins Preußische mit diesem Buchta, den Gerber nie zu Gesicht bekam, gab es für ihn kaum noch Gründe, den weiten Weg von Böhmen nach Bayern zu machen. Denn die Bilanz stimmte einfach nicht. Jedes Mal wenn er zurück nach Franzfeld kehrte und wieder mal ein nettes Wort von seinem Erzeuger ausgeblieben war, der nicht einmal die Zeit fand, sich von ihm zu verabschieden, lag er tagelang in seinem Bett und musste sich die Decke übers Gesicht ziehen, damit man ihn draußen nicht heulen hörte. Könnte er doch nur diesem Leben entfliehen, ein anderer sein!

Über den Verbleib seiner Schwester in Danzig Nachforschungen anzustellen, daran dachte er nicht. Der Vater erwartete, dass sich der Sohn als loyal erwies und, wie er, jeden Kontakt zu der Untreuen abbrach. Und warum meldete *sie* sich nicht? Hätte es nicht der Anstand geboten, ihn persönlich über die neuen Umstände zu informieren? Allzu weit her konnte es ja auch nicht mit der Zuneigung für ihren Bruder sein. Womöglich hätte sie ihn zudem bei einem Treffen um Geld gebeten, so schlecht wie dieser Buchta dazustehen schien. Dann wäre Gerber in Schwulibus gewesen, besaß er selbst doch nicht gerade übermäßig viel.

Eines Nachmittags aber im Herbst, kein ganzes Jahr nach dem Ableben des Vaters, wurde ihm unvermittelt eine Frau Gerber gemeldet und ein paar Minuten später stand, zu seinem bassen Erstaunen, die Käthe, völlig durchnässt vom Regen, unter dem Wohnzimmerlüster in Franzfeld.

»Lieber Bruder…«, den Blick auf den Teppich gerichtet, »… ob du mich wohl bei dir aufnehmen möchtest?« Sie warf die Hände vors Gesicht, hinter denen nun Schluchzen zu hören war.

»Ja, ja natürlich – aber, Käthchen«, gleich trat er zu ihr hin. Die Umarmung wollte noch nicht gelingen, da sie auf die Knie ging und es ihm peinlich war, sich nun seinerseits so tief herabzubeugen.

»Nicht doch, Käthe. Bist ganz erschöpft, gell… ist aber auch eine weite Reise gewesen… bist aus Danzig gekommen…?«

So strich er ihr über die feuchten blonden Strähnen und suchte nach dem richtigen Wort, das die unangenehme Situation beenden würde. Viel älter als in seiner Erinnerung sah sie aus, endgültig kein Mädchen mehr, eine Frau. Was wohl geschehen sein mochte? Was war aus diesem Buchta geworden? Jedenfalls war sie zu ihm gekommen, zu ihrem Bruder, weil sie auf ihn zählte, weil sie sich darauf verließ, dass er ihr weiterhelfen würde. Recht so. Auf ihn konnte man bauen. Und mit Genugtuung erfüllte es ihn, dass der Vater sie nicht mehr so sehen durfte, auf den Knien. Nein, Gerber war es, den sie aufgesucht hatte. Und wie anders würde er sie behandeln als der alte Tyrann. Im Unterschied zu dem wusste nämlich sein angeblich so ungeratener Sohn sehr wohl, was sich in einer Familie gehörte.

»Nun zieh dir erst einmal frische Sachen an. Holst dir ja den Tod, so durchnässt wie du bist.«

»Ludwig, ich ...«

»Lass, lass«, er half ihr auf. »Will es gar nicht wissen. Erzähl's mir später. Jetzt komm mal erst wieder zu Kräften. Schwester ... *Schwesterherz.*«

Schnell fügte sie sich in den Alltag ein, ging der Haushälterin zur Hand, buk Kuchen und hörte ihrem Bruder abends zu, wenn er über geschäftliche Dinge redete. So vergingen die Tage. Über Käthes Vergangenheit verloren sie indes kein Wort – auch wenn er sich immer wieder vornahm, sie möglichst bald danach auszufragen.

Als Gerber wenig später ein Gerücht im Dorf zu Ohren kam, das wohl seinen Weg von Danzig über Bayern bis ins kleine Franzfeld endlich mit einiger Verspätung gefunden hatte, beunruhigte ihn dies ungemein. Die Ehe seiner Schwester mit dem Danziger sei geschieden worden – *geschieden*! Da spielte es keine Rolle, dass es hieß, der Mann habe sie hintergangen und mit einer anderen betrogen. Ob sich dieser Skandal auch nachteilig für ihn und sein Ansehen auswirken konnte? Noch dazu war es höchst ungewiss, ob sie jemals wieder eine Ehe wagen würde und ihn von der natürlich nur rein finanziellen Last ihres Parasitentums entlastete, so angewidert wie sie darauf reagierte, wenn er sie nicht ohne Hintergedanken fragte, ob sie nicht doch einmal einen der Bälle im reichen Karls- oder Marienbad besuchen wolle. Angestrengt überlegte Gerber, ob es nicht eine Möglichkeit gebe, dass sie eine Zeitlang aus Franzfeld verschwinde. Schließlich kam er zu dem Schluss, sie, um Zeit zu gewinnen, auf eine ausgedehnte Kur zu schicken. Als er ihr beim Abendbrot den Vorschlag unterbreitete, nach Baden-Baden zu fahren, das würde ihr gut tun, schoss ihr unverzüglich das Blut in die Wangen, wie er es sonst nur vom Vater kannte.

»Willst mich loswerden, Ludwig? Bin dir zur Last geworden ... hast es jetzt endlich gehört, was der Anton gemacht hat. Was er mir angetan hat!«, rief sie mit funkelnden Augen, woraufhin Gerber sofort entrüstet abwinkte.

»Aber ich bitte dich, rede doch nicht so einen Schmarren. Wie kommst du denn auf so etwas?« Und nach einer Pause, in der er verlegen in seinem Essen herumstocherte: »... stimmt es denn, was die Leute reden im Dorf?«

Sie warf klirrend das Besteck auf den Teller, richtete sich auf und blickte ihm trotzig ins Gesicht, sodass er wegschaute.

»Ja, und was sagen's denn, die Leute, hm?«

An dieser Stelle kam das Küchenmädchen herein, wandte sich erschrocken auf der Schwelle um und schloss vorsichtig die Tür hinter sich.

Er stotterte etwas von »Ehe« und »geschieden« und »natürlich höchst ungünstig bei meiner Stellung«, bis sie ihn unterbrach.

»Ja, ungünstig. Versteh' schon. Wär' halt besser gewesen, ich hätte doch das Gift genommen, so wie ich es ursprünglich auch vorhatte. Hatte halt gedacht, wenn es jemanden gäbe auf dieser Welt, der mich versteht, weil er denselben Vater hatte, dann wär' das mein lieber Bruder. War außerdem zu feige. Tot will eben keiner sein. Aber in dir habe ich mich wohl geirrt. Mächtig geirrt. Ich will dir sagen, was passiert ist. Ja – ich bin geschieden. Und ja – unser Vater hat Recht gehabt, und wahrscheinlich freut's ihn da, wo er jetzt ist. Der Anton war ein Gauner, ein Mitgiftjäger. Ob er mich je geliebt hat, aufrichtig geliebt hat – ich weiß es nicht. Vielleicht, am Anfang, bis zur Hochzeit. Bis ihm unser Vater eben doch das Geld transferiert hat. Kein ganzes Jahr nach der Hochzeit ist es losgegangen: Wie mein lieber Gatte den Weibern nachgeschaut hat, schamlos ist das gewesen. ›Guck mal, Liebes, ist die nicht rassig?‹, hat er immer gesagt. *Rassig.* Dass ich nicht lache. Dass schwarze Locken, eine große Büste und kindisches Gehabe einen Menschen schon rassig machen. Ich war die, die geschuftet hat, im Laden in Danzig. Und der Herr Gemahl hat sich währenddessen vergnügt mit der Mitgift seiner Frau. Ich hätt' mich ja auch gefügt, ich sag's dir ganz ehrlich. Ich hätt' es auf mich genommen, und hätt' seine Liebschaften geduldet und dass er mein Geld ausgibt. Fast drei Jahre hab' ich's ja auch über mich ergehen lassen. Das Erdulden, das haben wir beide gelernt, wenn es etwas gibt, das uns unser Vater beigebracht hat, dann das . . .«

»Ja«, brachte Gerber erstickt hervor und starrte ins Leere.

»Am Ende aber hat der Anton die Dreistigkeit gehabt zu behaupten, dass ich angeschlagene Nerven habe und dass ich auf Kur muss. Ha! Ich! Angeschlagene Nerven . . . seitdem mag ich nichts mehr davon hören. Von wegen: ›Man kann es mir ja nicht zumuten, mit *so einer* zusammen zu bleiben. Einer kranken Frau.‹ Wollte ihn doch nur zur Raison bringen.

Seine Mutter und seine Kunden hab' ich über den feinen Herrn Buchta aufgeklärt. Dass er ein Mitgiftjäger ist und Ehebrecher obendrein. Aber die... nichts hat man mir geglaubt... nichts... ja, die haben immer nur gesagt, ich sei...«, sie rang nach Luft, fasste sich wieder, »man hielt meine *Hysterie* für erwiesen.« Sie sprach das Wort mit einer Abscheu aus, die Gerber noch nie an ihr gesehen hatte. »Das Ende der Geschichte ist schnell erzählt. Das Urteil der Stadt war gefällt. Ich war ja ohnehin immer die ›Bayerin‹, ›die von drunten‹. Die Ehe wurde annulliert. Kinder waren keine vorhanden. Darauf hatte er ja auch schon bald keine Lust mehr gehabt. Das vereinfachte die Angelegenheit.«

Gerber hielt es nicht mehr auf seinem Stuhl. Während Käthe sprach, war in ihm all die Wut über die Enttäuschungen der letzten Jahre aufgestiegen, wie abfällig die Leute ihn stets behandelt hatten.

»Ich sage dir«, rief er, das Glas hatte er erhoben, »ich sage dir hiermit zu, bei Gott: Uns wird in Zukunft nichts mehr trennen. Und wenn alle Welt gegen uns ist... gemeinsam trotzen wir!«

Nun war es an ihr, überrascht und, wie er meinte, bewundernd, zu ihm aufzusehen. Und hatte er jemals so etwas wie Liebe gespürt, die reine geschwisterliche Liebe, dann in jenem Moment.

In diesem Winter hatte es einen Schneebruch gegeben, wie Gerber ihn noch nie erlebt hatte. Bedenklich neigten die ältesten Tannen seines Bestandes ihre Kronen unter der Last. Um das Eis mit Stöcken wenigstens von den unteren Zweigen zu klopfen, stieg er mit den Arbeitern durch den hüfthohen Harsch, dessen harte Kruste einem, wenn man knackend in ihn einbrach, die Hose zerschliss. Schließlich kletterte man

Stämme hinauf, wollte jeden Ast einzeln befreien. Zwei seiner Männer rutschten ab und in den Tod. Fast die Hälfte aller Tannen brach. Im Frühling klafften große Löcher in Gerbers vormals so dichtem Forst. Noch schlimmer jedoch hatte es Zwiesel getroffen. Über 5000 Hektar waren vom Wind umgeweht und zersplittert worden. So vergingen die Monate mit Neupflanzungen und angestrengtem Ausrechnen der Verluste, und Gerber hatte sich daran gewöhnt, seiner Schwester jeden Abend von seinen Sorgen wegen der Natur und den Menschen zu erzählen, die beide in dieser Gegend einfach gegen ihn gestimmt zu sein schienen; dann von seinen Plänen für die Zukunft, ein eigenes Unternehmen in einer milder klimatisierten Region, wo man den Namen Gerber nicht kannte. Ungarn. Spanien. Warum nicht Frankreich? Sie pflegte währenddessen Figuren aus Papier zu falten, einen Hof, Bäume, kleine Menschen. Sie besaß ein auffallendes Geschick dafür. Hin und wieder stellte sie Gerber eine Zwischenfrage oder gab ihm einen immer sanft vorgetragenen und klugen Rat, woran er erkennen konnte, dass sie seinen Ausführungen tatsächlich mit Interesse folgte. Nach und nach übernahm sie die Buchhaltung für Franzfeld und die unangenehme Korrespondenz mit Krämer. Auch dem Klavier widmete sie sich wieder. Gerber tat ihr den Gefallen und kaufte ihr eine dieser Holzkisten. Im Unterschied zu früher klang Käthes Spiel nun ruhiger, gemäßigter, sogar hin und wieder heiter. Gerber lauschte ihr gerne und bedauerte es, wenn die Kerzen heruntergebrannt waren und sie den Deckel über den Tasten schloss.

Dass sie ihn dreieinhalb Jahre später in den Kongo begleitete, ja, ihn sogar dazu drängte zu gehen, erschien ihm logisch. Sie, die immer nur weg von den Leuten wollte, die sie und ihre

Vergangenheit kannten, und zugleich niemanden hatte außer ihm. Da das Klavier nicht mitgenommen werden konnte, vertrieb sie sich in Afrika die Zeit mit Lesen. Sie entdeckte die Werke eines gewissen S. Suk, eines hohlwangigen Böhmen mit langem Bart und großen Mandelaugen, dessen Foto auf ihrem Nachttisch stand. Als Gerber einmal in ihrer Abwesenheit einige der Schwarten durchblätterte, konnte er nicht verstehen, was seine Schwester an so etwas fand: Beschreibungen jenseitiger Welten, die wie fantastische Geschichten wirkten. In Tišna, einige Kilometer entfernt von Franzfeld, hatte dieser S. Suk mit einigen Getreuen eine Kolonie gegründet. In einem Buch fanden sich Bilder davon. In seltsamen Holzhäusern wohnte man, die wie natürlich gewachsen aussahen, glatt und ohne jede Ecke. Vollbärtige Gestalten in bodenlangen grauen Kitteln spazierten dazwischen einher. Laut einem der Texte, »Der letzte Zweck«, wartete man auf etwas, das sich »Der Große Übertritt« nannte, eine »Manifestation der stets gegenwärtigen Welt des Geistig-Seelischen«. Worum es sich dabei handeln sollte, das konnte Gerber auf die Schnelle nicht erkennen. Wo hörte der Roman auf, wo begann die Realität? Sei's drum. Dann suchte Käthe eben Trost von ihrer verpfuschten Vergangenheit in verstiegenen Geheimlehren. Eine Diskussion mit ihr, die womöglich dazu geführt hätte, dass Gerber am Ende gar niemanden mehr auf der Farm im Kongo zur Gesellschaft hatte, keinen einzigen Verbündeten, das wollte er nicht riskieren. Zu Mondstein begleitete sie ihn ein einziges Mal. Auf einen Salon, in dem sie die einzige Dame sei, könne sie in Zukunft verzichten, meinte sie danach kopfschüttelnd. Dabei habe sie so darauf gehofft, eine Freundin zu finden. Die Buchhaltung, die sie inzwischen übernommen hatte, führte sie fehlerfrei.

Als die Entscheidung gefallen war, den Neuanfang in Tola-Land zu wagen, und er sich für die Übergangszeit in einer völlig überteuerten, gleichwohl standesgemäßen Suite im Münchener *Kempinski* einquartierte, merkte Gerber zum ersten Mal seit der Rückkehr, was ihm die tägliche Aussprache mit seiner Schwester bedeutete. Endlich war sie auf Kur nach Baden-Baden gefahren. Ihre Heimfahrt verzögerte sich. Gerber war allein. Im Hotel, beim Essen, auf den Straßen, ohne den Menschen, dem er immer all das sagen konnte, was ihm nun lautlos und ungehört durch den Kopf ging, unentwegt, im Kreis. Käthe fehlte ihm so sehr. Er konnte sich ein Leben ohne sie gar nicht mehr vorstellen.

Und war nicht sie es, die ihn eines Abends im Kongo riet, das Angebot der Bremer Kolonialgesellschaft anzunehmen? In Wirklichkeit hatte doch sie zu einem guten Teil die wichtigen Entscheidungen seines Lebens getroffen.

Die knapp zwei Jahre, die sie nun schon in der Festung in Benēsi wohnen, hätte er ohne die Käthe nicht überstanden: Seine vielen Briefe nach Bismarckburg, aus dem man nur selten Antwort erhielt von diesem Reimann, dem Bezirksamtmann. Seltsamerweise hatte ihn noch nie jemand zu Gesicht bekommen. Danach der Untergang der *Brünnhilde*, der Gerbers anfängliche Hochstimmung gehörig trübte und ihm schlagartig vor Augen führte, in welch ausweglose Lage er sich, nein, die Käthe ihn da wieder hineinmanövriert hatte. Erst jetzt fielen ihm der bröckelnde Putz, die über die Wände kletternden Echsen und die Netze in den Ecken auf, in denen große gelbe Spinnen mit Kreuzen auf dem Rücken lauerten.

Er kämpfte gegen seine innere Verzweiflung an. Dann, eines Nachmittags, begann er zu schluchzen. Käthe sprach mit ru-

higer Stimme auf ihn ein und strich über seinen semmelblonden Schopf.

»Alles kommt, wie es kommt. Du hast es doch bis hierhin
auch so gut getroffen. Ich weiß schon, der Vater hat dich nie
auch nur ein einziges Mal gelobt, der Saukerl. Wo er nur
konnte, hat er dir Knüppel zwischen die Beine geworfen.
Aber wir werden's schon schaffen, Ludwig. Ganz gewiss!«
Nachträglich war Gerber dieses Zeichen seiner Schwäche unerträglich gewesen.

Dann der Bescheid aus Bremen, man werde nach dem tragi-
schen Verlust der *Brünnhilde* doch noch ein weiteres Schiff
schicken. Von einem Tag auf den anderen war die Hoffnung
wieder erwacht, waren die Träume wieder da. Erleichtert
konnten die Geschwister eine Gewohnheit aufnehmen, die
sie in den sorgevollen Tagen ausgesetzt hatten: Arm in Arm
promenierten sie auf der Forststraße durch ihr Reich, den
Wald. Wie hatten sie zweifeln können? In kürzester Zeit waren die Setzlinge in die Höhe geschossen. Das Klima wirkte
hier wahre Wunder. Wie das satt grünte! Wie das spross! Wie
sich das vermehrte! Ein Monat in Benēsi entsprach vom
Wachstum her einem halben Jahr daheim, so schien es. Sie
würden die Gewinner sein.

Und wie hatten sie dafür geschuftet! Kurz nach ihrer Ankunft in Benēsi war höchste Eile geboten gewesen: Die Regenzeit stand bevor. Nur sie garantierte die ausreichende Be-
wässerung, die in den ersten Tagen der Neupflanzung so
unabdingbar ist. Noch dazu, wo viele der Bäumchen Benēsi
in einem beklagenswerten Zustand erreichten, mit geknick-
ten Ästen, beschädigtem Wurzelwerk, verdorrt. Der lange
Transportweg direkt aus deutschen Gärtnereien, zuerst mit
dem Schiff, dann mit der Bahn, und das letzte Stück von Bis-

marckburg auf Karren, das alles hatte ihnen böse zugesetzt, fast ein Viertel war unbrauchbar geworden. Natürlich hatten die Wilden auf der Fahrt nicht ausreichend gegossen. In der Festung aber führte Gerber das Kommando. Kein Auge hatte er zugetan; stets war er darauf bedacht, dass seinem Vermögen, das da unter vor der sengenden Sonne schützenden Strohdächern im Hof lagerte, die beste Behandlung zuteil wurde. Zusammen mit Schirach, dem Offizier, trieb er die einheimischen Arbeiter an, die ihm von der Schutztruppe in Loué aus den umliegenden Negerdörfern zugeführt worden waren. Schneller und gründlicher sollten sie den harten Boden um den Fluss herum, den Usulū, für die Setzlinge bereiten, sodass beim ersten Regen alles ohne Zeitverlust vonstatten gehen würde. Gerne vergaßen die Neger dabei, Raum für die Pflegepfade zu lassen, die später doch so wichtig sein würden. Wahrscheinlich glaubten sie nicht daran, dass sie selbst schon bald auf ihnen zwischen den Dickungen gehen würden. Mindestens zwei Meter Abstand brauchten die Nadelbäume zwischen sich, drei dreißig die anspruchsvolleren Laubbäume, und bitte einen Meter fünfzig tief ins Erdreich senken, darunter aber, nicht vergessen!, eine zehn Zentimeter dünne Sandschicht, damit sich das Wasser unter dem Jungbaum sammeln und ihn nähren kann! Gerber fertigte Zollstöcke an, um die Arbeiten zu überprüfen.

Und dann das Kanalsystem! Nächtelang hatte er über den Plänen gesessen, sich den Kopf zerbrochen, wo man um alles in der Welt in der Steppe ausreichend Wasser für einen Wald herbekommen könne. Dabei war die Lösung so simpel. Nur ein paar hundert Meter entfernt und, Achtung!, oberhalb des Forstes fließt ja der Usulū. Man brauchte ihn nur anzuzapfen und schon würde es mit ausreichend Druck hinabströmen.

Aber hatte man auch breit und tief genug gegraben, sodass in der ärgsten Trockenzeit die Versorgung gesichert war und sich kein Feuer ausbreiten konnte? Zu spät, um in der Hektik eventuelle Fehler noch zu korrigieren – denn endlich ließ es der Herrgott vom dunklen Himmel gießen! Herrlich! Unermüdlich stakte Gerber durch den Morast. Dass man auch ja auf die strikte Trennung der Baumarten achtete, so wie er es befohlen hatte! Nein, das ist eine Buche, das eine Kiefer, so schwierig kann das doch nicht sein! Auch Schirach, der alte Soldat, hatte natürlich keine Ahnung von den verschiedenen Baumsorten. Eine Katastrophe. Man zog hier einen Forst hoch, einen deutschen Forst wohlgemerkt! Einen Austausch mit einheimischen Baumsorten galt es zu verhindern. Aber würde man den Angriffen der Millionen fremder Samen und Sporen im Frühling, die die Reinheit der Arten gefährdete, überhaupt standhalten? Wie sollte man diese Schlacht mit einer Schutztruppe und einem Offizier gewinnen, die geübt sein mochten im Kampf gegen Mensch und Tier – nicht aber gegen einen viel unberechenbareren Gegner, die afrikanische Flora?

Kein Wunder, dass Gerber damals von einer schweren Erkältung niedergestreckt wurde. Fiebrig wälzte er sich im Bett. Als er aber nach ein paar Tagen, noch während seiner Genesung, unruhig ans Fenster stürzte, konnte er erleichtert aufatmen: In der Ferne, brav aufgereiht, in Reih und Glied, als wollten sie ihn, ihren Herren, grüßen, wiegten sich die ersten Bäume im Nieselregen. Und schon nach einem Jahr waren von der Festung aus die Gräben unter dem dichten Blätterdach nicht mehr auszumachen gewesen.

Auf einer ihrer Wanderungen überzeugte Gerber Käthe von der Wichtigkeit der Zugstrecke oder zumindest einer befestigten Straße nach Bismarckburg. Er berichtete, an welche

Händler er das Holz zu verkaufen gedenke, mit welchen Schifffahrtsgesellschaften er zusammenarbeiten wolle, und es überraschte ihn, als sie ihm, offensichtlich bestens informiert, von der einen abriet, dagegen eine andere empfahl, ja, anbot, selbst nach Loué zu reisen, um mit dem Gouverneur Maysenbug wegen der Straße und der Zugstrecke zu verhandeln. Gerber schaute in den tiefblauen Himmel über ihnen. Für einen Augenblick war keine Zeit vergangen. Das hier *war* der Wald bei Zwiesel, das alte Reich der Geschwister. Obwohl sie Tausende von Kilometern und Jahrzehnte vom einstigen väterlichen Gut trennten, waren sie am Ende doch glücklich heimgekehrt.

Die Lampe auf dem Tisch vor Gerber funzelt nur mehr schwach. Die Zigarre ist bis auf den Stumpen weggeraucht. Eine neue wird er sich heute nicht mehr anzünden. Sein Vorrat neigt sich dem Ende zu und wer weiß, wann der angeforderte Nachschub aus Loué eintrifft. Er hat eine Melodie im Kopf, die Käthe heute Nachmittag auf dem Klavier gespielt hat … sie hat sie schon so oft gespielt … wie ging die noch mal … er hat so eine verfluchte Sehnsucht danach. Es ist, als schlängelten sich verführerische Töne über den Boden des dunklen Zimmers. Immer wenn Gerber meint, es sei nur ein Fragment, das er im Ohr hat, und er könnte den Rest pfeifen – er hat bereits die Lippen gespitzt –, ist alles wieder verschwunden. Er wird Käthe wegen Selwin fragen. Was tun? Wie angehen? Was für einer Selwin sei? Was sie denke? Gerber sieht Käthe schon vor sich, wie sie die Stirn runzelt, bevor sie zu sprechen beginnt.

Es klopft. Eine Gestalt im dunklen Türrahmen.

»Käthe«, sagt Gerber, »Käthchen, gut, dass du da bist, ich wollte gerade …«

»Entschuldigen Sie vielmals«, stottert Selwin, »ich wollte Sie nicht stören ... komme wohl besser ein anderes Mal vorbei, ist ja auch schon spät ... Gute Nacht.«

KÄUTNER TROTTET über den Innenhof der Festung, seine Fackel zeigt ihm in der Dunkelheit den Weg. Man muss die angenehm warmen Temperaturen abends noch genießen, bevor in der Regenzeit, die dieses Jahr zum Glück auf sich warten lässt, die Schwüle unerträglich wird und alles im Schlamm versinkt. Schräg oben, im zweiten Stock, war in unregelmäßigen Abständen etwas aufgeglimmt: Der Verwalter saß wieder mal in seinem Zimmer, paffte Zigarre und sinnierte. Jetzt ist es auch dort finster geworden. Immerzu ist der am Denken. Mehr, als es ihm gut tut. Aber von Holz versteht er etwas. Kein Wunder, bei dem Vater. Ob sein Plan etwas taugt, hier eine einträgliche Forstwirtschaft zu betreiben, mitten in der Steppe?

Wenn nicht, ist es auch nicht weiter schlimm. Im Gegenteil. Dann wäre die unleidliche Zeit für Käutner als Faktotum beendet und er würde weiterziehen – es würde sich schon etwas finden lassen. In Bismarckburg hat es ihm in seinem ersten Jahr gut gefallen, jedenfalls lebte es sich dort angenehmer als in Benēsi. In der Kaserne gleich neben der Bahnstation war er anders als in der Festung der einzige Weiße unter den niederen Rängen. Die sechs Kerls aus allen Teilen Deutschlands behandelten ihn besser als der Schinder Schirach, soviel steht fest. Er musste nicht zusammen mit der schwarzen Truppe exerzieren, nein: er *ließ* exerzieren, bitteschön. Daneben beaufsichtigte er den Ausbau der Chausseen und der

Bahnlinie Richtung Loué. Und er machte seine Sache gut, weil er einer der wenigen war, denen es ohne Strafen gelang, die Einheimischen zum Arbeiten zu bewegen. Dabei war das gar nicht so schwierig, wenn man mit ihnen abends Zeit verbrachte und ein paar Brocken ihrer vielen verschiedenen Dialekte sprach. So hätte es durchaus weitergehen können. Nach seinem Dienst in Tola hätte er wieder zurück nach Berlin gedurft, wo seine zwei Jahre in der Kolonie fünf Jahren in der Armee zu Hause entsprochen hätten und er bald Offizier geworden wäre. Aber er musste ja nach Benēsi abkommandiert werden. Dazu noch auf unbestimmte Zeit! Bis jene Siedler einträfen, auf die man nun schon so lange umsonst wartete.

In Bismarckburg war lediglich die Riege der Verwalter unangenehm, mit der er aber zum Glück nie in Berührung kam, das heißt mit diesem Reimann, dem Bezirksamtmann, und seinem Gefolge. Käutner hat nur einmal in der Kaserne von Loué ein Gemälde von ihm hängen sehen: Ein untersetzter Mann mit einem Zwicker auf der Nase und ohne Hals. Tolle Geschichten kursierten über ihn. Dass er schon längst getürmt sei und wieder zu Hause im Reich lebe; oder dass er sich beim übergeschnappten Maysenbug in Loué aufhalte und dort jeden Tag ein rauschendes Fest feiere. Schön und gut. Nur seine braven Soldaten mussten es ausbaden. Wenn wieder einmal die Arbeit ruhte, weil keine Befehle vorhanden waren; oder wenn sich herausstellte, dass der jeweilige Befehl zwar existierte, man aber bei all den Nachrichten, die jeden Tag telegrafisch eingingen, vergessen hatte, ihn auch vom Verwaltungsgebäude ans andere Ende der Stadt in die Kaserne zuzustellen. Um den so genannten Regierungsbezirk mit all seinen seltsamen Boten und Verwaltern, die, obwohl nur ein paar hundert Meter von der eigenen Stube entfernt, in ihrer eigenen Welt zu leben schienen und sich zu fein waren für den Umgang mit einem einfachen Soldaten wie Käutner, machte er stets einen weiten Bogen.

Vielleicht zieht es ihn ja doch nicht so sehr nach Bismarckburg, sondern er fährt, nachdem das Kapitel Benēsi beendet ist, gleich heim nach Deutschland, und zwar nicht als Soldat, sondern – als Postbeamter. Übung hat er inzwischen darin. Denn Schirach, der ein gänzlich anderes Regiment führt als Blum, der Offizier in Bismarckburg, hatte festgestellt, dass Käutner beim täglichen Exerzieren im Hof mit seinen schwarzen Kameraden nicht mithalten kann. Auf einem Marsch war er zusammengebrochen. Ohnmächtig hatte Käutner im Staub gelegen und musste auf einer Bahre zu Dr. Brückner getragen werden, der ihm irgendetwas einträufelte, was, darauf könnte Käutner schwören, ein Rauschmittel, doch kein Medikament gewesen war.

Schirach hatte ihn danach zu sich bestellt. Was für ein Bild er da vor den Negern abgebe! Man schaue doch auf zu den weißen Herren! Und jetzt so etwas! Käutner verkniff sich die Bemerkung, dass er sich bisher sehr gut mit den anderen Schutztrupplern verstanden habe, man könne sogar von einer Art Freundschaft sprechen. Mtock hat ihn kürzlich *Buti* genannt, einen Bruder. Möglich, dass er bei seiner Schwester, der schönen Nfer, die in der Küche arbeitet, ein gutes Wort für ihn einlegt.

Nichtsdestotrotz ist Käutner nun also auf unbestimmte Zeit für die Post zuständig. Und für die Bewachung der Waffen im Keller. Eine wahre Wunderkammer hat Schirach dort zusammengetragen. Revolver, Gewehre, wahlweise mit Bajonetten, jede Art von Messern, auch Speere aus den umliegenden Dör-

fern – Schirach hat ein Faible für das einheimische Kriegs-
handwerk. Alles hübsch aufgereiht. Es bereitet Käutner
Freude, dort auf und ab zu gehen und hin und wieder nach
einer der Waffen zu greifen, wenn er schon nicht mehr mit
den anderen üben darf. Weniger Freude macht allerdings der
Weg zur Nachtwache in den Keller, auf dem er sich gerade befindet. Anfangs traute er seinen Augen nicht. Draußen pras-
selte der Regen und entlang der geländerlosen Steintreppe,
im Finstern, *blühte* es blau, weiß und orange, wenn er seine
Lampe an die Wand hielt. Schimmelblumen.

Da ist Käutner manchmal nicht unglücklich, wenn er tagsüber ein paar Stunden in der kahlen Poststube sitzen darf.
Zumeist allerdings wenig beschäftigt. Benēsi, wo man ledig-
lich am Wachstum der Bäume im Wald erkennen kann, dass
die Zeit vergeht. Benēsi, der wirklich denkbar schlechteste
Ort für jemanden, dessen offizielle Aufgabe die Überbrin-
gung von Neuigkeiten darstellt. Denn was gibt es in diesem
Land schon Neues? Botschaften an den Verwalter Gerber
treffen selten ein. Anders verhält es sich mit dem Postausgang.
Die vielen Telegramme und Briefe an den Bezirksamtmann
Reimann in Bismarckburg oder gar an den Gouverneur von
Maysenbug sammelt Käutner sorgfältig für den eitlen Urge,
einen der vier Postboten des Landes, der mit seinem besorg-
niserregend ratternden, dennoch stets wie neu glänzendem
gelben Cabriolet einmal in der Woche vorbeikommt und sich
im vollen Bewusstsein seiner Bedeutung mit viel Aplomb,
seinen frisch gewichsten Stiefeln und der makellosen hellblauen Uniform über die Fahrertür schwingt, einen mageren
Briefpacken unterm Arm. Dann ist plötzlich Eile geboten. So
als sich vor ein paar Monaten in Urges Stapel diese Depesche
von der Kolonialgesellschaft aus Bremen befand und Käut-

ner mit ihr sofort pflichtbewusst durch die Gänge zu rennen begann – nur … wohin eigentlich? Zunächst dachte er, er trage die Depesche lieber gleich zur Schwester des Verwalters, da sie doch ohnehin alle geschäftlichen Entscheidungen fällt. Also hoch in den ersten Stock. Doch Frau Gerber wehrte ab. »Wo denken Sie hin? Gehen Sie doch bitte zu dem, der hier das Sagen hat.«

Daraus ergab sich eine weitere Unklarheit für Käutner: Hat denn nun der Verwalter Gerber oder der Offizier Schirach das Sagen? Oder der Bezirksamtmann in Bismarckburg? Oder gar – Gouverneur Maysenbug? Aber nein: Die lebten weit weg und hatten noch nie Interesse daran gezeigt, was im Hinterland vor sich geht. In Benēsi scheint Schirach unabhängig von Verwalter Gerber agieren zu können. Der aber lässt die Schutztruppe einsetzen, wie es ihm gerade passt – wobei er wiederum darauf angewiesen ist, dass Schirach willens ist, Leute freizustellen. Käutner stand bereits vor der Tür des Offiziers im Erdgeschoss, als er es sich noch einmal anders überlegte und erneut die Treppen zum ersten Stock hoch hastete. Die unbotmäßige Freude des Verwalters über die Depesche, die ein großzügiges Trinkgeld zur Folge hatte, zeigte ihm, dass er richtig gehandelt hatte.

Knarzend öffnet Käutner die schwere Holztür zum Keller. Das Tennismatch mit der Schwester des Verwalters steckt ihm noch in den Knochen. Es ist zweifellos anstrengender, jemanden, dem man eigentlich überlegen ist, was man aber aus Gründen der Etikette nicht zeigen darf, gewinnen zu lassen, als ernsthaft zu spielen.

ZUERST GLAUBT HENRY, dass das laute Krachen, von dem er aus seinem Nachmittagschlaf erwacht, noch Bestandteil jenes Traumes ist, den er in den letzten Wochen regelmäßig hat. Er befindet sich darin auf der *Brünnhilde*, die in Seenot geraten ist. Blitze zucken. In ihrem Licht erkennt Henry Gesichter, die rollenden Fässer, die Masten, die sich über seinem Kopf biegen, brechen. Natalie, die ihn voller Panik und zugleich Hoffnung in den letzten Momenten ihres Lebens vom schwankenden Beiboot aus anblickt. Und er, der dann nicht selten, klatschnass vom Angstschweiß, aufschreckt, ihren Namen auf den Lippen, *Naaaah*...

Doch jetzt kracht es wieder. Der Wasserkrug auf dem Tisch klappert. Henry stürzt aus dem Bett und tastet nach seiner Brille. Am Fenster schaut er ungläubig und mit einem Mal hellwach auf die blauschwarze Wolkenwand am Horizont. Das Gewitter. Ein leises Geräusch dringt von der Steppe herüber, als er das Fenster öffnet, ein Rauschen. Kühle schlägt Henry ins Gesicht. Das lange Gras entlang des Usulūs wiegt sich im Wind. Plötzlich setzt der Regen ein.

»Selwin!«

Gerbers Stimme von draußen. Tatsächlich steht unten auf dem Vorplatz eine Gestalt mit einem Tropenhelm, etwas entfernt ein paar Eingeborene. Sie johlen, tanzen, halten immer wieder inne, den Kopf im Nacken, um sich die Tropfen in den offenen Mund fallen zu lassen.

»Selwin! Nun, kommen Sie schon. Kommen Sie runter!«

Eilig schlüpft er in seine Hosen und Stiefel. Unten am Ausgang wartet wie für ihn bestellt ein Boy, der ihn unaufgefordert mit einem aufgespannten Regenschirm begleitet. Henry putzt die beschlagenen Gläser seiner Brille, inzwischen schüttet es in dicken Fäden. Gerber muss laut rufen, um sich gegen das Prasseln und Plätschern verständlich zu machen. In seinem Gesicht spiegelt sich eine Freude, wie Henry sie bis dahin noch nie an ihm gesehen hat.

»Mein Gott! Endlich, Selwin! Regenzeit! Ein Segen, ein wahrer Segen! Wundervoll ...«

Henrys Begeisterung hält sich in Grenzen. Sicherlich ist es gut, dass es nun wieder kühler wird. Auch gut und sogar noch besser, dass der Wald gerettet ist. Aber was wäre geschehen, um alles in der Welt, hätte die Regenzeit dieses Jahr, wie es ab und an gewiss vorkommt, ein paar Wochen später begonnen? Nein, lieber keinen Gedanken an so etwas verschwenden ...

Später blickt Henry noch einmal vom Fenster aus auf das morastbraune Band, das sich durch die Steppe schlängelt, den reißenden Fluss, in den sich der ausgetrocknete Usulū verwandelt hat. Eine Niederung, die Henry bereits als Teil der künftigen Stadt eingeplant hat, ist als das eigentliche Bett des Flusses erkennbar geworden. Wie aber soll hier überhaupt eine Stadt entstehen, Häuser, eine Kirche, ein Bahnhof, die ein festes Fundament benötigen? Vor der Festung sind die Pfützen zu einem alles verschlingenden Teich zerflossen, aus dem Steppengrasbüschel wie Schilf herausragen. Weiter draußen aber, dort, wo sonst der ausgetrocknete Boden Risse hat, schimmert es bunt: In nur wenigen Minuten gewachsene Blumenteppiche, rot, blau, grell gelb.

Zu einem überwältigenden Schauspiel werden in den folgenden Wochen die Wirbel der Tornados, die Gerber, Käthe, Henry und die anderen Weißen Benēsis zu den Mahlzeiten von der Veranda aus am Horizont verfolgen. Wie eine riesige sich nach unten hin verjüngende dunkelblaue Vase auf einer sich langsam drehenden Töpferschale, der dünne pechschwarze Zipfel daran. »Für gewöhnlich treiben sie nur dort, wo die Steppe in die Wüste übergeht, ihr Unwesen«, beruhigt Gerber Henry. Bisher jedenfalls sei noch nie einer dieser gewaltigen Stürme in die Nähe der Festung gekommen. »Im Übrigen bieten die Kellergewölbe ausreichend Schutz vor derlei Naturgewalten – für den Fall des Falles, Sie verstehen«, fügt Gerber hinzu.

Erst als sie einmal zu einer der Schneisen reiten, die der vorerst letzte Tornado in die Steppe gerissen hat, wird Henry bewusst, welch tödliche Gefahren um sie herum in diesen Tagen drohen, vor denen auch der Wald, *ihr* Wald nicht sicher ist. Auf den ersten Blick scheint alles an dem mehrere Meter breiten Streifen mitten auf freiem Feld in Ordnung: Dornbüsche, Palmen, Gras, sogar eine Antilope, die friedlich daliegt. Doch es ist wie bei einem Haus, das von Einbrechern in aller Eile auf der Suche nach Beute auf den Kopf gestellt wurde: Die Gegenstände sind schrecklich durcheinander geworfen; die Wurzeln der Büsche ragen in die Luft; an ihren tropfenden Ästen kleben statt Blättern Dreck und Gras; die Beine und der Kopf der Antilope stehen bei näherer Betrachtung auf groteske Weise von ihrem Rumpf ab – als sei die Wirklichkeit selbst von den Sekunden des Sturms dauerhaft ramponiert worden.

Anfangs stört Henry beim Einschlafen noch das Glucksen in den Wänden. Es ist nur eine Frage der Zeit, bis ein Rohr platzt. Eigentlich müsste vor dem Bau der Stadt die Sanierung der Festung angesetzt werden. In den folgenden Wochen, in denen die Geräusche des Wassers zum ständigen Begleiter bei der Arbeit, beim Essen und bei den Unterhaltungen werden, achtet Henry dann kaum mehr darauf. Den Gedanken, der ihn eines Nachts im Bett die Augen aufschlagen und in die Dunkelheit starren lässt, verdrängt er sofort: dass er, hätte der Regen etwas früher eingesetzt, wie wohl durchaus üblich, niemals aus dem Eingeborenendorf gerettet worden wäre. Gut möglich, dass er sich in der überschwemmten Hütte den Tod geholt hätte.

KURZ VOR SECHS bereitet sich Henry für das Abendessen vor. Er hat seinen besten Anzug angezogen, den zinnobroten, den er extra von der Schneiderin hier hat anfertigen lassen. Zwar hat am Morgen niemand Anstalten gemacht, den Weihnachtstag heute besonders zu begehen. »Frohes Fest«, hatte Gerber ihm zugeraunzt, als er ihm nach dem Frühstück auf dem Flur begegnete. Aber die gute alte Tradition vergessen, die sie auch noch in New York immer am Abend des 24. und nicht wie sonst überall im Land am 25. nach dem Aufstehen begingen, möchte er selbst so fern der Heimat nicht. Ihm ist eingefallen, dass er bisher kein einziges Weihnachten ohne seine Eltern oder zumindest Bekannte der Familie verbracht hat. Aus einer Sehnsucht nach dem gemütlichen Haus in New York heraus, das jetzt wohl trotz des Verlustes des einzigen Kindes über und über mit Tannenzweigen, rot-blauen Christbaumkugeln und Kerzen geschmückt ist, hat er seine Geschenke für die Bewohner der Festung am Nachmittag in Papier eingeschlagen. Das plötzlich schlechte Gewissen, seinen Eltern derart unnötigen Kummer zu bereiten, versucht er zu verdrängen, indem er genau darauf achtet, dass alle Kanten auch ja sauber gefaltet sind.

Ein wenig verlegen versteckt er die Päckchen hinter seinem

Rücken, als er auf dem Weg in den Speisesaal im ersten Stock Lautenschlager, Schirach und Dr. Brückner antrifft.

»Sauwetter«, begrüßt ihn Schirach.

»Katzen und Hunde, Herr Offizier. Für unsere Bäume draußen allerdings höchst po … ohhh!«

Von selbst haben sich die Flügel der Tür zum Speisesaal vor ihnen geöffnet. Ein warmer Schein erhellt die Düsternis, zugleich steigt Henry Wachsgeruch in die Nase … die Holzvertäfelung zu Hause … Mutters rote Wangen bei der Bescherung … Vaters sonorer Bass beim Singen der Weihnachtslieder … unvermittelt steigen Erinnerungen in ihm auf.

»Na, ich wünsche euch allen ein gesegnetes Weihnachtsfest!«

Bis über beide Ohren grinsend steht Gerber, im cremefarbenen Anzug, neben einer reich gedeckten Tafel. Seine Aufregung kann er nur bezähmen, indem er bei jedem Wort auf und ab wippt und den Bauch mit dem gestärkten weißen Hemd herausstreckt. In der Ecke zur Veranda stecken flackernd und knisternd gelbe Kerzen an einer mächtigen Tanne, hundertfach im Glas des Fensters gespiegelt, sodass es wirkt, als hätte man auch draußen in der schwarzen Steppe brennende Bäume aufgestellt.

»Ich muss schon sagen, Lieber: Die Überraschung ist Ihnen zweifelsohne gelungen«, Lautenschlager ist der erste, der seine Sprache wiederfindet. Die Rührung ist ihm ins Gesicht geschrieben. Dr. Brückner und Schirach sind noch ganz gefangen von dem unerwarteten Anblick.

»Ich dachte mir, meine Freunde, nachdem das Weihnachtsfest auch eine Feier der Tanne und mithin des Baumes ist, also nicht ausschließlich, natürlich, versteht mich nicht falsch, gleichwohl, aber … Ihr wisst schon …«

Wie als Antwort hallen zu den von draußen leise ans Glas trommelnden Regentropfen Klänge durch das Zimmer, als kämen sie direkt vom Himmel, und Henry fällt ein, dass ja eine fehlt: Fräulein Gerber. Sie muss oben in ihrem Zimmer am Klavier sitzen und die Türen geöffnet haben, um genau diesen Effekt zu erzielen. So hat er sie allerdings noch nie spielen gehört, ein Lied, das er nicht kennt, nein, Fräulein Gerber improvisiert über ... ja ... doch! ... wie hieß das Stück noch ...

Immer wieder in der Tiefe ansetzend und aufsteigend, wie wenn einer mit langen Schritten losläuft und am Ende doch nicht losspringt, jetzt in der mittleren Lage, Ton um Ton höher kletternd, jede Sekunde denkt Henry, es gehe gleich los. Doch Käthe kostet die Spannung bis zum Äußersten aus, der Lauf über die Tasten hat sich in einem rasch an- und abschwellenden Triller gefangen, nach dem es nicht mehr lange dauern kann und das Lied erklingen wird, Henry liegt es ja bereits auf der Zunge – da stimmen alle im Saal schon lauthals mit ein in die nun triumphal dahinmarschierenden Akkorde, »O Tan-nen-baum! O Tan-nen-baum! Wie grün ...«

Als Käthe unter Applaus in der Runde erscheint, meint Henry, der Zeitpunkt sei gekommen, seine Geschenke an den Mann zu bringen, drückt jedem eine seiner kleinen Schachteln in die Hand, begleitet von den besten Wünschen. Käthe blickt ihn lange mit ihren eng zusammenstehenden braunen Augen an, darin blitzt ehrliche Freude.

»Ein Präsent für die Pianistin«, sagt er ernst und scherzend zugleich.

»Oh«, sie tut über die Maßen überrascht, führt die flachen Hände an die Wangen, spielt ein kleines Mädchen. »Nein so etwas«, lacht ihm dann wieder herzlich zu.

Mit den Häusern der künftigen Stadt, die er die Tage zuvor heimlich im Hof geschnitzt und bemalt hat, kann keiner außer Käthe so richtig etwas anfangen, die immer wieder entzückt über das spitze rote Dach streicht.

Lautenschlager umarmt ihn. »Danke, mein Junge« und leiser: »Gut gemacht.«

Dr. Brückner klopft ihm vorsichtig auf den Rücken, als wolle er ihn untersuchen, auch wenn er selbst es ist, der dabei hustet. »Sehr aufmerksam, Selwin, sehr aufmerksam…«

Schirach schlägt die Hacken zusammen und verbeugt sich, wobei er den Kopf zur Seite reckt.

Gerber schließlich greift Henry an den Schultern und knetet sie ordentlich durch. »Fabelhaft. Unsere Stadt soll das sein, gell? Aus Birke, gell? Na, der Blick des Fachmanns. Passen Sie aber da mal auf, Selwin, Birke ist sehr wärmeempfindlich…«

Gerührt muss Henry später, als man am Bankett vor der tolalesischen Ente mit ihrem überaus langen, fast über den gesamten Tisch gelegten Hals sitzt, daran denken, dass dies nun seine neue Familie ist. Seine alte vermisst er nicht mehr.

SCHON EINE GANZE WEILE hat keiner von ihnen etwas gesagt. Wortlos stapfen Selwin und Gerber am Neujahrsmorgen auf einem der Pfade durch den Forst, der Regen hat den Kies darauf weggeschwemmt. Schirach hatte um Mitternacht seine Truppe Freudensalven feuern lassen, die weithin über die Steppe hallten.

Der kleine und der große Klaus verschwinden winselnd irgendwo im Dickicht. Überall tropft es noch vom Regen. Das morastige Wasser im Kanal neben dem Pfad ist über die Ufer getreten.

So wie Gerber es aus dem Kongo kennt, ist das Zirpen und Glucksen der Tiere, bereits nachdem der letzte Regentropfen gefallen ist, schlagartig angeschwollen. Auch das Gekreische der Flughunde, die, klein, schwarz, mit winzigem, knallrotem Maul, wie Früchte, in den Baumkronen des Waldes hängen, dringt herüber.

Gerber und Henry haben eine der zahlreichen eingezäunten Schonungen mit Jungwald hinter sich gelassen, Gerbers Vater hatte immer vom *JW* gesprochen. Müsste sich bei den Kiefern daneben nicht eigentlich gerade Trupp Drei aufhalten, um die Aufastung vorzunehmen? Die unteren Zweige der Großen stehen schon viel zu lang und stehlen den Kleinen wertvolles Licht. Wie hieß noch einmal der Vorarbeiter des Trupps? Dorsa... Torsu... Gerber wird dieses Jahr seinen lang gehegten Plan umsetzen und allen Eingeborenen einen richtigen deutschen Namen geben. Dieter. Kann man sich doch viel besser merken als Dorsa. Wenn der Missionar mit den Siedlern eintrifft, kann man die Lümmel ja gleich taufen. So hat jeder was davon, Gott und Gerber. Trupp Eins der Arbeiter ist dabei, zwischen den Jungeichen vergiftete Salzsteine auszulegen und so dem Wildverbiss vorzubeugen. Gelänge eines der einheimischen Hyänenschweine doch ins Innere des Zaunes, es würde verenden, bevor es weiteren Schaden anrichten kann. Mit den Tieren, die nach und nach hier Einzug halten, wird man schon fertig.

Aber diese verdammten fremden Samen; diese Parasiten, die sich an den mühsam gezüchteten Bäumen hoch schmarotzen und sie eines nahen Tages durch Lichtentzug verkümmern lassen werden. Wie Zimmerpflanzen in Blumentöpfen

sitzen diese Bromeliazeen gemütlich da oben in den Ast-
gabeln und lassen dreist ihre Stängel herunterfallen. Sobald
Schirach wieder Kapazitäten frei hat, wird Gerber ihn bitten, ein Sonderkommando »Zur Beseitigung unerwünschter
Sprösslinge von außen« bereitzustellen. Dann wird diese
fremde Brut mit Stumpf und Stiel ausgerottet!

Jener Abschnitt des Waldes liegt vor ihnen, dessen Wachstum
am weitesten fortgeschritten ist. Die prächtigen Exemplare
einer neuen Art stehen hier: *Abies Gerber*, die »Gerber-Tan-
nen«. Auf gut Glück hatte Gerber einen besonders kräftigen
einheimischen Nadelbaum mit der deutschen Tanne ge-
kreuzt, »ein gezielter Akt der Annektion sozusagen«, hatte er
Schirach erklärt, als der nachfragte, ob es nicht gerade darum
gehe, Deutsch und nur Deutsch zu bleiben. Ja und nein. Solange eine Vermischung erfolgversprechend ist, gebe es grund-
sätzlich nichts gegen sie einzuwenden. Da verhält es sich wie
mit den Kolonien. Man wird es Gerber jedenfalls danken, denn
das Holz der neuen Tanne ist stabil wie Mahagoni und besitzt
eine ähnliche elegante Rotfärbung. Sogar Lautenschlager
hatte sich erstaunt über das schnelle Gedeihen der Bäume
gezeigt und es dem fruchtbaren Boden des Flussdeltas zuge-
schrieben. »Sicher, ideale Bedingungen. Ist ein kleines Treib-
haus, diese Tiefebene«, hatte er anerkennend gemurmelt.

Wachsen die eingeführten Bäume hier doppelt und dreifach
so schnell wie in ihrer eigentlichen Heimat, wird Gerber
ohne Probleme die hohen Transportkosten nach Übersee
ausgleichen und mit den Händlern in Europa mithalten
können. Bald entsteht das Sägewerk. Selwin meinte, er
müsse die Pläne nur noch einmal überarbeiten, dann könne
es mit dem Bau losgehen. Unter Umständen bereits nächste
Woche.

Mitten im Wald fühlt Gerber sich am wohlsten. Hier macht ihm keiner was vor. Sieht man von den Schmarotzern ab, hat alles hier seine Ordnung. Gerber kennt die Pfade in seinem Forst, jeden Baum kennt er – und seinen Wert. Man wandert sozusagen in einer Bank, einem Tresor herum. Die Fichten im Nordabschnitt sind schon so weit, dass man sie schlagen kann, ebenso die Kiefern, bald auch die Buchen und Eichen im Süden. Die Walnussbäume im Westen stellen die eigentliche Schatztruhe des Ganzen dar. Was ist des Deutschen Lieblingsholz? Worauf unterzeichnet der Kaiser seine Dokumente? Worin schläft die deutsche Dame? Worin bewahrt der Herr seine Anzüge auf? Nuss, und dreimal Nuss. *Juglans Regia*. Langsam wachsend, edel, teuer. In Momenten wie diesen kann es geschehen, dass Gerber selbst zu einem solchen wird, einem Baum, vorzugsweise Nuss, im Geist. In seinen Fingerspitzen fühlt er, wie seine Geschwister und Untertanen zugleich, ja, wie er selbst wächst, wie ihm Sonne und Regen – er atmet die Luft tiefer ein, zieht den Stiefel beschwingter aus dem Schlamm – neue Kraft verleihen, wie sich jedes Blatt, jedes Haar auf seinem Kopf bittend nach ihnen ausstreckt. Und die Angst, mein Gott, die Angst. Vor Würmern. Käfern. Schädlingsbefall. Gerber kann es spüren, in seinem Innersten, wie es sich irgendwo in einer Kuhle weiß windet; wie die Larven heimtückisch, von innen heraus, Stamm um Stamm aushöhlen, Blätter verzehrend mit grässlichen Mundwerkzeugen, schlimmer als die jedes Wolfes, das zarte und hilfsbedürftige Grün in sich hineinstopfen, bis man unversehens vor einer hölzernen Phalanx steht, kahl und tot.

Aus den dichten Kronen zu ihren Köpfen ertönt ein durchdringender Schrei, einmal, zweimal, und verscheucht die fürchterliche Vision. Trupp Sieben hängt oben in den Bäumen zum Ausasten der Tannen, wozu es bereits höchste Zeit ist, so wie sich die Kronen neigen. Nur dass die Arbeiter dabei Tiere nachahmen... das könnten sie getrost unterlassen. Oder aber die unterhalten sich. Weiß man ja nie bei den Schwarzen.

»Gucken Sie mal hier, Selwin«, sagt er und kniet sich neben den breiten Stumpf einer frisch geschlagenen Tanne. Mit einem Mal kommt er sich vor wie sein Vater. »Eins, zwei«, seine Finger gleiten über die beiden dunklen Ringe im hellen Holz, an dem das Harz in festen Tropfen klebt. »Nur zwei Jahre – und schon so dick. Stärker und robuster als alles, was wir zu Hause haben.«

SCHLAGARTIG haben von allen Seiten diese Geräusche eingesetzt, von denen Henry nicht glauben kann, dass sie von Tieren stammen. Mal ein Frage- und Antwortspiel, mal leise zwitschernd, mal quietschend und kreischend, dazu das Plätschern des abrinnenden Regens überall. Hier und da, unvermittelt, grell rot, gelb, huscht etwas vorbei, und er erschreckt sich. Papageien. Das dichte Dach der Wipfel mit ihren saftig grünen Nadeln verdeckt die schmale Aussicht auf den jetzt wieder strahlend blauen Himmel, taucht den Pfad, auf dem er mit Gerber spaziert, in ein dunstig-fahles Licht. Henry muss aufpassen, nicht über eine der mächtigen Wurzeln zu stolpern, die das Erdreich anheben und wie Fallschlingen herausragen. Die Waldarbeiter, er hat auf dem Weg bestimmt schon über 20 gezählt, insgesamt sind hier laut Gerber täglich über 50 Eingeborene beschäftigt, die Waldarbeiter kommen mit der Pflege nicht nach bei all dem Wachstum. Das Unterholz verfilzt zusehends mit Farnen; die Bäume stehen zu dicht. Schon jetzt machen sie sich das kostbare Licht gegenseitig streitig, manche Zweige sind verdorrt, sieht das etwa keiner außer ihm?

Aus den Gräben steigt Moderduft. Gerber verfügt einfach nicht über genügend Leute für eine regelmäßige Entschlackung.

So wie der Verwalter mit seinem hoch gesträubten Schnurrbart, dem weißen Tropenhelm, den Lederhosen und den kniehohen Stiefeln neben ihm her-, nein, nicht -geht, sondern – *watschelt*, könnte man meinen, er gehöre einer der vielen seltsamen Tierarten an, die im Wald heimisch sind. Ja, hat Henry nicht sogar schon einmal so ein Biest gesehen? Richtig. Auf einem der flackernden Filme im Varieté in Paris war eine Gruppe Reisender mit übertriebenen Gesten der Überraschung und Angst durch einen überdimensionalen Dschungel aus Pappmaché gestolpert. Eine menschengroße Ente, offensichtlich ein Schauspieler im Kostüm, war plötzlich aufgetaucht, die Dame unter den Forschern war in Ohnmacht gefallen. Beim Gedanken daran muss Henry ein Lachen unterdrücken.

Kleine Wolken dieser widerlichen Moskitos folgen ihnen auf Schritt und Tritt, man kann sie einfach nicht abschütteln. Jede Bewegung machen sie mit, als gehörten sie, neu und schwarz, von nun an zum Körper dazu. Erst der Regen, dann die Millionen, ach was, Milliarden von Insekten, eine wahrhaft biblische Plage, die aber, so Gerber, mit dem Beginn der Trockenzeit beendet sein würde. Eher schrecklich als schön ist das alles; nie war ihm das Paradies so fürchterlich. Wahrlich ein Schattenreich. Ein Schlaraffenland indes für Gerber;

das Gold wächst hier sozusagen an den Bäumen, zum Greifen nah.

Ein jäher Schrei aus den Büschen neben Gerber. Es ist für Henry nicht vorstellbar, welches Tier derart schrill schreien kann. Ein Vogel, ein Affe? Aber wie muss der aussehen? Henry kann es kaum erwarten, wieder an seinem Schreibtisch zu sitzen, wo er weiterzeichnen wird.

Gerber kniet neben einem Baumstumpf. Triumphierend blickt er zu Henry hoch. Er hat nicht gehört, was der Verwalter eben zu ihm gesagt hat.

»Ja, so machen wir das«, sagt er hastig.

DAS BE-TE-AFFENMÄNNCHEN im Trump-Busch faucht die beiden Männer und die Wolfshunde unter ihm an, die Eindringlinge in seinem Territorium.

Angefeilte Zähne, absichtlich zugefügte Narben, durchbohrte Lippen und Nasen, Beschneidungen in Bereichen, die ich aus Rücksicht auf die anwesende Dame...«

»Das ist nicht Ihr Ernst!«

»Mein voller. Nicht zu vergessen die Hexenpuppen, die an den Rändern der Dörfer aufgestellt sind. Man fühlt sich an Vogelscheuchen erinnert. Nur dass es sich bei dem, was hier vertrieben werden soll, nicht um Tiere, sondern um Geister handelt, deren Existenz für die Eingeborenen jedoch genauso selbstverständlich ist, wie für uns die der Spatzen und Möwen.«

Lautenschlager zerschneidet das Blob-Steak auf seinem Teller – das Fleisch des straußenähnlichen Vogels, den Käthe von ihrem Fenster aus manchmal mit seinem kurios langen Hals regungslos wie ausgestopft zwischen Büschen in der Steppe stehen sieht. Lautenschlager hat ihr erklärt, wie man dieses Verhalten nennt: *Mimikry*. Der Blob ahnt den Jäger und tut so, als sei er eine Pflanze.

»Und das haben Sie alles – fotografiert?«

Ludwig klingelt nach dem Dienstmädchen, während er ungeduldig seinen Fächer schwingt. Unverzüglich erscheint Nfer in ihrem schwarzen Kittel mit der weißen Schürze, die Weinflasche im silbernen Wasserkübel. Schwer zu glauben, dass sich das Mädchen erst seit einem Monat in der Festung aufhält. So vorbildlich ihr Verhalten, so akkurat ihre Bewegungen. Man merkt kaum, dass sie überhaupt anwesend ist.

Erst nachdem Ludwig sich nachschenken hat lassen, fragt er schnell und leise, in die Runde: »Ach so, will noch wer?«

Dr. Brückner, natürlich, hat sein Glas gehoben.

»Ja, nun. Das ist in der Tat mein Vorhaben, mitunter der eigentliche Grund, warum ich hier bin, wenn Sie so wollen, lieber Gerber. Ich habe nicht nur den geschätzten Offizier Paul Graetz im Auto – bitte, ja? Im Auto! – anno 1908 mit meiner Kodak einmal quer durch Afrika begleitet, ein Unternehmen, das keiner damals für möglich hielt. Bitte: Man verlachte uns! Ich dokumentierte die unglaubliche Reise. Nicht Graetz' Bericht glaubte man – erst meinen Fotos. Was aber viel schwerer wiegt: Ich habe bislang 43 Stämme besucht und deren rituellen Schmuck, wie ich es nenne, *fotografisch katalogisiert*. Für die Nachwelt, die Wissenschaft. Wenn ich wieder in Deutschland bin, werde ich alles daran setzen, die Bilder der Öffentlichkeit zugänglich zu machen. Mir schwebt eine Vortragsreihe mit dem Titel ›Das Antlitz Afrikas‹ vor. Noch fehlen mir jedoch einige wichtige Stämme, besonders im Norden Tolas. Nun, meine Planungen für die Route sind beinahe abgeschlossen, die Abstimmungen mit den Karawanen getroffen. In zehn Tagen ist es soweit. Ich ziehe mit der Karawane Tetlaus. Sie und ich, lieber Gerber, sollten uns nur noch darüber unterhalten, ob Sie Ihren jungen Freund, Selwin, für eine Weile entbehren können. Selwin selbst fragte mich, ob er mich begleiten könne, möchte ich anfügen.«

Selwin ist erstarrt. An seinem Gesicht kann Käthe ablesen, wie peinlich es ihm ist, dass Lautenschlager das Thema offen beim Abendessen anspricht. Das wird dem Ludwig nicht behagen, dass er damit vor allen überfallen wird. Aber er wird sich zu beherrschen wissen. Käthe hat ja oft mit ihm über seine Jähzornigkeit geredet. »Du darfst nicht einfach

losbrüllen«, »du kannst nicht einfach aufstehen und weg-
gehen«, »du bist wie Vater«. Inzwischen benimmt er sich
aber recht ordentlich. Er denkt nach. Sie hat es ihm beigebracht.

»Selwin, Sie wollen uns schon verlassen?« Ein gezwungenes
Lächeln. In Ludwigs Gesicht haben sich scharlachrote Flecken gebildet.

Aber, denkt Käthe, vertieft in die senkrechten Falten auf Selwins Stirn, wie könnte man dem schönen Architekten böse
sein? Wie er so dasitzt, wie immer hellwach und voller Tatendrang – endlich mal jemand, der etwas voranbringt in
der Festung! In Momenten wie diesen, wenn er nicht genau
weiß, wie er sich verhalten soll, verwandelt sich der sonst so
selbstsichere junge Mann mit der Brille, dem schwarzen
Haar, das seine grünen Augen so gut zur Geltung kommen
lässt, und den ausgezeichneten Manieren – welch ein Unterschied zu Schirach oder Ludwig! – für Sekunden in einen
Schulbub, dem man sein Spielzeug weggenommen hat. Wie
er den Kopf zur Seite legt und sich die vollen Lippen befeuchtet, um etwas zu sagen, und dann doch nur stottert,
mit Mühe lächelnd: »Nun ich dachte... es wäre ja nur
für kurz... ich werde natürlich genaue Anweisungen für
den Bau hinterlassen... das Grundgerüst kann ja auch...
also, dazu ist ja meine Anwesenheit nicht unbedingt vonnöten... in einer Woche wäre ich ohnehin schon wieder zurück...«

Wie gerne würde sie ihn begleiten auf Lautenschlagers Expedition! Sie erträgt die Enge der Gänge und Ludwigs schlechte
Laune nicht mehr. Die täglichen Ablenkungen lassen sie inzwischen nicht mehr vergessen, wie langsam die Zeit vergeht:
Ihre Papierfiguren, das Klavierspiel und ab und zu ein Ten-

nismatch gegen den kleinen Käutner, den sie bald einmal gewinnen lassen muss, damit er nicht die Lust verliert. Selwin hat den Wandel gebracht. Wenn er jetzt geht, werden die Tage wieder gefüllt sein mit Ereignislosigkeit. Vor seiner Ankunft ertrug sie es besser. Sie hatte vergessen, wie sich plötzlich alles nur durch die Anwesenheit eines Mannes verändern kann. Dass ein Mann sie noch einmal und so schnell in solch eine Hochstimmung zu versetzen in der Lage ist, das hätte sie nach der Katastrophe mit diesem Buchta nicht mehr für möglich gehalten.

Am liebsten würde sie auch etwas sagen: »Und wie wäre es, verehrter Lautenschlager, wenn eine Dame Sie fragen würde, ob sie auf so einer Reise von Nutzen sein kann?« Lautenschlager, der Gentleman, würde ihr die Bitte kaum ausschlagen können. Aber nein. Ungehörig wäre es, darum zu bitten. Alle in der Runde würden sie entsetzt anstarren, als hätte sie etwas gänzlich Unsinniges gesagt. Eine Frau! Mit auf eine Expedition! Zu den Wilden! Ha!

Für Ludwig ist sie ja ohnehin eine Verstoßene, die in keinem Salon in Europa mehr tragbar gewesen wäre. Und natürlich muss sie ihm dankbar sein, dass er sie damals aufgenommen hat. Sie kann von Glück sagen, dass sie es zurück in die Gesellschaft geschafft hat, auch wenn diese sich in Afrika befindet. Niemand fragt hier nach. Sie ist eben *die Schwester*. Punkt. Und mitunter kann sie, wenn sie schon nicht allein mit Maysenbug in Loué oder der Bremer Kolonialgesellschaft verhandeln darf, Ludwig in ihrem Sinne verhandeln lassen. Das funktioniert aber nur, solange sie ihre Rolle als das schöne stille Käthchen an seiner Seite spielt. Auch wenn sie die eigentliche Herrin Benēsis ist. Mimikry. In der Tat.

Am besten hält sie also den Mund und lässt sich auch in Zukunft gegenüber Selwin nichts anmerken. Dass sie sich fragt, wie ein Kuss von ihm schmecken würde. Dass sie mehr über ihn wissen möchte, von seinem Leben in Berlin. Wartet dort eine andere auf ihn? Ob er Käthe ebenso schwärmerisch mit seinen grünen Augen ansehen kann wie seine Baupläne? All das wird sie erfahren oder nicht. Vielleicht ist es inzwischen für Abenteuer dieser Art, bei denen sie am Ende womöglich doch nur den Kürzeren zieht, zu spät. Sie ist müde. Nachdem die Regenzeit ausgeklungen ist, macht die Hitze das Leben wieder zur Qual. Die langen Wege durch die Festung – mühevoll, das alles. Die Buchhaltung. Die Gespräche mit den Bediensteten. Ihre erzieherische Pflicht ihnen gegenüber. Sie lächelt.

Ludwig sagt: »Na gut, Selwin. Wenn Sie mir versichern können, dass das Sägewerk in drei Wochen steht, dann gehen Sie. In Gottes Namen. Gehen Sie. Aber hören Sie, Lautenschlager, Sie garantieren mir für die Sicherheit meines Architekten. Keine Abenteuer!«

Lautenschlager erhebt kauend sein Glas. »Salute darauf, Gerber. Salute!« Er wirft Selwin einen kurzen zufriedenen Blick zu. Ludwig lacht laut auf, gezwungen. Er hat zuviel Respekt vor Lautenschlager und denkt, er könne ihm bei Gouverneur Maysenbug noch einmal nützlich werden. Das allein ist der Grund, warum er Selwin ziehen lässt. Ludwig kuscht.

Sie wird nach dem Abendessen wieder versuchen, sich ins *Jenseitsgesicht* zu versenken. Auch dies heimlich, damit man sie nicht für überspannt hält. Nach intensiver Meditation und durch die Atemübungen der Suk-Schule gelingt es ihr stets für Minuten, hinter funkelnden Sternchen die Gegenstände doppelt zu sehen – einmal erdig und fest, daneben aber durchsichtig, schemenhaft, jenseitig. Seine letzten Lebensjahre hatte S. Suk damit zugebracht, jene Geheimlehre abzufassen, die den Weg in die andere Welt aufzeigt. In der Himmelsstadt Tišna war das gewesen, in der von ihm selbst erdachten Siedlung, nicht weit von Franzfeld – ohne dass Käthe als Mädchen davon gewusst hätte, wer da ganz in ihrer Nähe lebt und schafft. Ein dummes Huhn war sie eben. Und wie wundervoll muss das Leben dort, in Tišna, gewesen sein! In den von S. Suk entworfenen Häusern, die in ihrer organischen Form eine Ahnung von jenen Orten des Paradieses gaben, die im Jenseits auf die Fortgegangenen warteten.

Wer nur konnte einen solchen Hass gegen Andersdenkende in sich tragen und Tišna niederbrennen, das Lebenswerk des Meisters zunichte machen, die Vorbereitung seiner Jünger auf ihr Schicksal jenseits der Nebelwand und nicht nur das: das jahrelange Hinwirken auf den Großen Übertritt? Denn wenn sich alle Menschen ihrer künftigen Rolle drüben schon auf Erden bewusst wären, wenn alle in Kenntnis gesetzt wären über ihren Platz in der Schöpfung und ihre Aufgabe – die dienenden Tiere und Wilden beziehungsweise die unentwegt, aber am Ende eben stets vergebens gegen ihr Schicksal rebellierenden Dämonenengel unten, darüber die geduldig ertragenden Mittelengel, und an höchster Stelle: die heimlichen Führer des Kosmos, die Erzengel –, dann wäre das Wissen um diese Hierarchie kein geheimes mehr und es wäre geschafft. Jenseits und Diesseits wären in eins gesetzt, das Tausendjährige Reich bräche an. Wie gern hätte Käthe auch nur einmal mit dem Meister in Tišna gesprochen, dem seelenadeligen S. Suk, dessen Initial für seine Erweckung und das Zeichen der paradiesischen Schlange steht. Als All-Wisserin und Verführerin ist sie in der Lage, oben und unten zu vereinen, das Dämonisch-Dunkle mit dem Hell-Geistigen! Zum Glück gab es, nachdem S. Suk im Brand von Tišna seinen Leib verlassen hatte, zumindest seine Schriften, die Käthe erklärten, was es mit den Prüfungen auf sich hat, die einem im Leben widerfahren; wie man sie deuten muss, was sie drüben einbringen – Prüfungen wie Käthes schreckliche Jahre in Danzig und die erste Zeit in Afrika. Ein Oberster Mittelengel wird Käthe sein aufgrund ihres gehorsamen Lernens auf Erden. Denn es gilt sich zu fügen. Noch eine größere Aufgabe freilich wartet auf sie in diesem Leben: Sie wird hier, in Benēsi, eine Schule für die Siedlerkinder errichten, vielleicht einmal ein zweites Tišna, zur Weitergabe der Lehren S. Suks und damit zum letzten Zwecke, zum Großen Übertritt.

Unvermittelt muss Käthe gähnen, nur mit Mühe kann sie ihren Mund geschlossen halten. Um die anderen davon abzulenken, fragt sie schnell: »Sagen Sie, mein lieber Lautenschlager. Sind Sie denn eigentlich all der Sprachen der Stämme mächtig, die Sie aufsuchen? Wie verständigen Sie sich?«

»Eine kluge, eine sehr berechtigte Frage, Teuerste. Ausgezeichnet. Sie haben meinen vorzüglichen Übersetzer Dédu schon kennen gelernt? Toller Knabe. Ein bisschen schüchtern, aber seine Sprachbegabung – phänomenal. Ach, Gerber, lassen Sie doch mal nach ihm schicken ...«

Ludwig klingelt nach Nfer und trägt ihr auf, Dédu zu holen.

»... habe ihn in Bismarckburg aufgetrieben. Brambeck hatte ihn mir empfohlen. Der Knabe hatte ihm auf seinen Forschungsreisen schon viele gute Dienste erwiesen. Und weil Brambeck zurück nach Deutschland ging, wurde Dédu frei. Hatte freilich ein trauriges Los, wenn ich Ihnen das mal vorab erzählen darf. Seine Eltern haben ihn verkauft, den armen Jungen. Schrecklich, nicht? Als Sklaven. Ja. Von Stamm zu Stamm ist er weitergereicht worden und hat so wohl auch diesen und jenen Dialekt aufgeschnappt, bis ihn Brambecks Karawane als Träger mitnahm. Wie gesagt – phänomenal, der Junge. Fast 50 Dialekte spricht er. Dazu Deutsch, Englisch, Französisch, Portugiesisch... Und bibelfest ist der, meine Güte. Der liest nichts anderes. Wird mal ein richtiger Hosenneger, was? Brambeck ist ihm so dankbar gewesen, dass er ihm den Unterricht in Bismarckburg bezahlt hat. Muss etwas in seinem Kopf sein, dass der Junge das so leicht lernt – also, in dieser Geschwindigkeit. Ah, da ist er ja...«

Ein schmächtiger schwarzer Junge steht in der Tür. Vielleicht fünfzehn Jahre alt. Käthe hat ihn schon öfters im Hof sitzen und mit den Hunden spielen sehen. Sie hatte gedacht, er sei der Sohn von einem der Diener. Das strahlend weiße Hemd ordentlich gebügelt und bis zum Kragen zugeknöpft, das widerspenstige Kraushaar nur mit viel Brillantine zum Seitenscheitel frisiert. Der brave Bub. Käthe ertappt sich dabei, wie sie ihn gerührt anlächelt.

»Dédu, die Herrschaften wollen mal hören, was du so kannst. Jetzt komm doch mal her.«

Dédu tritt zum Tisch und verbeugt sich.

»So, jetzt erzähl ihnen erstmal den Witz, du weißt schon, erzähl den Herrschaften mal den Witz, damit sie was zum Lachen haben.«

Mit unbewegter Miene und monotoner Stimme schnarrt Dédu: »Sagt der eine Rabbi zum anderen, warum beantworten alle Rabbis eine Frage mit einer weiteren Frage, sagt der andere: Warum nicht?«

Lautenschlager schlägt sich lachend aufs Knie. »Als wäre er

einer von denen, nicht wahr? Als-ob-er-einer-wäre!« Er schaut erwartungsvoll in die Runde, in der höflich geschmunzelt wird. »Na gut, Spaß beiseite. Jetzt passen Sie mal auf. Ich werde einen Satz sagen und der Junge hier wird ihn übersetzen. In 50 Dialekte. Du beherrscht doch so viele, oder, mein Junge?«

»Beinahe, Sir. 46, Sir.«, Dédus Stimme klingt erstaunlich selbstsicher. Kaum ein Akzent.

»Na also. Aufgepasst, der Satz lautet: Ich bin ein Forschungsreisender aus Deutschland. Aufgepasst jetzt!«

»Wenn ich anmerken darf«, sagt Dédu, »das Wort Deutschland existiert für unsere Stämme nicht. Ich kann es nur umschreiben.«

»Na schön«, knurrt Lautenschlager.

»Ich beginne mit einem an der Küste von den Telilili gesprochenen Dialekt.«

»Aufgepasst«, sagt Lautenschlager.

»Tehō-ta me hili se ki kalele. Ich mache weiter mit benachbarten Stämmen. Tetlo ta me rota he kale lo.«

»… hale lo«, nickt Lautenschlager. Selwin hört interessiert zu; dass der arme Junge vorgeführt wird wie ein Tanzbär, scheint niemanden außer Käthe zu stören.

»Tāle me ketomo relo ti tetla te.«

»Nummer drei«, zählt Lautenschlager.

»Timoho he krarē ros lelo kitava ē.«

»Vier.«

»Was davon steht denn für Deutschland?«, fragt Selwin.

»Krarē, Herr«, erklärt Dédu, lächelnd. »Die Timokos haben, wie viele andere Stämme auch, nur ein Wort für Länder, die außerhalb ihres Territoriums liegen. Da ist es egal, ob es sich um Deutschland oder zum Beispiel Frankreich handelt.

Krarē ist einfach ›außerhalb‹ oder ›sehr weit weg‹. Ich fahre fort. Tetla te era ti metatlan ē. Der nächste: Tētō mi kama retota ō tavamar.«

Manchmal spürt Käthe einen Kitzel. So wie jetzt. Gedanken zu denken, an die zu denken sie sich sonst nicht gestattet. Was wäre, wenn sie nur in ihrem mit Blumen bestickten roten Seidenmorgenmantel hier säße – und nackt darunter wäre. Weiter, wenn sie aufstünde, die Runde sie überrascht anblickte, sie, die Hände am Bindegürtel, kurz innehielte und den Mantel dann, mit einer raschen und zugleich eleganten Bewegung – öffnete. Die Blicke auf ihr. Auf ihren Brüsten, auf ihrer Haut. Selwin, der nicht schauen will. Und doch muss. Die Macht, die sie während dieser stillen Sekunden besäße. Sie, die Herrin von Benēsi, alle Anwesenden ihr untertan.

FÜR EINEN MOMENT hält Gerber inne, die Hand an der Klinke der Tür zu einem der Schlafsäle der Arbeiter. Stimmen dringen heraus. Man unterhält sich. Gerber wagt nicht zu atmen, er beugt sich näher an die Bretter. Die Tür ist aus Fichte, gut so: Kein anderes Holz ist so schalldurchlässig. Aber was reden die da? Eben meinte er, ein englisches Wort aufgeschnappt zu haben. »Deteriorate…« – zumindest klingt das englisch. Drinnen wird es jetzt lauter, jemand zischelt, man flüstert wieder. Das ist ja wie im Debattierclub! Entschlossen, dem Treiben ein Ende zu machen, stößt er die Tür auf. Auf den meisten der vielleicht 30 oder 40 durcheinander auf dem Boden verteilten Strohsäcke liegen Schwarze, nur auf jenen gleich am Eingang hocken vier und blicken überrascht zu ihm auf. Der Debattierclub. Langsam erheben sie sich, nehmen Haltung ein.

Mit ein paar Schritten ist Gerber beim ersten von ihnen, glücklicherweise dem Kleinsten, sodass er ihn überragt. »This must be ...«, er stockt. Ihm will das Wort nicht einfallen. Ausgerechnet jetzt. »*Schneller*. Ihr habt das *schneller* auszuführen. Hört ihr?«

»You mean we should get up faster, Sir?«, sprudelt es aus dem kleinen Wilden heraus.

Gerber überhört den Spott in seiner Stimme, stellt sich breitbeinig vor die vier und reckt den Kopf, so respektgebietend wie möglich; jetzt nur nicht noch einen Fehler machen, sonst nehmen ihn die Laffen ja nicht mehr für voll – er fragt: »What speak you, hm?« Die anderen auf den Säcken beachten ihn gar nicht. Der Längste der Schwarzen vor ihm schiebt seinen Kautabak von der linken in die rechte Wange.

»We were discussing the possibilities how to speed up the growth of the woods in your forest«, antwortet der rechts außen, der Gerber mit seinem grauen Bart und der Brille an den Pfarrer aus Zwiesel erinnert.

»Sir«, fügt Gerber an und verbeugt sich dummerweise auch noch dabei, weil er dem Schwarzen zeigen will, wie er es zu sagen hat; nun wirkt es so, als danke er dem Bartneger.

»Sir«, antwortet der und verbeugt sich ebenfalls, scheinbar geschmeichelt. Ja, ist das denn zu fassen... unschlüssig kneift Gerber die Augen zusammen und atmet durch den Mund. Was hat der Schwarze da eben nur gesagt?

»*My* forest«, wiederholt Gerber dann.

»Your forest«, gibt ihm der Schwarze mit Bart Recht.

»Gut also«, Gerber verschränkt die Hände hinter dem Rücken, »Gut also ... Rühren ... gell ...«

Mit dem Gedanken, in Zukunft den direkten Kontakt mit den Arbeitern besser Schirach zu überlassen, steht er auch schon wieder vor der Tür und tupft sich den kalten Schweiß von der Stirn.

BRÜCKNERS FÜSSE berühren nicht mehr den Boden, er schwebt, schwimmt. Durch sein Zimmer ... über den Schreibtisch ... das Bett ... zum Fenster. Er atmet Wasser. Nur eine Armbewegung noch und er ist draußen, Benēsi, die Festung, liegt hinter, die Steppe tief, tief unter ihm. Er wagt sich weit hinaus heute, es zieht ihn nach drüben, zum Wald, dessen Bäume sich in ein Gestrüpp aus langen, dünnen Algen verwandelt haben. Gemächlich schlingern sie unter ihm hin und her.

Erst vor wenigen Monaten war Brückner am Boden zerstört. Der Vorrat an Narkotika in seinem Arzneischrank neigte sich dem Ende zu. Brückner hatte seinen Verbrauch bereits eingeschränkt, seine Tagesration an Schmerzmitteln halbiert und durch die Verdopplung der Menge an Absinth auszugleichen versucht. Als Schirach ihn nach dem Unfall eines schwarzen Arbeiter im Wald um Morphium bat, log Brückner: Es sei ihm ausgegangen, er warte auf Nachschub. Der jedoch war mit dem Untergang der *Brünnhilde* ausgeblieben. Nicht nur war damit Benēsi medizinisch unterversorgt. Allein die Narkotika hatten sein Leben in diesem Loch erträglich gestaltet. Um sich die Zeit ohne sie vorzustellen, bedurfte es nicht viel Fantasie – zu oft hatte er während seiner Zeit in Hamburg die anfangs tobenden, dann wie Kinder heulenden und bettelnden Quartalsäufer in den Gefängnissen und die zitternden bleichen Damen aus bester Gesellschaft erlebt, die ihn um ihre wöchentliche Dosis beknieten. Daran wollte er lieber gar nicht denken. Die Dauer seines Glücks stand in der letzten Flasche Morphium vor ihm. Sie war in Millimetern abzumessen. Eine letzte Möglichkeit hatte er ins Auge gefasst: Sollte nicht von irgendwoher Hilfe kommen, ein schon lange in Loué beantragtes Paket, eine Karawane, würde er sich die letzten drei Tagesrationen auf einmal spritzen und aus den ohnehin immer kürzer und schwächer werdenden Rauschzuständen einen einzigen, endlosen machen.

Die Gerber-Tanne hatte ihn gerettet. Käthe, die sich wohl nach der Wirkung der von Brückner sonst so konziliant zur Verfügung gestellten Narkotika sehnte, hatte ihm anvertraut, sie erinnere sich da an alte Rezepte ihrer Erzieherin.

»Eine Paste aus bestimmten Kräutern. Ein Omelette aus Harz. Eine Suppe aus Tannennadeln. Könnten Sie nicht etwas Ähnliches herstellen?«

Aus der »Hexenküche« stammten die Rezepte, hatte ihre Erzieherin damals nebulös gesagt und wohl das eine oder andere selbst ausprobiert; kichernd sei sie ab und zu durch die Gänge des Guts ihres Vaters getaumelt, wie abwesend habe sie neben Käthe und ihrem Bruder gesessen, da – und doch woanders, bis sie eines Tages erwischt und entlassen worden sei, Hanna habe sie geheißen, Hanna.

»Versuchen wir's, liebe Frau Gerber«, klammerte sich Brückner an den Strohhalm, der ihm da unverhofft hingeschoben worden war. Heimlich waren Brückner und Käthe abends durch die Schonungen des Waldes gestolpert. Und während Brückner die Lampe abwechselnd nahe an die Blätter und dicht über den Boden hielt, um vielleicht doch noch auf eine Alraune, Engelstrompete oder gar einen richtigen Fliegenpilz zu stoßen, zupfte Käthe fleißig an den Tannen. Zu Hause stampfte und presste sie, Brückner kostete und mischte im Dickicht aufgelesene Kahlköpflein unter. In die Pasten, die Soßen, die Omelettes. Erst bei einem Löffel von der Suppe aus den Nadeln der Gerber-Tanne aber begannen das Zimmer, Käthe, die ihn mit großen Augen anschaute und »Und, und?« fragte, zu verschwimmen. Und Brückner wusste, dass er in Benēsi eine Zukunft haben würde.

Er lässt sich mit der Strömung treiben. Über die Steppe, über die Wipfel. Er ist im Rausch immer nur bis hierher und nicht weiter gekommen. Anfangs war er noch halb freudig, halb vorsichtig durch die Festung geglitten, von Zimmer zu Zimmer, war an die Decken geschwommen und hatte das Panorama betrachtet, das sich ihm unter seinem Körper darbot. Jetzt will er mehr. Er will auftauchen. Wenn er nun gerade *unter* Wasser ist – und dort befindet er sich zweifellos, denn sobald er die Gerber-Tannen-Suppe einnimmt, wird seine Umgebung zum Meeresgrund –, dann muss es doch auch eine Oberfläche geben.

Er schlägt mit den Armen und Beinen, steigt höher.

SCHON EINE GANZE WEILE beobachtet Käthe Dr. Brückner, der vor ihr immer tiefer in den Lehnsessel gesunken ist. Die Augen hat er halb geöffnet. Hin und wieder hebt er die Arme und beschreibt einen Bogen, sehr, sehr langsam; dabei bläht er die Wangen und prustet. Als Käthe in sein Zimmer kam, war er nicht ansprechbar, und ihr wurde bewusst, dass er nicht auf sie gewartet, die Gerber-Tannen-Suppe bereits getrunken hatte. Das Schälchen steht neben dem Sessel. Sie ahnt, was Dr. Brückner gerade sieht. Wenn sie gemeinsam die Suppe einnahmen, hatten sie oft im Rausch dieselben Dinge erlebt. Als sie langsam aufdämmerten, hatten sie sich mit leiser Stimme alles erzählt, noch halb in der eben erst verlassenen anderen Welt.

Zumeist beginnt es mit Rauschen wie von Wasserfluten... sie wurden leicht, hoben ab, tauchten durch die leere Festung, die sich in ein System aus unterseeischen Höhlen verwandelte. Nie waren ihr Menschen oder Tiere erschienen. Während Käthes Erlebnisse bisher immer froh machender Natur gewesen waren, war Dr. Brückner manchmal schweißgebadet aus dem Rausch erwacht. »Schrecklich« hatte er dann gemurmelt, »schrecklich, liebe Frau Gerber, diese Tannen führen auch zu unguten Orten, nicht nur zu schönen.«

Was Käthe im Unterschied zu Dr. Brückner weiß: Nach der Einnahme der Drogen gelangt sie in die obersten Regionen des Sukschen Jenseits, Dr. Brückner hingegen erkundet bedauerlicherweise stets nur dessen Tiefen.

Käthe breitet eine Decke über Dr. Brückners Beine aus und flüstert: »Na, ist ja gut, jetzt ist ja alles gut.« Dann schiebt sie den samtbezogenen Schreibtischstuhl neben seinen Sessel, setzt sich darauf und löffelt den Rest der Gerber-Tannen-Suppe aus der Schale. Schon kann sie es in ihren Ohren zischen hören, gleich wird sie durch das Zimmer gleiten, ein Fisch, durch die Festung, die Gänge, das Riff, über die Steppe, den Meeresgrund.

UNRUHIG wälzt sich Henry von einer Seite auf die andere. Das Essen hier in Benēsi, das zwar aussieht wie das zu Hause, und von allen auch so genannt wird, Steak, Schnitzel, Bohnen, Rüben, in Wirklichkeit jedoch von Tieren und Gewächsen stammt, die nur entfernt mit denen in Europa oder den USA verwandt sind, dieses Essen – Henry mag sich nicht so recht daran gewöhnen, noch nicht. Es bläht. Und dann diese peinliche Situation vorhin: Während er so unauffällig wie möglich versuchte, die Gase dieser verdammten afrikanischen Bohnen nicht entweichen zu lassen, berieten Lautenschlager und Gerber über seinen Kopf hinweg darüber, ob er auf die Expedition ins Hinterland mit dürfe. Aber Henry möchte jetzt lieber nicht daran denken, er muss schlafen, damit er morgen voll konzentriert die Abmessungen für das Sägewerk vornehmen kann ... dennoch ... als ob er hier nicht sein eigener Herr wäre; die Kolonialgesellschaft ist sein Auftraggeber, nicht der Herr Verwalter.

Oder ist Gerber etwa doch, indirekt sozusagen und zwischengeschaltet beziehungsweise stellvertretend sein Vorgesetzter? Das Geld für die Gehälter aller Bewohner der Festung erhält Gerber doch auch nur von der Gesellschaft und reicht sie weiter, oder? Henrys Herzschlag beschleunigt sich. An wen wendet er sich eigentlich, wenn er Probleme mit Gerber haben sollte. An Schirach? An Maysenbug in Loué? Könnte er denn beispielsweise einfach, von heute auf morgen, seinen Hut nehmen, ganz wie es ihm beliebt? Wer soll ihn schon daran hindern? Aber er dürfte es wahrscheinlich nicht, sicherlich ist es verboten, und er würde sogar dafür bestraft werden ... ja, man würde ihn wieder zurückschaffen. Schirach würde seine Truppe losschicken, man würde ihn einfangen, aber nein, wie lächerlich, auf was für absurde Gedanken ihn diese afrikanischen Bohnen vom Abendessen bringen. Und er zieht wieder, zum wievielten Male?, an der zu kurzen, kratzigen Decke, die ihm längst nicht mehr so wunderbar weich vorkommt wie in seinen ersten Tagen in der Festung, nach seiner Leidenszeit bei den Schwarzen, ungeduldig öffnet er die Augen. Das silberne Licht, das sich in sein Zimmer ergießt. Der Mond. Ein Vollmond über der dunstig blauen Steppe, riesenhaft und fast zum Greifen nahe, wie Henry ihn noch nie gesehen hat. Am offenen Fenster, an das er gestolpert ist, muss er das Gesicht senken, so grell strahlt die weiße Scheibe. Beinahe unglaublich, dass es sich dabei um dieselbe handelt, die immer so klein und weit, weit entfernt am Himmel über New York gestanden hatte.

Wie gebannt starrt Henry dann, als sich seine Augen an das Licht gewöhnt haben. Es geht etwas von diesem tolalesischen Mond aus, das ihn vollkommen in seinen Zauber zieht. Beim Anblick der Schattierungen kann er die Gebirge mit den eisigen Gletschern, die Täler aus Geröll und Schutt, die Flussbetten mit den mächtigen Strömen erkennen. Da! Ein zweiter Mississippi, ein zweiter Nil, insektenhafte Lunaren, auf den Boden gepresst, kriechend, ihre zuckenden Fühler, aber nein, er blamiert sich. Die Forschung hat doch hinreichend bewiesen, dass es auf dem Nachtgestirn keinerlei Leben gibt, vielleicht einmal gab, möglich, nun aber lediglich tote Steinsteppen und darüber die Schwärze des Alls. Existierten aber nicht auf der erdabgewandten Seite eben jene Lunaren doch, von denen Henry irgendwo einmal gelesen hatte, in Höhlen, Tunnelsystemen, unterirdischen Städten? Ach nein, alles Ausgeburten der Fantasie, nicht viel besser als die Märchen der Wilden Tolas.

Anders verhält es sich freilich mit dem Mars. Henry sucht

den sternenübersäten Himmel nach ihm ab, seinem rötlichen Schimmer. Wie verführerisch der Gedanke, dass fremde Lebewesen dort wohnten, arbeiteten, schliefen und sie jetzt gerade den Stecknadelpunkt der Erde betrachteten; dass man sich eines nicht allzu fernen Tages gegenüberstehen würde und man dann… nun ja…was dann eigentlich? – Henry kann noch immer nicht den roten Stern finden. Man würde voneinander lernen, soviel ließe sich sagen. Was man dort für Häuser baute? Mars-Hochhäuser, Mars-Paläste, Mars-Kirchen? Ja – in Henry breitet sich Unwohlsein aus –, wie ist das wohl? Ob die Bewohner des Mars auch an Gott, ein Göttliches glaubten?

Mit Gewalt unterbricht er den unablässigen Gedankenstrom in seinem Kopf und zwingt sich, wieder nur auf die Schönheit des Augenblicks, die zauberhafte Vollmondstimmung, zu achten. Das Zirpen in der düsteren Steppe. Die mächtigen Wipfel des Gerber-Waldes im fahlen Licht. Ein plötzlicher Einfall hebt Henrys Laune. All die Spekulationen über die Bewohner fremder Planeten – schön und gut, aber eben nur Spekulation. Ehrenwerter ist der, der in vollkommener Beherrschung modernster Technik und bei gleichzeitiger Überwindung aller Schwer- und sonstiger Erdenkräfte in raketenartigen Vehikeln den Weg zu den Sternen erschließt und eben jener, der anschließend die nötigen Siedlungen auf dem fremden Gestirn errichtet. Ein Pionier wie Henry. Mag man sich hier in Afrika befinden, seine Arbeit ist es, die einmal, in naher Zukunft, die Kolonisation nicht nur anderer Länder, nein, ebenso anderer Planeten ermöglichen könnte. Henry seufzt auf und schließt das Fenster, das nicht schwächer werdende Nachbild des Mondes vor Augen. Zurück in seinem Bett ist die Decke nicht mehr zu kurz. Er reibt sich die Füße, damit sie warm werden, wie damals, als er noch ein kleiner Junge war, in Manhattan. Reibung erzeugt Wärme. Eine einfache Wahrheit, an die man sich halten kann.

7 DER TAG WIRD KOMMEN

Unter ihren blauen Käppis schauen die Schwarzen Henry erwartungsvoll an. Jeder steht an einer der zehn Ecken der Markierung, die er mit Kreide auf die Erde gemalt hat, lehnt an einer der zehn in den Boden gesteckten Stangen; der eine von ihnen dort, wo es zu graben und das Wasser des Usulūs in einen Seitenarm umzuleiten gilt, sodass man seine unberechenbare Kraft – in der Trockenzeit als Rinnsal schwächlich, dann plötzlich reißend – durch einen Damm regulieren kann. Die ideale Stelle für ein Sägewerk. Aber so weit entfernt liegt der Fluss – was für übermenschliche Anstrengungen wird es erfordern, ihm hier ein neues Bett zu schaffen. Henrys Blick schweift über das hohe Steppengras, hundert Meter, zweihundert Meter, bis zu den Sandbänken des Usulū. Nichtsdestotrotz: Es ist der einzige Ort, der dafür in Frage kommt. Genau zwischen der künftigen Stadt und dem Wald, weit genug entfernt vom eigentlichen Ufer, so dass es in der Regenzeit nicht das Gebäude wegreißt. Ein Nilpferd schleppt sich träge aus der Mitte des Flusses in seichtere Gewässer, lässt sich im Schlamm nieder. Ab und zu zuckt es mit den Ohren, sperrt das riesige Maul auf, als ob es gähnte und lässt ein tiefes Lachen erklingen. »Na, lassen Sie sich mal nicht vom plumpen Aussehen der Tiere täuschen«, hatte Lautenschlager letzten gemahnt, als Henry ihn fragte, ob seine Arbeiter etwas von ihnen zu befürchten hätten. »Sie denken sich nichts Böses und gehen zu nah an eines der Pferdchen heran. Und schon reißt es Sie in Stücke oder trampelt Sie zu Tode, mein Lieber. Also Obacht!«

Henry dreht sich langsam im Kreis. Eine Stange befindet sich nicht genau auf der weißen Linie. »Links, mehr nach links!«, befiehlt er den Schwarzen, tut so, als halte er selbst einen Stock, und deutet nach links. Dann kniet er sich wieder vor den Plan, vergleicht das Zehneck darauf mit dem Zehneck um ihn, die schwarzen mit den weißen Linien, denkt sich Wände aus Brettern, Arbeiter, ein Dach, das schrille Geräusch von Sägen, er klatscht in die Hände, ruft: »Gut so!« Die Schwarzen verlassen sofort ihre Positionen – und werfen die Stangen auf den Boden. Mein Gott, alles umsonst. Nun kann das ganze Spiel noch einmal von vorne beginnen. Aber schnell ermahnt sich Henry. Der Wilde ist es eben nicht gewohnt, nach Entwürfen zu bauen. Er errichtet seine Hütte instinktiv. Wie rein und in gewisser Weise bewundernswert. Henry muss deshalb nachsichtig sein, nachsichtig. Wie sagte Gerber? Man habe hier eine Vorbildfunktion inne. Nur zu gerne würde Henry allerdings auch ein wenig etwas von den Wilden erfahren, woher sie ihr Wissen nehmen, was sie über sein Sägewerk denken. Nach der Expedition wird er mit der Hilfe Dédus eine Befragung durchführen ...

Aus der Entfernung, vom Vorplatz der Festung, schallt das Gebrüll Schirachs herüber. Auf dem Weg zur Baustelle war Henry am Morgen nach Gerbers Appell an der Schutztruppe vorbeigegangen, die sogar in der prallen Sonne exerzieren muss. Liegestütze, auf der Stelle laufen, Hampelmann und dann das Ganze wieder von vorne. Deutscher als die Deutschen sollen sie werden, wenn man ihm schon keine echten Soldaten aus dem Reich schickt, so Schirach. Zackig marschierte der in seiner gelben Paradeuniform mit dem zu eng geschnürten Leibgurt, den Segeltuchschuhen und dem schwingenden Degen zwischen den Reihen der Schwarzen auf und ab und erzählte den Eingeborenen vor ihm, dass man gerüstet sein müsse »für den Neger«. Nicht, dass es einem so erginge wie mit den vermaledeiten Hereros in Deutsch-Südwest. Schirach, laut Epauletten nur Offizier, hier aber dem Benehmen nach ein *Weltmarschall* von Waldersee'schem Zuschnitt, hielt seine Ansprache im schneidigen Berlinerisch, das seine Soldaten gar nicht verstehen können. Er war sich der Absurdität der Situation wohl nicht bewusst. Niemals würde Schirach, dem immer schon am Morgen der Schweiß unter seinem Tropenhelm hervorrinnt, trotz seiner sicherlich einstmals athletischen Statur, mit den Eingeborenen im Staub mithalten können. Nach höchstens 40 Liegestützen würde er aufgeben, Henry geht da jede Wette ein.

»Na, da kommen wir ja gerade rechtzeitig.« Die beiden Wolfshunde, gleich dahinter Gerber mit Stock und Käthe am Arm sind auf der kleinen Anhöhe aufgetaucht, beide in Weiß, Käthe mit ihrem kleinen Sonnenschirmchen und in einem erstaunlich eng geschnittenen Rock, der ihre etwas zu breiten Hüften hervorhebt, Henry fällt das zum ersten Mal auf, seit er hier ist, und er muss an *Tennis* denken, ein Tennisplatz das hier, die Linien für das Sägewerk, Käthe die Schiedsrichterin.

»Ach, schön, dass Sie da sind«, sagt er und hofft, es klingt nicht allzu erschreckt, »ich kann Ihnen ja zeigen, wie weit wir schon sind. Hier entlang, bitte.« Er tritt mit Gerber und Käthe aus dem Zehneck.

»Das hier ist das Sägewerk«, er geht zu dem umgefallenen Stock, der markiert, wo der Usulū am Sägewerk vorbeigeleitet werden soll. »Und jetzt stellen Sie sich vor: Die Mühlräder, wie sie sich drehen. Wie sie pumpen. Das Herz des Ganzen sozusagen.«

Er malt mit dem Stock einen Stern in den Sand, dessen Strahlen sich mit einer der Linien kreuzen, Käthe schmunzelt. Sie spitzt dabei die Lippen und bekommt Grübchen in den Wangen. Tatsächlich besitzt sie kaum Ähnlichkeit mit ihrem Bruder. Gott sei Dank. Ohne Scheu, fast fordernd schaut sie Henry in die Augen, wie damals, als er sie beim Klavierspiel überraschte.

»Ja, und hier...«, Henry gewinnt Gefallen an der kleinen Theatervorstellung, während er vorangeht, kann er sich selbst mit ihren Augen sehen, verschwitztes schwarzes Haar, muskulöses Kreuz, sonnenverbrannter Nacken, »...hier ist der Holzplatz, hier liegt also das Holz.« Er breitet die Arme zu übereinander gestapelten Stämmen aus. »Das Wasser, das wir hier mittels Düsen versprühen werden«, seine Hände werden zu einem Strahl, Tropfen, »wird das Holz frisch halten.«

»Aber kann das denn überhaupt alles gebaut werden ohne Sie, wenn Sie jetzt für eine Woche auf Expedition sind?«, fragt Käthe. Es ist eine Scheinfrage, sie spielt bei seiner Aufführung mit.

»Gewiss, gewiss, Fräulein Gerber«, antwortet er schnell, »die Entwürfe sind das Wichtigste. Ich selbst bin eigentlich, existieren einmal die Pläne, nicht mehr vonnöten. Die Pläne erklären sich von selbst. Daraus«, er deutet auf die Papierrollen im Gras, »leitet sich ja alles ab. Ich könnte bei der gefährlichen Expedition umkommen – was ich natürlich nicht werde« – Henry räuspert sich, Käthe lacht – »und das Sägewerk würde trotzdem entstehen und hier« – er springt neben eine imaginäre Kutsche mit vorgespanntem Pferd –»werden die Stämme abgeholt, täglich, im Stundentakt, über diese Chaussee«, er betritt die imaginäre Straße, verlängert sie mit einer Handbewegung über den Horizont hinaus. »Ein ziemlich imposanter Anblick, nebenbei gesagt«, Henrys Laune erklimmt ungeahnte Höhen.

»Na, Lautenschlager wird schon aufpassen, dass Sie mir nicht von den Kannibalen aufgefressen werden«, Gerber erhebt drohend seinen Stock und lacht heiser auf. Weil er nur mehr auf Käthe geachtet und Gerbers Anwesenheit völlig vergessen hat, dreht sich Henry erschrocken um und sieht in Käthes plötzlich ernstes Gesicht.

»Und Sie sind heute zum Abendbrot ausnahmsweise trotz Ihrer wichtigen Arbeit pünktlich, ja?«, neckt sie ihn. Es gebe Dschob, das tolalesische Linsengericht, von dem sie ihm erzählt habe. Kalt schmecke Dschob scheußlich.

Mit dem Gedanken, wie er bloß den ständigen Bohnen- und Linsengerichten entkommen kann, verbeugt sich Henry.

Auf der Anhöhe flimmert das Weiß von Gerbers Anzug und Käthes Kleid im gleißenden Sonnenlicht, als seien die beiden eine Luftspiegelung. Henry ist zurück in den markierten Bereich getreten und blickt auf den Plan. Er steht genau in der Mitte des Grundrisses. Als er sich von oben sieht, aus vielleicht fünf Metern Höhe – ein schwarzer Punkt, seine Nase steht vor –, muss er über sich selbst schmunzeln. Käthe ist fort. Es ist nicht mehr nötig, sich zu beobachten und darauf zu achten, auch ja nichts falsch zu machen. Dass er aber eben genau dies getan hat, zeigt ihm, dass ihn diese schöne Käthe zu reizen beginnt. Mit jedem Tag mehr. Wenn sie da ist, ist er anders.

»*WEITER!*« *Die Stimme des Capitaine bebte.*

»*O Gott! Wenn man uns nun aber entdeckt, sind wir alle des Todes!*«, *rief sie und schmiegte sich an seine Schulter. Voll Angst blickte die*

Expedition den Felsvorsprung hinab, auf die sich schnell nähernde Staubwolke der Indianer.

Mehrmals sind Gerber beim Lesen die Augen zugefallen. Eigentlich müsste er das Kapitel noch einmal beginnen, um genau zu verstehen, wie der Capitaine, die schöne Ludmilla und überhaupt die Expedition in diese missliche Lage geraten sind. Obwohl Gerber »Durch die heiße Steppe« bereits zum vierten Mal liest – zuerst zweimal im Kongo, dann einmal hier, in der Zeit, als nichts voran ging –, kann er sich an diese Stelle im Roman nicht erinnern. Er sollte sich mit dem nächsten Schiff aus Deutschland auch einige neue Bücher kommen lassen, einen der Romane Scott Kelleys über Goldschürfer in Alaska, vielleicht einen weiteren der insgesamt 23 Bände um den Capitaine, die am Ende von »Durch die heiße Steppe« angegeben sind. »Wettkampf um den Nordpol« und »Im Tal des Todes« klingen interessant. Es tut gut, zuweilen ein wenig zu lesen, zum Zeitvertreib. Längst hat er alle sechs oder sieben Bücher, die sich in Benēsi befinden, durch – die Romane wie die Forstwirtschaftsliteratur…

Er muss eingenickt sein. Erschreckt richtet er sich in seinem Sessel am Fenster auf und starrt in das Gesicht des Kaisers. Schirach, der sich sonst glücklicherweise aus allem, was die Aufforstung angeht, heraushält, hatte darauf bestanden, dass in allen offiziellen Räumen der Festung, also auch im *Büro*, das Porträt Seiner Majestät aufgehängt wird. Die Gesichtsbinde, die Gerbers Bart in die rechte Kaiserform bringen soll, ist vom Nickerchen glücklicherweise nicht verrutscht, wie er erleichtert feststellt. Die Augen zu betuschen wie hin und wieder Schirach beim Abendessen, dazu fehlt ihm dann doch der Mut; auch wenn man zugeben muss, dass die Schminke Schirachs Sätzen Nachdruck verleiht.

Draußen vor dem Fenster hat sich nichts verändert. Der Schatten, den der Baobab-Baum, einsam in der Steppe, im grellen Sonnenlicht noch immer klar und schwarz auf das hohe hellbraune Gras wirft.

Als Gerber sich über die Stirn fährt, ist die schweißüberströmt. Tusche um die Augen ... Ha! Wie unpraktisch wäre so etwas in diesem Moment. Gestern beim Nachtmahl ist Schirach die ganze Soße an den Wangen heruntergelaufen, Gerber hatte gedacht, der Offizier blute. Schirach hatte dennoch, durch und durch Soldat, tapfer durchgehalten und nur am Ende des Essens zu blinzeln begonnen.

Aus der Richtung des Moskitogitters rascheln die Insekten, die versuchen, durch die kleinen Löcher zu kriechen. Gerber greift nach dem feuchten Schnäuztuch auf der Stuhllehne.

Bis er nach Tola kam, war er wahrlich kein Anhänger des Kaisers. Aber auch kein Gegner. Im Grunde war es ihm gleich, was dort oben in Berlin geschah, solange es ihm nicht schadete. Sein Vater hatte von Bismarck immer als von dem »alten Saupreußen« gesprochen. Doch seitdem die Zeit in Benēsi stillzustehen scheint, hat Gerber festgestellt, dass die Bilder des Kaisers in der Festung ihm eine gewisse *Kraft* geben. An schlechten Tagen blickt Gerber in das kaiserliche Antlitz mit dem aufwärts weisenden Schnurrbart und fühlt sich *erhoben*; als wirke die Macht des Kaisers, von der Schirach behauptet, sie übertreffe die der Herrscher Englands und Frankreichs bei weitem, eben auch hier und bewahre seine Untertanen davor, dass es allzu schlimm kommt.

Gerber hat so viel zu tun. Er muss endlich den Antrag auf eine Unterstützung durch die Kolonialgesellschaft für weitere 14 Monate stellen. Solange wird es brauchen, bis das Holz Benēsis die geplanten Gewinne einfährt. Den neuen

Kostenplan dazu muss er noch erstellen; es fehlen nur mehr ein paar Zahlen. Weiter muss darüber nachgedacht werden, wie man mit von Maysenbug verfährt. Entweder seine Herzöglichkeit, der Gouverneur, oder Bezirksamtmann Reimann müssen endlich hierher kommen und sich davon überzeugen, dass eine Erweiterung der Bahnstrecke von Bismarckburg nach Benēsi unabdingbar ist. Warum nur hat ausgerechnet Gerber das Pech, in einem Land zu leben, in dem zwei derart inkompetente Hanseln das Sagen haben? Die überaus strapaziöse Reise spielt da weniger eine Rolle, doch er selbst kann zurzeit in der Sache nicht nach Loué reisen, soviel steht fest. Die Überwachung der Arbeiten im Forst bedarf seiner Anwesenheit. Außerdem sind ihm von Maysenbug und Reimann nicht sonderlich gewogen, abgesehen davon, dass der eine übergeschnappt ist und der andere nie da. Eine persönliche Begegnung, bei der er womöglich nicht mehr an sich halten könnte, würde alles nur noch verschlimmern. Er muss da mal überlegen, wen er schickt ... Schirach? Selwin? Oder etwa – Käutner?

Und schließlich gilt es, die Maschinen für das Werk zu bestellen. Gerber hat sich nun endgültig für Andersen in Kopenhagen entschieden und gegen Mayerling in München. Andersen mag teurer als Mayerling sein. In Benēsi werden sie aber 1A-Holz produzieren. Und dazu braucht es 1A-Maschinen. Es wird hier ein Musterwerk entstehen. Ein Musterwerk mit Vorbildfunktion für das Restreich. Man wird einen Leuchtturm darstellen – einen Leuchtturm in der Wüste. Alles hängt nun davon ab, dass Selwin gute Arbeit leistet.

Gerber überfliegt noch einmal den eben gelesenen Satz.

Voll Angst blickte die Expedition den Felsvorsprung hinab, auf die sich schnell nähernde Staubwolke der Indianer.

Er ist unruhig geworden, fahrig, kann nicht länger sitzen, geht zum Schreibtisch, blättert in den Unterlagen mit den veranschlagten Kosten für die Forstarbeiter, klingelt, wartet am Fenster, schaut auf den Baobab, den schwarzen Schatten auf dem sandigen Boden, horcht an der Tür auf die Schritte des Boys, öffnet ihm, nimmt den Whisky in Empfang, sagt: »Na, na, warte, du«, leert das Glas in zwei Zügen – er spürt, wie sich die Flüssigkeit warm in seinem Körper ausbreitet –, lässt den Boy abtreten, geht zum Schreibtisch, blättert weiter in den Unterlagen, müde ist er geworden, setzt sich wieder, ein Rabe oder so etwas in der Art ist vor dem Fenster vorbei-geflogen, jetzt ein ganzer Schwarm, schnatternd, laut, ein einziges schwarzes Durcheinander, ohrenbetäubend, dann leiser, da fliegt schon der letzte verirrte Vogel, krächzt, ein-mal.

Gerber nimmt wieder das Buch zur Hand.

»Da!« Der Irokese deutete auf die Steppe unter ihnen. Indianer, eine ganze Horde, beritten, kriegsbemalt.

»Weiter!« Die Stimme des Capitaine bebte.

KÄTHE ZIEHT die Schere so lange an den Papierstreifen ent-lang, bis sie sich rollen. Dann betrachtet sie mit Genugtuung ihr Werk. Jetzt fehlen den drei kleinen Bäumen aus Papier auf ihrem Schreibtisch nur noch die Früchte. Draußen, in den Gängen, ist Ndak zu hören, die die Geweihe abstaubt. Käthe rollt Kügelchen.

Der Kostenplan kann warten. Urge kommt mit der Post ohnehin erst nächste Woche. Und Ludwig soll sich wegen der Bahnstrecke beruhigen. Käthes Kalkulationen haben ergeben, dass es günstiger wäre, das Holz auf Ochsenkarren nach Bismarckburg zu transportieren, als sich am Ausbau der Geleise zu beteiligen und deshalb einen weiteren Kredit aufnehmen zu müssen.

Heute baut sie das Modell eines Jenseits nach den Vorgaben aus S. Suks Opus Magnum »Das Reich hinter dem Nebel«. Aus Anschauungsgründen für die bald eintreffenden Kinder der Siedler. Das geht vor.

Außerdem hat Käthe in den über 34 Jahren ihres Lebens genug angepackt. Eine in ihrer Katastrophalität simple Bilanz für jede Buchhaltung: neunzehn Jahre für den Tyrannen namens Vater, dreieinhalb Jahre für den Mitgiftjäger aus Danzig sowie elfeinhalb Jahre für ihren Herrn Bruder in Franzfeld und auf dem afrikanischen Kontinent – und der Verdienst unterm Strich? Das Plus, auf das es doch am Ende eines Lebens ankommt?

Antons Mutter hatte sie immer für ein verwöhntes Töchterlein gehalten. Von wegen. Die Alte war doch diejenige, die faul in der Ecke saß und den anderen beim Arbeiten zusah. Im kleinen Tuchgeschäft der Buchtas in Danzig war es allein Käthe zu verdanken gewesen, dass die Umsätze stiegen und sie sich bald vergrößern konnten. Ihr Geschick im Umgang mit den Kunden, ihr kluges Haushalten, aber eben auch ihre Ausdauer. Täglich stand sie hinter der Kasse, während Mutter Buchta sich aufs Keifen beschränkte. Und wer zerfloss im Kongo vor Mitleid mit den Schwarzen wegen ihrer unmenschlichen Behandlung auf den Plantagen, der mangelnden Hygiene in ihren Unterkünften? Wer ließ neue schönere, größere Hütten bauen, half sogar beim Bretterschleppen mit und wurde deshalb von ihrem Bruder belächelt? Wer erlaubte dem Hauspersonal, in der Kammer im Dachgeschoss des

Herrenhauses zu schlafen? Und wer wurde daraufhin von eben jenem Personal bestohlen? Käthe. Ja, jene, die noch eben so dankbar taten und ihr die Hände küssten, hätten sie wahrscheinlich ohne zu zögern im Schlaf gemeuchelt, wäre nicht ihr alter treuer Diener, Moses, aufgewacht und hätte die Täter beim Diebstahl ertappt.

In Tola sollte alles anders werden, das hatte Käthe sich geschworen. Niemanden wird sie an sich heranlassen. Niemand soll sie verletzen. Mit den Eingeborenen will sie nicht mehr als nötig zu tun haben. Ihre Köchin und deren Gehilfinnen, gut, das sind unbedarfte junge Frauen, deren Erziehung Käthe als ihre Aufgabe ansieht und für die sie als einzige anwesende weibliche Vertreterin der weißen Rasse ein Beispiel vor allem im Hinblick auf die dem Schwarzen nicht angeborene Selbstbeherrschung geben muss; aber alle anderen Angestellten fallen in Ludwigs Zuständigkeit. Auch gegen die ihres Erachtens nicht selten zu harte Bestrafung, die sie mit einer Mischung aus Ekel und seltsamen Kitzel vom Fenster aus verfolgt – wie die Peitsche schnalzte! –, will sie nicht mehr protestieren.

Für die Weißen in Benēsi ist sie die Herrin des Hauses, der man mit Respekt begegnet. Sie genießt es, wie Schirach mit seinen zackig-plumpen Komplimenten oder Dr. Brückner auf seine verschusselt-liebenswürdige Art sie umschmeicheln und sich für sie in Schale werfen. Neulich trug Schirach sogar Tusche um die Augen! Und das nur, um ihr zu gefallen! In Loué, bei den Verhandlungen mit dem Hauptmann wegen der Zuteilung der Arbeitskräfte, war sie zu Ludwigs nicht geringem Erstaunen hart und unnachgiebig aufgetreten – und war es seitdem auch im Alltag geblieben. Ihre weiche Seite, die sie dem untreuen Anton und im Kongo den Eingeborenen gezeigt hatte, unterdrückt sie. Sie hat ihr nur Unglück gebracht. Lediglich die Bewohner und Gegenstände ihrer jenseitigen Papierwelt kommen in ihren Genuss, die diversen Engels-Legionen, die sie mit viel, ja, Liebe zuschneidet und in die Hand nimmt. Denen sie über die scharfen Kanten streicht, so dass sie sich nicht selten ritzt. Ein gar nicht unangenehmer Schmerz ist das, besonders in letzter Zeit, in der sie etwas für den hübschen Selwin zu empfinden beginnt und sich doch nichts anmerken lassen darf ... Um nicht weiter an den jungen Architekten zu denken, schlägt Käthe »Das Reich hinter dem Nebel« auf.

»Wie also können wir uns die Höchsten der Höchsten, die die alten Weisen Erzengel nannten, vorstellen? Ein Kind würde ausrufen: ›So etwas Schönes habe ich noch nie gesehen!‹ Von meinem Ausflug in die jenseitige Welt, mich selbst dabei oft wie ein Knabe fühlend, kann ich folgendes berichten: Einen weißen Kegel bildet ihr Leib. Von der Gestalt her sind sie kräftiger, größer als die Mittelengel, ihre Flügel nicht siebengliedrig wie die jener. Die Heilige Dreizehn, geheimer Kern der Schöpfung, ist's, die ihre Flügel unterteilt. Wird man mir glauben, wenn ich sage: Das reine gleißende Licht ihrer Flügel übertraf an Schönheit sogar noch das Schauspiel, das sich mir bot, als ich der Wandlung eines unteren in einen oberen Mittelengel beiwohnen durfte und sich dessen Flügelpaar von rot, grün, blau in einen strahlenden Regenbogen mit all seinen Farbfacetten auffächerte. Das Schwarz der Dämonenengel jedoch, bei den Höchsten hat sich's zum Weiß gewandelt ...«

Käthe ertappt sich dabei, wie sie beim Lesen eine Melodie zu summen beginnt, die Melodie, die sie spielte, als Selwin und sie zum ersten Mal allein waren, sie am Klavier, er in der Tür. Was sie im Innersten empfindet, was sich all die Jahre in ihr aufgestaut hat, die Enttäuschungen, die Hoffnungen, bei Schumann steigt es immer in ihr empor. Selwin war geblieben und hatte still zugehört. Und Käthe wusste, hätte sie in diesem Moment ausgesprochen, was in ihr vorging, er hätte sie verstanden. So hatte sie es ihm durch die Musik erzählt. Seitdem verbindet beide etwas, das spürt sie. Und eines Tages, bald, wird sie es ihm auch sagen.

Käthe summt.

HENRY SITZT über den Plan der Stadt gebeugt, seine Nasenspitze berührt beinahe das Papier. Ganz nach vorn, an die Kante des Stuhls ist er gerückt. »Blindworm« nannten sie ihn deshalb in der Schule. Wenn er nicht weiter weiß, streicht er sich den dünnen Schnauzbart, das beruhigt. Mit dem Lineal hat er ein Viereck gezeichnet, zieht durch seine Mitte einen Strich, schreibt in die eine Hälfte »Eingangsbereich / Warteraum«, in die andere »Schalter«, neben das Viereck, groß, »POST«, malt neben das Viereck ein weiteres, teilt es in vier kleine Vierecke, schreibt in die beiden oberen »POST«, in die unteren »BANK«, zeichnet den Aufriss einer einstöckigen Fassade mit Satteldach, radiert es aus, ersetzt es durch ein Pultdach, malt rechts und links zwei dorische Säulen, sie besitzen keinerlei Funktion – Burnham hasste solchen Firlefanz, »We're in the 20th century, Mr. Peters«, pflegte er zu sagen, »not in the Stone Age« –, versieht die Wand mit Rundfenstern, vergittert sie, wegen der Einbruchsgefahr, schreibt neben die dorischen Säulen, »Möglicherweise auch Säulen nach Art der Eingeborenen«, setzt an den Auf- sowie den Grundriss einen kleinen ebenfalls viergeteilten Anbau, eine Verladestelle für die Postkutsche, damit man vorbereitet ist, wenn sie bald wöchentlich nach Benēsi kommt und die Zustellung der dann in großen Mengen eintreffenden Sendungen auch in der Regenzeit gewährleistet ist, zieht eine weitere Linie, einen Giebel, setzt darauf die Inschrift »Money rules?«, schmunzelt, radiert sie aus, schreibt »Post & Bank Benēsi«, daneben mit einem Pfeil »In Rot«, fügt einen weiteren Pfeil hinzu, der zur Fassade führt, schreibt daneben »Holz«, radiert es aus, schreibt »Stein«, derart wichtige Ämter sollten nicht gleich beim ersten Feuer oder Harmattan zerstört werden, woher werden sie das Material nehmen?, Gerber wird es beschaffen, Henry muss ihn nur von der Wichtigkeit der Sache überzeugen.

Er blickt auf die Kuckucksuhr über seinem Tisch. Das reich mit geschnitztem Eichenlaub und Zapfen verzierte Gehäuse, das Ziffernblatt, auf dem ein Hase und ein Rebhuhn gemalt sind. Die starren Zeiger. Das kleine krönende Hirschgeweih über dem Giebel.

Einer plötzlichen Eingebung folgend, zeichnet er eine halbe Meile entfernt von der eigentlichen Stadt ein Quadrat, in das Quadrat acht kleine Rechtecke, Baracken, verziert das Quadrat mit Wellenlinien, Stacheldrahtzaun, die Kaserne Benēsis, die nicht nur als Unterkunft für die Soldaten dienen könnte, sondern auch zur Internierung straffälliger Schwarzer, wie vielleicht überhaupt aller Schwarzer in Benēsi, ein Camp. Der in die Mitte des Quadrats gesetzte Kreis, der Richtplatz, damit den Bewohnern der Stadt und insbesondere, anders als jetzt, den Tennisspielern der unschöne Anblick der Gehängten und Ausgepeitschten erspart bleibt. Nur die Schwarzen schauen der Vollstreckung des Urteils zu. Sie soll es abschrecken, nicht die Weißen. Zwischen dem Quadrat und der Stadt zeichnet Henry Schienen – eine Anbindung an die Bahn wäre vorausschauend –, neben den Grundriss eine Lok, der Lok einen Schornstein, über den Schornstein Rauch, Wölkchen um Wölkchen, in das Fenster der Lok ein Gesicht, lächelnd, Henry zerreißt das Blatt, knüllt die Fetzen zusammen und wirft sie in den Abfalleimer zu den anderen Entwürfen.

Vor zwei Jahren reiste er nach Oregon, in die sogenannte amerikanische Schweiz, um eine Stadt zu besichtigen, die auf der Welt nicht ihresgleichen hat: Stahlstadt. Erbaut von einem Deutschen. Die größte Produktionsstätte von Kanonen und Projektilen. In Oregon herrschte tiefster Winter, es schneite. Aber vor den Toren von Stahlstadt blühten durch die Hitze der Öfen und Fabriken Blumen. Auf die Mauern folgte ein Graben, auf den Graben eine Ringstraße, auf der Soldaten patrouillierten, hinter der Straße befanden sich Gebäudekomplexe, dahinter die städtische Ringbahn, dahinter erneut Fabrikanlagen und Wohnsiedlungen. Auch wenn er den Grundriss nicht kannte – alles, was in Stahlstadt geschah, oblag der Geheimhaltung; er konnte von Glück sagen, dass er durch seinen Führer, Scheuring, den mit seinem Vater befreundeten Wissenschaftler, überhaupt Einlass erhalten hatte – auch ohne Kenntnis des Grundrisses also konnte Henry auf den Aufbau von Stahlstadt schließen: Sie war in der Form eines Kreises konzipiert, dessen Sektoren strahlenförmig durch Brandmauern voneinander getrennt waren. In der Mitte ragte ein Turm in die Höhe, der Sitz von Schultze, des Erbauers der Stadt.

Während sie an geschäftig hin und her eilenden Arbeitertrupps in Monteuranzügen mit am Kragen eingesticktem Doppel-S wie *Schultzes Stahlstadt* vorbeispazierten, erzählte Scheuring, Schultze sei ein Anhänger der Lehre von der Überlegenheit der germanischen Rasse. Nach und nach werde jene ihre Bestimmung erfüllen, die Eroberung der Welt. In Fachkreisen munkle man, Schultze betreibe das Rüstungsgeschäft nur nebenbei. In Wirklichkeit baue er eine Riesenhaubitze mit nie dagewesener Reichweite. Er, Scheuring, könne das jedoch nicht glauben, das klinge dann doch zu fantastisch. Einen Angriff auf andere Länder, das werde der tollkühne Schultze wohl nicht wagen. Zugleich wolle Scheuring aber in aller Deutlichkeit betonen, dass auch er davon überzeugt sei, dass letzten Endes alle anderen Völker »dem unsrigen« unterlegen seien. Dabei klopfte er seinem jungen Begleiter auf die Schulter. Der nickte und fragte sich zugleich, was das denn nun für ihn selbst als in den Vereinigten Staaten aufgewachsener Deutscher bedeute, der sich bislang immer als Amerikaner betrachtet hatte.

Henry könnte sich in diesem Augenblick ein ähnliches Modell für Benēsi vorstellen. Nicht Stahlstadt, *Holzstadt*. Kein Rüstungsimperium, sondern ein weltweit geachtetes Handelszentrum, das freilich letzten Endes stets die Interessen des Reiches wahrt. Seitdem er Selwins Identität angenommen hat, stockt er immer seltener beim Sprechen und muss er nicht mehr nach dem richtigen Wort suchen. Bei den Mahlzeiten gibt er seine Erlebnisse mit Burnham in abgewandelter Form als Anekdoten aus seinem angeblichen Leben in Berlin zum Besten. Ohnehin fühlt er sich mehr und mehr als Deutscher. Auch in seinen Adern fließt germanisches Blut und zwar, betrachtet man es recht, ausschließlich.

Er beginnt von neuem zu zeichnen, hastig, damit ihm der Einfall nicht wieder entwischt.

Ein paar Minuten später fliegt das Blatt zerknüllt durchs Zimmer.

»GUTEN TAG!«, ruft Käutner und senkt seine Stimme, die durch die Aufregung noch höher klingt als sonst. Wieder klopft er an die Tür, die nur angelehnt ist. In der gardinenverhangenen Scheibe vor ihm blickt er sich selbst ins Gesicht, die stets geröteten Wangen, die zu lange Nase, die ihm in der Schule den Spitznamen Pinocchio eintrug, die Bartstoppeln, die nicht wachsen wollen. Das also ist das Verwaltungsgebäude in Bismarckburg, zugleich die Schaltzentrale für die Kommunikation Tolas mit dem Vaterland. Die baumhohen Antennen, von denen sich himmelwärts Netze aus Drähten spannen, die Allee aus Telegrafenstämmen, durch die man auf Bismarckburg zufuhr, die staubige Kaiser-Wilhelm-Chaussee, flankiert von Wellblechhütten und schließlich das Haus mit seiner weißen Holzverkleidung und der mit einem Gitter verzierten Veranda, das alles ist ja immer noch durchaus imposant, genauso wie er es aus seiner Zeit in der Kaserne in Erinnerung hatte. Aber wo wird man hier empfangen? Diese Haustür kann doch wohl kaum der offizielle Eingang zur Vertretung des Reichs sein. Wo stecken nur alle? Soll er noch einmal nach draußen gehen und Urge fragen, der in seinem Automobil auf ihn wartet? Oder rüber zur Kaserne, wo er mit ein bisschen Glück einen seiner ehemaligen Kameraden antreffen würde? Aber was für einen Eindruck würde das machen: Er, der Gefreite, der nicht Bescheid wusste ... außerdem wird sicher gleich jemand auftauchen.

»Guten Ta-hag«, ruft er zum letzten Mal und tritt ein, niemand, geht durch den Vorraum in das, was das Speisezimmer sein muss, ein Tisch steht hier, Samtmöbel, Stehlampen auf ranzigen Perserteppichen. Niemand. »Ich komme von der Festung Benēsi. Von Verwalter Gerber«, erklärt Käutner der

Stille, die nur vom schnellen Ticken der Standuhr unterbrochen wird. Was tun?

»Machen Sie denen mal Dampf da in Bismarckburg. Dass da endlich mal der Reimann herkommt und sich unseren Forst anschaut. Und dass der mit dem Benzin rausrückt, der alte Knauser. Und richten Sie ihm einen schönen Gruß vom Gerber aus, hab' ja leider zuviel zu tun... kann nicht selber... Sie wissen schon«, hatte der Verwalter gemurmelt und ihn dann mit Urge, dem Postboten, in seiner knatternden Kiste weggeschickt. Offensichtlich war ihm ein Treffen mit Reimann unangenehm und vielleicht war er ja auch ganz froh, »den Versager« der Truppe für einen Tag los zu sein.

Vor seiner ersten Begegnung mit diesem inzwischen bereits legendären Reimann hatte Käutner ein wenig Bammel. Andererseits war er ja nur der Bote; solange er die ihm aufgetragenen Nachrichten ordentlich überbrachte, konnte man ihm keinen Strick daraus drehen. Aber finden musste man diesen Amtmann erst einmal. Käutner hatte gedacht, im Verwaltungsgebäude seien Büros untergebracht, herrsche geschäftiges Treiben. Doch auch, als er jetzt die knarzenden Stufen der dunklen geschwungenen Holztreppe hochsteigt, kann er kein Anzeichen dafür entdecken, dass hier jemand arbeitet.

Und Urge kann währenddessen draußen ein Nickerchen halten. Kaum waren sie ein paar Minuten von Benēsi entfernt, hatten sie angehalten. Der Briefträger hatte seine makellos blaue Hose und weiße Bluse ausgezogen. Darunter war er bis auf einen Lederschurz und eine Kette aus kleinen weißen Gegenständen, die wie Zähne aussahen, nackt. Auch seinen Lispler hatte er abgelegt, wegen dem er auf Käutner besonders eingebildet gewirkt hatte. Statt wie sonst gebrochenes

Englisch, sprach er nahezu akzentfreies Deutsch. Käutner traute seinen Ohren nicht.

»Ich fühle mich so wohler«, erklärte der Postbote, während sie holpernd weitertuckerten. »Die Djmas, also die Weißen, haben halt mehr Respekt vor mir, wenn ich eine Uniform wie sie trage. Außerdem«, fügte er grinsend hinzu, »wenn ich schön brav am Rand stehe mit teilnahmslosen Blick, unterhalten sie sich ohne Rücksicht auf mich, sodass ich einige Sachen mitkriege, die eigentlich nicht für meine Ohren bestimmt sind. Ist ganz nützlich. Man weiß nie, wozu man die eine oder andere Information gebrauchen kann. Und dir kann ich's ja verraten, oder? Deine Freunde in Benēsi – Riltô, Dorsi und Rusa – sind auch meine Freunde.

Jetzt hält Käutner inne. Aus den oberen Stockwerken ertönt Rattern, Pause, dann wieder Rattern. Erleichtert, endlich jemanden gefunden zu haben, eilt er durch den Flur, an den Bildern des Kaisers und den Ansichten von Berlin vorbei, zur offenstehenden Tür des Zimmers, aus dem die Geräusche kommen.

»Entschuldigen Sie die…«, beginnt er, als er eintritt. Doch vor ihm liegt nur ein leerer abgeschrägter Raum mit einer schmalen Luke zwischen den Balken. In der Mitte steht etwas, aus dem etwas Weißes quillt.

Ein Apparat auf einem kleinen Tischchen.

Ein Schreibtelegraf, an dem der stählerne Stift ausschlägt, während das Papier, das Bogen um Bogen weiterrückt, bereits auf den Boden geglitten ist und sich rollt. Wie lange hier keiner gewesen ist?, fragt sich Käutner und trottet nachdenklich die Treppe wieder herunter, denn auch die anderen Zimmer des Verwaltungsgebäudes von Bismarckburg sind verwaist. Hier sollen alle Nachrichten aus dem Reich zusammenlaufen, die über die Geschicke der Kolonie bestimmen? Unmöglich.

Durch die Fenster des Erkers im Esszimmer ist der Garten des Anwesens zu sehen. Ein akkurat geschnittener Rasen, ganz grün, er muss regelmäßig bewässert worden sein, ein gepflasterter Fußweg, der zu einem mächtigen einstöckigen Backsteingebäude zwischen Sträuchern führt, einer Art Fabrik, auf dessen Dach dicke Drahtbündel wachsen, na endlich, Käutner hätte einfach nur die Augen aufmachen müssen. Er läuft hinaus und durch den Garten.

Schon beim Eintreten in die Funkstation schlägt ihm der angenehm kühle Wind von Ventilatoren entgegen. Im Vorraum wird er kurz erschreckt angeschaut, rechts und links, im Halbdunkel, kauern jeweils etwa fünf Eingeborene auf Bänken, in hellblauer Uniform mit umgeschnallter Posttasche. Anscheinend warten sie darauf, Befehl zu erhalten und losgeschickt zu werden. Als sie Käutner sehen, wirken sie erleichtert. Der eilt weiter, jetzt gilt es, keine Zeit mehr zu verplempern. Eine Schwingtür. Er steht auf einem Podest. Überblickt eine fensterlose Halle. Vor ihm, im elektrischen Licht, erstrecken sich schier endlose Reihen aus Tischen. Schwarze Arbeiter in grauen Uniformen mit Kopfhörern sitzen dahinter, Rascheln, wie von Mäusen, ihre Finger heben und senken sich, sie tippen Nachrichten. Am anderen Ende des Raumes, auf einer Art Bühne: ein einziges Pult, das sogar aus der Entfernung noch mächtig wirkt, ebenso wie der stämmige Riese mit der Glatze dahinter. Na also, Amtmann Reimann, der sich schon erhoben hat und mit großen Schritten auf Käutner zueilt. Auf halbem Weg scheint er es sich anders überlegt zu haben, denn er bleibt stehen und sagt mit lauter Stimme: »Was wollen Sie hier?« Er spricht offenbar ohne jede Mühe, was umso erstaunlicher ist, da Käutner, der sich vergeblich nach den von seinem Podest herabführenden Treppen umschaut, rufen muss, um die Ventilatoren zu übertönen: »Verwalter Gerber schickt mich, Eure…«, Käutner sucht nach der passenden Anrede, entscheidet sich dann, nicht zu übertreiben, »Amtmann Reimann. Ich komme aus Benēsi.«

»Was? Ich verstehe Sie nicht!«, brüllt der Riese mit seiner Bassstimme.

Käutner macht einen Schritt nach vorne, in Richtung Reimann.

»Halt!«, so laut donnert der, dass sogar die Schwarzen in den hintersten Reihen kurz aufblicken, um sich dann wieder ihrer Arbeit zu widmen. »Ich kann Ihnen nicht erlauben, unseren Betrieb zu stören. Bringen Sie nun Ihr Anliegen vor oder verschwinden Sie unverzüglich.«

Käutner nimmt seine ganze Kraft zusammen, und reckt sich und schreit: »Gerber. Benēsi. Vi-si-ta-tion des Fors-tes. Benzin-Bestellung. Wo-bleibt-die?«

»Da sind Sie falsch. Sie befinden sich hier in der Funk-Großstation Bismarckburg. Ich bin Müsmann, der neue Funkmeister. Bei allen Verwaltungsangelegenheiten haben Sie sich an Reimann, den Bezirksamtmann von Bismarckburg, zu wenden, der jedoch auf unbestimmte Zeit verreist ist. Wenn ich Sie nun auffordern darf, die Zentrale zu verlassen«, bellt das Nilpferd, das sich schon wieder umgewandt hat.

»Verreist… aber… seit wann denn das? All die Briefe, die wir, die ich dem Amtmann geschickt… wohin ist er denn verreist?«, Käutner ist ganz perplex, dass es sich bei dem Nilpferd nicht um Reimann handelt.

»Briefe?« Müsmann wiehert. »Briefe werden schon aus Prinzip nur von unseren Mitarbeitern mit Vordrucken beantwor-

tet. Wir befinden uns hier in einer Funk-Großstation. Das hier ist das 20. Jahrhundert! Wir sind hier rund um die Uhr damit beschäftigt, die Befehle des Reichs und die Anliegen seiner Kolonie weiterzuleiten, und da wagen Sie es, uns zu stören! Machen Sie, dass Sie rauskommen! Briefe aus Benēsi...«
Er wiehert.

»Aber...«, Käutner nimmt all seinen Mut zusammen. »Amtmann Reimann?«

»Ist verreist«, bellt Müsmann schnell. »Schon seit einem halben Jahr. Aufenthaltsort unbekannt. Ein Stellvertreter ist noch nicht ernannt. Bitte darum, sich bei allen wichtigen Angelegenheiten an Gouverneur von Maysenbug zu wenden.«
Müsmann spricht als diktiere er.

Käutner bleibt noch ein paar Momente unschlüssig stehen. Könnte er Müsmann nur erklären, worum genau es sich handelt, die Sache würde sich sicherlich schnell aufklären lassen. Es kann nämlich gar nicht sein, dass Reimann verreist ist und es keinen Stellvertreter gibt. Alle Gesuche wurden ja immer hierher, an diese Adresse geschickt, Käutner weiß es mit Bestimmtheit, und alle Bescheide aus Bismarckburg kamen von Reimann selbst unterschrieben zurück. Oder sollten das tatsächlich nur Vordrucke gewesen sein? Aber es musste doch irgendwo einen Menschen geben, der für alles verantwortlich war, der alle Entscheidungen traf...

Von Müsmanns Tisch am Ende der Halle, dem Thron, kommt ein kurzer durchdringender Schrei, der aber, wie Käutner mit einiger Erleichterung feststellt, nicht ihm, sondern einem Arbeiter gilt. Der Schwarze am Tisch ganz rechts in der Mitte ist wohl eingeschlafen und fährt jetzt wie vom Blitz getroffen auf. Bevor Müsmann sich mit einer Peitsche in der Hand erhoben hat, hat Käutner die Halle durch die Schwingtür, den Vorraum

mit den wieder erschreckt aufblickenden Briefträgern flucht-
artig verlassen, hastet atemlos durch die Hitze, den Garten,
das gemütliche Esszimmer des Vordergebäudes, die Eingangs-
treppe herunter, zum Wagen, in dem Urge, die Beine auf dem
Lenkrad, sich die Sonne ins Gesicht scheinen lässt.

Käutner wird Gerber die Wahrheit berichten; dass Reimann
auf unbestimmte Zeit verzogen sei und der Verwalter sich direkt an von Maysenbug zu wenden habe, was sicher nicht geschehen wird, da der mit dem Gouverneur auf Kriegsfuß
steht, soviel Käutner weiß. Was aber wird dann aus dem Forst
und der Eisenbahn, mit der die Stämme transportiert werden
sollen? Was wird aus Benēsi?

KÄTHES FINGER gleiten über die Tasten. Durch das Fenster
flutet das klare Licht der Morgensonne. Die Blätter des Bao-
babs draußen haben sich rosa eingefärbt, wirken durchsichtig.
Heute wird Selwin sie verlassen und Käthe muss spielen.

Nur den Morgenrock hat sie sich übergeworfen. Darunter ist
sie nackt, so wie sie es sich beim Diner vorgestellt hatte. Ein
schöner, ein erregender Zustand, genau wie gedacht. Ob sie
noch einmal zum Fenster schauen soll? Eben hörte sie Stimmen aus dem Hof. Man bricht wohl auf.

8 DIE EXPEDITION

Am Tag der Expedition erwacht Henry mit Herzklopfen. Er ist sich plötzlich sicher, dass der Boy vergessen hat, ihn zu wecken, und die Karawane ohne ihn losgezogen ist. Aber als er zum Fenster stürzt, ist es draußen noch stockdunkel und still. Nur ein einsames Fiepen von irgendwoher aus der Steppe. Henry beschließt, die verbleibenden Stunden wach zu bleiben, sieht noch einmal die bereits zwei Tage zuvor gepackten Koffer durch, kleidet sich an, legt sich aufs Bett – und fällt wieder in einen tiefen Schlummer.

Er träumt von der Expedition. Lautenschlager reitet vor ihm auf einer Ziege und erzählt, bald die Zügel aus der Hand legend, um besser gestikulieren zu können, eine Geschichte, die jedoch bei Henry nur als unverständliches Gemurmel ankommt. Henry, auf einem Kamel, muss sich zwischen den Höckern tief zu Lautenschlager herabbeugen, um überhaupt seine Stimme zu vernehmen. Plötzlich hält der inne, die Pferde scheuen. Die Schwarzen rufen aufgeregt durcheinander, heulen, zeigen mit dem Finger auf den Horizont, wo sich ein Gebirge erhebt, darauf, strahlenumkränzt, ein Schloss.

Erschreckt schaut Henry in das Gesicht des Boys, der ihn rüttelt, »Master Selwin, Master Selwin«, bemerkt das helle Morgenlicht, springt mit einem Satz aus dem Bett und rennt los, der Boy mit dem Gepäck hinter ihm her, die Wendeltreppe des Turms herunter, die engen Gänge entlang, erstaunt dreht sich das Personal nach ihnen um, Musik erklingt, ein Klavier, wie bei der Untermalung eines Films im Varieté, denkt

Henry. Dann steht er im Hof, wo sich die Karawane tatsächlich schon im Aufbruch befindet. Lautenschlager sagt etwas Tadelndes. Noch einmal wirft Henry, schon auf dem Pferd, unter dem Torbogen einen Blick zurück und tatsächlich – wie erhofft steht sie da am Fenster, Käthe Gerber, in ihrer roten Morgenrobe. Sie winkt ihm zu, Henry meint aus der Ferne zu erkennen, dass sich der Saum des Mantels geöffnet hat, hebt noch die Hand zum Abschied und hofft, dass er auf seinem Pferd keine allzu schlechte Figur abgibt.

Dem Sonnenstand nach keine zwei Stunden später, kommt ihm das alles, der überhastete Aufbruch, Käthe am Fenster, ihre weiße Büste, Benēsi, der Wald, unwirklich vor, ja, als läge es schon eine Ewigkeit zurück.

Lautenschlager hat sich von der Spitze der Karawane zurückfallen lassen, um neben Henry herzureiten. »Haben Sie schon einmal etwas vom Einaugenfalter gehört?«, fragt der Forschungsreisende unvermittelt. »Einaugenfalter deshalb, weil sich im ausgespannten Zustand auf beiden Flügeln, hellrot von Färbung, ein entweder grünes, schwarzes oder braunes, eben irisförmiges Pigment findet. Ich möchte, in aller Bescheidenheit selbstverständlich, nicht verschweigen, dass ich einen nicht unerheblichen Beitrag zur Erforschung des Einaugenfalters geleistet habe. Ein schwieriges Unterfangen. Schwierig aus folgendem Grund: Der Einaugenfalter existiert als solcher, eben als Falter, einen Monat lang – und dies lediglich im südwestafrikanischen Raum. Ein kurioses Tierchen. Denn trotz seines Dornröschenschlafs gibt es dem Forscher eine Hilfestellung, wie man sie sich nicht besser denken könnte. Alle sechs Jahre krabbeln, auf den Monat genau, die Raupen aus dem Erdreich und entpuppen sich. Müssen einen eingebauten Wecker haben. Kurios – und auch eine Plage.

Ganze Landstriche lassen die Tierchen verwüstet und entblättert zurück. Ihr Hunger ist kolossal. Sie sind der Schrecken der Bauern. Wenig schmeichelhaft denn auch deren Name für das Insekt, *Tek-tali*, was soviel bedeutet wie *Der Schmetterling, der Verderben bringt*. Das ist natürlich eine sehr pragmatische Sicht, wenn ich das so sagen darf. Denn der Falter, ich werde Ihnen bei Gelegenheit ein Exemplar aus meiner Sammlung zeigen, der Falter gehört zu den schönsten seiner Art. Prachtvolle Dinger sind das. Naja, Sie werden ja aller Voraussicht nach noch ein Weilchen in Benēsi bleiben. Dann können Sie sich selber ein Bild davon machen. Nächstes Jahr im August ist es nämlich wieder so weit. Sie haben richtig gehört, Freund Selwin. Und so Gott will, werden wir dieses Schauspiel vielleicht sogar gemeinsam verfolgen können. Wer weiß, wer weiß ...«

Die Karawane ist in eine Zwischenzone eingedrungen. Langsam wird die Vegetation der Steppe immer spärlicher und geht in Sandflecken über. Es kann nicht mehr weit zur Wüste sein. Abends am Lagerfeuer beginnt der bestens aufgelegte Lautenschlager noch einmal zu erzählen. Henry hört ihm nur mit Mühe zu. Vom Reiten ist er wund am Gesäß; als er sich an den Hosenboden langt, stoßen sich die Schwarzen, die an ihrem Pökelfleisch kauen, an und entblößen ihre weißen Zähne. Dinosaurier, so Lautenschlager, hätten hier vor Millionen von Jahren gelebt. Er selbst habe Knochen gefunden, Knochen eines Beines, groß wie ein Haus, ja, das sei wohl für Selwin interessant, besagter Saurier habe die Höhe eines Chicagoer Hochhauses besessen. Es sei gut möglich, dass sich hier, unter ihnen, weitere Skelettteile finden lassen. Das ganze Land sei Saurierland gewesen, statt Vögeln sei der Archaeopteryx durch die Lüfte geflogen. Ihn, Lautenschlager, habe es immer fasziniert, wie sich die Zeiten in der Erde zusammenschieben. Tausend, ach, was sage er, eine Million Jahre in einem Haufen Stein und Lehm. Die Schlüsse daraus über das Leben damals müssen freilich immer unbefriedigend bleiben. »Manchmal indes, manchmal kommen auf uns jene für die Archäologen glücklichen Funde, die etwas von den Schrecknissen ahnen lassen, von denen jene längst versunkenen Welten erfüllt waren ...« So sei das Maul des Sauriers, als jener allem Anschein nach in einem Moor versank, vor Entsetzen weit aufgerissen gewesen, zu einem letzten Todesschrei.

Während Lautenschlager weiterredet, blinzelt Henry, müde geworden, in den Himmel, wo er statt der ihm bekannten Sternzeichen nun völlig neue wahrzunehmen glaubt. Einen Drachen, vielleicht den Saurier aus Lautenschlagers Erzählung, eine dickbusige Frau. Die Hure Babylon? Die Dirne aus dem Bordell in Paris? Käthe Gerber? ... ein Schiff im Sturm, die *Brünnhilde* ... ein Pferd, seines, er, Henry, darauf ... er ist eingeschlafen.

Von Schmetterlingen, die ihn umflattern, wird er geweckt, Schmetterlinge, die seine Haut mit ihren Flügeln streifen und ihn dabei kitzeln, kratzen. Als er verschlafen die Augen öffnet, ist es noch Nacht, nein, ein Sturm hat den Himmel verfinstert.

Blitzschnell setzt Henry seine Brille auf, blickt schreckstarr auf die sich nähernde Walze aus Sand am Horizont.

Wie konnte sich in den wenigen Minuten, seitdem die Sonne aufgegangen ist, die Luft so schnell erwärmen? Während Henry Lautenschlager sucht, sind die hin und her eilenden Schwarzen im wirbelnden Sand kaum mehr auszumachen, das Heulen und Brausen des Windes verschluckt ihr Geschrei, Henry will rufen und beißt knirschend auf Körner, die der Wind ihm in den Mund peitscht, in die Ohren, die Nase. Schützend hält er die Hände vors Gesicht. In dem Tohuwabohu wird er zu einem der Pferde gestoßen, die wohl zum Schutz zu Boden gedrückt worden sind. Das Fell des Tieres, in das er sein Gesicht vergräbt, ist weich und warm.

Irgendwann rüttelt ihn jemand, Lautenschlager kniet sich zu ihm, um ihm etwas zuzubrüllen, Henry versteht ihn nicht; er will nur, dass das hier endlich aufhört, wie lange dauert das schon, fünf Minuten? Eine Stunde? Laut schreit er in den Bauch des Pferdes, der sich hebt und senkt, »Stop this ... please ...«

Er muss vor Erschöpfung und Angst ohnmächtig geworden sein. Als dann sein Name genannt wird, richtet er sich mit einem Ruck auf.

»Selwin, wir haben Glück gehabt ... Der Sturm ... er ist vorbei, Selwin. So etwas kann geschehen in diesen Teilen des Landes«, Lautenschlagers Gesicht hat eine grünweiße Färbung angenommen. Zum ersten Mal, seit er ihn kennt, meint Henry zu bemerken, dass aus den Augen des Forschungsreisenden die sonst so gewohnte Sicherheit gewichen ist; sein Blick geht an Henry vorbei.

Zielstrebig, wie es scheint, bricht die Karawane mit ihrem vermummten Führer Telau an der Spitze eine halbe Stunde später auf. Sie laufen neben den schwer bepackten Pferden und Maultieren her, die mit ihren Beinen in den tückisch weichen Dünen einzusinken und umzuknicken drohen. Die Wüste besitzt keinerlei Ähnlichkeit mehr mit jener Landschaft, in der sie sich gestern schlafen legten – die Büsche, das Gras sind wild verweht. Henry fühlt sich für einen Moment an den Strand in Maine erinnert, wo er als Kind Miniaturburgen und -gebirge aus Sand formte. Lautenschlager nickt ihm hin und wieder nervös-freundlich zu, um gleich darauf besorgt zum Horizont zu blicken. Für Henry besteht kein Zweifel mehr: Die Karawane hat sich verirrt. Lautenschlager will es bloß nicht zugeben, um ihn nicht in Panik zu versetzen.

Die Sonne steht schon tief. Sie hätten genauso gut auf der Stelle marschieren können. Nichts hat sich an ihrer Umgebung seit dem Aufbruch nach dem Sturm verändert. Wo werden sie die Pferde tränken? Wie lange reichen ihre Vorräte? Am Tag zuvor ist die Rede davon gewesen, dass sie heute in einer Oase rasten werden. Die Karawane ist in tiefes Schweigen verfallen. Ab und zu schnaubt eines der Pferde, denen in weißen Fäden der Speichel ums Maul hängt. Henry kann keinerlei Anzeichen dafür erkennen, dass demnächst das Lager aufgeschlagen wird. Seine Beine tragen ihn kaum noch, er wird nicht klagen, wird die Zähne zusammenbeißen. Lautenschlager hat ihm den Gefallen getan, ihn mitzunehmen, nun darf er, das fünfte Rad am Wagen, ihn nicht enttäuschen.

Als Henry in der Ferne rote Lichter glimmen sieht, glaubt er an eine Sinnestäuschung. Aber auch unter den anderen macht sich Aufregung breit. Mit jedem Schritt, mit jeder Minute werden die unbeweglichen Lichter größer, bis die Karawane vor einer Felswand steht, die sich steil aus der Wüste erhebt, einer Felswand mit Höhlen, in denen Lampen brennen. Telau hält die Hände als Trichter vor den Mund, lässt sein kehliges »He-ho!« ertönen, das hallend vom Stein zurückgeworfen wird, wieder und wieder. Nach einiger Zeit erscheinen in den Ausgängen der Höhlen Schatten, ein dünnes Stimmlein krächzt etwas herunter, das in Henrys Ohren wie eine lateinische Litanei klingt. Hilfe suchend schaut der Nomade zu Lautenschlager, der jetzt tatsächlich auf Lateinisch antwortet. Nach kurzem Schweigen werden Leitern aus zusammengebundenen Ästen heruntergelassen. Als schließlich auch Henry hinter Telau, Lautenschlager und Dédu hochklettert und, oben angekommen, wegen der niedrigen Decke den Kopf einzieht, sieht er Lautenschlager bereits mit drei Greisen in Kitteln mit wirrem langen Haar – die Augen schreckensweit aufgerissen, einer zuckt mehrmals epileptisch mit den Armen – in einer kargen halbdunklen Höhle reden. Auf Deutsch? Kann das sein?

»Von Benēsi, der Festung«, »Sandsturm«, hört er Lautenschlager heiser flüstern.

Später richtet sich die Karawane vor der Felswand für die Nacht ein. Henry, Lautenschlager und Telau sitzen den drei Eremiten, als die sie sich inzwischen zu erkennen gegeben haben, auf Fellen in einer größeren Höhle gegenüber, *very much like in a living-room*, denkt Henry. Man scheint sich in einem System von miteinander verbundenen Tunnels zu befinden, die bis tief in den Fels hineinführen. Von der Wohnzimmer-Höhle zweigen Gänge ab, an deren Enden, von Fackeln erhellt, weitere Löcher, Klausen, zu erkennen sind. Die Eremiten reichen ihren Besuchern gewürztes Fleisch.

Sie seien Antoniter, erklärt einer der drei Einsiedler mit einer Fistelstimme. Man habe die Karawane, die Pferde, Lautenschlager, Henry und die Schwarzen für eine Vision gehalten, für nichts weniger als eine Versuchung des Teufels, wie man sie schon einige Male erlebt hätte. Erstaunen? Nein. Aber Entsetzen darüber, dass man nach ihnen rufe; dass das lateinische Gebet nicht, wie sonst, die Geister vertrieben habe, sondern dass – auf Lateinisch! – geantwortet wurde. Sie seien Missionare, er selbst aus Kiel, Bruder Ulf mit Namen, aus Lübeck die beiden anderen, Bruder Theodor und Bruder Marius. Vor Jahren seien sie nach Tola gekommen, um den Eingeborenen das Wort Gottes zu verkünden. Man solle doch nur an all die Millionen von Seelen in Afrika denken, die noch der Kirche zugeführt werden können! Ein getaufter Schwarzer sei zuweilen ein besserer Christ als zwanzig Europäer! Dann die Enttäuschung. Über die Praktiken der hiesigen Missionare, die mehr Rauf- und Trunkenbolde denn wahre Seelsorger seien. Erhaben dagegen die Landschaft, die Wüste im Norden des Landes. Zudem gebe es eine Abhandlung des Heidelberger Religionswissenschaftlers Hans Grimm, die glaubhaft darlegt, dass man es hier mit einem Schauplatz des Alten Testaments zu tun habe. Nicht etwa in Ägypten, nicht im Osmanischen Reich, sondern in Tola und anderen Teilen Afrikas habe das Wasser der Sintflut dort gestanden, wo heute die Wüste ihren Teppich ausbreitet. Auf der Oberfläche sei es versiegt, offensichtlich; untergründig jedoch wie auch in den Lüften weiterhin als Fluidum vorhanden. Man befinde sich sozusagen auf geweihtem Boden. Kein Wunder also, dass man immer öfter die Einsamkeit und Stille des sandigen Hinterlandes gesucht habe, das, wie man feststellte, eine ebenso große göttliche Gnade bereithielt wie die Erfahrung der Bekehrung von Ungläubigen.

»Stürme beispielsweise«, Bruder Ulf hebt die Stimme, die jetzt von den unebenen Wänden widerhallt. »Sie überkommen einen hier besonders erbarmungslos. Solche Stürme können als Versuchungen des Teufels angesehen werden, die zu bestehen eine, in diesem Fall *unsere* Aufgabe und letztlich also Berufung ist. Denn jede bestandene Prüfung beweist doch, dass der Teufel besiegbar und letztlich buchstäblich Schall und Rauch ist, der Höchste aber allmächtig.« Ergriffen hält der Mönch inne. Bruder Marius legt stärkend den Arm auf seinen Rücken und übernimmt das Wort, während es Henry bei den letzten Worten fröstelt: »So kämpfen wir also hier nur dem Anschein nach weitab vom Weltgeschehen. In Wahrheit aber an vorderster Front – täglich und mit ganzer Kraft. Auch wenn wir uns oft am Ende unserer Kräfte wähnen, wenn eine Schar von teuflischen Ungeheuern uns wieder einmal überrennt«, er schüttelt dabei das Haar, »geflügelt, mit Flossen, sieben Schwänzen, aus zehn Rachen gleichzeitig bellend, brüllend, muhend, trötend, brummend, summend, bald posaunend, kreischend, wahrlich ein höllischer Lärm wird da aufgeführt!« Er muss innehalten, es greift ihn zu sehr an, nein, er hat nur Luft geholt, um noch erregter fortzufahren: »Oder nachdem uns ein Wald unter Wasser erscheint, uns! Hier! Ein Wald unter Wasser mitten in der Wüste!, dessen Lianen sich um unsere Hälse legen ...«, er führt die Hand an den zuckenden Adamsapfel, »... und uns die Luft abschnüren, ein Weib mit drei Brüsten«, Bruder Marius steht auf, seine dürren Beinchen sind dicht behaart, »die nicht Milch, sondern flüssigen Kot in sich trägt ... Kot! ... und so fort«, stumm, die Schrecken vor seinem inneren Auge, verharrt er, bis er sich gefasst niederlässt und endet: »Nur um ein paar Beispiele der Prüfungen zu geben, vor die wir gestellt werden.«

Lautenschlager nickt ihnen zu, als kenne er die von den Mönchen aufgezählten Qualen gut.

Beinahe fröhlich, mit geschlossenen Augen und einem Lächeln auf den Lippen, hinter denen gelbe Zähne schimmern, erklärt Bruder Theodor dann, dass ihnen inzwischen freilich sogenannte Niederlagen nichts mehr anhaben könnten, wüssten sie doch: Was auch geschehe, in der Stunde ihres Todes werde das, was sie sähen, kein höllisches, sondern ein himmlisches Gesicht sein, nein, kein Gesicht, die Wirklichkeit selbst, so wahr wie all das, was sie in diesem Moment umgibt, der Eremit deutet auf Henry und Lautenschlager, die Höhle. Einen schwachen Körper lassen sie zurück, mit einem neuen, erstarkten betreten sie das Himmelreich. Wenn sie, die sich nach ihm benannten, es ihm, dem Heiligen Antonius, ein wenig gleich tun und ihm nachfolgen dürften, dann bedeute dies höchstes Glück, so Bruder Theodor bescheiden.

»Verehrte... Brüder, ich darf Sie so nennen, ja?«, beginnt Lautenschlager, die Eremiten schlagen nachsichtig die Augen nieder. »Meine Brüder also... haben Sie denn schon einmal vom Stamm der Tresa gehört? Ich bin ja von Berufs wegen Forschungsreisender und verfolge sozusagen das Projekt, fotografische Aufnahmen anzufertigen, insbesondere solche der überaus faszinierenden Ohren der Stammesmitglieder. Diese werden ja, wenn ich das anfügen darf, bei diesen Tresa künstlich durch das Tragen von Schmuck vom Kindesalter an bis zu den Schultern verlängert... nun, Sie treffen uns in einer Zwickmühle an. Eigentlich weiß unser guter Führer ja, wo wir diese Telau finden können, am Fuß des Gebirges von Mdosa nämlich. Nur... nun wir haben schlichtweg die Orientierung verloren, ein Sandsturm, Brüder, ich meine, *verehrte* Brüder...«

Ungläubig, stumm starren ihn die Mönche an, ganz so, als würde ihnen in diesem Moment, wie Henry denkt, eine erneute Vision zuteil. Bruder Theodor zeichnet etwas mit dem Finger in den Sand, einen Strich, das sind sie, ist der Fels mit den Höhlen, eine Linie, vielleicht acht Kilometer, ihre Route morgen, ein Quadrat, Mdosa, das Gebirge, ein Kreuz, der Stamm der Tresa. Lautenschlager studiert die Skizze aufmerksam; die Mönche haben ihm und Henry als Quartier für die Nacht einen in den Stein gehauenen Vorsprung mit Fellen ausgelegt. Unten, vor den Höhlen, ist man mit der Auffrischung der Vorräte und dem Tränken der Tiere fertig. Tief im Gebirge entspringt eine Quelle.

»Wir haben die Höhlen so vorgefunden. Genau so«, erklärt Bruder Ulf nicht ohne Stolz. »Unbewohnt. Ein Zeichen. Fürwahr. Ein Zeichen Gottes, dass wir hier wohnen und unsere Prüfungen bestehen müssen. Genauso ein Zeichen benötigen wir auch wieder, um weiterziehen zu können. Welcher Gestalt dieses aber sein wird, dieses Zeichen, das kann keiner sagen. So verbleiben wir an diesem Ort.«

Lautenschlager ist schon eingenickt, das Kinn auf der Brust. Bevor Bruder Marius das Öllämpchen löscht, schaut Henry, das leise Gurgeln des Wassers hinter dem Fels im Ohr, nochmals auf die Skizze im Sand. Aber jemand hat darüber gewischt; von den Linien, dem Quadrat und dem Kreuz ist nichts mehr zu erkennen.

GEWALTIG, karg und golden schimmernd wächst am nächsten Nachmittag das Mdosa-Gebirge mit seinen spitzen Gipfeln vor ihnen aus dem Horizont. Unmerklich hat sich die Wüste wieder in eine Steppenlandschaft verwandelt, hier und da steht ein dürrer Dornstrauch. Etwas nähert sich der Karawane. Henry meint zunächst Rauch auszumachen, dann eine dampfende Lokomotive, dann Reiter, schließlich einfach nur eine Gruppe Gehender, eine Staub aufwirbelnde Delegation der Tresa: acht Männer in Schurzen mit Stöcken und Schnauzbärten, deren spitze Enden nicht kaiserlich gebogen sind, sondern in gerader Linie abstehen. Und tatsächlich: Die Ohrläppchen, an denen Kiesel baumeln, reichen bis zu den Schultern. Wie zerschmolzene Schokolade, denkt Henry.

Wortlos, als sei ihre Ankunft erwartet worden, geleiten die Eingeborenen die Karawane an Vieh vorbei. Die Ansammlung von grotesk schmalen Lehmhütten, die an Öfen oder Schornsteine erinnern, umgibt ein Kreis aus unförmigen Lehmfiguren auf Stöcken – Lautenschlagers »Hexenpuppen«, von denen lange Haarbüschel im Wind wehen. Schon steht man unschlüssig auf der platt getretenen Erde des Dorfplatzes.

Henry lässt sich von seinem Pferd hinabgleiten. Seit gestern spürt er zusätzlich zu den Schmerzen an seinem Gesäß ein Brennen auf der Innenseite der Oberschenkel, die Haut muss abgeschabt sein. Die Bewohner der Siedlung umringen Lautenschlager und Henry, die einzigen Weißen in der Karawane, in respektablem Abstand, tuscheln miteinander. Eine Schar Kinder kommt herbeigelaufen; ihr Lachen verstummt, als einer der Erwachsenen ihnen einen mahnenden Blick zuwirft. Henry meint zu sehen, wie sich hier und da die Kleinen schnell gegenseitig beschwerende Pfropfen in die Ohren drücken.

Ein Wilder mit zum Dutt zusammengebundenem Haar tritt ihnen entgegen, flankiert von zwei Speerträgern, der Chief. Obwohl Henry in Benēsi davon überzeugt war, die Monate im Dorf nach dem Schiffbruch hätten ihn mit der Mentalität der Einheimischen vertraut gemacht, merkt er jetzt, dass er unruhig wird. Er könnte nicht sagen, was als nächstes passiert; ob man den Fremden feindlich oder freundlich gesinnt ist. Das also ist es: »The first contact« zwischen Kultur und Wildnis, ein Moment der Geschichte; wenn auch vielleicht später nur eine Fußnote in den Büchern der Historiker – aber immerhin. Es liegt etwas wie Elektrizität in der Luft, Lautenschlager scheint sich davon nicht beeindrucken lassen zu wollen. Mit demonstrativ entspannter Miene lässt er die Nomaden die Geschenke, den Schmuck, die Waffen, aus den Kisten holen und überreicht sie dem Chief, der sie sofort und ohne eine Miene zu verziehen an seine Vertrauten weitergibt. Die Erklärungen des Forschungsreisenden, man befinde sich auf einer Expedition, es gehe um die Dokumentation der Ohren des Stammes, als Gegenleistung biete er weitere Waren in der Art des eben Dargebrachten, übersetzt Dédu neben ihm in zischende Laute. Einmal zwitschert er wie ein Vögelchen, vielleicht soll es Lautenschlagers Namen bezeichnen. Kurz und, wie es Henry scheint, missmutig antwortet der Chief, gleichfalls zischend.

»Noach«, sagt Dédu.

Lautenschlager beugt sich näher zu ihm.

»Bitte?«

»Noach«, wiederholt Dédu.

»Ja und was bedeutet das?«, flüstert Lautenschlager vorsichtig und hält weiter die Schwarzen um ihn herum im Blick.

»So heißt er.«

»Wer?«

»Na, der Chief. Er sagt, er heiße Noach, wie der Vater von Sem, Ham und Jafet aus der Heiligen Schrift.«

»Ja, schon gut, schon gut, aber was sagt er?«

»Noach ist einverstanden mit Ihrem Angebot.«

Barsch ruft der Chief seinem Stamm etwas zu und zeigt auf eine Hütte ohne Dach. Ein Dutzend Wilde, Männer und Frauen, allesamt langohrig, bilden gehorsam eine Reihe vor ihrem Eingang. Lautenschlager eilt an ihnen vorbei ins Innere, die beiden Koffer mit der Fotoausrüstung unter den Armen, Schweißperlen auf der Stirn. »Kommen Sie, Selwin, kommen Sie!«, schnauft er Henry zu.

Schnell lässt er die Schlösser aufschnallen, zieht das Stativ in die Länge, in der Rechten ein schwarzes Tuch, in der Linken, vorsichtig balancierend, den Apparat. Wie ein unbekanntes dreibeiniges Tier mit eckigem Schädel und langer Schnauze, auf deren Ende der glänzende Knopf des Auges steckt, steht dann die Kamera in der Mitte des Raumes. Dédu, offenbar bei solchen Gelegenheiten Lautenschlagers Gehilfe, schaut auf eine Art Helligkeitsmesser in der Hand, prüft mit gerunzelter Stirn den Himmel, greift unter das Tuch am Apparat.

»Aufstellen«, flüstert Lautenschlager, nach Atem ringend.

Dédu klatscht in die Hände. Das Getuschel in der Schlange vor der Hütte verstummt. Ein überraschender Wortschwall ergießt sich aus Dédus Mund über die Wartenden, der mehr beinhalten muss als nur die Übersetzung des Befehls Lautenschlagers.

Eine Frau mit einem normalohrigen Säugling auf dem Arm tritt vor.

Anders als Henry es erwartet hat, erschrecken die Wilden nicht, als der Apparat, der doch ein Monster für sie sein muss, zu leben beginnt, blitzt und raucht. Stattdessen lassen sie alle durch Dédu an sie gerichteten Kommandos Lautenschlagers – jetzt drehen, bitte, und den Kopf heben, senken, und danke – umstandslos über sich ergehen.

»Hier, die Ohren, Selwin, wirkliche Prachtdinger, sehen Sie nur. Das markiert ihre Stammeszugehörigkeit. Wer die nicht hat, gehört nicht dazu«, Lautenschlager kichert wie ein kleiner Junge: »Wir gehören nicht dazu.« Manche Männer – jene im schon etwas fortgeschrittenen Alter – haben Narben auf dem Oberarm, Zickzackstriche. »Das steht für Bewährung in der Schlacht. Jede Teilnahme an einem Sieg wird mit einer Narbe markiert, einem militärischen Rang vergleichbar.«

Aber Henry muss an etwas anderes denken: Die Ringe ... die Jahresringe in dem Baumstumpf, den er vor kurzem in Gerbers Wald gesehen hatte. Der Gedanke hatte Henry damals seltsam berührt: dass das genaue Alter des Baumes erst bestimmt werden konnte, nachdem er gefällt und damit tot war.

Als Letztes steht ein Mann vor ihnen, von dem Henry zunächst annimmt, er sei krank. Seine Haut ist über und über mit Schwielen und Auswüchsen überzogen. Erst bei genauerem Hinsehen erkennt Henry, dass es sich nicht um Wunden, sondern um winzige tätowierte Szenen handelt.

»Die Geschichte der Tresa«, erklärt Dédu. »Der Mann stellt so etwas wie ein lebendes Buch dar, ein Buch, bei dem die Seiten aus Fleisch und Blut gemacht sind. Die Tresa kennen ja keine Schrift. Deshalb haben sie alles, was sie wissen, was ihnen wichtig ist, auf die Haut des Mannes gebrannt. Noach, der Chief, berichtet, nach dem Tod des Mannes werde ein Junge als sein Nachfolger bestimmt. Meistens der Sohn des Mannes. Sofern der Mann einen Sohn hat. Nach dem Tod des Vaters werden die Zeichnungen auf die Haut des Sohnes übertragen. Der Mann wird Geschichten-Mann genannt. Der Geschichten-Mann besitzt den Status eines Heiligen. Dem Geschichten-Mann darf nichts zustoßen. Er hat im Dorf zu bleiben. Ist der Geschichten-Mann fort, ist auch die Geschichte des Dorfes und all seiner Bewohner fort.«

»Na, siehste mal«, sagt Lautenschlager, »dann können die

Tresa ja froh sein, dass wir jetzt ein Foto von ihrem Geschichten-Mann machen. Ich stelle Abzüge her und dann kann jeder den Geschichten-Mann mit sich herumtragen. Sag das denen mal, Dédu.«

Nach einer kurzen Unterredung mit dem Chief vor der Hütte erklärt Dédu, dass man den Geschichten-Mann nicht fotografieren dürfe.

»Es kann nur einen geben. Das ist das Gesetz.«

Lautenschlager flucht und tritt näher an den Geschichten-Mann heran, der die ganze Zeit über regungslos dasteht.

»Dann sehen wir uns den eben nur an. Versuchen Sie sich soviel wie möglich zu merken, Selwin. Wir zeichnen das nachher einfach auf.«

Der Chief gesellt sich zu ihnen. Die beiden Ketten aus Glasperlen, die Lautenschlager ihm zur Begrüßung überreicht hatte, klimpern bereits an seinem Hals. Wenn man die Theorie, dass Narben und lange Ohren die Stammeszugehörigkeit bezeichnen, ernst nimmt, ist es dann nicht so, denkt Henry, dass der Chief nun zur Gruppe der stets mit solchem geschmacklosen *Cling-a-ding* behangenen europäischen Frauen aus der gehobenen Unterschicht gehört, die gern Damen wären, aber in Wirklichkeit über keinerlei Vermögen verfügen? Da entdeckt Henry am Handgelenk des Chiefs ein goldenes Band mit eingesticktem regenbogenfarbenem Zickzackmuster, dasselbe, das Sir Smith und Sir Gilbert an Bord der *Brünnhilde* trugen, die beiden offensichtlich homophilen Lords aus London. Jedem Eingeweihten signalisierte es ihre lebenslängliche Mitgliedschaft im exklusivsten Yachtclub des Königreichs. Woher aber, in drei Teufels Namen, hat dieser Chief im Busch so ein Band? Es gibt eigentlich nur eine logische Erklärung dafür, Henry mag es drehen und wenden, wie er will: Es müssen vor Lautenschlager und ihm schon andere Reisende den Stamm aufgesucht haben. Kein »first contact« jedenfalls, soviel ist gewiss. Und noch ein Gedanke: Haben die Tresa das vielleicht alles nur inszeniert, ein Geschäft aus dem Interesse der Forschungsreisenden gemacht, die hier ab und an auftauchen?

Wenig später hat er seine Sorgen auch schon wieder vergessen, als er fasziniert mit Lautenschlager, Dédu und dem Chief das bunte Gesicht des Geschichten-Mannes begutachtet. Da sind blaue Wellenlinien, schwarze Wogen, das Meer, der gelbe Streifen einer Küste; an der Küste überdimensionale Ohren, zartrosa, nein, Muscheln, die aussehen wie Ohren, in den Muscheln Menschen, die Genesis des Stammes, der Menschheit, aus Ohren geboren. Henry beugt sich zu den Beinen des Geschichten-Mannes herab: Die Tresa haben ihre Ohren, die ihnen bis zum Boden reichen, ausgeklappt; sie kämpfen gegen andere Völker, gegen Ungeheuer mit mehreren Köpfen, Flügeln, halb Drache, halb Schwein, wie aus den wildesten Visionen der Antoniter-Mönche.

Der Chief zischt dem Geschichten-Mann etwas zu. Der beginnt, auf der Stelle zu laufen, und tatsächlich scheint es Henry, als ob sich mit den Beinen die Bilder und die Figuren bewegen. Die Tätowierungen müssen darauf angelegt sein, diese Wirkung zu erzielen. Vor den ungläubigen Blicken Henrys und Lautenschlagers ebbt Schlachtengetümmel auf und ab, am Ende geht das Volk der Ohren siegreich daraus hervor, die Köpfe der Kurzohrigen grinsend auf ihren Lanzen.

»Auf dem Arm finden sich alle Generationen der Tresa. So lässt sich ablesen, wie lange sie schon existieren«, Dédu hat die Arme hinter dem Rücken verschränkt. Er wirkt dabei so, als hielte er bereits den Vortrag, mit dem Lautenschlager zu Hause in Deutschland auf Tournee gehen will. Auf dem Arm des Geschichten-Mannes greifen sich viele Langohren an den Händen, bilden eine Kette.

»Drei, vier«, zählt Lautenschlager. »Die Tresa gibt es also seit über 20 Generationen. Das heißt sie schlüpften aus ihren Ohren, als bei uns der alte Martin Luther seine Thesen ans Tor in Wittenberg schlug. Oh, sehen Sie mal da . . .« Lautenschlager betrachtet den Rücken des Geschichten-Mannes. Für eine Sekunde meint Henry zu träumen . . . er sieht Lautenschlager vor sich, wie er die Geschenke dem Chief übergibt, keine zwei Stunden kann das her sein – und das, strichförmig, weiß, das muss er selbst sein, Henry. Und noch mehr Episoden sind dort eingeritzt; alle ähneln sie sich: Weiße werden von den Eingeborenen umringt und überreichen den Tresa Geschenke. Nein, der große und der kleine weiße Strich, das können also nicht Lautenschlager und er sein. Der Stamm muss vor ihnen schon zahlreiche andere Besucher empfangen haben. Die Enttäuschung steht Lautenschlager ins Gesicht geschrieben. Nirgendwo ist jedoch ein Fotoapparat zu sehen. Zumindest ist Lautenschlager der erste, der die Idee hatte, die Stämme im tolalesischen Hinterland fotografisch zu katalogisieren.

»Das ist die Zukunft. Die Zeichnungen, die hier eingeritzt werden, stellen dar, was noch passieren wird«, Dédu lächelt und zeigt auf die gänzlich unbemalte Brust des Geschichten-Mannes. Mit einem Mal spürt Henry ein tiefes Unbehagen, das in der glatten schwarzen Haut des Geschichten-Mannes seinen Ursprung hat. Er könnte nicht sagen weshalb, aber er sträubt sich gegen den Gedanken, dass er, so wie er jetzt hier steht, auf diesem Menschen verewigt werden soll. Er würde

Teil des Mythos der Tresa werden, von Geschichten-Mann zu Geschichten-Mann weitergegeben, ein Bild, er. Dann weiß er es: Das Meer, die Ohren, das Gemetzel der Schlachten, die Ungeheuer – all das, gerade eben noch als Märchenstunde eines Heidenvolkes belächelt, würde dann, vermischt mit dem Hier und Jetzt, rückwirkend, mit einem Schlag, die Qualität einer Wahrheit besitzen – einer Wahrheit, groß und bedrohlich.

Als er am nächsten Morgen am Rande des Dorfes erwacht und auf das rosa in der Sonne glänzende Mdosa-Gebirge blinzelt, macht sich bei Henry Enttäuschung breit. Heute, am vierten Tag, muss er also auch schon wieder zurück nach Benēsi, um dort wie abgemacht nach einer Woche einzutreffen und sich mit dem unangenehmen Gerber herumzuschlagen, der vor dem Aufbruch begann, Druck auf Henry auszuüben. »Wann machen Sie dies? Wann das?« Andererseits ist Henry froh, dass ihm die Strapazen der weiteren Reise der Karawane erspart bleiben. Noch so einen Sandsturm möchte er nicht erleben.

»Sehen Sie es so, Selwin: Sie leisten einen wichtigen Beitrag für die Wissenschaft, wenn Sie die Fotoplatten heil nach Hause bringen«, tröstet ihn Lautenschlager zum Abschied und fügt leise hinzu: »Ist besser so, mein Junge, glauben Sie mir. Auch wenn mir Ihr Drang, neue Dinge zu erleben, nur allzu vertraut ist. Bin ja selbst einmal so gewesen, Selwin. Ich selbst. Nun dringen wir aber in Regionen vor, die etwas weniger sicher sind als diese hier.«

Fast väterlich drückt er Henry an sich, der einen dicken Kloß in seinem Hals spürt. Vor dem Dorf liegt ein riesiges Skelett. Henry hält es, als er vorbeireitet und es näher besieht, für ein Boot. Dann erkennt er die Reste eines Fasses, so groß wie eine der Hütten der Eingeborenen. Wenn er Lautenschlager wiedersieht, schon in zwei Wochen, wird er ihn fragen, was es damit auf sich hat.

Auf dem von einem der Nomaden geführten Pferd versucht er, sich von den brennenden Schmerzen an seinen Oberschenkeln abzulenken, indem er an die Bilder denkt, die das Maultier hinter ihm in den Koffern mit den Fotoplatten trägt: die langen Ohren, der Chief, die Eingeborenen, die, wie Henry in einer Schrecksekunde bewusst wird, einmal ins chemische Bad getaucht, auf den Negativen weiß erscheinen werden – er selbst dann aber schwarz.

9 SPIELE UND VISIONEN

Gras, hüfthoch und braun, breite Halme, die, wenn man sie berührt, in die Haut ritzen, ein verwildertes Feld ganz in der Nähe des Flusses, der hinter dem Gestrüpp verborgen liegt; nur sein Rauschen kann man hören. Für einen Moment ist sich Henry nicht mehr sicher, ob das hier wirklich die richtige Stelle ist; ob er wirklich vor vierzehn Tagen ein paar Meter unterhalb des Hügels stand und den Grundriss des Sägewerks abstecken ließ.

Niemand begrüßte ihn bei seiner Ankunft am Tor, keine Kapelle spielte, auch Käthe war nicht da, um ihm um den Hals zu fallen, so wie er es sich auf dem strapaziösen Ritt zurück vorgestellt hatte, wenn er abends am Lagerfeuer seinem Führer stumm gegenüberlag, die Innenseite seiner Schenkel eine einzige große Wunde. Nur der schwarze Wachtposten nahm im Innenhof Lautenschlagers Koffer entgegen und half ihm vom Pferd. Einer der Köter, die vor der Küche lungerten und auf Abfälle hofften, schaute müde herüber und gähnte. Andererseits war Henry die Stille bei seiner Rückkehr ganz recht. Es wäre ihm unangenehm gewesen, wenn Käthe die Gestalt gesehen hätte, die er dann in seinem Zimmer im Spiegel erblickte: verdrecktes Gesicht, hohle Wangen, Vollbart, fettiges Haar. Als er dann jedoch den Bart lediglich zurechtstutzte, der seine unschön dicken Lippen gut verbirgt, sein Haar nach hinten kämmte und entdeckte, dass ein pfenniggroßes Stück an seiner rechten Schläfe während der Expedition ergraut war, gab ihm das aus unerfindlichen Gründen ein Gefühl der Überlegenheit gegenüber den anderen in der

Festung. Aus der Wildnis war er zurück in die Zivilisation gekehrt; und wieder hatte er die Gefahren, die sich ihm in den Weg gestellt hatten, rückblickend überaus zufriedenstellend gemeistert.

Bevor er Gerber aufsuchte, wollte er zunächst noch einen Blick auf die Fortschritte des Sägewerks werfen. Leise schlich er die stillen Gänge entlang, keine Spur von den anderen, wahrscheinlich hielt man Siesta. Lautenschlager und er mochten ein neues Volk entdeckt und dafür Wüsten durchstreift haben, hier, in Benēsi, hatte sich unterdessen nichts verändert.

Doch dann die Überraschung auf der Anhöhe hinter der Festung: Das sorgfältig genau vor seiner Exkursion abgesteckte Areal des prospektiven Sägewerks ist nicht mehr zu erkennen! Keine Markierungen, nichts! Henry, der den Hang durch das Gras herabrannte, konnte es kaum glauben. In den Tagen, in denen er sich auf Expedition befand, hat man die Arbeit ruhen lassen, obwohl er doch die Pläne hinterlegt und die Schwarzen instruiert hatte. Und mehr noch: Leichtsinnig hat man das Erreichte den Tieren und Pflanzen überlassen.

Als er über etwas stolpert, nur mit Mühe das Gleichgewicht behält, bemerkt er im Gras einen der Stöcke, die er bei der Vermessung verwendet hatte. Aus Trotz und Wut, die ihn jetzt überkommen, rammt er ihn in den torfigen Boden, auch den zweiten, dritten, vierten Stock hebt er auf und markiert erneut mit Kreide den Grundriss, *seinen* Grundriss. Aber vom Hügel aus, auf den er wieder hinaufläuft, ergibt das alles keinen Sinn mehr. Die Kreidestriche sind im Gras nicht zu sehen, das Gebäude, das er mit den Stöcken abgesteckt hat, ist ein großes Oval, ein Gesicht, das Gras sein Haar und Bart.

Ein Knall hallt durch die Steppe. Instinktiv duckt sich Henry. War das ein Schuss? Das kann doch nicht...

Dann eine Trompete, eine Fanfare. Henry traut seinen Augen nicht: Aus der Richtung der Festung nähert sich ihm etwas Buntes, eine Flagge, die Flagge seiner Heimat, *the Star Spangled Banner*. Henry geht in die Hocke und rutscht den Hang hinunter, während die Gedanken in seinem Kopf durcheinanderwirbeln. Wie kann das sein – die Vereinigten Staaten hier, in Afrika oder besser: in Deutschland? Die Nachbarn Tolas sind doch Frankreich und England? Eine *Invasion*... ja, so unmöglich das klingt... es muss eine Invasion stattgefunden haben. Aus irgendeinem Grund haben die USA sich dazu entschlossen, Tola anzugreifen und haben es ganz offensichtlich im Sturm genommen, wenn sie schon bis nach Benēsi vorgedrungen sind. Wer soll das Land auch verteidigen? Etwa die lächerlich kleine Schutztruppe, die weiß, wie man Liegestütze macht und notfalls mit primitiv bewaffneten Stammesbrüdern fertig wird, nicht aber mit richtigen Soldaten wie den amerikanischen? Vor allem: Warum sollte man hier kämpfen? Für was? Für die baufällige Festung etwa? Es gilt jetzt, ruhig Blut zu bewahren. Was mag mit Käthe und den anderen geschehen sein? Gott gebe, dass sie wohlauf sind. Henry muss sich bemerkbar machen, na, die Truppen werden staunen, wenn sie sehen, dass hier ein Landsmann von ihnen wohnt; er wird sich zu erkennen geben; das könnte ihn retten.

Wie als Replik darauf kracht nun von der anderen Seite, vom Fluss, ein Schuss, eine ganze Salve, die von der Truppe auf der Anhöhe unverzüglich erwidert wird. Aus dem Gras, in dem er sich in einer Mulde verbirgt, kann Henry vier, fünf Soldaten an jener Stelle erkennen, an der er noch vor ein paar Minuten gestanden und sich über die Nachlässigkeit Gerbers geärgert hat. Unglücklicherweise befindet er sich also genau zwischen den Fronten. Er drückt sich auf den harten Boden, um nicht im Kugelhagel getroffen zu werden, beginnt, zu einem Busch zu robben. Was das bringen soll, weiß er auch nicht; viel wichtiger wäre, sich zu entscheiden, wie und wem er anzeigen kann, dass er sich ergibt. In seiner Hosentasche steckt tatsächlich noch ein Taschentuch, das weiße mit dem roten Monogramm G. S., Gustav Selwin, das ihm die schwarze Schneiderin, wie hieß sie noch?, gestickt hatte.

»Links! Links sag ich! Links aufschließen! Flankenangriff!«

Henry, gerade dabei, einen Zweig als Mast für das Taschentuch zu suchen, hält inne. Das ist doch Schirachs Stimme! Die Festung ist also doch noch nicht gefallen. Und Schirach, der alte Soldat, kämpft auf aussichtslosem Posten für seine Ehre.

Im Moment der ersten Überraschung richtet sich Henry auf, ragt mit dem Oberkörper aus dem Gras, und hält Ausschau nach dem Offizier. Als er ihn ein paar Meter entfernt, dort, wo sich das Land zum Ufer des Ōti hebt, neben einem Affenbrotbaum erspäht, rotes Gesicht, Tropenhelm, bemerkt er schreckstarr, dass es zu spät ist. Der deutsche Schutztruppensoldat, der hinter dem Busch vorgekommen ist, hat blitzschnell sein Gewehr auf Henry angelegt. Während der Schuss kracht, meint Henry sich zu erinnern, dass der Soldat Dorsa heißt. Sein Mörder heißt Dorsa.

Er spürt ein Zucken in der Herzgegend, blickt an sich herab – und sieht zu seiner Verblüffung kein Blut, keinen Einschuss in seinem unversehrten grauen Hemd.

»Alles Halt!«, brüllt da Schirach, der jetzt auf ihn zugerannt kommt, »alles Halt!« Nicht nur die Soldaten auf der Seite des

Flusses, sondern auch jene auf dem Hügel scheinen den Befehl weiterzugeben, sie rufen sich etwas zu.

»Was zum Teufel *machen* Sie denn hier? Normalerweise wären Sie jetzt tot, Selwin«, schnauft Schirach böse, Schweiß rinnt ihm die Stirn und Wangen herab.

Später, beim Abendessen, beginnt Gerber noch immer völlig unvermittelt zu kichern, was er, als Käthe ihn strafend anblickt, hinter seiner Serviette zu verbergen versucht, nur um dann vollends in Gelächter auszubrechen. Henry lässt es gelassen über sich ergehen. Pflichtschuldig schüttelt er den Kopf und wiederholt den Satz, den er inzwischen schon zigmal aufgesagt hat: »Ich dachte, es handelt sich wirk-lich um eine feind-liche In-va-sion.«

»Eine Übung«, hatte Schirach ihm auf dem Feld zugeraunt. Auf sein Zeichen hin war das Geballere fortgesetzt worden, verschreckt schreiende Papageienschwärme waren aus dem Gerber-Wald aufgestiegen.

Dann, nach Beendigung der imaginären Schlacht – Deutschland hatte gewonnen – auf dem gemeinsamen Weg zur Festung, Schirachs ausführliche Erklärung: »Ein Manöverspiel, dem aber – jetzt aufgemerkt! – ein tatsächlicher Plan der deutschen Heeresleitung in Berlin zugrunde liegt. Sie haben verstanden, nicht wahr, der Plan existiert, ja? In den höheren Armeekreisen, zu denen auch ich mich zählen darf, ist bekannt, dass der Kaiser und Admiral Tirpitz die USA im Visier haben, jaja, Sie hören richtig.« Überrascht war Henry stehengeblieben und hatte die Stirn gerunzelt. Schirach redete unverwandt weiter. »Es existieren Pläne zur Invasion Neu Yorks zu Wasser und in der Luft. Aber bitte, ab hier Geheimsache, ja? Möchte an dieser Stelle Seine Majestät zitieren: Nur jener, der das Unmögliche zu denken wagt, erweist sich als wahrhaft modern. Sinngemäß, versteht sich, nicht wahr?«

Und wenn man nun schon mal nicht an so einer Großtat und ihren Vorbereitungen teilnehmen könne, nun, so sei es zumindest möglich, hier, in Tola-Land, mit ein wenig zusätzlicher Fantasie anschaulich zu machen, wofür die Truppen in Berlin gerade üben, und sogar die große Schlacht um »Neu York« vorwegzunehmen. In aller den tolalesischen Verhältnissen geschuldeten Bescheidenheit, versteht sich. Natürlich wüssten die Neger von nichts, die kennten ja gerade mal die deutsche Flagge und meinten, dass man die Niederschlagung eines Aufstandes trainiere. Vor Vergnügen oder aber Missmut darüber hatte der Offizier die Lippen in den Mund geklemmt und sie wieder herausschnellen lassen, in einer Art, dass es knallte wie ein springender Champagnerpfropfen.

Henry hatte den Kopf geschüttelt. Waren denn in dieser Festung alle bis auf ihn und Käthe irre? Lächerlich grotesk erschienen ihm mit einem Mal der dicke Verwalter mit seinem Wald in der Wüste, der drogenabhängige Doktor, der schmale unfähige Gefreite und nun auch noch Schirach, der wohl vollends größenwahnsinnig geworden war. Was sollte er in so einer Runde? Was machte er hier?

»Mein lieber Schirach. Bisher habe ich Sie für einen sehr fähigen Soldaten gehalten«, nur mit einiger Anstrengung hatte er sich zurückhalten können. »Dies hier, dieses Manöver aber, wie überhaupt der ganze Plan des Kaisers und seines offensichtlich megalomanen Admirals, von dem Sie da faseln, dieser Angriff auf New York ist ja wohl ... das ist ja wohl die allergrößte Eselei, von der ich je gehört habe!«

Verdutzt hatte ihn Schirach, der keine Widerrede gewohnt

war, erst recht nicht von Henry, angestarrt – und war dann steif, wortlos und noch röter im Gesicht als sonst davongestapft. Henry hatte ihm nachgeschaut, der Staubwolke, die Schirach auf dem Weg zur Festung aufwirbelte.

Am Nachmittag begann sich Henry Vorwürfe zu machen. Er darf mit den Menschen hier nicht so hart ins Gericht gehen. In diesen schweren Monaten wird er eben Zeuge, wie Menschen, zu denen auch er gehört!, für das Heil ihres Landes bis zum Äußersten gehen und dabei ab und an über die Stränge schlagen. Wahrhaft übermenschlich, die Aufgaben, vor denen sie stehen; wie auch ihre Taten, die man am Ende – und der Tag wird kommen – bewundern wird. Und fürstlich die Belohnung, die ihnen allen zuteil werden wird. Er wird es sich aussuchen können, wo und für wen er später, wenn das Abenteuer Tola ausgestanden ist, arbeiten will. Berlin? Chicago? New York ...?

Vorhin hatte er aber seine eigene Position in der Festung und damit die Durchsetzung seiner Ideen für die Stadt mit einer Unbeherrschtheit riskiert. Das durfte nicht mehr passieren. Von nun an würde er sich noch ausschließlicher auf seine Arbeit konzentrieren. Sobald mit dem neuen Schiff auch Zimmerleute eintreffen, würde alles einfacher werden als im Moment, wo er sich mit den unfähigen Wilden herumschlagen muss.

Dass jedoch der Kaiser in Berlin ganz offensichtlich, was man schon seit längerer Zeit munkelt, verrückt geworden war und dass jemand wie Schirach, ein Henry zwar nicht sympathischer, aber, abgesehen von seinem übertriebenen Soldatentum, ganz tüchtiger Mann, der nur das Beste wollte, dass also Schirach ohne weiteres willens war, seinem Kaiser zu folgen und er Henry, befände er sich nicht in Benēsi, sondern zu

Hause in New York, wahrscheinlich kaltblütig abknallen würde, das war allerdings doch beunruhigend.

Jetzt, beim Abendessen, weicht Henry Schirach aus. Der sitzt wortkarg da, will nicht ins Gelächter Gerbers miteinstimmen und leert, in sich zusammengesackt, ein Glas Honigbier nach dem anderen. Was in so einem Schädel wohl vorgehen mag? An welcher Stelle im Gehirn solche Fantasien entstehen, die doch viel zu groß sind für einen dann letztlich recht kleinen Kopf?, denkt Henry. Schirachs Profil mit dem gesenkten Kinn, dem breiten Nacken, erinnert ihn für einen Moment an einen Spielkameraden aus seiner Jugend, von all seinen Freunden Chubby genannt, weil er so pummelig war. Chubby schien den Namen, den ihm seine Eltern gegeben hatten, ernst zu nehmen: Ulysses, nach dem berühmten General und späteren Präsidenten Ulysses Simpson Grant. Wie ein Feldherr kommandierte er die Jungs im Viertel herum, vor allem die, die schwächer waren als er. Wenn man nicht gehorchte, gab es eine Runde Schwitzkasten – und Chubby war in der Lage, mit seinen kurzen dicken Armen einen fürchterlichen Druck zu erzeugen. Henry war so ziemlich der einzige, dem gegenüber sich Chubby friedlich verhielt, vielleicht weil ihre Väter befreundet waren und er Angst vor Petze hatte. Eines Nachmittags wollte Henry Chubby zum Spielen abholen. Seine erstaunlich dünne Mutter, die Henry damals zum ersten Mal sah, öffnete ihm und erklärte mit leiser Stimme, dass es dem kleinen Ulysses nicht gut gehe, vielleicht könne Henry ihm in Zukunft ein bisschen zur Seite stehen, Ulysses tue sich so schwer in allem und habe außerdem keine rechten Freunde – eigentlich nur Henry. In Chubbys Zimmer dann der überraschende Anblick: Da saß der, der immer alle tyrannisierte, auf seinem Bett, mit gesenktem Kopf, schluchzend; so heftig weinte er, dass er seine Tränen nicht einmal vor seinem Kameraden verbergen konnte.

DIE EXPEDITION hat dem so richtig Auftrieb gegeben. Davor war er ein bisschen matt. Aber jetzt ... Alle Achtung! Wie der auf seinem Jägerstand sitzt und die Wilden antreibt. Fast der gesamte markierte Bereich ist schon umgegraben; bald kann der Damm geöffnet werden, das Wasser des Usulūs strömt in seinen neuen Seitenarm und lässt die Räder des Sägewerks sich munter drehen. Das Fundament steht ja schon! Und das des Postamtes auch. Wunderbar, ganz wunderbar. Bald kann es also losgehen ... Besser man wartet noch ein Weilchen, bis die Vertreter von Maysenbugs wegen des Ausbaus der Bahnstrecke kommen. Die sollen ordentlich was zu sehen kriegen. Na, die werden staunen. Ruckzuck ist das Ding bewilligt!

Zufrieden ist Gerber von seinem Rückweg aus dem Forst stehen geblieben und schaut Henry aus einiger Entfernung bei der Arbeit zu. Heftig gestikulierend ist der von der Holzkonstruktion geklettert, die ihm einen besseren Überblick verschaffen soll. Als der Architekt Gerber dann entgegenstürmt, kann er dessen Rufe zunächst nicht verstehen.

»Mehr Holz, wir brauchen mehr Bretter ... das ist doch nicht zu fassen ... da baut man ein Sägewerk und das Holz geht aus ... nicht zu fassen ist das ...«

»Na, das Werk ist eben noch nicht in Betrieb, mein Lie ...«, möchte Gerber ihn besänftigen.

Wütend fährt Henry ihn an, das Gesicht plötzlich ganz nah

an dem seinen, erschrocken weicht Gerber zurück: »Ach ja? Noch nicht in Betrieb, sagen Sie? Vielleicht hätte man sich ja darauf einstellen können, dass hier endlich einmal jemand etwas voranbringen möchte und nicht wie alle anderen ein Loch in die Luft guckt. Herrgott, wo bin ich denn da bloß hingeraten ... wie die Laffen«, und läuft weiter zur Festung.
Unerhört.
Ja. Unglaublich.
Was erlaubt der ... was denkt der sich ... Gerber ist vollkommen überrumpelt, kann nicht glauben, wie er, der Verwalter, bitte: *der Verwalter*, von diesem hergelaufenen Preußen abgefertigt ... also. Ist ja ganz außer Rand und Band, der.
Doch je mehr Gerber darüber nachdenkt, den Tropenhelm vom Kopf nimmt, sich mit dem Schnäuztuch über den Kopf wischt, zweimal, dreimal, desto besser gefällt ihm dieser Selwin. Nein, nein. Der hat ganz Recht. Will, dass etwas vorangeht. Und steht nicht bald das Sägewerk und sogar ein Postamt? Wie der seine Leute antreibt. Als sei er Schirach. Nein, nein: Alle Achtung. Erst ein Mann von Kopf – vielleicht ein wenig zu sehr und zu lange. Nun aber ein Mann der Tat. Weiter so.

»ERMORDET«, sagt Gerber noch einmal. Henry, der inzwischen auf einem Stuhl Platz hat nehmen müssen, sieht ihn nur mehr verschwommen, ihm schwindelt. Käthe ist innerhalb von Sekunden kalkweiß angelaufen, wie aus Wachs gegossen steht sie da.
»Ermordet?«, wiederholt sie leise. Vor Schreck hat sie aufgehört, sich mit ihrem Parasolfächer Luft zuzuwedeln. Kaiserin

Auguste Victoria, umrankt von Eichenlaub, blickt Henry darauf skeptisch ins Gesicht.

»Müssen in einen Hinterhalt geraten sein …« Gerber knetet sein Kinn. »Oder die verdammten Wilden haben Angst vor dem Fotoapparat gekriegt. Habe von den Nomaden da, die entkommen konnten, auch keine richtige Auskunft erhalten. In jedem Fall hatten es die Wilden auf Lautenschlager und Dédu abgesehen. Wenn ihr mich fragt: Die Sache stinkt! Diese Nomaden haben Dreck am Stecken. Das sage ich euch. Ich hätte mich denen und vor allem diesem Telau ja nie anvertraut. Warum leben die und unsere beiden Freunde nicht, hm, sagt mir das mal? Ist aber natürlich nichts rauszukriegen aus den Kerlen. Und die gesamte Ausrüstung ist zertrümmert! Die grausigen Details erspare ich euch. Nur soviel: Es muss tatsächlich bestialisch gewesen sein. Dass er aber auch so unvorsichtig sein konnte! Habe es ihm doch … also, wie oft habe ich es ihm gesagt, Käthe? Der verdammte Dickschädel.«

Im Innenhof stehen die Nomaden immer noch beisammen. Neben ihnen liegen schwarze Koffer, wie Lautenschlager sie Henry mit auf den Rückweg gegeben hatte. Den Nomaden in ihren weißen Gewändern und undurchdringlichen Mienen ist nicht anzumerken, dass sie sich vor kurzem noch in Todesgefahr befanden. Henry erkennt in der Gruppe Telau. Zu gerne würde er ihn fragen, wie es denn nun genau zugegangen ist. Doch dazu würde er Dédu als Übersetzer benötigen. So begnügt er sich mit dem Gedanken, dass sie in den verhüllten Köpfen der Nomaden noch immer vorhanden ist, die eine Szene, wie Lautenschlager und Dédu vom Mob umzingelt, zu Boden gezerrt und von unzähligen Speeren durchbohrt werden, immer und immer wieder. Henry sieht es jetzt selbst ganz klar vor sich und gibt den Nomaden, noch während er den Geschmack von Galle auf der Zunge spürt, ein paar Mark als Entlohnung dafür, dass sie die schwarzen Koffer mitgebracht haben – neben den seinen das einzige Überbleibsel der Expedition und zugleich Lautenschlagers Vermächtnis.

Henry lässt sie auf sein Zimmer bringen. Nachdem der Boy die Tür geschlossen hat, starrt er lange durchs Fenster auf die Steppe draußen und weiß nicht, was er denken soll.

Es klopft. Käthe tritt ein, wortlos. Ihre schulterlangen blonden Locken trägt sie zum ersten Mal, seit Henry sie kennt, offen. Fassungslos schüttelt sie den Kopf und nimmt unaufgefordert auf dem Bett Platz, tränenverschmiert ihre Schminke. Als er sich neben sie setzt, sieht sie ihn nicht an. Er jedoch kann nicht anders, als sie aus dem Augenwinkel heraus zu betrachten. Einerseits stimmt ihn ihr Anblick, so aufgelöst, so hilfsbedürftig, nur noch trauriger ... zugleich besitzt sie in diesem Zustand etwas ungemein Anziehendes für ihn.

»Ich kann es gar nicht fassen. All die Tage ist er doch bei uns ...«, beginnt Henry. Als er merkt, dass seine Stimme zittert, bricht er ab. Käthe hat zu weinen begonnen und legt ihren Kopf an seine Schulter, gar nicht schwer wiegt er. Ihr langer linker Kleiner Finger auf ihrem Oberschenkel streift seine Hose. Auch Henry schluchzt. All die Verluste, die er bisher hat erleiden müssen. Sie haben ihn zwar, will er ehrlich sein, nicht so schwer getroffen, wie man meinen möchte; trotzdem hat er sich seit seiner Ankunft gezwungen, so wenig wie möglich an sie zu denken, er durfte nicht an sie denken, wollte er seine Aufgabe in Benēsi zufriedenstellend erfüllen ... Natalie ... Das arme Mädchen aus Berlin, dessen angstverzerrtes Gesicht in jener schrecklichen Nacht mit jedem Tag unter der grellen tolalesischen Sonne in seiner Erinnerung mehr und mehr verblasst. Es würde seltsam klingen, würde er von ihr als »meine Frau« sprechen, denkt er.

Er streicht Käthe über die Wangen. Was für weiche Haut sie hat.

Nur seinetwegen wollte Natalie nach Tola, wegen ihm ist sie nun tot. Diese nicht zu sühnende Schuld, die er damit auf sich geladen hat. Und er weint wegen der ostfriesischen Zuchtbullen, die er in der Nacht, als die *Brünnhilde* sank, noch eine Weile zwischen den hohen Wellen schwimmen sah, den Kopf knapp über dem Wasser, verzweifelt brüllend, dann nicht mehr; und um seine Eltern. Wie viel sie auf sich genommen hatten für ihn. Wie bitter er sie enttäuscht, wie unglücklich er sie gemacht hat.

Käthes Haar riecht intensiv nach frischem Palmöl. Ihm fällt wieder dieser Begriff ein, der damals, als er im Eingeborenendorf mit dem Tod rang, in seinem Kopf aufgetaucht war, ohne dass er mit ihm etwas anfangen hätte können. Heute erscheint er ihm in einem anderen Licht. Mit gesenktem Kopf flüstert er: »All das ... es ist am Ende doch für unsere Stadt gewesen. Ein furchtbares, aber nachgerade notwendiges *Opfer*«, und er muss lächeln. Denn so wie es dann wohl Bestimmung war, dass jene, die nun nicht mehr unter ihnen sind, vor ihrer Zeit sterben mussten, so will es dann auch, denkt man folgerichtig, das Schicksal, dass die Schwester des Verwalters und er auf seinem Bett zusammensitzen. Und wie schön sie ist, im warmen Nachmittagslicht, das in diesen Sekunden ins Zimmer fällt. Wie ein Zeichen. Wenn er jemals einem Menschen in der Festung seine wahre Identität, seine Hoffnungen und seine Ängste offenbaren könnte, dann wäre es Käthe, das spürt er.

Auch sie hat jetzt ihre Habsburg-Lippen zu einem Lächeln geformt, während ihr noch immer die vom Lidschatten blauen Tränen die Wangen herunterrinnen: »So ist es«, dankbar blickt sie ihn an, und Henry schämt sich dafür, dass seine Trauer keine aufrichtige, seine Reue keine wahrhaft empfundene ist.

GERBERS strenger Schweißgeruch, der die gewohnte Kölnisch Wasser-Duft-Hülle inzwischen besiegt hat, sein schwerer Atem, hin und wieder hustet er nervös, ansonsten Knacken, Tierrufe, die Wolfshunde zu ihren Füßen dann schnell auf den Beinen, die Ohren gespitzt; von Gerber zur Ordnung gezischt, legen sie sich wieder hin. Zuweilen verdreht einer der Hunde die Augen zu Henry hoch, und ihre Blicke kreuzen sich, als wolle das Tier überprüfen, ob er wirklich bei der Sache ist.

Gerber hat es ohne Zweifel als ein Zeichen der Ehre verstanden, als er ihn auf die Jagd in den Gerber-Wald einlud. Nur sie beide. Mit dem kleinen und dem großen Klaus. Vielleicht auch als einen Akt des Zusammenrückens nach Lautenschlagers schrecklichem Tod. Möglich, dass Gerber einen Ersatz für den redegewandten Wissenschaftler sucht, der ihm in den Stunden des Zweifelns beistand, und es nun mit seinem Architekten probieren möchte, von dem so viel abhängt. Ohne Architekt kein Sägewerk und keine Stadt. Eigentlich erweist nicht Gerber ihm eine Ehre, sondern umgekehrt, Henry dem Verwalter, indem er für einmal die Arbeit ruhen lässt und ihn begleitet.

Zudem wird er eben doch früher oder später auf Gerbers Unterstützung angewiesen sein bei all den architektonischen Freiheiten, die er sich bei der Stadtplanung nehmen möchte. In Deutschland, insbesondere im Süden, gibt man viel auf solche Männerfreundschaften, meint er sich aus Erzählungen seines Vaters zu erinnern.

Das muss er sich immer wieder vorsagen, wenn nach Stunden des untätigen Herumsitzens und Moskitototschlagens Gerber neben ihm im Unterholz von dem mitgebrachten Stühlchen plötzlich hochfährt, nur um sich dann zum x-ten Mal mit andächtiger Miene wie in einer Kirche auf seinen Platz sacken zu lassen. Tatsächlich scheint Gerber dieser, wie er stolz meinte, »eigenhändig« mit Brettern und Blättern ausgelegte Verschlag im Herzen des Waldes heilig zu sein.

Mit einer Begeisterung, die Henry bei ihm bislang noch nicht erlebt hat, hatte Gerber ihm auf dem Hinweg von einem seltsamen Plan erzählt. Er sage da nur Hubertus. Henry kenne doch gewiss den Schutzheiligen aller wackeren Jäger. Dieser Hubertus habe auf der Pirsch eine Vision gehabt: ein weißer Hirsch, zwischen den Geweihen ein Kreuz, strahlend. Nun also Gerbers Idee, Achtung: Man müsste weiße Hirsche züchten, man befestigt an ihren Köpfen Kreuze! Eine unwiderstehliche Attraktion für all die Händler, die einmal den Gerber-Wald besuchen werden. Eine nächtliche Jagd auf den Spuren des heiligen Hubertus. Was für eine Erscheinung diese Hirsche doch darstellen müssen, im Schein der Lampen, wenn sie plötzlich aus dem Holz brechen. Eine Vision, die Wirklichkeit geworden ist – und bestimmt kein schlechtes Geschäft!

Doch ein solch heiliger Hirsch kann es wohl kaum sein, der Gerber dazu bringt, jetzt aufzuspringen, »Schau hin! Schieß!« zu rufen und das Gewehr selbst in Anschlag zu bringen. Henry erkennt bis auf die dunkelgrüne Wand aus Büschen und Bäumen rein gar nichts, hat aber den Lauf seiner Flinte ebenfalls erhoben. Laut hallen ihre Schüsse wider; Henry zielt einfach auf dieselbe Stelle, auf die Gerber wieder und wieder feuert; der Wald kommentiert es mit aufgeregtem Gegacker. Wie angewurzelt stehen die beiden Wolfshunde in Habachtstellung, bevor sie auf einen genuschelten Befehl ihres Herren hin losstürmen und Gerber ihnen mit erstaunlicher Geschicklichkeit durch das Dickicht folgt.

Henry bleibt zurück. Er hat in der Tat etwas gesehen, aber erst nachdem sich der Rauch ihrer Gewehre verzogen hatte. Etwas Wundervolles. Einen Platz für ein Theater. Die Lichtung vor Gerbers Verschlag ist in ihrer ovalen Form geradezu ideal, um sie in ein Amphitheater umzuwandeln. Denn wie wäre es, Benēsi, nachdem es sich in das Handelszentrum Tolas wie überhaupt der westlichen Region des Kontinents verwandelt hat, auch als einen Ort der Kultur zu etablieren und ein Theater en plain air zu errichten wie in der Wiege des Abendlandes, in Griechenland?

NACH EINEM MATCH wie diesem geht es ihr wieder gut. Sie hat Käutner in zwei Sätzen besiegt, er wird immer besser. Doch noch hat sie mehr Übung als er. Außerdem ist er dankbar, mit ihr, der Frau Gerber, überhaupt spielen zu dürfen. Auch die Schwarzen, die am Spielfeldrand mit den Fackeln stehen, bewundern sie inzwischen, das spürt sie an ihren Blicken. Und wie wohl dann die Kühle des Abends tut auf dem Rückweg zur Festung, die heute, vor dem dunkelblauen Himmel, mit ihren warm erleuchteten Fenstern wie ein verwunschenes Zauberschloss aufragt.

Der große und der kleine Klaus kommen ihr entgegengelaufen, Ludwig kann also nicht weit sein. Er wollte mit Selwin auf die Jagd; zuvor hatte er sie um ihren Rat gefragt, ob Selwin »schon so weit wäre«, mitgenommen zu werden. Als ob das Schießen mit ihrem Bruder eine so große Sache sei. Natürlich ist Selwin schon so weit; er ist doch der einzige, der hier nach Lautenschlagers Ermordung etwas vorantreibt; der unermüdlich arbeitet, damit auch ja bald die Stadt steht. Ludwig hätte nicht so leichtfertig die Arbeiter von der Baustelle abziehen sollen, auch wenn er sie im Forst brauchte. Selwin war ja richtig aufgebracht. Nur gut, dass er ihn mit der Jagd versöhnen möchte.

Zwei Schatten nähern sich, der Schein der Fackeln fällt auf ihre Gesichter, Ludwig und Selwin. Mit großer Beute. Drei fette Powis-Wolfskaninchen mit den langen Schneidezähnen, aus denen man eine Kette anfertigen lassen kann, hängen von ihren Schultern.

»Waidmanns Heil!«

Selwin schaut sie herausfordernd an. Das ungewohnt lange Haar klebt ihm in der Stirn. Der neu gewachsene Vollbart verdeckt nun leider seine schönen vollen Lippen. Dafür steht ihm die Lederhose, die er auf Drängen ihres Bruders anziehen musste, ausgezeichnet. Sie hätte Lust, ihn auf der Stelle herauszufordern, zu einem Match. Sie würde ihn schlagen, das spürt sie.

Käthe stürmt ins Zimmer und muss sich mit dem Rücken an die Wand lehnen, so schwindelig ist ihr vom Tanzen, alles dreht sich, wenn sie die Augen schließt. Ihre Wangen glühen.

Von draußen hört sie den Applaus und das fröhliche Gelächter der Hochzeitsgesellschaft, dann beginnt die Kapelle zu spielen, »Rosen aus dem Süden«, ihren Lieblingswalzer. Sie muss hinaus, Anton wird sie schon suchen, sie muss zu ihm, will mit ihm tanzen, solange die Fackeln und Lampions im Garten leuchten. Gestern ist es bis spät in die Nacht hinein noch ganz lau gewesen, und überhaupt: Diese Hochzeitsfeier, ihre Hochzeitsfeier, nie soll sie enden. Käthe muss nur wieder zu Atem kommen, dann kann es gleich wieder losgehen. Morgen wird sie erst einmal ausschlafen, und danach wird sie mit Anton eine Woche ans Meer fahren, und dann wird sie ihm im Geschäft aushelfen und von Tag zu Tag besser darin werden, im An- und Verkauf von Stoffen. Ihre Schwiegermutter wird ihre Meinung von ihr schon noch ändern, von wegen »reiches verzogenes Mädchen aus Bayern«. Und dann wird ihr Kind geboren werden. Keiner wird ihr reinreden, weder ihr Vater noch ihr Bruder noch ihre Erzieherin. Das Geschäft wird florieren, sie werden sich ein Haus leisten können, ein eigenes, mitten in Danzig. Und sie werden den Laden nicht mehr nur pachten, sondern kaufen. Und dann werden sie ein zweites Kind haben, und irgendwann wird sie wieder zurückkehren nach Zwiesel, zum Papa, um ihm seine Enkel zu zeigen. Und er wird sie in seine Arme schließen, wie früher, und er wird stolz auf sie sein und ihr verzeihen. Dass sie weggelaufen ist von zu Hause, wegen Anton, ihrem Liebsten, dem sie über den Hof wegen seiner feschen Anzüge gehässige Spitznamen nachkrähten, Kikeriki und wieder: Kikeriki. Woher auch sollte man in Zwiesel die neueste Mode kennen? Nein, sie ertrug diese Enge im Gut nicht mehr. Nie mehr soll man sie reglementieren.

Abends wird sie sich zusammen mit den Kindern im Halbkreis um Anton setzen, er wird ein guter Vater sein, wie schön er erzählen kann, seine Augen werden dabei funkeln, er wird sich den Backenbart streichen, wenn er zu den einzelnen Stoffen Geschichten erzählt. Der rote ist von Elefanten aus Indien herübergetragen worden; das da ist aus dem Fell eines Neuseelandschafes. Neuseeland liegt auf der anderen Seite der Erde; von uns aus gesehen, stehen die Menschen dort auf dem Kopf, alles ist dort andersherum. Dieser Stoff hier wurde von Raupen gewebt, richtig: Raupen, aus China. Die traurige Kaiserin pflegt ihnen in ihrem Garten aus Langeweile stundenlang beim Spinnen zuzusehen. Sie ist ganz allein, nur die kleinen Tierchen hat sie zur Gesellschaft. Auch in Deutschland gibt es übrigens Raupen, wollt ihr die Geschichte hören, wie die Raupen aus China nach Deutschland kamen? Und die Kinder werden »Jaaaaa« rufen und sich die Decke über den Kopf ziehen und näher zusammenrücken. Und Anton wird wie immer ganz gefangen sein in seinen eigenen Geschichten. Er kann sich so in seiner Welt verlieren, dass es nichts anderes mehr für ihn gibt. Und Käthe wird ihnen zusehen, ihrer Familie, und wissen, dass ihre Entscheidung auszureißen richtig war. Sie wird es wissen.

Sie atmet tief ein, stößt sich von der Wand ab und läuft durch den Flur hinaus, in den Garten, in die flackernd erleuchtete Nacht.

GEBLASEN, GEDRÜCKT, von nachdrängenden Luftmassen, weg vom Festland, dem Kontinent, Afrika, und übers Meer, lässt die Heißluft Zugvögel, die Flügel weit ausgestreckt, schneller gleiten, den Zeppelin, den sie streift, schaukeln; Passagiere greifen nach den Wänden, rufen: »Oh!«, unten, die Wellen, die wühlt es auf, schnell und schneller, gewinnt das Hoch an Fahrt, kühlt ab, bildet Wölkchen, Wolken, die quellen, sich ballen, es braut sich etwas zusammen, Wasser tropft-schüttetgefriert: Es schneit herab, in Flocken, dick pappig, auf New York und Henrys Zunge. Weit hat er sie ausgestreckt, mit geschlossenen Augen den Kopf in den Nacken gelegt.

Er lässt sich von seinen Gedanken treiben. Wenn er groß ist, wird er Daddys Firma übernehmen und genauso reich sein wie er; er wird genauso eine Kutsche haben wie er, und alle werden vor ihm soviel Respekt haben wie vor seinem Daddy. Die anderen Jungs aus dem Viertel wird er dann vielleicht hin und wieder empfangen und ihren Bitten Gehör schenken – wenn er Lust dazu hat.

Seit die Sonne untergegangen ist, ist es mit jeder Minute kälter geworden. Henry bläst in seine Hände, er friert. Er freut sich auf die Suppe, die es abends geben wird.

Ein Schneeball trifft ihn von hinten in den Nacken.

»Hey, lil' sissy, come an' get us!«, rufen Adam und die anderen. Von überall hagelt es jetzt Schneebälle, schützend hält Henry den Arm vors Gesicht.

»No, don't, please. Don't!«

11 DAS SCHIFF IN DEN LÜFTEN

Gleich wird Ludwig aufstehen. Er wird mit dem Löffel an sein Glas klopfen und es den anderen verkünden, denkt Käthe. Heute Morgen hat Urge die Eildepesche gebracht, das Schiff der Kolonialgesellschaft ist endlich in Loué eingetroffen. Ein, vielleicht zwei Wochen – dann sind also die Siedler hier.

Sofort nachdem er es erfahren hatte, war Ludwig ohne anzuklopfen, was sonst nicht seine Art war, in der Tür von Käthes Zimmer gestanden, außer Atem, strahlend – und brachte zunächst keinen vollständigen Satz heraus; nur immer wieder »das Schiff...«, »... die Siedler!« Käthe hatte ihre Papierfiguren fallen gelassen, sich erhoben, war auf ihn zu gelaufen. »Sie – sind da!«, hatte sie ausgerufen, lachend, zum ersten Mal seit langem wieder *glücklich* – darüber, dass die elende Warterei vorbei war, glücklich für ihren Bruder, der dieses Leben hier nicht mehr lange ertragen hätte, ja, glücklich für alle Bewohner Benēsis, dass sich nun ihre Wünsche erfüllen würden.

Als wäre sogar sie aufgeregt über die Neuigkeit, schlägt die Uhr an der Wand hell und fröhlich siebenmal, schwingt das Pendel munter weiter. Selwin hat gerade noch ein zweites Tlok-Omelette auf seinen Teller manövriert, Dr. Brückner ist mit dem Zersäbeln seines Tlok-Filets beschäftigt, und Schirach lässt immer wieder seine Lippen wie einen Korken knallen, weil ihm der Branntwein mundet: Sie wissen es alle noch nicht, sie sind in das Diner vertieft, das aber auch tatsächlich, das muss Käthe in aller Bescheidenheit zugeben, ganz exquisit ausgefallen ist.

Gleich nach der Nachricht hatte sie sich ans Werk gemacht. Sie konnte einfach nicht still sitzen. Klavier spielen, die Rechnungen durchsehen, stricken, Papier falten, im Wald spazieren gehen, nein. Sie musste etwas machen, was mit dem Ereignis, das nun ihr Leben grundlegend verändern würde, zu tun hätte; das den Eintritt der Veränderung auf irgendeine Weise beschleunigen würde.

So kommandierte sie Renda, das Küchenmädchen, ab und marschierte mit ihr ins Vorratshaus. Hatte es die letzten Wochen noch geheißen, man müsse mit den Vorräten haushalten, man wisse nicht, wann wieder Nachschub eintreffe, konnte man diesen strengen Vorsatz heute für einmal vergessen. Eine neue Epoche war angebrochen. Hier und jetzt. Also befahl Käthe Renda, die einzigen beiden eingelegten Tloks aus dem kühlenden Brunnen in der Kammer zu holen, dazu die Tlok-Eier aus dem obersten Regal, trug Memsi, dem alten, halb blinden Diener mit dem weißen Bart, auf, frische Maden und Selur-Gewürze zu organisieren, und fragte Soran, den Koch, wo sich die Roos-Wurzeln befänden. Käthe wusste, dass sie im Begriff war, die kulinarischen Schätze Benēsis restlos aufzubrauchen, um einen Festschmaus zu kochen, bei dem sich selbst die Diplomaten in Loué die Finger abgeschleckt hätten. Aber wie erleichternd war es, dieses Fest vorzubereiten, auf das sie so lange gewartet hatte.

Einen ausgewachsenen Tlok fängt man nicht alle Tage, das weiß jedes Eingeborenenkind in Tola. Tloks sind misstrauisch, Tloks sind flink. Diese straußenähnliche Art mit dem missmutigen Gesichtsausdruck – ein Aussehen, dem nach unten gebogenen Schnabel geschuldet –, einzelgängerisch im Schutz des hohen Elefantengrases der Steppe, für welches der ungeübte Jäger sie mit ihrem langen dünnen grauen Hals durchaus halten kann. Wehe aber, wenn man eines der Tiere endlich erspäht hat, und man sich vorsichtig an es heranpirscht – nicht einmal für Raubkatzen, seine einzigen natürlichen Feinde, ist dies eine leichte Aufgabe. Schon bei der geringsten Erschütterung des Bodens, die der Tlok mit seinen übergroßen, mit einer Art Schwimmhäuten ausgestatteten Füßen umgehend spürt – »Froschfuß« ist denn auch einer seiner Spitznamen bei den Eingeborenen –, kann er die Größe und damit die Gefahr des Angreifers einschätzen und beginnt zu laufen. Kein gewöhnliches, tollpatschig-watschelndes Gehopse, wie man es etwa von Enten kennt, sondern ein ehrfurchtgebietendes Spektakel. Die Weißen, die es zum ersten Mal sehen, glauben angesichts der Geschwindigkeit des Vogels – schneller als jedes Automobil! – sowie der engen Schneise der Zerstörung, die der Tlok, einmal in die Gänge gekommen, hinterlässt, beides rühre von einer Maschine her, die wahrlich der Hölle entstammen müsste – aber von so einem drolligen Tierchen? Niemals.

Jedes Frühjahr findet dann etwas statt, das Wissenschaftler den »Hochzeitslauf« nennen. Das einzelgängerische Männchen gesellt sich zu dem Weibchen, gemeinsam laufen sie, messen sich und, sofern man dies sagen kann, »verlieben sich ineinander«; fallen die Vögel doch, haben sie einmal ihren Partner gewählt, durch große Zärtlichkeit – gegenseitiges Streicheln der Hälse mit den missmutigen Schnäbeln – und Fürsorge auf.

Ihre Eier legen die Weibchen an wenigen versteckten Brutplätzen, zu denen sie oft riesige Entfernungen zurücklegen. So befindet sich einer jener Orte im Kongo, zu dem manche Tlok-Weibchen von Tola aus in pausenlos rasenden Kolonnen einmal quer durch den afrikanischen Kontinent ziehen.

Wiederum andere bevorzugen ein Versteck in den Bergen im Hinterland Tolas, das nur wenige schwarze Jäger kennen; das Wissen darum wird seit Generationen geheim gehalten.

Noch schwieriger als die Jagd auf den Tlok gestaltet sich die Suche nach der Roos-Wurzel. Nur ein einziger Stamm in ganz Tola, so heißt es, ist in der Lage, den höchst seltenen und unscheinbaren Roos-Busch aufzuspüren. Der Verzehr der Wurzel aber verlängert das Leben, wie das in der Tat methusalemsche Alter der Angehörigen des Stammes beweist. Ihr Ältester, der täglich Roos-Gerichte aß, Roos-Brei, Roos-Brühe, Roos-Omelette, wurde angeblich 140.

Käthe hat die Tlok-Filets in einer Essenz aus Selve-Gewürzen eingelegt und zwei Stunden sieden lassen, bis das an sich sehr zähe Fleisch gar war und alle Aromen der streng riechenden Gewürze aufgenommen hatte. Dann panierte sie die Filets. Doch schwebte ihr nicht etwa eine afrikanische Variante des Wiener Schnitzels vor, sondern Rouladen. Sie rollte das Fleisch, buk es und steckte in die Mitte sehr süße Tess-Gürkchen, so dass sich im Mund der überaus scharfe Geschmack des Fleisches mit dem des Gürkchens nicht nur verbinden, sondern etwas ganz anderes, unbeschreibliches Drittes ergeben würde. Aus der Roos-Wurzel hatte Käthe eine Sauce zubereitet. Klein gehackt, zerstampft und dünn auf ein Blech gestrichen, verfärbt sich die Paste zinnober, eine chemische Reaktion, soviel Käthe weiß, die einzig all die angeblich lebensverlängernden Stoffe freisetzt, welche im Inneren der Knolle schlummern.

Für das Menü hat sich Käthe Sprüche einfallen lassen und mit roter Tinte in geschwungenen Buchstaben auf Büttenpapierkarten geschrieben, die sie auf den Tellern platzierte. Es sollten buchstäblich mit dem Gaumen »Gänge« zurückgelegt werden, angefangen mit dem, was Käthe in dem Motto »Durch drei Tore tritt man ein« zu fassen versuchte: ein Hors d'Oeuvre bestehend aus Roti-Knabbereien und winzigen Mürbeteig-Tess-Küchlein. Das Zwischengericht, ein in Whisky eingelegtes und all seiner Stacheln entledigtes Kakteen-Blatt, trug in Käthes Speisekarte die Bezeichnung »Steil ist der Aufstieg«, bevor das Tlok-Filet versprach: »Vom Gipfel des Berges lässt sich das Land überblicken« und ein süßes Gerek-Kompott samt Pfutsch-Petit-Fours die lukullische Exkursion mit den Worten »Federnd, auf Zehenspitzen: der Abstieg« abrundete.

Alles ist wundervoll gelungen. Zwar erlaubt die Speisekammer es lediglich, Käthes Gästen Honigbier und Branntwein zu kredenzen, und hat das Diner mit einer halbstündigen Verspätung begonnen, weil sich Selwin nicht von der Skizze des neuen Theaters von Benēsi losreißen konnte; aber nun ist es an Käthe, sowohl das Essen zu genießen als auch die Komplimente ihrer Gäste entgegenzunehmen. Renda hat jedes Gedeck mit einem Blumenarrangement geschmückt, in dessen Oval Käthe in dem Augenblick, als sie sich setzte, den Plan der zukünftigen Stadt zu erblicken meinte.

Die Gerüche der Speisen haben sich zu einer würzigen Wolke über der Tafel verdichtet, die jedes Mal, wenn Käthe zwischen den Gängen Luft holt und prüft, ob in ihr überhaupt noch Platz für einen weiteren Bissen ist, angenehm in der Nase kitzelt. Dr. Brückner hat versehentlich eine Blume seines Gedecks vernascht. Selwin kämpft mit sich. Verlegen schielt er auf seinen Teller. Dabei könnte er durchaus noch ein paar Pfunde mehr auf den Rippen gebrauchen, so hager wie er ist. Die Fenster zur Veranda sind beschlagen. In der Tat: Man befindet sich auf dem Gipfel. Mühsam war der Aufstieg.

Jetzt erhebt sich Ludwig und legt den zusammengefalteten Fächer knallend auf den Tisch. Er schwankt leicht, hat zuviel getrunken, vor lauter Glückseligkeit. Käthe wirft ihm einen aufmunternden Blick zu, die Rede muss er selbst halten. Selwin schaut überrascht auf. Seine Wangen sind gerötet. Wie Kinder, denkt Käthe. Ein Geburtstagsfest.

NACH DEM BANKETT ist es spät geworden. Zurück in seinem Zimmer, hat Gerber Mühe, sich auf den Beinen zu halten. Kaum dass er noch etwas wahrnimmt, alles verschwimmt ihm vor den Augen, schwankt hin, schwankt her. Außerdem ist da Musik, ein Marsch ... er kann ihn sich nur einbilden, denn wo sollte sich die Kapelle befinden, die so etwas spielt ... den Schurz hat er aus der Truhe geholt, sich um die Schultern gelegt, er wäre unfähig, ihn sich um die Hüfte zu binden. Den Vorhang zur Seite geschoben, das Fenster geöffnet, kühl ist es geworden ... mei so was ... er trägt ja nur noch sein Beinkleid, wenn ihn jetzt jemand sehen würde ... ach, sollen sie doch, in dieser Feierstunde. Und die Kraft Mnabas, des schwarzen Elefanten, in sich fühlend, ruft Gerber in die Finsternis der Nacht und über die Steppe: *Kürää*, ruft es laut, mehrmals ... nicht, dass er das Wort, das da aus seinem Mund gekommen ist, kennt oder etwa schon einmal gehört hätte, wie er sich wundert, während er jetzt endgültig vor seinem Rausch kapitulierend zu Boden sinkt ...

»NOCH MAL, NOCH MAL!«, ruft Käthe lachend und klatscht mehrmals vor Vergnügen in die Hände. Selwin hat sich in seinem Zimmer vor ihrem Stuhl aufgestellt, im Rücken das Fenster, durch das gerade die Mittagssonne wie das Licht eines Scheinwerfers fällt.

»Eine breite Straße führt vom Tor der Festung zum Sägewerk«, Selwin spricht mit Ludwigs Stimme. Weil sein Bart zu kurz dafür ist, hat er sich stattdessen das Haar an den Schläfen kaiserlich hochgezwirbelt. »Vor den Gebäuden an der Straße ragen in Abständen von, sagen wir, vier, fünf, Sie wissen schon, majestätische Pappeln auf. Die Straße heißt Kaiser-Wilhelm-Chaussee, gell. Es gibt ein Postamt, eine Schule, eine Bank. *Hicks*!«

Käthe kichert. Selwin trifft genau den lallenden Tonfall ihres Bruders von gestern. Nach dem Bankett war er plötzlich für eine Weile verschwunden, Käthe hatte gedacht, ihm sei schlecht geworden. Doch dann stand er plötzlich wieder in der Tür und verkündete mit lauter Stimme: »Achtung: Alle mir nach! Los!« Zusammen mit dem Personal begab man sich nach draußen. Schon in den Gängen hörten sie ungewohntes Brummen, die Wände der Festung vibrierten, hier und da bröckelte Putz. Zur allgemeinen Überraschung war der Innenhof taghell erleuchtet. Ludwig hatte seine elektrischen Lampen aus der Kammer holen, Drähte legen lassen und den Generator, seine heißgeliebte Schuckert angeworfen. Irgendwann in den letzten Tagen, vielleicht sogar zusammen mit der Freudennachricht von der Ankunft der Siedler, musste das Benzin eingetroffen sein. Und Ludwig hatte es sich wohl für einen besonderen Tag vorbehalten, seine Maschine allen vorzuführen. Auf einmal verbeugte sich Selwin vor Käthe. Übermütig begannen sie zu tanzen, zuerst Käthe mit Selwin, dann mit Dr. Brückner, mit Schirach, schließlich mit ihrem Bruder. Wie die Insekten, die in kleinen Wolken vor den Lampen kreisten.

»In der ganzen Stadt sind die Sägen aus dem Werk zu hören«, fährt Selwin beschwörend fort. »Leise, gell. Aus dem Wald kommt das Knacken gefällter Bäume. Schulkinder, ein deutsches Lied auf den Lippen, wandern Hand in Hand die Allee entlang. Zauberhaft, gell. Handgezogene Karren fahren, sogar ein Automobil gibt es. Selbst nachts ist es hell! Die gesamte Stadt ist elektrifiziert mittels der Turbinen des Wasserkraftwerks im Usulū. Auch noch aus großer Entfernung ist der Glanz Benēsis sichtbar. Bis zu den Stämmen der Wilden in den Steppen reicht er. Befindet sich doch neben dem Sägewerk der Bahnhof, unser Bahnhof, Kameraden, Freunde: Endstation Benēsi. Einmal die Woche trifft ein Zug aus Bismarckburg ein. Man nennt die Strecke die Holz-Linie, den Wald den wahrhaftigen *Schwarzwald* Afrikas!«

»Prost und heil!«, ruft Käthe. Sie übernimmt die Rolle der gestrigen Zuhörer, die sich an dieser Stelle des Vortrags erhoben hatten und ausgelassen miteinander anstießen. Käthe streckt den Arm aus, ein imaginäres Weinglas in der Hand.

»Hier jedoch, wo wir jetzt stehen, meine Freunde, Sie und ich, gell«, Selwin blickt Käthe in die Augen, ihr Herz hüpft ihr in der Brust. In ihrer Rolle als Publikum lächelt sie noch immer, merkt aber, dass ihr das nicht recht gelingen mag. Selwin muss das Begehren in ihrem Blick gesehen haben. Sie beschließt schnell, dass das gleich ist, heute ist alles gleich, heute muss sie nicht mehr die unnahbare Schwester des Verwalters spielen, die Herrin der Festung. Keine Mimikry mehr.

»Hier also«, Selwin scheint nichts aufgefallen zu sein, »wird es sich jedoch tummeln, es wird Geschäftigkeit herrschen, die Räume werden von Stimmen widerhallen, und, glauben Sie mir, glauben Sie mir: Es werden glückliche sein! *Hicks*.«

Wie Ludwig beim Bankett verliert auch Selwin das Gleichgewicht, kippt vornüber und – nein, das kann doch nicht sein! – vergräbt den Kopf in Käthes Schoß. Reflexartig will sie ihn abwehren, will rufen: »Aber nein, Herr Selwin, ich bitte Sie!« Doch heute sind die Regeln außer Kraft gesetzt, die all die Monate zuvor galten und die zu befolgen sie sich immer aufs Neue ermahnt hatte. In letzter Zeit ist die Sehnsucht, gehalten zu werden und nicht von irgendjemanden, sondern von Selwin, stärker, ja, nahezu unerträglich geworden. Immer häufiger stellt sie sich neben ihn und lässt sich seine Skizzen erklären, um ihn dann zufällig, wenn sie mit dem Finger auf etwas zeigt, zu berühren. Sein knochiger Arm unter dem Leinenhemd.

Alle anderen in der Festung schlafen jetzt ihren Rausch aus. Sogar Ndak scheint heute eine Pause von ihrer Putzarbeit zu machen. Und Käthe sinkt auf den Diwan. Mit einer Schnelligkeit und Geschicklichkeit, die sie überrascht und ihr anzeigt, dass er lange auf diesen Moment gewartet und sich im Geist darauf vorbereitet haben muss, beugt Henry sich zu ihr hinab. Die immer gewagteren Küsse, mit denen er ihre Augen und Wangen bedeckt, nimmt sie entgegen wie das Rückgeld, das einem nach bezahlter Rechnung zusteht.

Doch plötzlich hält er inne, schiebt die Brille wieder die Nase hoch, murmelt »Entschuldigung«. Hals über Kopf verlässt er das Zimmer, und sie denkt: Er hat mich geküsst, jetzt haben wir uns tatsächlich geküsst. Sie spürt seinen kratzigen Bart auf ihrer Haut, das leidenschaftliche Drängen seiner gesprungenen Lippen auf ihrem glühenden Gesicht und sie, die, seit sie aus Danzig verstoßen wurde, weder die Einsamkeit auf der Farm im Kongo noch die Hinrichtungen in Benēsi wirklich aus der Fassung bringen konnten, kann kaum atmen, so wohl und übel ist ihr zugleich.

ERST SCHLENDERT SIE, dann rennt sie durch die Steppe, in der die Schatten der Sträucher und Affenbrotbäume länger geworden sind, rennt weg von der Festung. Sie hat die Schuhe ausgezogen. An ihren nackten Sohlen spürt sie Blut. Es spielt keine Rolle. Ist sie schon weit genug von Benēsi entfernt? Sie dreht sich um. Der Schiefer in den Mauern schimmert rosa. Ihr Schloss. Noch wenige Minuten, dann ist die Sonne ganz untergegangen, und endlich wirft Käthe das Racquet in die Höhe, stampft schnell abwechselnd mit dem rechten und dem linken Fuß auf, bis eine Staubwolke sie einhüllt, und – juchzt. Hoch, wie der Ruf eines Vogels hallt es über die Ebene. Außer Atem legt sie sich auf den harten Boden und guckt in den tiefblauen Himmel. Wie Selwin sie angesehen hat. Wie verwirrt er war. Wie er seine Brille rückte. Aber – sie richtet sich auf – sie muss es jetzt behutsam angehen. Vor allem muss es geheim bleiben. Was würde man in der Festung dazu sagen? Ihr vor Selbstmitleid zerfließender Bruder, der nur aus Disziplin bestehende Schirach, der eifersüchtige Dr. Brückner, und dazwischen sie, die Geschiedene, und er, der sicherlich nicht sehr wohlhabende Architekt. Ihre mühsam erarbeitete Stellung wäre dahin. Und vor allem darf sich auf gar keinen Fall etwas Ernsteres daraus entwickeln. Sie muss Selwin deutlich machen, dass es sich lediglich um eine Liebschaft handelt. Handeln darf. Auf Zeit. Nur nach und nach, portionsweise, wie bei einem guten Diner, wird sie sich Selwin hingeben – und nicht weil er, weil *sie* es will. Benēsi darf kein zweites Danzig werden. Dieses Mal wird sie einen kühlen Kopf bewahren.

Zirpen. Stille. Zirpen.

Sie wird jetzt aufstehen, sich den Staub vom Kleid abklopfen, das Racquet suchen, zurück zur Festung und dort sofort auf ihr Zimmer gehen. Sich zurecht machen. Und dann wie gewohnt zum Nachtmahl erscheinen. Wo man sie nicht einmal danach fragen wird, was denn geschehen sei. Weil man ihr nichts ansehen wird. Unter dem Tisch aber, lautlos, für keinen hörbar, während sie sich brav unterhält und lächelt und ab und zu verstohlen Selwin einen Blick zuwirft – unter dem Tisch werden ihre Füße tanzen.

ES IST ein leises Sirren, das plötzlich lauter wird, bis es sich in ein Geräusch verwandelt wie das von zig Flügeln, die sich im selben Rhythmus mit einem einzigen Schlag bewegen. Die Schwarzen halten in ihrer Arbeit inne und suchen Schutz unter den Balken des Dachstuhls.

Henry hat kaum geschlafen, angespornt von der Aussicht, dass bald die Siedler eintreffen würden, und berauscht von den Fortschritten seines ersten Gebäudes in der *Stadt* Benēsi. Und dann der Kuss... Die kleine Gerber-Tanne, die einer der Arbeiter beim Richtfest gestern auf den Giebel des Dachstuhls des Sägewerks gepflanzt hat, kommt ihm schon den ganzen Tag wie ein Bild aus einem neuen Leben vor.

Beunruhigt schaut auch er jetzt hoch zum strahlend blauen Himmel, um nach der Quelle des Lärms zu forschen – aber da ist nichts zu erkennen. Selbst Schirach, der trotz der trockenen Mittagshitze seine Uniform anbehalten hat, guckt ängstlich und greift instinktiv nach dem Revolver.

Einer der Eingeborenen streckt den Finger aus. »Ukelū!« Die anderen stimmen laut mit ein, das Wort wiederholend. Ukelū. An jener Stelle des Himmels, auf die der Schwarze zeigt, befindet sich in größter Höhe ein kleiner dunkler Fleck, der sich langsam voranschiebt.

Henry muss an eine Unterhaltung mit Lautenschlager beim Abendbrot vor Monaten denken. Es gebe das Gerücht, dass sich im Wüstengebiet im Landesinneren ein amerikanischer Millionär, ein genialischer Ingenieur, zusammen mit einigen Gleichgesinnten niedergelassen hat, allesamt Anarchisten, die jeder Form von Staat entfliehen wollen. Der Millionär, ein gewisser Jackson, habe dort, in der Wüste, eine Fabrik gebaut, in der er einen Flugapparat konstruiere, eine Mischung aus Aeroplan und Zeppelin. Es werde berichtet, der Amerikaner durchkreuze mit seiner Mannschaft nahezu unentwegt die unbeherrschten Weiten des afrikanischen Luftraums, nur um ab und zu zum Schrecken der Eingeborenen buchstäblich aus heiterem Himmel auf- oder in diesem Fall wohl besser *hinab*zutauchen – stets jedoch in friedlicher Absicht und wohl lediglich zur Auffrischung seiner Vorräte.

Henry hatte Lautenschlager entgegnet, dieser Millionär erinnere ihn an eine Figur aus einem Buch, das er in seiner Jugend gelesen habe – aber Lautenschlager hatte abgewunken: Er wisse schon, dieser französische Roman über einen gewissen Robur ... gut möglich, dass Jackson dem Autor hierfür als Vorbild diente. Aber hierbei handele es sich nicht um die Fantasie eines schriftstellernden Franzosen, sondern um die Wirklichkeit in einem deutschen Schutzgebiet – und er, Lautenschlager, werde es beweisen.

Schirach, die Augen mit der Hand beschirmend, befiehlt einem der Arbeiter, ihm sofort den Feldstecher aus der Festung zu bringen und der restlichen Schutztruppe den Befehl weiterzuleiten, sich unverzüglich zu bewaffnen.

Der Schwarze bewegt sich nicht, hält sich an einem Balken des Dachstuhls fest und starrt Schirach an.

»Geh schon, sag ich. Geh!« Schirach packt den Schwarzen, zieht den Revolver.

Henry wagt nicht einzugreifen. Warum Schirach immer gleich so explodieren muss? Er hat begonnen, auf den Schwarzen mit dem Revolver einzuschlagen.

»Da – seht doch!«, Henry, der beim Anblick des blutüberströmten Eingeborenen schlagartig Brechreiz empfindet, zeigt zum Himmel. Irgendetwas muss doch geschehen, auch wenn Henry nicht weiß, was sein Ausruf bewirken soll. Und – der dunkle Fleck ist tatsächlich verschwunden, *thank God*. Schirach und die Arbeiter suchen noch eine Weile mit zusammengekniffenen Augen den Himmel ab. Dann hält Henry es nicht länger aus, bittet, dass man ihm hilft, vom Dach zu steigen, alles wirbelt in seinem Kopf herum, vielleicht, dass er heute zu lange in der Sonne zugebracht hat, Schirachs Ausfall, Fräulein Gerber, ja, Fräulein Gerber, die er doch besser nicht hätte küssen dürfen.

»Ich will herunter!«

Als ihn die beiden Schwarzen, seine Arme um ihre Schultern gelegt, die Leiter hinabhieven, meint er, er befinde sich auf einem Turm, so weit entfernt scheint das Dach vom Boden.

Abends beim Essen sitzt Henry, dem es nach einigen kalten Umschlägen schnell wieder besser geht, Gerber und Dr. Brückner gegenüber. Fräulein Gerber hat ihn nur einmal kurz mit einem geheimnisvollen Lächeln angesehen, als sei überhaupt nichts vorgefallen. Dann war sie auch noch vor dem Nachtisch aufgestanden und hatte sich entschuldigen lassen. Zweifellos ist er zu weit gegangen. Was hatte er sich nur dabei gedacht? Nahezu alle von Henrys Bekannten zu Hause, auch zum Teil die verheirateten, unterhielten Liebschaften laut ihren Erzählungen. Allerdings handelte es sich in diesen Fällen um zumeist junge Girls aus niederen Schichten. Kam so eine Affäre ans Licht, war eine kurze Aufregung die Folge, der betroffene Mann musste im schlimmsten Fall vorübergehend mit gesellschaftlicher Ächtung rechnen. Und für die Damen gab es Lösungen. Hin und wieder war eine, wollten sich die Wogen nicht glätten, verschwunden, zu einer Tante oder einem Onkel, aufs Land oder einfach nur »fort«. Henry hatte manchmal beim Anblick des leeren Stuhls der jeweiligen Person in einem Salon amüsiert gedacht, dass das ja wunderbare Orte sein mussten, von denen die gefallenen Damen dann still, mit gesenktem Haupt, reuevoll, nach einem Viertel oder höchstens einem halben Jahr und von ihren Sünden gereinigt wiederkehrten. In Benēsi verhält es sich jedoch grundlegend anders: Man befindet sich hier nicht in einem Salon, sondern eher schon in einem Büro, mitten in der Arbeit an einem Projekt. Seine nur unter großen Anstrengungen gefestigte Stellung würde durch eine Liebschaft mit der Schwester des Herrn des Hauses aufs Spiel gesetzt und damit dessen Wut herausgefordert werden; Henry hat doch gar keine Zeit und Kraft, um sich nebenher auch noch dieser hübschen, aber am Ende unberechenbaren Frau und ihren Anforderungen an ihn zu widmen. Es ist zweifellos klüger, die Gefühle für Fräulein Gerber vorläufig zu unterdrücken. Steht einmal die Stadt, erscheint die Sache in einem völlig anderen Lichte. Bis dahin geht man sich am besten aus dem

Weg. Und an Zeit und Raum mangelt es in Benēsi ja nun wirklich nicht. Was indes, wenn seine Unbeherrschtheit herauskäme? Vielleicht hat Fräulein Gerber es sogar schon herumerzählt. Womöglich steht darauf eine Strafe in den Kolonien, ja – Schirach kann ihn drankriegen damit.

»Dränge auf ein Eilverfahren! Diese Unfolgsamkeit seitens der Eingeborenen kann nicht geduldet werden!«, sagt der auch schon, meint damit jedoch zum Glück nur den Vorfall auf dem Dachstuhl des Sägewerks.

Gerber winkt ab. »Der arme Hund. Hat eben Angst gehabt. Ganz einfach. Ich sehe keinen Grund, ihn dafür zur Rechenschaft zu ziehen.« Henry nickt zustimmend, wütend wirft Schirach die Serviette hin und verlässt den Saal.

»Der kriegt sich schon wieder ein«, lächelt Gerber.

Nur noch zu zweit, ziehen er und Henry um, in die Schaukelstühle auf der Veranda. Nach dem Sonnenuntergang ist es dort empfindlich kühl.

»Was hat es eigentlich mit diesem Wort auf sich: Ukelū«, fragt Henry, während er an seinem Rücken im Holz noch die Hitze des Tages spürt. Gerber pafft seine Zigarre, die eine Hand gedankenverloren auf einem seiner Wolfshunde; er starrt in die Düsternis, aus der hin und wieder ein Knacken oder der Laut eines Tieres kommt. Um die Laterne an der Decke tummelt sich eine Traube von Insekten; bei jedem dumpfen Schlag prallt einer dieser Riesengrashüpfer gegen die Scheiben.

»Ukelū«, wiederholt Gerber und atmet eine Rauchwolke aus. »Ukelū, der Vogel, der in einem Land lebt, in dem alles weiß ist, die Berge, die Täler, alles, und kalt ist es dort. Alles, mein lieber Architekt, besteht dort, so würden wir nach dieser vagen Beschreibung folgern, aus Eis, der Südpol vielleicht – für die Wilden jedoch ein Land in den Lüften, jenseits des Himmels, ein Reich der Legende.« Gerber macht eine Pause, er starrt weiter in die Nacht.

»Aber nichtsdestoweniger existiert es für die Wilden.« Plötzlich blickt er Henry an. Gerbers hellblaue Augen.

»Nun also. Die Ukelū-Vögel, so die Legende, entführen die Schwarzen in ihr Reich, vor allem Kinder, die sie leicht im Schnabel oder auf dem Rücken tragen können. Dort müssen ihnen die unglücklich Entführten dann dienen, sie bewirten, sie pflegen, mei, was weiß ich. Nachts schlafen sie – steif vor Kälte – im Gefieder der Vögel und träumen von ihrem Zuhause, von hier«, Gerber hält mit dem Schaukeln inne, klopft auf das Holz der Stuhllehne, »wohin sie aber niemals zurückkehren werden. Am Feuer, an dem sie sich in Pausen wärmen dürfen, erzählen sie sich Geschichten von der Erde. Manchmal schleichen sie zu den Rändern des Reiches Ukelū und schauen heimlich herab, durch die Wolken, unter denen sich, schemenhaft, die Kontinente und Meere abzeichnen. Ihnen aber bleibt nichts als die Erinnerung daran, bevor sie endlich das Zeitliche segnen dürfen. Dies ist die Legende, die sich einige Stämme erzählen. Ein Ammenmärchen, offensichtlich. Und dennoch. Sicher fußt es, wie so oft bei diesen Dingen, auf einer wahren Begebenheit. Ein weißer Vogel raubt ein Kind, und so weiter, und so weiter, Sie wissen schon ...«

Gerber zeichnet etwas in die Luft. Henry ist der Hand des Verwalters gefolgt und schaut auf den Sternenhimmel, an dem gerade eine Sternschnuppe herabfällt. »Die Siedler, die Stadt, das ist mein Wunsch«, denkt sich Henry schnell. Er dreht sich um, da steht Fräulein Gerber hinter ihnen und den von der Brise wehenden Vorhängen im Speisesaal und bespricht etwas mit Nfer. Sie würdigt Henry keines Blickes.

»Seien Sie bloß vorsichtig!«, raunt Gerber ihm von seinem Stuhl zu, pafft, als Henry ihn erschreckt anschaut.

Jetzt ist er also entdeckt. Wahrscheinlich weiß Gerber schon die ganze Zeit über, was hier gespielt wird. Wie konnte Henry nur so unvorsichtig sein, nein, wie konnte Käthe das alles nur zulassen? *Sie* hätte es doch besser wissen müssen, es wäre an ihr gewesen, ihn abzuwehren, seine jugendliche Dummheit ...

»Wie meinen Sie das?«, fragt er und versucht das Zittern in seiner Stimme zu verbergen.

»Na, mit der Syphilis«, grinst Gerber und schaukelt schneller.

»Mit der Syphilis?«, Henry versteht nicht.

»Na, die jungen Negerdinger hier haben doch alle die Franzosenkrankheit. Ist zwar ein Spaß mit ihnen, glauben Sie mir, ich weiß, wovon ich spreche. Aber man kriegt halt auch, wenn man nicht aufpasst, ein Geschenk dazu, über das man sich nicht besonders freut. Also, wenn Sie einen Rat haben wollen: Lassen Sie die Finger von der.«

»Von ... Fräulein Nfer?«, fragt Henry vorsichtig.

»Höchst syphilitisch«, Gerber dreht sich zu Henry und zieht die dichten Augenbrauen in die Höhe.

BRÜCKNER BLICKT in Selwins Gesicht und erkennt sich wieder. Der Architekt war ins Schwärmen geraten über das Luftschiff dieses amerikanischen Millionärs – vorgestern Nachmittag habe er es gesehen, vielleicht. Etwas sei über sie auf der Baustelle am Himmel entlanggezogen ... eine Ansammlung internationaler Anarchisten! Über dem afrikanischen Luftraum!

So ist auch Brückner früher gewesen. Hatte ihn einmal etwas gepackt, vergaß er alles um sich herum und erwartete wie selbstverständlich, dass die anderen seine Begeisterung teilten; ansonsten aber zurückhaltend und förmlich, bestens erzogen. Bei den Herren ist so ein Typ weniger beliebt als bei den Damen.

Die Bräune hat die durchaus markanten Züge Selwins noch stärker hervortreten lassen, seine Adlernase, die grünen Augen, auch wenn sein Bart und das lange, nach hinten gekämmte Haar ihn verwahrlost erscheinen lassen. Bestimmt zu Hause in Berlin ein Frauenschwarm. Deshalb auch die offensichtliche Anziehung, die der Architekt auf Käthe ausübt. Obwohl diesem letztlich seine Arbeit, die Grundrisse, die Modelle, immer wichtiger sein werden als die Dame an seiner Seite. Den Selwins gehört die Zukunft. Ein paar Jahre hier, Aufbau eines Dorfes, dann weiterziehen: der Beginn einer steilen Karriere, Brückner ist sich da sicher.

Was für Henry die Architektur ist, das war für ihn, den Sohn des in ganz Hamburg bekannten Chirurgen Eduard Brückner, die Medizin. Hervorragende Noten im Examen, Entscheidung für die Allgemeinmedizin, die Kontakte des Vaters sorgten für eine feste Klientel, vornehmlich in adeligen Kreisen, von Anfang an. Auf Anregung seines Schulfreundes Carl, Mitglied der Sozialdemokraten, der jedoch idealistischerweise, nein, wahrlich selbstlos als Kassenarzt ausschließlich Patienten aus dem Proletariat betreute, rauchte Brückner nach einem Ball erstmals Opium. Carl, so stellte sich heraus, hatte bereits in der Universität Kokain geschnupft. Er ertrage sonst die unbeschreiblichen Lebensumstände der Arbeiter nicht: die schimmeligen Hütten in den engen Gassen des Gängeviertels, in denen oft ganze Großfamilien in ein win-

243

ziges Zimmer eingepfercht hockten. Als handele es sich nicht um Menschen, sondern um Vieh! Überhaupt die soziale Ungerechtigkeit! Hier die Tafeln, die sich vor kostbarem Geschirr und Speisen biegen, die lustig-lauten Gesellschaften in ihren teuren Kleidern; dort, nur wenige hundert Meter entfernt, bittere Armut, so der hagere Carl während eines Balls. Man hatte den Saal verlassen und auf einem Diwan in einem Nebenzimmer Platz genommen. Das spärlich zurückgekämmte Haar, das seine blasse Denkerstirn betonte, die tiefliegenden Augen und die schön geformten, stets von der Stuhllehne hängenden Hände ließen Carl in diesem Moment unendlich melancholisch erscheinen, ein Bild, das mit den halb vertrockneten Azaleen auf dem Tisch vor ihnen auf eine seltsame Weise korrespondierte. Es gebe da ein interessantes Buch, fuhr er fort, den Roman eines US-Schriftstellers, von dem Carl gerade alles verschlinge, was er in die Finger kriege, Scott Kelley.

»Hat vor allem Reportagen über Slums in London und in den amerikanischen Metropolen geschrieben, daneben Kurzgeschichten über seine Abenteuer in Alaska, in der Südsee und so weiter. Ist alles autobiografisch. Was ich damit sagen will: Der Mann weiß wirklich, wovon er schreibt; hat dazu seinen Engels und Marx gelesen. Besagtes Buch heißt ›Wheel of Steel‹, zu Deutsch ›Das stählerne Rad‹. Unter anderem wird darin ein Krieg zwischen Deutschland und den USA geschildert. Der Roman spielt in der nahen Zukunft, etwa 1915. Ein deutsches Kriegsschiff versenkt einen amerikanischen Flottenverband auf Honolulu, Zeppeline greifen New York an, amerikanische Aeroplane starten von England aus und bombardieren Berlin. Also, stell dir vor: Die Vorbereitungen für weitere Schlachten laufen in beiden Ländern auf Hochtouren. Was aber passiert? Diejenigen, auf die es eigentlich ankommt, die Arbeiter, die weigern sich mitzumachen. Das Neue an ihrer Revolte ist ihre Passivität. Das Proletariat tut buchstäblich nichts – und legt gerade dadurch auf beiden Seiten die Kriegsmaschinerie lahm. Kein Rad dreht sich mehr. Vor allem nicht jenes in den Fabriken, das ›stählerne‹. Der Krieg muss abgeblasen werden.« Carl und Brückner lachten. Dann wurde Carl wieder ernst. »Nun ja, eine Utopie, sicherlich. Aber eine, für die es sich zu kämpfen lohnt. Und wenn ich meinen Beitrag dazu leisten kann, dass es den niederen Klassen besser geht, auf deren Rücken schon viel zu lange die Konflikte der Eliten ausgetragen wurden: Gut so, sage ich. Voran! Wer jetzt die Ideen des Sozialismus unterstützt, der hilft zugleich mit, auch insgesamt eine Zukunft zu bauen, die gerechter und schöner ist, als wir uns das je träumen hätten lassen.«

Brückner bewunderte Carl wegen seiner humanen Gesinnung, hielt ihn aber für einen Träumer, einen Don Quijote, der gegen Windmühlen kämpfte. Während die Tanzkapelle zu spielen anfing, erwiderte er: Nichts würde sich ändern, ob sich nun ein Einzelner für die Minderbemittelten und Benachteiligten einsetzte oder nicht. Die Verhältnisse würden dieselben bleiben; die Dankbarkeit der Arbeiter, die gar nicht verstanden, was für ein Opfer der gute Carl ihnen da brachte, würde sich in Grenzen halten. Brückners Rede wurde vom Gejohle der Gäste unterbrochen. Die beiden Freunde erhoben sich, schauten durch den Rahmen der offenen Tür in den erhellten Saal, wo Paare kreiselten. »Das Ergebnis deiner Zuwendungen ist lediglich«, sagte Brückner nachdenklich, »dass kurzzeitig eine geringfügige Besserung der Zustände der Arbeiter eintritt – sich aber folglich die Familien nur noch schlechter ernähren können, da ihre Mitglieder, die ohne Eingriff von außen gestorben wären, nun am Leben bleiben und der Prozess der natürlichen Auslese durcheinandergebracht wird. Letztlich aber«, sie wandten sich wieder ab, setzten sich auf den Diwan, »letztlich macht es keinen Unterschied, ob du, mein Lieber, etwas unternimmst oder die Hände in den Schoß legst. Leider. Aber du musst einsehen, dass du nichts ändern kannst. Ja, wenn ich's recht bedenke«, Brückner schaute hoch zum großen Spiegel, der über ihnen hing, und betrachtete Carl darin, »tust du in Wirklichkeit *gar nichts*, jeden Tag. Das Abhören der tuberkulösen Patienten, das Verbinden der von den Maschinen zugefügten Wunden. All das findet doch eigentlich *gar nicht* statt, da sich am Ende – und das heißt: schon nach wenigen Wochen – nur doch wieder der vorherige Zustand der Patienten wie überhaupt der gesamten Gesellschaft einstellt, die man doch heilen und voranbringen hatte wollen. Lies mal Darwin; oder noch besser Herbert Spencer. Arm bleibt arm, krank krank.«

Brückner beschäftigte anderes. In seiner freien Zeit sezierte er in einem Labor der Universität Herzen, forschte in ihnen nach Anomalien, die bei ihren ehemaligen Besitzern, den Herzinfarkt- und Herzklappenpatienten, schließlich zum Tod geführt hatten. Würde man hier etwas bewegen können, hätte das weitreichende Folgen. Man könnte in die Natur selbst eingreifen und nicht nur eine vorübergehende Linderung der Umstände herbeiführen. Jenen, die eigentlich dazu bestimmt waren zu sterben, qualvoll und von Jahr zu Jahr mühevoller nach Luft zu schnappen, dahinzusiechen, würden vielleicht Jahrzehnte geschenkt werden, ein halbes Leben!

Aber Brückner hatte ein Problem: Aufgrund seiner Arbeit

tagsüber (Patientenbesuche), abends und oft auch nachts (Forschung), sowie wegen seiner sozialen Verpflichtungen, die ihm allerdings große Freude bereiteten (er war ein Verehrer der Opern Verdis, insbesondere dessen »Aida« liebte er), litt er dauerhaft unter Migräne, konnte sich in Konzerten und Theateraufführungen nicht entspannen. Ausschließlich bei gesellschaftlichen Anlässen, wo er auf Carl traf, dann wöchentlich, endlich täglich nahm er in geringen Mengen Morphium und seltener Opium ein; Kokain, Brom und Haschisch überließ er seinem Freund.

Den Stoff besorgte er sich in der Apotheke, offiziell natürlich nur für seine Patienten. Schon zuvor war ihm bei seinen Hausbesuchen die große Zahl der einsam-gelangweilten Ehefrauen aufgefallen, die wieder einmal von ihrem Diwan aus über Kopfschmerzen klagten, sich in Wirklichkeit jedoch nur nach einer Abwechslung sehnten. Nicht selten hatte er bei seinen mehr zum Schein durchgeführten Untersuchungen Spuren von regelmäßigem, ja, jahrelangem Veronal- und Opiumkonsum entdeckt, über den er freilich kein Wort verlor. Seine Patientinnen hatte er bemitleidet, manchmal verachtet, wie sie so da vor ihm lagen, klagend, blass, und doch Maden im Speck.

Seit ihm aber die Drogen zur schönen Gewohnheit geworden waren, hatte er seine Einstellung zu ihnen geändert. Gewissenhaft sperrte er bei seinen Besuchen die Türen des Salons ab. Gemeinsam mit den Gräfinnen und Baronessen rauchte er die Pfeifen mit den belebenden Mitteln. An den Blicken sah er, wie dankbar man ihm war. Auf einmal begann er, die sonst so gehassten Hausbesuche zu genießen. All die anderen, seine Verwandten, Kollegen, Patienten, sie verstanden ihn ja nicht, während dieser so schwierigen Phase. Sie ahnten nicht, was sich in ihm abspielte, während er in ihre Gesichter schaute, die sich verformten, ihre Stimmen hörte, die sich verlangsamten. In was für fantastischen Farben alles plötzlich leuchtete, schon nach einer geringen Menge Morphium.

Als er eines Tages vor dem Herz eines frisch Verstorbenen saß, wie immer mit dem Seziermesser das Gewebe durchtrennte, wie immer seine Aufzeichnungen niederschrieb, merkte er, dass etwas nicht stimmte. Das war nicht er, der hier, nur scheinbar ganz wie früher, arbeitete. Er tat lediglich so. Den zuvor gefassten Vorsatz, auf unbestimmte Zeit nicht zum Morphium zu greifen, um mit klarem Kopf seine Studien weiterzuführen, hatte er innerhalb der nächsten Minuten eingetauscht gegen das sich selbst gegebene Versprechen, er würde *die Woche*, dann: *nur heute* kein Morphium mehr nehmen, dann: *für eine Stunde* – bis er zum Medikamentenlager stürzte, die Türen des Schränkchens aufriss, die Spritze an seine Vene setzte und den Stoff sich in seinem Körper verbreiten spürte, kühl ... was für eine Erleichterung! Und zugleich wusste er, während sich die ersten Anzeichen des Rausches bemerkbar machten, dass es sich nun nicht mehr um eine vorübergehende Phase handelte, eine kleine Krise. Niemals mehr würde er in sein altes Leben zurückkehren können, welches ihm mit einem Mal erschien wie ein für immer verlorenes Paradies.

Weil er weiterhin in der Welt verkehren wollte, der er bis vor kurzem angehört hatte, musste er jenen vertrauenswürdigen Doktor mimen, der er früher einmal war. Das erforderte Fantasie. Wenn er für ein paar Minuten unter einem Vorwand das Theater oder eine Gesellschaft verließ, um auf der Toilette mit hastigen präzisen Bewegungen, die ihm immer noch fremd an sich vorkamen, die Opiumkapsel aus dem

Schächtelchen in seiner Tasche zu holen und herunterzuspülen, glitt er von der einen Existenzform in die andere. Beteiligte er sich rege an einer Konversation oder vertrat er leidenschaftlich einen Standpunkt, geschah dies in Wirklichkeit nicht aus Überzeugung, sondern in der Vorfreude auf den nächsten Rausch. Glaubten seine Eltern, so wie er bei ihnen zu Hause im Ohrensessel saß, er würde sich kurz mit halb geöffneten Augen ausruhen, befand er sich tatsächlich auf einem Ausflug in, wie er es für sich selbst nannte, *sein eigenes kleines Reich*, das er nur durch seine Rauschmittel erreichen konnte; er flog über Wiesen und Wälder, ein Meer, im Kopf.

Brückner begann ein Spiel zu spielen. Ich bin schlau, die anderen sind dumm. Auch wenn es offensichtlich ist, dass ich Drogen nehme, wird man es mir nicht anmerken oder nachweisen können. Da ich regelmäßig zwischen zwei Leben und Räumen hin und her pendeln muss – dem Raum der Gesellschaft (Salon, Konzertsaal) und dem Raum der Drogeneinnahme (Toilette) –, möchte ich sehen, wie nahe diese Räume aneinander oder ob sie nicht sogar *ineinander* geschoben werden können. Diese Überlegungen vergrößerten den Lustgewinn, der im Lauf der Zeit beim bloßen Gedanken an Drogen nicht mehr so stark war wie noch am Anfang. Brückner probierte aus. Das Spielen dieses Spiels ließ ihm keine Muße mehr für seine Forschungsarbeit. Auch dies, das Spiel, war ja eine Art Forschung, die zu einem Ergebnis führen würde.

Er verabreichte sich die Mittel auf dem Flur vor einem Ballsaal, während er sich nähernde Schritte hörte; hinter einem Sofa, während im selben Zimmer der Geburtstag seiner Mutter gefeiert wurde. Der Kitzel war beträchtlich.

Allerdings verlor Brückner das Spiel. In der Pause eines Theaterstücks kam es wie es kommen musste. Er wurde gestellt und entging einer Anzeige nur durch die Beziehungen seines Vaters. Nach und nach verließ ihn seine Stammkundschaft, die fürchten musste, durch den Kontakt mit ihm ihre gesellschaftliche Stellung zu gefährden. Einige wenige Patienten hielten ihm noch kurze Zeit die Treue, meist die hypochondrischen Damen aus bestem Hause, deren Sucht ein offenes Geheimnis darstellte. Die Lust auf Bälle zu gehen, verlor Brückner endgültig, als ihn alte Bekannte dort nicht mehr erkennen wollten und ein alter Studienkollege im Vorbeigehen flüsternd erklärte: »Tut mir sehr leid, Doktor. Aber wenn man uns hier zusammen sieht, hätte das schlimmste Auswirkungen für meinen Ruf, das verstehen Sie doch sicher.«

Aus Scham besuchte Brückner seinen immer gebrechlicher werdenden Vater kaum noch, der bei den wenigen Gesprächen mit ihm kein Wort über *die Sache* verlor, obwohl ihm anzusehen war, dass es ihn innerlich ruinierte.

Im Unterschied zu früher visitierte Brückner nun ausschließlich echte Kranke aus der Arbeiterschicht, heruntergekommene Subjekte, die ihn oftmals nicht bezahlen konnten und zu denen er, das wurde ihm eines Tages bewusst, als er seine braun verfärbten Zähne, seine zitternden Hände und sein stoppeliges Kinn im Spiegel betrachtete, im Grunde jetzt auch zu zählen war. Weil er schon seit der Studienzeit zur Befriedigung seiner sexuellen Bedürfnisse regelmäßig die Bordelle auf Sankt Pauli besucht hatte, wo alles im Unterschied zur Welt draußen unkompliziert und nach klaren Regeln vonstatten ging, hatte er früher kein größeres Interesse für jene Frauen aufbringen können, die ihm zu Füßen lagen. Nun waren sie es, die Brückner, der sich mehr und mehr nach aufrichtiger Zärtlichkeit sehnte, nicht beachteten.

Die Beziehung mit einer ebenfalls opiumsüchtigen Opernsängerin, Anna Gruber, dauerte sechs Jahre. Sie starb in seinen Armen. Ihr größter Erfolg als Mimi in Wien lag da schon einige Zeit zurück. Die Erbschaft nach dem Tod seiner Eltern verbesserte noch einmal Brückners prekär gewordene finanzielle Lage. Doch wieder konnte er nicht haushalten, lebte über seine Verhältnisse, meinte, er könne sich den Wiedereintritt in das Paradies, die gehobenen Kreise und das alte Leben, aus dem er unrechtmäßig vertrieben worden war, erkaufen. Der Versuch misslang. Kaum dass er noch die Miete für seine Praxis aufbringen konnte und ein, zwei Freunde besaß. Carl war inzwischen an Tuberkulose gestorben, Brückner hatte einen Teil seiner Patienten übernommen. Man schätzte ihn wegen seiner Gutmütigkeit und Geduld, mit der er den Problemen des einfachen Mannes zuhörte. Brückner hatte vor seinem Schicksal kapituliert. Er erduldete.

So war ihm auch die Annonce, die er eines Tages überflog, zunächst gleichgültig: Die Bremer Kolonialgesellschaft suchte Ärzte für das deutsche Schutzgebiet Tola-Land. Dann Erzählungen von Patienten, dass Verwandte ausgewandert seien. Zum Beweis Postkarten. Dann ein Vortrag Wilhelm Klingers, eines Mitglieds der Kolonialgesellschaft, über Tola-Land. Lichtbilder von Urwäldern, Wüsten, Eingeborenen, Missionaren, deutschen Stationen. Dann durchwachte Nächte. Ernsthafte Erwägungen. Die Beschreibungen Klingers und seine Projektionen hatten Brückner an Landschaften erinnert, die er schon einmal gesehen hatte, ja, nahezu täglich sah: im Rausch. Dann der Entschluss. Ein Kollege und eine Freundin Anna Grubers winkten ihm zum Abschied vom Kai aus nach. Die Überfahrt auf dem Dampfer *Nymphe* überstand er nur aufgrund der täglichen Einnahme von Brom und Opium, von denen er je zwei Schatullen, den Vorrat für ein Jahr, mitführte.

Je näher sie ihrem Ziel kamen, desto befreiter begann er sich zu fühlen. Es war, als löse sich mit jedem zurückgelegten Faden ein Stück seiner Vergangenheit im Bugwasser hinter ihm auf und wachse vor ihm eine Zukunft, die er in der Form der felsigen Küste Tola-Lands nach gut einem Monat tatsächlich zu sehen meinte.

Das kaum mehr für möglich gehaltene Hochgefühl, als er vom Schiff über den schmalen eisernen Steg in die Stadt mit den weißen Häusern trat und durch überraschend sauberen von Palmen gesäumten Straßen flanierte, auf denen die Eingeborenen ihre Waren feilboten, Loué, ein Ort wie aus einem Traum. Die maßlose Enttäuschung, als er in der von der Bremer Kolonialgesellschaft gepachteten Praxis vor ihrer Zeit gealterte Deutsche behandelte, Briten wie Franzosen mit Einstichlöchern in den Venen, ausgefallenen Zähnen, gelblicher Haut. Gleich auf den ersten Blick erkannten sie in ihm den ihnen nicht durch Blut, sondern durch die gleiche Sucht Verwandten und zeigten ihm mit schiefem Grinsen, dass sie, ohne dass er seinen Mund hätte aufmachen müssen, bereits über alles, den vielversprechenden Anfang seiner Karriere und seinen tiefen Fall, Bescheid wussten, weil seine Geschichte die ihre war. Loué, die Stadt der Doppelgänger. Und dazwischen dieser Herzog, der Gouverneur des Landes, der sich als Einheimischer verkleidete. Als Brückner ihn zum ersten Mal erblickte, in seiner Sänfte, im weißen Kittel, gütig lächelnd, winkend, umgeben von einer Schar jubelnder schwarzer Kinder, die versuchten, seine Hände zu küssen, wusste er, dass er vom deutschen Reich, hier, in Tola, keine Hilfe zu erwarten hatte.

In Bismarckburg, wohin er nach einem halben Jahr, auf Getreidesäcken sitzend, unter einer Plane, wie ein Stück Vieh zusammen mit zwielichtigen Gestalten verschiedener Nationalität in einem jämmerlichen Kleinbahnzug reiste, besserte sich seine Stimmung kurzfristig. Seine neuen Patienten, hauptsächlich Eingeborene, die er gegen Pocken impfte oder deren bei Gleis- und Straßenbauarbeiten zerquetschte Glieder er notdürftig versorgte, erinnerten ihn in ihrer stummen Angst an die Mäuse, die er früher einmal seziert hatte. Für jene, die bereits erste Anzeichen von Ruhr oder der Schlafkrankheit aufwiesen, konnte er auch nichts tun, verschrieb ihnen Atoxyl und dachte mehr als einmal daran, dass man eigentlich die Experimente des großen Robert Koch weiterführen und für die Behandlung zu Hause, in Deutschland, hier mögliche Heilmittel wie überhaupt allerlei Sachen an den Infizierten ausprobieren müsste. Ohnehin waren sie ja todgeweiht. Mit der Sklavengabel um den Hals wie ein Joch, das sie von der Berührung mit anderen abhalten sollte, sah man sie eine Zeitlang vor den Toren der Stadt um Abfälle betteln, bis es ans Sterben ging. Aber selbst, wenn oft jede Hilfe zu spät kam oder er gänzlich machtlos war, glaubte er nicht ohne einen gewissen Stolz, dass er für die Eingeborenen mit ihren ehrfürchtigen Mienen einen Medizinmann darstellte, zumindest jemanden, der Respekt verdiente. Fragen konnte er sie ja nicht. Er war auf seinen Übersetzer angewiesen.

In der *Kaiserschenke* in Bismarckburg, dessen zwei, drei Verwaltungsgebäude um die Funkstation herum unter den schäbigen Hütten eine Ausnahme darstellten, fand die erste Begegnung mit dem geschäftigen Gerber in seinem vornehmen cremefarbenen Anzug und der grünen Krawatte statt. Recht schnell erzählte der von seinem Wald, einem *deutschen*

Wald wohlgemerkt mit Eichen, Buchen und so weiter, von seinem Projekt, das er eine halbe Tagesreise in der Hängematte von hier, in einer alten Festung als Stützpunkt realisieren wolle; von Benēsi, das schon in drei, vier Jahren neben Loué und Bismarckburg die drittgrößte Stadt in Tola sein werde. Alles sei geplant, Reimann, der Bezirksamtmann der Stadt, auf seiner Seite, auch wenn dieser gerade wegen eines wichtigen Geschäfts ins Hinterland gereist sei.

Brückner hielt Gerber zunächst für einen der vielen Glücksritter, wie er ihnen hin und wieder in seiner Praxis begegnet war: nur zu Beginn unternehmungslustig, dann wehleidig wegen des Klimas oder aufgrund einer vollkommen ungefährlichen Krankheit, dann ziellos durch die Stadt irrend, ohne Geld und Aussicht, zurück in die Heimat oder auch nur irgendwohin zu gelangen, als Wrack, gestrandet. Aber Gerber, so stellte sich heraus, war jahrelang im belgischen Kongo gewesen. Erfolgreich. Gerber besaß Geld und in Gestalt der Kolonialgesellschaft einen mächtigen Sponsor. Die Idee mit der Stadt, die vor allem aus ordentlichen deutschen Arbeitern bestehen würde, klang endlich nach der Verwirklichung dessen, was Brückner während Klingers Vortrag damals in Bremen klar vor Augen gehabt hatte.

Doch kaum war er in Benēsi angekommen, schien es Brückner, als durchlebe er die letzte Windung der Abwärtsspirale, in der sein Leben verlief, seit er sich das erste Mal Morphium gespritzt hatte. Benēsi, das war keine Stadt wie Loué, kein Dorf wie Bismarckburg, sondern lediglich ein einziges Gebäude, in dem der Putz von den Wänden fiel. Auch nach fast zwei Jahren hatte Benēsi noch immer keinen einzigen deutschen Arbeiter gesehen. Zugegeben, es war viel Pech im Spiel. Die *Brünnhilde* sank. Selbst der von Gerber zum Heilsbringer hochstilisierte Selwin vermochte keine Wunder zu vollbringen und zog sich mit seinen wahrscheinlich nie zu verwirklichenden Grundrissen in sein Zimmer zurück. Und der Wald, den Gerber so gepriesen hatte, erwies sich in der Nähe des Flusses als potentielle Brutstätte für Tsetse-Fliegen, selbst wenn die Region von diesen bisher verschont geblieben war. Brückner ahnte die aufkommende Katastrophe.

Nur Käthe spendete ihm Trost, Käthe, die so ganz anders war als die Drogenabhängigen, die er bisher kennen gelernt hatte. Käthe genoss die Opiumkügelchen, die sie sich wie Pralinen auf die Zunge legte. Käthe verlor nie den Überblick. Von Abhängigkeit konnte bei ihr strenggenommen nicht die Rede sein. Vielmehr sah sie im Doktor eine Art Spielkameraden. Und er, der bald ihren eng beieinander liegenden nussbraunen Augen und ihrem geheimnisvollen Lächeln, ihren blonden Locken und ihrem im Ausschnitt der Kleider eindrucksvoll erahnbaren Busen verfallen war, nahm es gern an. Was für eine Freude, ihr einmal die Woche, abends, im Fackelschein beim Tennis mit Käutner zuzusehen. So grazil die Bewegungen! Dieses Temperament, das sie sonst nur dem Klavier und ihm offenbarte, dem von allen belächelten Doktor der Festung. Lautenschlager, der plötzlich ohne Ankündigung mit einer Karawane in Benēsi aufgetaucht war, versprach Abwechslung von den ereignislosen Tagen, an denen sich Brückner wünschte, dass sie endlich eine Herausforderung für seine Fähigkeiten bringen würden. Wenn dann freilich ein schwarzer Arbeiter mit einer Verletzung oder Gerber und Käutner mit Migräne oder harmlosen Aufschürfungen zu ihm kamen, musste er erkennen, dass er geistig und körperlich nicht einmal diesen an sich einfachen Aufgaben gewachsen war – seine Hände zitterten mehr denn je. Die Medikamente, die er ohne größere Untersuchungen verschrieb, wählte er, weil er sie in seinen letzten Jahren in Hamburg immer verschrieben hatte. Wurde er schließlich – degradiert zum Veterinär!, er!, ein Arzt der Humanmedizin, der den Eid des Hippokrates abgelegt hat! – zu einer trächtigen Kuh oder einer ferkelnden Sau gerufen, stand er hilflos neben dem brüllenden Tier und spürte die verachtenden Blicke der Schwarzen auf sich.

Dieser Lautenschlager jedoch behandelte ihn wie seinesgleichen, redete ihn mit »Herr Doktor« an. Brückner musste ihm nur zuhören, um seinen vollen Respekt zu erhalten. Und diese Berichte Lautenschlagers von Expeditionen ... sie erinnerten ihn in mehr als einem Fall an Dinge, die er selbst doch schon einmal irgendwo gesehen hatte. Besonders die Geschichte des amerikanischen Millionärs, der im Hinterland ein Luftschiff gebaut hatte, kam Brückner bekannt vor, vielleicht sogar, dass er sie in einem Buch gelesen oder davon noch in Hamburg gehört hatte, ja, so musste es sein, er hatte davon aus dem »Hamburger Fremdenblatt« erfahren.

Mit jeder sinnlos verbrachten Stunde in der Festung wurden die Bilder des durch zahlreiche auf dem Deck befestigte Propeller vorangetriebenen Luftschiffs, das über Gebirge und Urwälder flog, klarer. Ja, in manchen Rauschfantasien befand er sich zusammen mit dem anarchistischen Millionär, den er sich wie seinen Freund Carl vorstellte, an Bord der *Albatros* und der Fahrtwind blies ihnen ins Gesicht. Es reifte in ihm der Entschluss, sollte sich in Benēsi nichts ändern, zu einer letzten Reise aufzubrechen, ins Hinterland, zum Hangar des Luftschiffs, um dort als Arzt anzuheuern – auch wenn ihm vollkommen bewusst war, dass er körperlich in keiner Weise mehr dazu fähig war, derartige Strapazen zu überstehen.

Zumindest aber hatte Brückner seit Lautenschlagers faszinierenden Ausführungen eine neue Beschäftigung: Er träumte.
Und sammelte so viele Informationen über den amerikanischen Millionär, wie er es mit seinen bescheidenen Mitteln in
der Festung vermochte, diesem Mittelding aus Gefängnis
und Heilanstalt, als das Benēsi ihm des Öfteren erschien. Jeder beobachtete ihn, auf Schritt und Tritt, der zur Depres-
sion mit daraus resultierendem Phlegma neigende Gerber,
der cholerische Schirach, ja sogar die undurchschaubaren
Schwarzen, als seien sie alle seine Wärter und nicht etwa seine
Patienten.

Eines Tages rastete eine Karawane in Benēsi, und Lautenschlager, der mit der Hilfe Dédus dann stets das Gespräch
mit den Händlern suchte, um etwas über neue Dörfer,
Stämme, Pflanzen oder einfach die neuesten Gerüchte zu erfahren, ließ Brückner durch einen Boy mitteilen, er solle sich
unverzüglich im Hof einfinden. Und tatsächlich: Was einer
der schwarzen Händler zu berichten wusste, machte Brückner, der sich eigentlich noch immer nicht ganz vom letzten
Rausch des Vortags erholt hatte, mit einem Schlag hellwach.
Lautlos formten seine Lippen die Wörter Dédus nach. Der
Händler hatte Jackson, den amerikanischen Millionär getroffen, und mehr noch, er hatte das Luftschiff gesehen. Mit
eigenen Augen. Von dessen Geschwindigkeit sprach er, die
angeblich höher war als die jedes Zuges oder Automobils;
vom Anblick des weißen Schiffes – und wie ein Segelschiff
sah es tatsächlich aus, ein Segelschiff, das fliegen konnte –,
das über die Gipfel des Gebirges, die höchsten Kronen des
Dschungels glitt; wie man mit Rechen und Haken von Deck
aus die Früchte der Bäume erntete, Vögel wie Fische in Netzen
hinter sich herzog; von der Mannschaft sprach der Händler,

allesamt Männer unterschiedlichster Nationalität, die ausnahmslos Bärte trugen; wie sie ihre Leben bedingungslos Jackson anvertraut hatten, ihrem Führer, dessen Befehlen sie auf immer Gehorsam geschworen hatten. Unwettern habe er getrotzt; um seine technischen Kenntnisse haben sich schon zahlreiche Regierungen bemüht, Schlachten hätte er durch sein Eingreifen entscheiden können; stattdessen aber haben der tollkühne Amerikaner und seine Mannschaft, so der Händler, den Himmel als ihr Reich gewählt.

Auch wenn ihn während der Erzählung des Händlers der Verdacht beschlichen hatte, dieser erfinde all diese zauberhaften Einzelheiten nur, weil seine Zuhörer ihm immer begieriger lauschten und er auf ein saftiges Trinkgeld hoffte, war Brückner doch die Wochen danach ganz erfüllt von den Bildern, die ihm an diesem Nachmittag in den Kopf gesetzt worden waren. Er begann, hitzige Diskussionen mit Lautenschlager darüber zu führen, was für ein Material Jackson beim Bau seines Luftschiffs verwendet haben könnte; um was für einen Motor es sich handelte und wo genau sich sein Hangar wohl befinde. Dann war Lautenschlager zu seiner Reise aufgebrochen, von der er nicht mehr zurückkehrte. Brückner betäubte seine Trauer über den grausigen Tod seines einzigen männlichen Gesprächspartners in Tola, mit dem auch Jackson und das Luftschiff gestorben waren, in einem Mix aus Alkohol und Gerber-Tannen-Suppe.

Seit der feierlichen Ankündigung Gerbers aber beim Festbankett, dass nun doch endlich ein neues und im Unterschied zu jenem fliegenden ein ohne Zweifel tatsächliches Schiff aus Deutschland eingetroffen sei, war Lautenschlager in den Hintergrund gerückt. Und das heilsame Fieber, das die Bewohner der Festung Tag und Nacht Vorbereitungen für die Ankunft der Siedler treffen ließ, hatte auch Brückner erfasst. Ja, als er jetzt, beim Gespräch mit Selwin, nach Wochen wieder das Luftschiff innerlich vor Augen hat, kommt es ihm wie ein Bild aus einer Erzählung vor, die er, als Lautenschlager noch lebte, für wahr gehalten hat, die jedoch von Anfang an nur ein Märchen der Eingeborenen gewesen sein kann. Angesichts der alltäglichen Probleme der Siedler, die auf ihn warten, sieht er das deutlicher denn je. Und während Selwin weiterredet, davon spricht, dass man doch einmal, in der nächsten Zukunft, eine Expedition ins Hinterland organisieren müsse, um diesen amerikanischen Millionär zu finden, denkt Brückner, dass sich endlich alles ändern wird, schon bald, wenn die ersten Häuser stehen. Dann wird es für ihn ordentlich etwas zu tun geben. Er wird nicht der Doktor einer Station, sondern einer ganzen Stadt sein – vielleicht nicht geliebt und bewundert, aber gebraucht und respektiert. Dann wird auch Selwin keine Zeit mehr für solche Flausen haben.

DIE *ALBATROS* war zu Boden geschwebt und an den Baumkronen vertäut worden. Aufgeregt bellend war Buck, der Neufundländer, auf dem Deck hin und her gelaufen. Bucks Herrchen, ein Schiffskoch aus Bordeaux namens Michel Ardant, war mit der Landungszeremonie beschäftigt gewesen. Dann war da diese tolalesische Wachtel gewesen, im Gebüsch. Und wie immer, wenn Buck wieder festen Boden unter die Pfoten bekam, hatte er schnell erkennen müssen, dass er in den vier Jahren an Bord der *Albatros* fast alles verlernt hatte, was er früher instinktiv beherrschte. Denn M. Ardant hat seinem Hund in mühevoller Konditionierung beigebracht, die Vögel vom Schiff aus in den Lüften zu erschnuppern und je nach Vogelart einen Knurrlaut von sich zu geben – ihnen aber in keinem Fall zu folgen. Tolalesischer Adler = tiefes, kehliges Knurren, zweimal; Mumä, die schmackhafte tolalesische Taube = hohes Knurren, fast schon ein Winseln, dreimal, rasch hintereinander, und so weiter. Buck hatte diese Schnupperjagd perfektioniert, erfand Knurr- und Belllaute, die kein anderer Hund je von sich zu geben in der Lage wäre, legte dabei allerdings Fett an, wurde unbeweglich. Dazu kam, dass sein Fell, um die Ausflüge in die kühleren Schichten der Atmosphäre problemlos zu überstehen, kaum geschnitten wurde; zottelig hing es an ihm herab.

Und jetzt also dies: Winselnd war er der Wachtel nachgesetzt, bald außer Atem gekommen, Wachtel auf Baum, unerreichbar, Beschluss umzukehren, hechelnd wegen Tropenhitze. Bereits aus der Ferne vernahm er das vertraute *Flap-Flap* des Propellers der *Albatros*. Lauf beschleunigt, jaulend, panisch, doch zu spät. Am Landeplatz angekommen, konnte Buck, der seine Schnauze in die Höhe hielt, nur noch ganz entfernt den Schmierölgeruch der Mannschaft ausmachen. Buck wartete. Zwei Tage lang. Aber kein *Flap-Flap*, kein Schmierölgeruch, keine *Albatros*. Der Hunger trieb ihn in den Dschungel. Lediglich eine altersschwache Steppensau, ein Meschmesch, erlegte er.

Kurzzeitig schloss er sich einem Rudel Sorks an, den Dschungelwölfen. Buck verlor alle Kämpfe. Blutend versuchte er bei den Beutezügen des Rudels Schritt zu halten. Vergebens. Er blieb zurück und ernährte sich von den verschmähten Kadaverresten. Kaute bereits abgenagte Knochen noch einmal ab. Er verlor Fett, wurde flinker. Spürte Triebe, die er nicht mehr gekannt hatte. Mit Genuss riss er einen dementen Büffel, der von seiner Herde verlassen worden war und der Buck für einen kurzen freudigen Moment für seinesgleichen hielt. Unbekannt das Röhren, das da aus Bucks Kehle kam, als er, der Hund der Lüfte, der auf der *Albatros* gelernt hatte, nie fest zuzubeißen, dem Büffel die Fänge ins Fleisch bohrte und frisches Blut schmeckte. Es sollte freilich sein einziges Jagdglück bleiben. Hungrig zog Buck weiter. Inzwischen fraß er sogar Insekten, Heuschrecken und Moskitos. Lauern, Zunge raus, notfalls, bei Plis, den Gottesanbeterinnen, die Pfoten zu Hilfe nehmen und den Fraß mit einem Bissen herunterwürgen.

Nach 120 Tagen in der Wildnis, während der er von einem Stamm, der ihn für einen Sork hielt, beinahe zu Tode geprügelt worden war, erreichte er Benēsi. Fasste Zutrauen zu Käutner, der ihm täglich Fleischreste vor die Mauern warf. Schließlich folgte er ihm durchs Tor und hatte plötzlich einen bekannten Duft in der Schnauze, den Seifengeruch, *Bordeaux bleu*, den Ardant stets zum Reinigen benutzt hatte. Buck lief los, glaubte sich auf der *Albatros*, bellte aufgeregt, rechnete damit, dass in jeder Sekunde hinter der nächsten Ecke ein bekanntes Gesicht, vielleicht sogar sein Herrchen auftauchte – winselte enttäuscht, als sich der Mann, der da vor ihm stand und sich als die Quelle des Seifengeruchs herausstellte, gänzlich anders aussah. Henry ging in die Hocke, streichelte den Neufundländer über den Kopf, seine Stimme, die Melodie seiner Sätze glich nicht der Ardants: »Hey, little fellow, what's your name, hum?« Dann beschnupperten Buck auch schon zwei Wolfshündinnen, was er nach einigem Knurren schließlich gerne mit sich geschehen ließ, da die beiden, angetan von seinem mit den Jahren angenommenen herben Geruch nach luftigen Höhen, bewundernd-untertänig winselten.

Fortan hält sich Buck zumeist im Quartier der Schutztruppe auf. Fängt Tennisbälle und bringt sie zurück. Balgt sich mit dem großen und dem kleinen Klaus, irgendwann wird er sie, die beiden Hündinnen, besteigen. Abends liegt er an sie gekuschelt unter dem Tisch im Speisesaal, setzt wieder Fett an. Henry steckt die nackten Füße in sein Fell. Und manchmal, für Sekunden, den Kopf auf dem Boden zwischen den Pfoten, stellen sich, als fernes Echo der Konditionierung M. Ardants, seine Ohren auf. Er schnuppert etwas. Der Duft des Bratens auf dem Tisch, der Mumä-Pastete, von gebratenen Hoks und Tess-Küchlein, zieht ihm in die Schnauze. Wie von selbst beginnt er zu knurren, tief, zweimal, schnell, hoch, viermal, lang gezogen.

WENN ER einmal die Woche die Chaussee nach Benēsi entlangfährt, macht den größten Packen in Urges Tasche für gewöhnlich Gerbers Geschäftskorrespondenz aus: Quittungen und Durchschläge von Rechnungen der Bremer Kolonialgesellschaft, die an ihn zur Kenntnisnahme weitergereicht werden. Einen kleineren Stoß bilden die Unterrichtungen des Generalstabs des deutschen Heers an Schirach, die vom Hauptquartier in Loué stammen, das wiederum seine Anweisungen telegrafisch aus Berlin erhält. Einmal im Monat hat Urge zusätzlich einen Stapel Zeitschriften und Tageszeitungen dabei, die von Loué nach Bismarckburg und, wenn man sie dort fertiggelesen hat, schließlich an die wenigen Deutschen im Inneren des Landes weitergeschickt werden, wo man, mit der Verspätung von Monaten, die einst aktuellen Nachrichten von Kriegen, Katastrophen und Todesfällen verschlingt, und Käthe die Zeichnungen der inzwischen nicht mehr ganz neuen Mode – »Das trägt die deutsche Frau« – als Muster Hoki gibt, damit sie ihr danach Kleider näht.

Unter all diesen Sendungen befindet sich eines Tages etwas gänzlich Ungewöhnliches. Ein Paket, genauer: eine Bretterkiste. Für Brückner, der neben seinem Nachschub an Medikamenten doch nie Post erhält.

»Alkohol«, meint Gerber abfällig, als man im Hof noch darüber rätselt, was der alte Doktor sich denn um Himmels willen da hat kommen lassen.

»Weinflaschen, etwas in der Art. Der möchte sich einen schönen Abend machen.«

»Vielleicht ein medizinisches Instrument«, vermutet Henry. Er bückt sich und klopft auf die Bretter der Kiste. »Wie wir alle möchte auch unser Doktor gewappnet sein für die Ankunft der Siedler. Da werden ja noch Unfälle ganz anderer Art auf uns zukommen. Ich finde es ausgezeichnet, dass der Doktor daran denkt.«

Denn das Holz, das weiß Henry, wird seinen Tribut fordern. Eingeklemmte Glieder, die amputiert werden müssen, versehentlich ins eigene Fleisch gehauene Äxte, die Anfälligkeit der Neuankömmlinge für die heimischen Krankheiten, ganz zu schweigen von der Gefahr durch wilde Tiere – all das hat Henry schon schlaflose Nächte bereitet. Die unvermeidlichen Qualen, die auf sie alle warten. Die anderen beunruhigt das indes kaum. Wie immer scheint es, als sei Henry der einzige, der sich nicht nur um die leidlichen praktischen Fragen kümmert, die bald entstehende Stadt betreffend, sondern auch um das Wohlbefinden ihrer Bewohner.

Brückner hält sich bedeckt. Mit geröteten, tief umrandeten Augen geht er neben dem Boy her und schaut ängstlich auf das schwere Paket, das der Eingeborene auf seinem Käppi balanciert. Den anderen schmunzelt er nervös zu. Entweder tut er nur so, als verstehe er ihre Fragen nicht, was denn in der Kiste sei, er habe wohl durch den Regen in den letzten Monaten die Jahreszeiten durcheinandergebracht, man habe noch Sommer und nicht Weihnachten – oder er hört mittlerweile tatsächlich nur mehr das, was er in seinem vom Alkohol zerfressenen Inneren, im Dauerrausch vernimmt, wie es Henry sich schon öfter gedacht hat, wenn er dieses bemitleidenswerte Wrack sieht.

Ausnahmsweise sauber rasiert und bestens aufgelegt begrüßt Brückner Käthe dann aber am nächsten Nachmittag in seinem Zimmer im zu kurzen blauen Anzug. Er hatte ihr, wie er es manchmal zu tun pflegt, durch einen Boy auf einem silbernen Tablett ein Einladungskärtlein mit Uhrzeit schicken lassen.

»Schließen Sie die Tür, Liebe, kommen Sie, kommen Sie ...«, sagt er, nein, *summt* er. Dazu bewegt er sich mit einer Eleganz, die Käthe ihm gar nicht zugetraut hätte. Er winkelt die Arme an, wiegt sich hin und her, Brückner tanzt. Zu Musik. Es ist ein Musikapparat. Es ist ein Grammophon. Der mattschwarz gebeizte Schrein mit Drehkurbel steht auf der Kommode, der Trompetenschalltrichter aus Messing wie das riesige Blatt der tolalesischen Akazie daran. Gleichmäßig dreht sich die schwarze Scheibe unter dem Stahlstift, ein leicht wetzendes Geräusch. *Polyhymnia* liest Käthe auf dem aufgeklappten inneren Deckel des Geräts.

Über den Streichern, die jetzt leise eine flehentliche, ihr sofort zu Herzen gehende Melodie intonieren, beginnen zuerst ein Tenor, dann ein Sopran zu singen, auf Italienisch. Käthe kennt diesen Zwiegesang aus Verblendung und Liebeskummer, der, auch wenn er im Tod endet, so außerordentlich schön ist. Ab und zu hat sie selbst ihn auf dem Klavier gespielt und sich dabei, schloss sie die Augen, tatsächlich für Sekunden in eine ägyptische Sklavin verwandelt, die geraubte Prinzessin.

»Aida!«, ruft Brückner und für einen Moment weiß Käthe nicht, ob er damit sie meint oder ihr den Namen der Oper nennt. »Habe mir das Ding zur Unterhaltung kommen lassen. Dazu ein paar Platten. Endlich mal ein bisschen Leben hier, wie? Kommen Sie, tanzen Sie mit mir, machen Sie mir die Freude!«

Und Käthe, die plötzlich Sandalen an ihren Füßen zu spüren glaubt, das Zimmer ein Kellerverlies, in dem sie mit ihrem Held eingemauert werden soll, wie es das Schicksal für sie bestimmt hat, fasst Brückner an der Schulter, seine Hand, macht einen Schritt vor, zurück, links, rechts, erst unsicher, da ungewohnt, dann zunehmend beschwingter, tanzt sie und noch immer, als sich die Platte immer langsamer dreht, der Sopran zum Alt, der Tenor zum quäkenden Bass wird und die Feder im Apparat aufgezogen werden müsste.

PIQUE-BUBE, Trèfle-Sieben, Coeur-König. Für einen Moment versucht Henry in den Karten, so wie sie vor ihm auf dem Spieltisch verstreut liegen, eine Ordnung zu entdecken. Käthe und Gerber hatten sich nach der letzten Whist-Partie verabschiedet und Gerber, der bei Henry mit einer sechsstelligen gleichwohl imaginären Summe in der Schuld steht, hatte den Stoß, der ihm diesmal kein Glück gebracht hatte, im Vorbeigehen umgestupst. Schirach war mit Henry im völlig verrauchten Kabinett sitzen geblieben.

Es ist einer dieser Abende, wo man sich einerseits noch wach fühlt, andererseits aber von der Hitze des Tages so gelähmt ist, dass man zu nichts anderem fähig ist, als sich zu besaufen. Und auch wenn Henry meint, sich zurückgehalten zu haben – die Pinnchen, die sich auf dem Tisch zwischen den Karten aufgestapelt haben, zeigen ihm, dass er für heute mehr als genug hat und sich schleunigst ins Bett begeben sollte.

»Tektonik«, spricht Schirach plötzlich in die Stille hinein. Henry glaubt zunächst, Schirach habe einen Ausdruck der Eingeborenen verwendet, bis der nach einer kurzen Pause »Rotation« anfügt. Das Problem sei die Bewegung. Henry, dem es inzwischen schwerfällt, das zuvor verzehrte Steak eines ihm unbekannten Tieres im Magen zu behalten, nickt zaghaft. Er kann spüren, wie das kaum zerkaute Fleisch Millimeter um Millimeter in seiner Speiseröhre emporsteigt.

Alles bewege sich. Gegen die Zeit könne man nichts unternehmen. Die schreite fort. Aus. Aber die Erde. Die Platten. Schirach habe gelesen, sie alle, die ganze Welt stehe lediglich auf Platten, die sich zu allem Überfluss auch noch verschieben. Und endlich die Erde selbst. Sie rotiere. Wie der Mond und die Sonne. Die Menschen werden ganz verrückt davon. Davon dass man sich immerzu den von außen an einen herangetragenen Gegebenheiten beugen müsse. Tag und Nacht. Aufstehen und Schlafen. Ebenso die Tiere und Pflanzen. Viel effizienter wäre es doch, könnte man die Bedingungen des Lebens selbst diktieren.

»Aufgepasst: *Wir* diktieren – und niemand anders! Wir allein!«

Ob Schirach seine stets saubere Uniform, von der er nicht einmal jetzt den obersten Kopf geöffnet hat, wenigstens nachts ablegt? Wenn dies nicht der Fall ist, wie hat so jemand Verkehr mit einer Frau, die ihm womöglich zu allem Überfluss auch noch vor allem wegen seiner Kleidung erliegt? Gibt sich der Offizier, der Henry da gegenübersitzt, nackt anders? Es muss so sein. Und unheimlich ist es, muss Henry weiter denken, dass jeder das Anarchische unter dem Rock mit sich herumträgt. Vielleicht würde die Welt völlig aus den Fugen geraten, wenn nicht das Wäschesteif, das das Hemd in ein weißes Brett verwandelt, für die Zivilisten erfunden worden wäre…

Er, Schirach, habe da von einem Mittel gelesen, fährt der Offizier unverdrossen fort. In einer Zeitung habe es gestanden. Ein Mittel gegen die Rotation. Eine Vereinigung in Amerika, Bostoner Kanonenclub nenne die sich, dieser Kanonenclub, in den Schirach, wäre er nicht Deutscher durch und durch, ohne zu zögern eintreten würde, dieser Club also behaupte, man könne eine Kanone bauen. Tatsächlich baue man schon an ihr. Keine gewöhnliche Kanone. Nein. Eine Art Mörser. Ein Riesending. Groß wie ein Berg. Wenn man diesen Mörser an einer bestimmten Stelle, beispielsweise auf der Kaiser-Wilhelm-Spitze, wenn man da dieses Ding abfeuere, würde sich die Erdachse durch die Erschütterung um ein paar Grad verschieben. Was für eine Vorstellung, nicht wahr? Die Erdkugel würde sich *gerade* stellen und nicht nur das – sie würde zum Stillstand gebracht. Phänomenal!

»Stellen Sie sich das mal vor, Selwin! In Europa und Nordamerika schiene immer die Sonne. Hier, in Afrika aber: ständige Nacht! Oder besser: Dämmerzustand. Gerade eben so, dass man was sehen kann und ein wenig was wächst. Morgens würden wir in angenehmer Kühle hinaus in die Wüste treten. Keine Sauhitze mehr, kein vermaledeites Schwitzen. Die Neger wären doch dankbar darum. Der vollkommene Stillstand und zugleich: die totale Kontrolle. Die Natur – besiegt! Famos, dieser Bostoner Kanonenclub, was?«

Henry, dem unklar ist, ob Schirach ihn auf den Arm nimmt oder einfach nur betrunken vor sich hin fantasiert, hat unweigerlich ein Bild aus Kindertagen im Kopf: Er, im Büro seines Vaters, am Globus, den er so lange dreht, bis die Kontinente und Meere darauf grün, braun, blau verschwimmen – dann, *tack*, mit dem Finger die Kugel angehalten. *Dort, wo ich hinzeige, will ich hin.* Die Augen zu und sich für einen Moment in das fremde Land wünschen. Sicher sind auch einmal Afrika und Tola dabei gewesen. Und nun ist er also hier, sind die Wünsche von damals erfüllt.

Schirach hat sich mit einem Mal verdoppelt. Auch die Pinnchen auf dem Tisch, auf dem nun zwei Pique-Asse nebeneinander liegen. Zwei identische schwarze Dienstmädchen sind hereingekommen und stellen den beiden Schirachs stumm eine weitere Runde Kräuterschnaps hin. Und es besteht durchaus die Möglichkeit, dass auch er, Henry, in diesem Moment am Tisch neben einem Doppelgänger sitzt. Das Dienstmädchen und auch Schirach werden nicht wissen, wer von den beiden der richtige Henry ist, schreckliche Schmerzen im ganzen Leib bereitet ihm diese Vorstellung. Er lässt seinen Doppelkopf in seine vier Arme sinken.

Am nächsten Morgen erwacht er neben dem Bett und meint zunächst, die Kanone dieses Bostoner Clubs sei tatsächlich abgefeuert worden. Nur mit Mühe schleppt er sich zum Waschtisch. Gemessen an der Schwere seines Schädels hätte es ihn nicht erstaunt, im Spiegel in sein zweifaches Gesicht

zu blicken, vorsichtshalber tastet er es ab. Fast ist er enttäuscht, dass er wieder allein ist, auf der Welt, in Benēsi. Tatsächlich kommen ihm zu seiner nicht geringen Bestürzung
wie einem alten gefühlsduseligen Weiblein die Tränen bei
dem Gedanken, dass alles nur einmal ist.

»ICH SEH' SIE, ich seh' sie!«, ruft Käthe.
Das Auge am Fernrohr zwischen den Zinnen, hat sie sich vorgebeugt, mit der einen Hand stützt sie sich auf den Knien ab,
mit der anderen hält sie ihren Strohhut fest. Ihr zitronengel-
bes Kleid spannt an ihren Rundungen, am Gesäß, auf dem
Rücken, über den Brüsten.
So sehr Henry auch auf den Horizont starrt, außer einer kleinen Staubwolke, wie sie in der Steppe häufig entsteht, kann
er nichts erkennen. Verstohlen wirft er einen Blick auf Käthe,
die viel zu sehr mit dem Fernrohr beschäftigt ist, als dass sie
auf ihn achten würde. Oder aber… oder aber… es ist Absicht… und sie hat es darauf angelegt, dass er ihren Reizen
etwas mehr Aufmerksamkeit schenkt.
Nach den Zärtlichkeiten vor einer Woche sind sie sich glücklicherweise aus dem Weg gegangen. Bei den Mahlzeiten und
wenn sie sich in den Gängen höflich, aber flüchtig grüßten,
als kenne man sich nicht besser, spürte er deutlich Käthes
Verlegenheit. Was hat er sich nur dabei gedacht, sie so zu
überfallen? Er hatte doch schon geahnt, dass eine wie Käthe
nicht für eine Affäre mit einem wie ihm zu haben ist. Dafür
ist sie mit ihren fast 35 Jahren eben zu alt und bei all ihren Erfahrungen zu vorsichtig; außerdem mit dem Kopf zu sehr bei
den täglichen Geschäften, die den Wald betreffen. Recht so.

Vorbildlich. Henry darf nicht vergessen: Ihre Stadt ist wichtiger als seine kleinen Wünsche. Und das ist wohl auch Käthe bewusst. Gerber redet zwar viel und eindrucksvoll; auch in der Baumaufzucht mag er ein Fachmann sein. Über Zahlen und allgemein das Wirtschaftliche weiß dennoch seine Schwester besser Bescheid. Das zeigt sich immer dann, wenn er bei Gesprächen ins Stottern kommt, sich schnell mit den Worten »Sie wissen schon« zur Seite und Käthe zuwendet und sie ihm lächelnd in ruhigem Tonfall weiterhilft wie eine Souffleuse.

Doch hier auf dem Wehrgang scheint es sich die disziplinierte Käthe anders überlegt zu haben. Vielleicht rührt es von der Hochstimmung wegen all der guten Nachrichten, der Aufregung darüber, dass es in den Räumen der Festung bald viele neue Gesichter geben wird.

Er wird sich jedenfalls diese Szene hier – sie, gebückt, am Rohr – genau einprägen, um sie sich nachts ins Gedächtnis zu rufen und sie einzureihen in all die anderen Fantasien, die er vor Augen hat, wenn er sich befriedigt: Käthe, vor ihm die enge Wendeltreppe herunterlaufend. Er stellt sie, presst sich an sie. Sie, außer Atem, versucht, sich seinem Griff zu entwinden, fleht: »So lassen Sie mich doch!« Er hält sie fest, schiebt ihr das Kleid hoch. Käthe im Speisesaal, nur sie und er. Sie steigt auf die Tafel, stolziert auf ihn zu; sie hat einen entschiedenen Blick, kniet vor ihm nieder. Er erhebt sich, sie knöpft seine Hose auf. Käthe schleicht sich in sein Zimmer. Er liegt im Bett, sie setzt sich auf ihn, rafft ihr Kleid. Draußen vor dem Fenster ist Gerbers Stimme zu hören. Es muss schnell gehen. Henry hat schon einige Male versucht, sich so wie früher auch andere Frauen vorzustellen, Natalie zum Beispiel, oder diese Schauspielerin, deren Name ihm entfallen ist –

doch seit der Bekanntschaft mit Käthe will es ihm einfach nicht mehr gelingen.

»Schauen Sie nur, Selwin!«, ruft Käthe. Sie hat ihn an der Schulter gefasst und schiebt ihn vors Fernrohr. Henry nimmt die Brille ab, kneift sein rechtes Auge zusammen.

Ein Mann in einem Automobil. Sein Gesicht mit einem blauen Tuch verhüllt, in dem sich Sehschlitze befinden. Daneben zwei Langhauber. Noch einer dahinter. Der dreckige Kotflügel. Aufgewirbelter Staub. Ein Dornbusch.

Henry findet den Treck nicht mehr, blickt vom Fernrohr hoch, setzt die Brille auf, dann hat er sie wieder im Visier: die sich schnell drehenden Räder der Wagen. Aber nur auf dem Fahrersitz sind Männer zu erkennen. Wahrscheinlich sitzen die Siedler unter den weißen Planen, auf der Ladefläche.

»Na los! Komm!« Käthe schürzt ihr Kleid und rennt los, was den Eindruck entstehen lässt, dass die kleinen bunten Falter am Saum des Kleids, die Henry erst jetzt entdeckt, zu flattern beginnen. »Gleich sind sie da. Alle warten schon unten!«

Auf dem Weg, die Wendeltreppe herunter, zwei, drei Stufen auf einmal nehmend, kommt es Henry für einen Moment so vor, als befände er sich in einer seiner ausgedachten Szenen. Käthes Rücken vor ihm, ihr Strohhut mit der rosa Schleife segelt hinab, sie jauchzt nur. Er hat das alles schon einmal erlebt, wenn auch nur in seiner Fantasie. Größer als seine Verwunderung über den Anblick Käthes ist allerdings seine Vorfreude, dass es nun also soweit ist. Wie werden sie aussehen, die Siedler? Werden sie enttäuscht sein, dass die Stadt noch nicht steht? Werden Ingenieure dabei sein, die ihm nicht nur zur Hand gehen können, sondern mit denen er sich auch endlich über sein Fach unterhalten kann; die ihm vielleicht auch berichten, was gerade wo gebaut wird. Und –

auch wenn es unwahrscheinlich ist – vielleicht hat jemand etwas von den Peters in Berlin oder sogar in New York gehört.

Auf einer der letzten Stufen droht Käthe, ihre Balance zu verlieren; er streckt ihr seine Hand hin. Sie nimmt sie, ohne ihn anzusehen, behält sie in der ihren, länger als nötig.

Im Innenhof steht Gerber schon unruhig vor den Reihen der Schutztruppe und dem gesamten Personal der Festung, das, wie in einem Grand Hotel, in schwarzen Anzügen, schwarzen Kleidern und weißen Schürzen erschienen ist.

»Sie sind ...«, flüstert Käthe.

»Ja, ich weiß«, unterbricht Gerber sie.

Das Motorengeknatter schwillt an.

Henry hält es nicht mehr aus. »Die Siedler sind da!«, ruft er, Jubel beim Personal, Schirach, der seiner Schutztruppe triumphierend das Zeichen gibt, die Gewehre zum Salutschuss anzulegen, fliegende Käppis, Gerber, der beschwichtigt. Käutners Trompete ist von den Zinnen erklungen, und Henry, dem ein Schauer über den Rücken fährt, weiß endlich, schlagartig, dass es die richtige Entscheidung war, hierher zu kommen. Diese Festung, Benēsi, ist seine Bestimmung; und das hier gerade ist sie, die Geschichte, die einmal in den Büchern stehen und von Professoren gelehrt werden wird.

Nachdem die Wagen mit ohrenbetäubendem Krach in den Innenhof eingefahren sind, die Planen heruntergerissen werden, darunter nur matt glänzende Kisten zum Vorschein kommen und Gerber auf die zuerst gestammelte, dann einem der Fahrer ins Gesicht geschriene Frage, wo denn die Siedler seien, bitte: wo, die Antwort erhält, der Treck bringe nur Vorräte, von einem Schiff aus Deutschland, Ausrüstung und dergleichen, aber von Menschen, von Siedlern wisse man nichts, man wolle so schnell wie möglich abladen und dann umkehren, man werde heute Abend in Loué erwartet, da versteht Henry nicht.

Er schaut auf den Fahrer, der sein Tuch vom Kopf gewickelt hat. Auf das Automobil, dessen Motor immer noch läuft. Die Motorhaube wackelt von der Bewegung der Kolben.

Die Landschaft draußen verändert sich nicht. Elefantengras, Dornbüsche, hier und da eine Akazie, eine Dattelpalme, ein Baobab, Steppe. Wäre nicht der warme Fahrtwind, der durch die offenen Fenster hereinzieht, das Rütteln und der schwarze Schaffner, der die nächste Station ankündigt, die dann aus stets derselben Anordnung von Wellblechhütten besteht, man möchte meinen, sie führen seit einem halben Tag im Kreis. Dazu noch in einem Schneckentempo. Gerber könnte neben dem Zug herspazieren, er wäre schneller. Die Holzbank, auf der er sitzt, drückt ihm ins Kreuz. Aber es wird nicht mehr lange dauern, höchstens weitere zwei Stunden, und sie haben Loué erreicht. Um vier Uhr morgens ließ er sich in der Hängematte die Chaussee entlang nach Bismarckburg tragen, wo er »zu Mittag« den Zug bestieg, auf genaue Uhrzeiten lässt man sich hier ja nicht ein. Sein Schiff läuft »nach Sonnenuntergang« aus.

Er hat das Gefühl zu ersticken, löst sich den obersten Hemdknopf.

In Bismarckburg hatte er darauf verzichtet, Reimann – sofern er denn überhaupt zugegen war – einen Besuch abzustatten. Es wäre zwar höchste Zeit gewesen, ihm in angemessenem Ton mitzuteilen, dass Gerber Grund zur Sorge habe, der Bezirksamtmann nehme sein Amt nicht ernst; wenn man ihn besuchen wolle, sei er nicht anzutreffen, wie letztens, als ein von Gerber bevollmächtigter Vertreter zu einer Unterredung mit ihm geschickt worden sei und nur von einem gewissen Lackaffen namens Müsmann aufs Ungehobeltste abgefertigt wurde.

So etwas dulde er in Zukunft nicht mehr – allein die Aussicht auf die Lösung aller Probleme in Bremen ließe ihn für dieses Mal gnädig sein und den unliebsamen Besuch verschieben.

Mit jedem seit Bismarckburg zurückgelegten Kilometer schrumpft Gerber, hört er auf, jemand zu sein. Der Offizier, dem er bis zu einer dieser Stationen mitten in der Pampa gegenübersaß, grüßte ihn nicht einmal, sah durch ihn hindurch, und das, wo er doch daheim Schirach nur ein Zeichen zu geben braucht und schon salutiert die Schutztruppe vor ihm. Im Gespräch mit den beiden Unternehmern aus Frankfurt, die nichts von Benēsi wussten und demnach nicht allzu beeindruckt schienen, als er meinte, er sei der Verwalter einer zukünftigen Stadt, hatte er, zum ersten Mal seit er in Benēsi lebt, kleinlaut geklungen. Bei dem Satz »Sie wissen schon« hatte er sich gewohnheitsgemäß zu Käthes aufmunterndem Blick umgedreht – aber sie war ja gar nicht mitgekommen. Wenn er verreise, dann müsse doch einer die Geschäfte zu Hause führen, hatte sie gemeint. Außerdem sei ihr die Überfahrt zu strapaziös.

Nervös faltet Gerber seinen Fächer und spannt ihn knallend wieder auf. Schließlich lässt er vom Schaffner seinen Boy rufen, der mit den anderen Schwarzen im angehängten Güterwaggon untergebracht ist, und trägt ihm auf, das Kartenspiel aus seinem Koffer zu holen. Gerber braucht dieses Kartenspiel nicht, doch die Situation eben – er, befehlend, der Boy, gehorchend – hat ihm Kraft gegeben. Wenn das allerdings so weitergeht und ihm auf dem Schiff und schließlich in Bremen all seine Autorität tatsächlich verloren geht, dann wird diese Reise, die Mission, den Herren der Kolonialgesellschaft die Leviten zu lesen, dann wird Benēsi scheitern. Er muss die Festung und ihre Bewohner angemessen vertreten. Auf seine

Eildepesche hatte er keine Antwort erhalten. Zweifellos musste er persönlich vorstellig werden. Postalisch war den Witzmatrosen nicht beizukommen. Warum nur wird ihm sein Recht verweigert? Hat er sich denn auch nur irgendetwas zuschulden kommen lassen? Immer wieder befühlt er das speckige, sorgsam gefaltete Blatt in seiner Jackeninnentasche, den Vertrag mit der Kolonialgesellschaft, unterschrieben von einem gewissen Oswald Petersen, stellvertretender Vorsitzender. Der Vertrag wird diese Bande an ihre Verpflichtungen erinnern. Gerber muss den Eindruck vermitteln, man komme an ihm nicht vorbei; man könne ihn nicht einfach so mit halben Sachen und leeren Versprechungen abwimmeln.

Die Landschaft vor dem Fenster bedrückt ihn. Das ist nicht seine Heimat, selbst wenn Tola einen Teil Deutschlands darstellt. Als er ein Gesicht, aufgedunsen, Kaiser-Schnauzer, im Glas gespiegelt vor sich sieht, wendet er sich wieder dem Geschehen im Waggon zu. Sein Blick fällt auf die Zeitung, mit der sich der Frankfurter Unternehmer gegenüber Luft zufächelt. Und Gerber liest »Berlin«, »Kurioser Zwischenfall in Kassel«, legt den Kopf seitlich, um mehr entziffern zu können, »Badespaß«, »Aschaffenburg«, »Nürnberg«, er kann nicht aufhören, möchte nicht nur die Überschriften, muss alles lesen, bittet, stotternd, den Mann darum, sich die Zeitung ausleihen zu dürfen, wenn dieser fertig sei. Und er verschlingt die Artikel über die Wahl eines neuen Abgeordneten in Berlin namens Gerhard Ehring, über das Treffen des Schrebergartenvereins in Hesselschmidt, über die Entwicklungen an der New Yorker Börse, über die verfrühte Erscheinung des Polarlichtes in Island, über den Besuch des österreichischen Thronfolgers in Budapest, über die Verurteilung des Dirnenmörders Weiß zum Tode durch die Guillotine in Köln, über die Geschichte des steilen Erfolges des Jenaer Seifenherstellers Friedrich … der Schaffner ruft die Endstation Loué aus, Gerber hat alles um sich herum vergessen, sieht durch das angestrengte Lesen die anderen Passagiere unscharf, möchte die Zeitung nicht weglegen müssen. Er hatte sich während der Lektüre plötzlich so wohl und nach langer, sehr langer Zeit endlich mal wieder heimisch gefühlt.

Als er dann, kurz vor Sonnenuntergang in Loué angekommen, vom Bahnhof in einer Rikscha seinem Boy mit dem Gepäck folgt und die letzten Meter über den weit ins Meer gebauten eisernen Steg zu Fuß geht, zum Schiff, der *Oberon*, unter sich das wild bewegte Wasser, die glutroten Wolken am Himmel, da ist es ihm fast so, als habe er bereits deutschen Boden betreten. Als würde der Steg aus Eisen, dieses Wunder deutscher Ingenieurskunst, direkt nach Hause führen. Bei der Abfahrt steht er nicht wie die anderen an Deck und schaut zurück, sondern bezieht gleich seine Kabine.

Was er sich in Benēsi nicht gestattete, lässt er in den Tagen der Überfahrt zu: Er stellt sich Deutschland vor, sieht, hört, schmeckt es, mit jedem Tag deutlicher. Die Kutschen auf dem Kopfsteinpflaster. Hier und da ein ratterndes Automobil. Die Gaslaternen, an die – ja, jetzt gerade, um diese Uhrzeit – Leitern gestellt werden, um sie zu entzünden. Die Häuser mit den schönen Fassaden. Die weichen Betten. Die rauschenden Röcke der Frauen. Das Essen in der Wirtsstube, Schweinebraten, Wurst und frische Milch! Käse! Nicht immer Bohnendreck wie in Tola, und Brezn!, Bier!, deutsches Bier, deutscher Wein, deutsche Kartoffeln, deutscher Schnupftabak, man singt Lieder. Schlagsahne, die nicht zerrinnt, sondern bei angenehmen Temperaturen steif stehen bleibt, dazu Zwetschgendatschi, das blau-weiße Tischtuch, die lieben Alten in der Ecke im Wirtshaus, sie rauchen Pfeife, deutscher Kaffee! Die fröhlichen Kinder in ihren Lederhosen auf den Straßen, die spielen und den Passanten nachrufen, nicht in einem Eingeborenen-Dialekt, deutsch! Und der Forst, anders als er ihn je pflanzen wird können, in seiner Koje kann Gerber ihn schon riechen, den deutschen Wald, sein Harz.

Im Speisesaal sitzt er bei den Mahlzeiten am Tisch mit einem Cornelius Friebott, der den Bau eines Telegraphennetzes in Tola überwacht hat. Obwohl sich der Preuße gegenüber dem Bayern etwas herablassend gibt, kommt man schnell ins Gespräch, genauer, Gerber lauscht Friebotts Ausführungen. Wie der vor kurzem von Loué nach Köln telefonierte; knacksend, aus weiter Ferne, aber nichtsdestotrotz eindeutig vernehmbar sei die Stimme seines Kollegen aus der Heimat erklungen. Friebott habe sich nach den aktuellen Fußballergebnissen erkundigt; schließlich musste die Leitung ausprobiert werden und irgendetwas habe man eben reden müssen, etwas, das zeigte, wozu so eine Sofort-Verbindung taugt. Überhaupt habe sich Friebott während des Jahres in Tola immer auf dem Laufenden über die Geschehnisse im Reich gehalten, durch Karten, Briefe, in denen er sich von seiner Familie präzise habe berichten lassen, was seine Frau, seine Kinder, ja, was man in seiner Stadt, im sächsischen Finsterwalde, so tue. Darauf habe er bestanden. Er habe, als er da draußen – er deutet durchs Fenster, auf das blau-glitzernde Meer – in der Steppe war, immer seine Lieben bei den von ihnen beschriebenen alltäglichen Handlungen innerlich vor sich gesehen, die sie ungefähr in eben diesem Moment, viele tausend Kilometer entfernt, ausführten. Hätte er das nicht getan, er wisse nicht, ob er überlebt hätte. Er habe mehr in den Beschreibungen der Briefe gelebt als in Afrika. Er freue sich so auf seine Familie. Sie werde am Kai stehen. Sein Jüngster, Oskar, werde sagen – Friebott spricht mit piepsiger verstellter Stimme: »Ich muss dir mein neues Spielzeug zeigen, Papa!« In Friebotts Augen glänzen Tränen. Für den Kleinen werde das ganz selbstverständlich sein, dass der Papa wieder sicher zurück sei, ganz so, als sei er nicht in Tola gewesen, sondern komme nur, wie sonst oft auch, von einer Reise durch Deutschland zurück.

»Ich bekleide das Amt des Verwalters einer Festung im Hinterland.« Der hochdeutsch gesprochene Satz klingt für Gerber, als erzähle er ein Märchen. Friebott nickt erfreut. Dennoch ist Gerber sich nicht sicher, ob er ihm glaubt.

Einige Tage später, nachdem Gerber eine Magen-Darm-Infektion überwunden hat und er sich zum ersten Mal wieder – es kommt ihm vor, als seien Wochen vergangen – nach oben, an die Salzluft wagt, schwankend, tritt Friebott zu ihm. Die Segel knarzen. Der Himmel ist bedeckt mit metallen schimmernden Wolken.

»Und wie ist das werte Befinden? Janun, das interessiert Sie vielleicht, wir haben in der Zwischenzeit ein weiteres deutsches Schiff passiert. Gucken Sie mal, am Horizont kann man es noch sehen.« Und tatsächlich: Blinzelnd macht Gerber eine Rauchfahne inmitten der schwarz-blauen Fläche aus.

»Ein Kabelschiff!«, erklärt Friebott stolz, während er Gerber sein Fernglas hinhält. Für einen Moment krampft sich sein Magen zusammen, er denkt, das kann nicht sein, wo bin ich, dann fängt er sich wieder. Nach Jahren hat er wieder den Namen seines Vaters gelesen, in großen roten Lettern, auf dem Bug des Schiffes: *Hermann*. An der Reling des Hecks steht eine kleine Gruppe von Menschen in Öljacken, die die Köpfe beugen.

»Na, Friebott, schießen Sie los«, entfährt es Gerber und er ist zufrieden mit sich. Wie bestimmt er klingt, Friebott beginnt sofort gehorsam zu erzählen.

»Naja, man legt eine Leitung. Das Kabel führt also direkt von Deutschland nach Tola. Ich präzisiere, man errichtet ein Telefonnetz. Am Meeresboden unter uns liegen bereits viele solche Kabel, welche die Länder miteinander verbinden, Amerika mit Europa und so fort« – Gerber schaut reflexartig aufs Wasser, dessen von den Wolken silbern gefärbte Oberfläche undurchdringlich hin und her wiegt.

»Ich erlaube mir, Ihnen zu verraten, dass mich als Knabe jener Gedanke verzückt hat, den ich ab und an auch in Tola hatte; dass zu meinen Füßen und, im Fall der Telegrafenmasten, *über* uns die Wörter und Sätze dahineilen, wichtige Befehle, Botschaften, die über Leben und Tod entscheiden, aber auch Liebesbeteuerungen und Streitereien ... Sie müssen es mir nachsehen: Selbst ein Ingenieur wie ich, der wahrscheinlich schon mehr als so manch anderer Kollege erlebt hat, kommt angesichts der fortschreitenden Technik ins Schwärmen. So viel steht jedenfalls fest: Wer die Hoheit über diesen, wie soll man es nennen« – mit einer kräftigen kreiselnden Bewegung kratzt er sich mehrmals am Hinterkopf ... als wollte er ihn aufschrauben, denkt Gerber –, »diesen *Raum der Kommunikation* besitzt, der ist der wahre Herrscher der Welt und ihrer Bewohner, kein Zweifel. Lange Zeit ist ja Deutschland, das sich in einer Art Dornröschenschlaf befunden hat, um Tausende von Kabelkilometern von den anderen Ländern abgehängt worden und lag damit um Jahre in der Entwicklung zurück – ein wirklich ganz unverzeihlicher Zustand, in den man uns da hinein manövriert hat ... Denn was für Deutschland, dessen Verhältnis zu Amerika und England in dieser Hinsicht jenem Afrikas zu den zivilisierten Staaten gleicht, momentan noch Zukunft ist – wenn auch eine schon bald erreichbare –, das ist für den Amerikaner und den Briten bereits die Gegenwart. Bei Gelegenheiten wie diesen« – Friebott deutet auf die Rauchwolke der *Hermann* –, »erlebe ich mit einer gewissen Genugtuung, wenn die Asymmetrie der Zeit wieder in Ordnung gebracht wird, hier und jetzt. Naja, und dann ja noch Nauen.«

»Wie meinen?«, fragt Gerber nach einer kurzen Pause, weil er gedacht hat, Friebott wolle den Satz noch zu Ende führen. Es kostet ihn einige Mühe, sogar beim momentanen leichten Seegang ohne Stütze sein Gleichgewicht zu halten.

»Nauen im Havelland. Der Nabel der deutschen Kolonialwelt. Also, das sollten Sie als Verwalter in diesem Ben-Dingsbums doch wissen.«

Gerber überlegt kurz, ob er sich diese Blöße geben darf. Noch nie hat er von diesem Ort gehört und absolut keine Vorstellung, wie der Nabel der Kolonialwelt im Havelland liegen kann. Wo genau soll dieses Havelland überhaupt sein?

Er ringt sich schließlich durch zu: »Ja, ist wirklich allerhand, was man dort erreicht hat ...«

»Jaja«, stimmt Friebott ihm sofort begeistert zu, »ist es nicht unglaublich, wie weit der Fortschritt inzwischen gediehen ist? Noch vor wenigen Jahren verlachte man uns im Ausland, als die Funkanlage mit ihrer – das konzediere ich, aber nur das! – mit ihrer Zinkfunkentechnik mehr Krach als Morsezeichen produzierte. Aber nun: Funkverkehr bis nach Afrika! Jeden Tag! Aus dem kleinen Nauen! Drahtlos! In wenigen Sekunden! Na, da fällt mir ein, gleich bei Ihnen um die

Ecke, in Bismarckburg, da liegt doch unsere Funk-Großstation, seltsam, dass wir uns bisher noch nicht begegnet
sind ...«

»Seltsam, seltsam«, pflichtet Gerber stirnrunzelnd bei, der
sich schwört, bei der Kolonialgesellschaft darauf zu dringen,
Benēsi ebenfalls an dieses Funknetz anschließen zu lassen.

»EIN ESTRELLO, gell«, sagt Gerber einige Tage später am
Mittagstisch zu Alfred Berner. Der Pastor hatte zwei Jahre in
Tola als Missionar zugebracht; nach überstandener Malaria
durfte er endlich in seine Heimatgemeinde Freiburg zurückkehren. Davor wird er jedoch noch einmal von Gott auf eine
harte Probe gestellt. Von der Seekrankheit übelst mitgenommen, ist bisher kein Tag vergangen, an dem er nicht kurz mit
grünlich schattiertem Gesicht in der Luke zum Deck erschien, schon glücklich lächelnd, den anderen bedeutete,
dass er sich heute viel besser fühle – nur um dann mit plötzlich vollen Wangen schnell wieder nach unten zu verschwinden.

»Ein Estrello befindet sich im Laderaum, das schwöre ich.
Für den Berliner Zoologischen Garten. Hatte in der Nacht
Geräusche gehört. Tief, dumpf, tutend. Ich zum Offizier:
Bitte sagen Sie mir, was für ein Tier transportieren wir? Habe
es nämlich gehört. Kenne mich bei so etwas aus. Lebe seit Jahren in der Wildnis. Tola. Er: Dürfe er mir nicht sagen. Sei für
den Zoo in Berlin. Geschenk eines Stammesfürsten an den
Kaiser. Aber, unter uns, meinte der Offizier, es sehe schon wie
ein Estrello aus. Und er so: Gutes Gehör haben Sie da, alle
Achtung!«

»Estrello? Nie gehört«, erwidert der Pater. Mit sorgenvollem Blick beobachtet er, wie auf dem Tisch sein Teebecher vom stärkeren Wellengang ein Stückchen nach links gerutscht ist. »Elefantenartig. Dickhaut mit Rüssel. Dabei kleiner. Größe und Länge eines Nilpferds. Wenn gereizt, dann gefährlich«, klärt Gerber ihn auf, der eben seine Begegnung mit dem Offizier wie die Existenz des tolalesischen Tieres spontan erfindet, wer soll es überprüfen? Man hört ihm zu. Die Tasse des Paters gleitet wieder nach rechts, genau an die Stelle, an der sie sich vor ein paar Sekunden befand.

IN DER WOCHE vor der Ankunft in Bremen – in der Ferne ist bereits Spanien zu erkennen, der felsige, steil abfallende Küstenstreifen, der Gerber merkwürdigerweise an den Anblick der nordwestlichen Staaten Afrikas erinnert – beginnt er, sich bei den Mahlzeiten, beim Gespräch mit Friebott, dem Pater, beim Verfolgen von Möwen mit dem Fernglas zu vergegenwärtigen, wie der Termin bei der Kolonialgesellschaft ablaufen wird. Er steht im Wartesaal. Der Wartesaal ist hoch und besitzt eine weiße Stuckdecke. Gerber ist umgeben von gleichfalls Wartenden in schwarzen Anzügen. Er wird aufgerufen. Er tritt in einen Saal, in dessen Mitte ein Rokoko-Tisch steht. Oswald Petersen, der stellvertretende Vorsitzende der Kolonialgesellschaft, erhebt sich von seinem Stuhl und sagt: »Mein lieber Gerber.« Er ist jung und trägt einen blonden Vollbart.

Oder aber: Gerber sitzt im leeren Warteraum. Der Warteraum ist klein und stickig. Oswald Petersen tritt ohne Vorankündigung in den Warteraum und sagt: »Guten Tag. Wie war noch mal der Name?« Petersen ist ungefähr 60 und rasiert. Gerber muss sich all seines rhetorischen Geschicks bedienen, um den Bremern ein weiters Schiff abzuringen. Sie versuchen ihn abzuwimmeln. Er lässt es nicht zu. Pocht auf Vertragserfüllung. Entkräftet gibt man ihm das Gewünschte.

13 NACKT

Es ist spät geworden. Auf dem Weg zurück vom Wald ist es stockdunkel, die Arbeiter haben Fackeln entzündet. Auch sie hat der Tag erschöpft; stumm, mit gesenktem Kopf, trotten sie nebeneinander her. Als die Lichter der Festung zu sehen sind, die roten Laternen am Torbogen und an den Zinnen, lässt sich Henry zurückfallen, weil er noch allein sein und in der Kühle des Abends seinen Gedanken nachhängen will. Von den Moskitos, die in Trauben über den Bewässerungskanälen schweben, ist er am ganzen Körper zerstochen. Sein Hemd und seine Hose kleben ihm auf der Haut.

Seit Gerbers Abreise wirken alle in Benēsi einschließlich des Personals wegen der ausbleibenden Siedler wie gelähmt. Das große Entsetzen hat auch Käthes Verhältnis zu Henry eine neue Wendung gegeben. Nun, da der Verwalter fehlt, ist seine Schwester beschäftigt mit der Instandhaltung des Forstes. Mit ihrer lauten tiefen Stimme versammelt sie jeden Morgen die Arbeiter um sich und teilt sie in Trupps ein. Auch Henry hilft mit, kommt er sich doch als Architekt nicht nur überflüssig, sondern geradezu schuldig vor, weil er mit seiner Anwesenheit alle an die schreckliche Enttäuschung erinnert. Warum antworten die Bremer nicht? Hat man sie vergessen? Ist ihnen am Ende die Vermessenheit des Unternehmens gedämmert? Er entschlackt die Gräben, erneuert Zäune, klettert Stämme hoch, um die Kronen auszuasten. Abends sitzen Käthe und er, erschlagen von der Arbeit und bedrückt von den Sorgen um ihre Zukunft, im mit einem Mal durch seine Leere noch größer als früher erscheinenden Speisesaal beisammen; stets reden sie über Geschäftliches. Die Bäume. Die Schwarzen, denen man zwar einen geringen, aber eben doch einen Lohn in drei Monaten schuldig bleiben wird. Über mögliche Geldgeber in Europa, den USA (Henrys Vorschlag). Sie haben eine Audienz bei Maysenbug erwogen. Das alles geht ohne begehrliche Blicke vonstatten. Nur ab und an rutscht Käthes Hand dann in die Henrys, gerne und sanft hält er sie, nimmt es jedoch nicht als Zeichen für eine wieder-aufkeimende Leidenschaft, sondern dafür, dass die Schwester sich nach dem Weggang Gerbers nach brüderlicher Zuneigung sehnt. Er ist überaus zufrieden mit dieser Wendung der Dinge wie mit sich und seiner Selbstbeherrschung.

Mit letzter Kraft schleppt er sich jetzt durch den Torbogen der Festung, in den düsteren Innenhof. Reflexartig wandert sein Blick zum erleuchteten Fenster im ersten Stock. Eine Gestalt darin, mit erhobenen Armen. Henry bleibt stehen, bis er erkennt, dass er eben, wenn auch nicht absichtlich, etwas überaus Ungehöriges tut. Im hellen Rahmen über ihm streckt sich der nackte braune Körper Käthes. Sie greift nach den Vorhängen. Zum Glück hat sie ihn nicht erblickt. Henry schaut noch ein letztes Mal nach oben, späht auf Käthes Rundungen, ihren Hals; er ist viel zu müde, als dass ihn dieses Bild, das er so oft bei geschlossenen Augen vor sich sah, heute erregen könnte. Nein, er schämt sich, zu lange auf die Ahnungslose gestarrt zu haben, die sicher auch einen langen harten Tag hinter sich hat.

Die roten Vorhänge oben schließen sich.

WARUM gibt er ihr kein Zeichen? Aber er hat sie gesehen, soviel ist sicher. Käthe hätte sich allerdings erhofft, dass er beeindruckter wäre und nicht nur müde blinzelt, wenn sie sich ihm so offen darbietet.

Nachdem sie die Vorhänge zugezogen hat, hüllt sie sich schnell in ihren warmen Morgenmantel.

Wie lange hat sie nackt und frierend seit dem Sonnenuntergang am Fenster gewartet, bloß um den rechten Augenblick abzupassen, in der Hoffnung, dass der Architekt auch ja hochschaut? Noch einmal betrachtete sie sich vor dem Spiegel über dem Waschtisch, ließ den Mantel zu Boden gleiten. Ja, sie konnte sich durchaus noch sehen lassen. Vielleicht hier und da ein paar Falten. Aber die Kinderlosigkeit hat auch etwas Gutes. Man kann Käthe verführerisch nennen.

Doch jetzt: alles umsonst. Das Trinkgeld an die Waldarbeiter, damit sie sich unverzüglich in ihr Quartier begeben und nicht wie sonst redend im Hof stehen, hätte sie sich sparen können. Dass sie ausgerechnet heute Überstunden machen mussten. Wenn sie sich da nur mal keine Erkältung geholt hat ...

Einer plötzlichen Eingebung folgend, eilt sie auf Zehenspitzen zur Tür. Vielleicht hat er es sich ja anders überlegt. Ja, so muss es sein ... gleich wird er klopfen. Er hat ihr Zeichen schon im Hof unten verstanden und ist nun auf dem Weg zu ihr. Was muss sie denn noch alles tun, damit er endlich dem Kuss von damals einen weiteren und Umarmungen und zärtliche Worte folgen lässt?

Tatsächlich hört Käthe die Treppe knarzen. Ihr Herz schlägt ihr bis zum Hals. Soll sie sich noch einmal frisieren? Aber was ist das? Die Schritte werden leiser. Henry steigt in den zweiten Stock, in sein Zimmer! Er geht schlafen.

»ICH VERURTEILE DEN ANGEKLAGTEN HIERMIT zu 35 Peitschenhieben. Das Urteil wird unverzüglich ausgeführt.« Schirach spricht mit lauter Stimme. Sie hallt von den Mauern des Hofs wider. Er sitzt auf dem kleinen Podest, das er heute Vormittag hat errichten lassen. Die Phalanx von Soldaten zu seinen beiden Seiten verzieht keine Miene. Schirach lässt das Anklage-Pergament in seiner Hand sinken, das er gerade noch theatralisch entrollt und erhoben hatte. Henry ist sich sicher, dass gar nichts darauf geschrieben steht. Die Kürze der Ansprache des Offiziers lässt den Aufwand, den er für diese Vorstellung getrieben hat, nur noch lächerlicher erscheinen.

Er hat wohl während der Abwesenheit des Verwalters und in der schlechten Stimmung bei den Bewohnern der Festung den rechten Zeitpunkt kommen gesehen, um ein Exempel zu statuieren. Dafür hat er sich den unglückseligen Schwarzen ausgesucht, der Wochen zuvor angesichts des Luftschiffs den Befehl verweigert hatte, den Feldstecher zu holen, und seitdem im Keller in Kettenhaft saß.

Unverzüglich wird er nun in einer Art Prozession aus dem Hof zum Vorplatz geschleift. Er zittert am ganzen Leib. Offenbar ist er nicht bei allen beliebt, da ein Teil der Einheimischen feixt, während Henry mit Besorgnis aus dem Augenwinkel eine andere Gruppe beobachtet, die Schirach und auch ihn böse anstarrt. Gleich neben dem Tennisplatz sind Sandsäcke übereinandergetürmt; in einiger Entfernung steht ein Stuhl, auf dem Schirach Platz nimmt. Einer seiner Soldaten hält dem Verurteilten die Arme hinter dem Rücken fest, ein anderer zieht ihm die Hose herunter, was er widerstandslos geschehen lässt. Henry, der gehofft hat, dass doch noch irgendetwas geschehen würde, was die Vollstreckung des Urteils verhindert, wendet sich ab. Weder Käthe noch Dr. Brückner wollten mit Schirach reden. Sie erinnerten Henry daran, dass man gegen den Offizier machtlos sei; durch Gerbers Abwesenheit habe er als dessen offizieller Stellvertreter volle Befehlsgewalt.

Zschum.

Das Schnalzen der Peitsche, gefolgt von einem gellenden Schrei. Henry zwingt sich, wieder hinzusehen. Wie auf einem mittelalterlichen Folterinstrument, von den Soldaten an den ausgestreckten Armen und Beinen gehalten, liegt der halbnackte Verurteilte auf den Säcken. Henry versucht, sich mit der Überlegung abzulenken, wer für die erfolgreiche Errichtung der Stadt, wenn es denn dazu einmal käme, von größerer Bedeutung sein werde: Schirach, dessen Bericht bei der Armee sicher nicht wenig zählt und der sich zur Not persönlich dafür einsetzen könnte, wenn es um die Verstärkung des Schutzes Benēsis und um mehr Soldaten ging; oder die Eingeborenen, die man sich in jedem Fall wohlgesinnt halten sollte, wenn man will, dass sie den Wald ordentlich pflegen. Weil Henry zu dem Schluss kommt, dass beide Parteien gleich wichtig sind, und weil er die Schreie des Gepeitschten nicht mehr erträgt, dem sich die Haut vom Gesäß wie eine schlecht befestigte Tapete von einer Wand schält, tritt er klopfenden Herzens vor, fühlt die Blicke der Schwarzen und Schirachs auf sich und nickt diesem zu, indem er kurz mit dem Kopf zu den Zuschauern deutet. Er formt das Wort »Aufstand« mit den Lippen.

Zschum.

Noch einmal geht die Peitsche nieder. Schirach ist sichtlich nervös geworden, er linst nach rechts und links, dann wieder auf Henry, der erneut beschwörend die Arme hebt. Endlich gibt der Offizier den Soldaten ein Zeichen, ruft: »Ich halte hiermit fest: Dem Verurteilten wird bei einschließlich Schlag Nummer zwölf die restliche Strafe erspart, in der Hoffnung... ja, in der Hoffnung, dass er sich nächstens eines Besseren besinnt, wenn er wieder einen Befehl verweigern möchte!« Henry stürmt davon; wütend, dass er sich nicht eher gegen Schirach durchgesetzt hat, rennt er durch den Torbogen, die Treppen hoch, nimmt drei Stufen mit einem Satz und beruhigt sein Gewissen damit, dass er letztlich nichts anderes hätte tun können und tatsächlich mehr als genug getan hat. Als er in trockene Kringel aus grün-weißem Kot tritt, hält er inne. Dicht nebeneinander, wie Baumpilze, kleben über ihm in den Ecken die leeren Schwalbennester: Kein Vogel weit und breit. Es ist ihm in diesem Moment, als wären sie, die ihm immer wie gute Geister erschienen waren, nur wegen Schirachs Untat nach Hause geflohen. Henry aber haben sie allein zurückgelassen.

ZWEI TAGE SPÄTER steht Käthe vor seiner Tür – im Tennisdress mit Racquet. Sofern Henry es wünsche, werde auch ihm eine passende Hose angefertigt, was natürlich bedeute, dass Henry dann auch mit ihr eine Partie wagen müsse. Darauf insistiere sie, und wer bitte könne der Schwester des Verwalters wie überhaupt einer älteren Dame so eine Bitte abschlagen. Mit ihren Knopfaugen zwinkert Käthe ihm zu. Nach dem unguten Zwischenfall, der auch ihr zu Ohren gekommen sein muss, will sie Henry auf andere Gedanken bringen und hat für einmal den Wald Wald sein lassen, die Gute.
Bei dem Match bereitet es ihr dann sichtbar Freude, wenn

er, der in Sachen Tennis völlig unerfahren ist, wieder einmal vergeblich einem ihrer Bälle hinterherläuft. Ihn hingegen fordern ihre kleinen hohen Schreie, die sie beim Aufschlag ausstößt, derart heraus, dass er umso kraftvoller parieren will – und doch nur wiederholt ins Leere schlägt. Binnen Sekunden schwankt Käthe zwischen größter, beinahe kindlicher Freude und Zorn, wenn einer ihrer Bälle ins Aus geht. Ihrem Inneren ist er, das spürt er, in all den Monaten, die er nun schon hier lebt, immer noch nicht recht nähergekommen.

Bei der Ankunft in Bremerhaven nieselt es. Gerber, der zur Feier des Tages seinen Trachtenanzug angezogen hat, tritt an Land; jetzt, wo er wieder festen Boden unter den Füßen hat, schwankt er. Er hört die Matrosen um ihn herum plattdeutsch fluchen, sieht die Frauen mit Kindern am Kai stehen, die die Heimkehrenden in die Arme schließen, Fischgeruch liegt in der Luft.

Mei.

Gerber weiß nicht, was er fühlen soll. Er hustet. Stellt den Kragen auf. So kalt ist es hier, wo doch eigentlich Trockenzeit herrscht ... nein, das ist zu Hause ... Unsinn, in Tola ...

In einem Käfig wird ein bulldoggengroßes Flusspferd über die Rampe getragen. Ängstlich guckt es mit seinen kleinen Augen. Das Estrello, das keines war.

Alle Bewegungen fallen hier leichter. Anders als in Benēsi bereitet es keine Mühe, Treppen zu steigen oder längere Strecken zu Fuß zurückzulegen. Voller Elan schwebt Gerber.

Er reist stadteinwärts. In den Vororten stehen Ziegelsteinwohnblöcke. Zwischen den Häusern flitzen Automobile, Omnibusse und Motorräder, Truppen in rot-blauen Uniformen marschieren, Bettler in Lumpen lungern vor Geschäften mit Waren in den Auslagen, die Gerber nicht kennt. Die beiden Damen ihm gegenüber in der Tram unterhalten sich über eine unterirdisch verkehrende Bahn in Berlin. Er dachte, man habe so etwas nur in Paris. Nun also auch in Berlin. Alle Achtung. Geräusche vom Himmel. Rattern. Er duckt sich, späht. Ein Flugzeug kreist. Nauen, immer wieder Nauen, diese Schwingungen, die von dort ausgesendet werden, gehen ihm nicht aus dem Kopf. Dass die Technik so einen Sprung gemacht hat. Wo doch Gerber stets ein Mann des Fortschritts war.

Schnell ist es ihm zuviel. Der Lärm und das Tempo überall greifen ihm an die Nerven. Er sehnt sich danach zu ruhen. Noch darf er es nicht.

Er wird nicht verstanden – ist es sein Bayerisch, das er doch in den Jahren im Ausland, als mondäner Geschäftsmann, abgelegt zu haben meinte? Sind es die neuen Redensarten, Wörter, die ihm fremd sind?

Die Mode der Damen ist kühn, ja, frivol. Junge Mädchen gehen ohne die Begleitung einer Gouvernante spazieren.

An einem Gebäude am Bremer Marktplatz sieht er den Spruch *Buten un Binnen / Wagen un Winnen*, den er für sich mit *Beten und Bitten / Wagen und Gewinnen* übersetzt. Wo, kruzitürken, befindet er sich denn hier, dass er seine eigene Sprache, Deutsch, nicht mehr lesen kann? Gegenüber, an der Fassade des Rathauses, stechen ihm Reliefs von grünen Fabelwesen ins Auge, Meerjungfrauen, Nixe, Muscheln, als sei's die Darstellung eines tolalesischen Heidenmythos'.

In der Kolonialgesellschaft, die im Erdgeschoss eines schmucklosen Bürogebäudes residiert, muss er nur seinen Namen nennen, schon wird er vorgelassen. Man weiß, wer er ist. Eine Sekretärin in einem sehr engen grauen Rock und weißer Bluse behandelt ihn mit ausgesuchter Höflichkeit. Sofort führt sie ihn einen langen Flur an Milchglasscheiben-Wänden entlang, hinter denen die Silhouetten von Menschen, telefonierend, gebückt zwischen Aktenstapeln, erkennbar sind, zu einer Tür, die sich zu einem grell erleuchteten winzigen Büro öffnet, einer Kammer. Ein hageres bebrilltes Männchen mit fein ausrasiertem Oberlippenbart hinter einem bis auf einen Bleistift und ein goldenes Glöckchen leeren Schreibtisch. Gerber bleibt stehen, sieht auch keinen Stuhl, auf den er sich setzen könnte, schützend hält er seinen Tirolerhut vor der Brust.

»Herr Geber?«, fragt das Männchen.

»Gerber«, verbessert der ihn und fügt an: »Herr Petersen, ja?«

»Kupfert«, sagt das Männchen. Bei jedem Satz spitzt es die Lippen.

Unverzüglich setzt Gerber zu seiner kurzen, aber kraftvollen Rede an, die er auf der Überfahrt vorbereitet hat und die eindrucksvoll deutlich machen wird, mit wem sich die Gesellschaft hier angelegt hat.

»… und auf genau dieses versprochene Schiff, von dem das gesamte Gelingen meines, ja unseres Projektes abhängt, auf dieses Schiff warte ich bis heute vergeblich – verlange im Übrigen unverzüglich mit Petersen, Oswald Petersen zu sprechen, der zu seinem Wort gefälligst stehen soll wie ein Mann!«, schließt er und platziert als Schlusspunkt den Vertrag mit einem Knall, der nicht so laut ausfällt wie erhofft, auf Kupferts Tisch. Der Bleistift hüpft dennoch.

Kupfert gibt sich ungerührt und hält weiter seine Hände zur Pyramide gefaltet über dem Schoß. »Schon vor einigen Wochen, das genaue Datum werde ich unverzüglich nachsehen, ist der Schoner *Jonathan* mit 96 Siedlern nach Tola gereist. Am 3. Mai, das kann ich Ihnen auswendig sagen, kam der Bescheid von seiner Ankunft in Loué.« Seine Brille ist mit jedem Wort auf seiner Nase weiter nach vorne gerutscht, so wie eine Schreibmaschinenwalze sich beim Schreiben Stück um Stück bewegt. Als Kupfert die Brille zurückschiebt, hätte es Gerber nicht überrascht, wenn ein Klingeln ertönt wäre.

Ist ja gänzlich unmöglich, was dieses Männchen ihm da weismachen will. Wo ist Petersen oder eben der, der die wichtigen Entscheidungen trifft und damit auch jene über Gerbers weiteres Schicksal? An wen hat er all die Monate seine Briefe, Eildepeschen und Telegramme schicken lassen, vor wem ist er da verbal in die Knie gegangen? Wo ist denn Lüderitz geblieben, der ihm das alles eingebrockt hat? Warum lässt man ihn nicht vor und speist ihn in einem Vorzimmer mit einem unbedeutenden Sekretär ab, denn um nichts anderes kann es sich bei diesem Raum und seinem Gegenüber doch handeln.

In ungeniertem Dialekt bricht es jetzt aus Gerber heraus, während er sich, mit dem Tirolerhut in der Linken auf das überraschte Bremer Männchen deutend, mit der Rechten auf den Tisch stützt: »Von Ihnen lass ich mich nicht dablecken! Ein Materialschiff haben'S geschickt! Ein Materialschiff! Was soll ich mit einem Material ohne die Leute, ha?«

Sein Gegenüber hat sich vorgebeugt, die gefalteten Hände schon nach dem Goldglöckchen ausgestreckt. Gerber fasst sich, stellt sich gerade. Auf Hochdeutsch: »Ich erinnere Sie an unseren Vertrag! Ich erhalte Nachricht, das Schiff sei da. Ist aber nur Material darauf …«

»Das sagten Sie schon …«, wirft dieser Bremer Stadtmusikant ein.

» … ich lasse drahten, wo meine Siedler bleiben. Keine Antwort. Erneutes Drahten mit der Bitte um einen Termin. Nichts. Also mache ich mich auf die Reise, eine verflucht strapaziöse Reise, Herr Dings, des können Sie mir glauben, aber Sie sitzen ja ohnehin immer nur hier, auf Ihrem … auf Ihrem Arsch, gell, und haben keine Ahnung von den wackeren Bürgern Deutschlands, wie die ihr Leben für die Heimat aufs Spiel setzen ...«, ohne, dass er es steuern könnte, verfällt er immer wieder ins Bayerische; die letzten Worte brüllt er.

Nach einem weiteren Blick auf das Glöckchen überlegt es sich der Sekretär anders, wendet sich zum Aktenschrank um, rollt ihn mit dem Stuhl entlang und fischt einen Ordner heraus. Wahrscheinlich kommt es ständig zu Beschwerden. Man stellt sich stur und streicht die dicken Gewinne ein, während Menschen wie Gerber im afrikanischen Busch versauern und sich mit schmalen Prämien zufriedengeben müssen. Nun ist er diesem Pack aber endlich auf die Schliche gekommen! Na, denen wird er zeigen, mit wem sie sich hier angelegt haben.

Leise schmatzend befeuchtet das Männchen den Finger, blättert. Die Seelenruhe, mit der dieser Wicht jede Seite studiert, treibt Gerber zur Weißglut. Es fehlt nicht viel und er packt dieses Manschgerl und hält es hoch, bis es zappelt.

»Ah, gefunden«, sagt es leise. »Man entschloss sich nämlich, Siedler und Ausrüstung voneinander zu separieren. Zwei separate Ladungen zu schicken sozusagen. Wenn Sie bitte so freundlich wären und hier einen Blick ...«, Gerber starrt auf die geöffnete Akte, die ihm zugeschoben wird.

SCHIFF MIT SIEDLERN UNTERWEGS STOPP ANKUNFT VORR. IN WENIGEN WOCHEN STOPP

Wie alle für Benēsi bestimmten Telegramme trägt auch dieser Durchschlag als Empfänger den Namen Müsmanns in Bismarckburg.

»Und das ist ... abgeschickt worden?«, fragt Gerber, es klingt verzagter als er möchte.

Eifrig nickt das Männchen nun und schiebt die Brille wieder

zurück. Nur mühsam kann es ein triumphierendes Lächeln verbergen.

»Vor über einem Monat. Wünschen Sie das genaue Datum?«

»Aber... aber ich verstehe nicht...«, Gerber schwindelt, er greift hinter sich. Das Männchen ist aufgestanden, läuft eilfertig um den Tisch und schiebt ihm einen Hocker unters Gesäß. Kann es denn wirklich sein, dass dieser Saukerl von Müsmann in Bismarckburg die Nachricht aus Bremen einfach nicht weitergab?

»Wir haben doch Telegrafenstationen, überall«, stottert Gerber, »... die neueste Technik... in Sekunden schwirren die Wörter, in Kabeln unter dem Atlantik, Sie verstehen... auch hier«, ihm wird schwarz vor Augen, er spürt Wasser auf seinen Lippen, blickt in das Gesicht des Männchens, das ein Glas an seinem Mund angesetzt hat. »Ja, was ich nicht verstehe, wie kann es sein, dass wir zwar überall unsere Stationen haben, derart wichtige Nachrichten aber nicht anzukommen scheinen? Sagen Sie mir das, Herr... Herr, wie war noch der Name?«

»Kupfert«, erwidert sein Gegenüber eifrig. »Ja, ein durchaus bekanntes Phänomen, Herr Gerber. Gerade in unseren Kolonien. Der Unsicherheitsfaktor Mensch, Herr Gerber.«

Hält man ihn nicht doch zum Narren? Kann es sein, dass man ihn nur abwimmeln will, ihn zurück nach Benēsi fahren lässt und er wieder nur wartet und wartet – und nichts geschieht? Noch einmal würde er bestimmt nicht die Überfahrt wagen. Ein Katz- und Mausspiel womöglich, um ihn zu zermürben. Völlig absurd, dass die in Bismarckburg versagt haben sollen. Doch bisher waren keinerlei Fälle von Übervorteilungen durch die Bremer bekannt. Und sie selbst hätten ja auch den Schaden dabei. Unsinnig, dass sie an ihrem eigenen

Ruin interessiert sein sollen… So geht es hin und her in seinem Kopf, wie wenn Käthe mit Käutner Tennis spielt.

Behutsam manövriert Kupfert den schwer verdatterten Gerber durch den langen Flur mit den Milchglasscheibenbüros nach draußen. »Anschluss an den Äther… den direkten Draht…«, murmelt der. Aber Kupfert meint bloß, wenn er noch Fragen habe, könne er ja jederzeit vorbeikommen. »Aber dieses Mal vorher einen Termin vereinbaren, bitte – am besten persönlich, Sie sehen ja, wie schnell es zu Missverständnissen kommt. Die Siedler müssten übrigens schon in Ihrem Benēsi eingetroffen sein. Und weiterhin viel Erfolg, ja?«

Wie betäubt wankt Gerber durch die Stadt. Sein Weg führt ihn ins Kino. Man zeigt einen Film über Menschen, die auf dem Mond landen und dort auf dessen Bewohner treffen. Während das Publikum johlt, erschrickt Gerber. So etwas hat er noch nie gesehen. Diese Dinge auf der Leinwand. Für Momente meint er, sie haben sich tatsächlich ereignet. Im Wirtshaus kommt es ihm dann so vor, als befände er selbst sich auf einem fremden Gestirn. Wie man spricht, wie man aussieht, wie man ihn anguckt. Er tröstet sich: Preuße sei eben Preuße, er aber Bayer.

Er drahtet nach Hause.

DRINGEND: SIEDLER SCHON DA? STOPP HIER KONFUSION STOPP

Dem Postbeamten hinterlässt er die Adresse seiner Absteige mit dem Versprechen auf ein gutes Trinkgeld bei sofortiger Benachrichtigung im Fall einer Antwort. Aber wenn es stimmt, dass dieser Müsmann das erste Telegramm unterschlagen hat, wird er dann nicht auch dieses abfangen?

Auf dem Nachhauseweg hört er in den nebligen Gassen ein

Lied, das er als kleiner Bub immer gesungen hat. *Es tanzt ein Bi-Ba-Butzemann.* Ein Alter vor einer Kneipe spielt es auf dem Schifferklavier. Als Gerber stehen bleibt, öffnet der Greis, der ohne Beine auf einem kleinen Wägelchen hockt, den Mund zum zahnlosen Lachen. Gerber erschrickt, der Alte verfolgt ihn mit seinem Blick und Gerber beginnt zu laufen, weg von diesem Gschwerl überall, bloß weg, an den Häusern vorbei, auf deren Fassaden im Laternenlicht, spitz und lang, Schatten stehen. Auf einer breiten Straße glaubt Gerber sich in Sicherheit, schaut sich um und schwitzt, heiß ist ihm geworden – da hört er es noch immer. *Es tanzt ein Bi-Ba-Butzemann.*

Die Antwort auf sein Telegramm lässt auf sich warten. Es bleibt ihm nichts anderes übrig, als wieder nach Hause zu fahren und zu hoffen, dass dieser Kupfert Recht behält.

Ohnmächtig hatte er damals, in der ersten Zeit in Tola, aus der Ferne erleben müssen, wie Krämer, der inzwischen in einer Villa in Bogenhausen wohnt, auch den letzten Rest des väterlichen Erbes versetzte. Veruntreuungen waren ihm freilich nicht nachzuweisen gewesen. Gerber und Käthe hatten extra einen Sachverständigen beauftragt. »Eine Kette von Versäumnissen Ihres Herrn Vaters. Er hätte auf neue Maschinen setzen und ins Ausland investieren sollen statt innerhalb des Reichs. Früher oder später musste das Unternehmen scheitern, es war nur eine Frage der Zeit. Gut, dass Ihr seliger Vater das nicht mehr erleben muss. Herrn Krämer trifft da aber keine Schuld. Sie sollten ihm sogar dankbar sein, dass er das Unvermeidliche so lange abwehrte«, lautete das Urteil.

Gerber reizt es jetzt dennoch nachzuschauen, was aus der alten Fabrik wurde, dem Ort seiner Kindheit. Auch um die

Woche bis zur Abfahrt des Schiffes nach Tola zu überbrücken, reist er nach Zwiesel.

Der Kutscher meint, die angegebene Adresse existiere nicht mehr. »Das alte Gut, das da gestanden hat... nun«, fährt er fort.

Gerber stockt der Atem: »Ja?«

»... nun, das ist doch schon längst nicht mehr da. Abgerissen.«

Dennoch fährt Gerber die alte Ulmenallee entlang, die auf den ehemaligen Hof zuführte. Schon von Ferne kann er es stampfen und pfeifen hören. Der Kutscher sucht nach dem richtigen Begriff für das, was dort hergestellt wird: Gal... Galli... Ga...; *Galalith* steht dann in geschwungenen gusseisernen Lettern über dem Tor der Fabrik mit ihren schwarz rauchenden Schlöten an jener Stelle, wo Gerber aufgewachsen ist. Ein hohes Gitter verwehrt den Zugang zum Wald dahinter.

Da, das sei »von da her«, sagt der Kutscher und deutet dabei auf den Knopf an seinem Janker.

Die Biergärten sind noch kaum gefüllt. Gerber erkältet sich, bekommt am nächsten Tag Fieber. Das Klima bekommt ihm ganz und gar nicht.

Auf der Rückreise drängen sich Fragen auf – mit jedem zurückgelegten Kilometer lauter und unangenehmer. Was, wenn die Siedler immer noch nicht eingetroffen sind? Was soll er nur den Leuten, seinen Leuten in Benēsi sagen? Sie erwarten doch, dass er ihnen gute Nachrichten bringt. Er ist doch für sie verantwortlich. In gewisser Weise sind sie seine Geschöpfe. Denn wie den Forst hat er auch sie dorthin verpflanzt. Mit großen Augen werden sie ihn ansehen. In seiner Abwesenheit haben sie viel über ihn geredet, auf der Veranda, im Speisesaal; jetzt wird er da, nun dort sein, jetzt vorsprechen. Warum gibt er uns keine Nachricht? Es wird schon seine Richtigkeit haben, er wird schon richtig handeln, für uns. Sie können ja nicht wissen, auf was für einem maroden Untergrund das ganze koloniale Projekt steht. Jeden ihrer Gedanken spürt er in diesem Moment wie ein Gewicht, als unerträgliche Last, auf seinen Schultern – jeder Blick, der ihn bei seiner Ankunft in der Festung treffen wird, wird eine Revolverkugel sein, die sein Herz durchbohrt.

Eine bittere Erkenntnis reift in ihm. Es gibt nur zwei Möglichkeiten. Die Siedler sind tatsächlich angekommen. Triumph. Alles ein großes Missverständnis. Eine afrikanische Operette. Mit diesem Müsmann wird er später noch ein Hühnchen rupfen. Skandalös, diese Verhältnisse.

Die andere Möglichkeit: Die Siedler treffen nicht ein. Man hielt ihn zum Narren. Ihm aber fehlen die Mittel, um es mit einem Apparat wie der Kolonialgesellschaft aufzunehmen. Die Bewohner Benēsis werden mit ihm, ihrem Verwalter und Herren, untergehen. Mit aller Kraft werden sie zunächst noch am Gelingen des Projekts weiterarbeiten, obwohl er selbst weiß, dass alles vergebens ist. Durch diese nicht anders als übermenschlich zu nennende Anstrengung, die alle Beteiligten zu Helden macht – Gerber formt den Satz leise im Bett seiner Kajüte –, wird Benēsi doch noch seine Bestimmung erhalten. Er wird ihnen befehlen. Sie werden folgen.

Nur manchmal tritt er an Deck, schaut auf das mäßig bewegte schwarze Meer und wechselt einige Floskeln mit den anderen Passagieren. Es ist kühl und windig. Schleckt er mit der Zunge an seinem von der Wichse steifen Kaiserbart, schmeckt der nach Salz. Einmal erblickt er nicht unweit das Schiff, welches das Tiefseekabel legt. Ob es sich noch immer auf derselben Stelle befindet wie auf der Hinreise, ist nicht zu erkennen.

Zumeist verbringt er die Zeit eingehüllt in Decken, das Tablett mit dem Geschirr vor sich, in seiner Koje. Etwas Seltsames geschieht: Er bekommt Heimweh. Aber nicht nach Deutschland, sondern nach Benēsi. Das Konzert der Vögel am Morgen, die Schreie der Affen. Der Geruch des Regens, kurz bevor er fällt. Der Hall in den Gängen. Die zuvorkommenden Boys. Der große und der kleine Klaus. Sein Forst. Wie er rauscht, wie er riecht.

In Loué angekommen, über den eisernen Landungssteg schreitend, zieht er die Luft Tolas tief in seine Lungen ein. Auf der Bahnfahrt ins Landesinnere – viel zu schnell! – kriegt er nicht genug von den satten Farben draußen, und es ist ihm, als erfülle er mit jeder Bewegung, mit jedem weiteren Schritt sein Schicksal, das schon lange geschrieben steht.

Als er sich, getragen in einer Hängematte von einer Schar Schwarzer, der Festung nähert, macht er den Rauch über den Zinnen aus, vor den Mauern Ochsen und Fuhrwerk. Freudige Erregung. Am Tor steht weder Käthe noch Selwin, auch nicht Schirach, der diensthabende Wachmann salutiert vor ihm – grinsend. Die Luft bleibt ihm weg, als er, so schnell es eben in der Schwüle geht, die Treppe hoch zu den Wohnräumen wankt.

Menschen.

Überall Menschen, Familien, fremde Gesichter, ausgemergelt, sonnenverbrannt, bärtig, die Deutsch sprechen, Tiere in den Gängen, Hühner, Ziegen, Hunde, als lebten sie schon immer hier, in ihrem *Stall*, der große und der kleine Klaus, die ihm winselnd entgegeneilen, an ihm hochspringen, dann Selwin, wieder gepflegt, mit kurz geschnittenem Haar,

Mittelscheitel, bartlos, strahlend, Rosenduft, beide Arme gehoben, um Gerbers Hände zu fassen, wie verwandelt, keine Spur mehr von der tiefen Enttäuschung bei seiner Abfahrt.

»Mein lieber Gerber«, versucht er die Geräusche, das Gerede zu übertönen und legt Gerber, der regungslos dasteht, den Arm um die Schulter. Die Hunde ziehen weiter an seinen Beinen.

»Gerade zur rechten Zeit ... vor zwei Tagen kam der Treck mit den Siedlern ... war alles ein großes Missverständnis, stellen Sie sich das vor! Unfassbar! Wir wollten telegrafieren, als wir die Nachricht erhielten ... aber da waren Sie schon unterwegs. Müsmann ist der Schuldige, kein Zweifel ... da ist was in seiner Abteilung schiefgelaufen. Die Sache stinkt, wenn Sie mich fragen ... glaube, der gönnt uns den Erfolg nicht ... man sollte da unbedingt nachhaken ... aber fürs Erste ...« Seine grünen Augen blitzen. »Wollen Sie vielleicht ein paar Worte des Grußes an die neuen Bewohner Benēsis richten?«

Er öffnet die Tür zum Speisesaal. Der Raum steht voll mit Stühlen, Sesseln und Diwanen; jeder Platz ist besetzt, sogar auf dem Boden hat man sich ausgebreitet, eine Menschenmenge. Vor allem Männer in verstaubten Anzügen, einige wenige Frauen sind darunter, vielleicht insgesamt drei Familien, dort eine Mutter, die einen Säugling im Arm hält. Kaum sind Gerber und Selwin eingetreten, verstummt das Gemurmel mit einem Schlag, drehen sich 100 Köpfe in ihre Richtung.

Die erwartungsvollen Blicke.

Vereinzelt Geflüster: »Der Verwalter« und »Gerber« und »endlich«.

Wie mechanisch, als ständen die Wörter in der Luft vor ihm und als müsse er sie nur ablesen, heißt Gerber die Siedler willkommen, während ihm der Schweiß über die Stirn rinnt, er ist selbst erstaunt, wie ihm in diesem Moment die Sätze zufliegen.

Lang anhaltender Applaus, Hurrageschrei.

enēsi – das ist zunächst ein fettgedruckter Name in einer kleinen Annonce im Tagblatt gewesen, die Leo Lustiger eines Morgens laut vorlas. Rachel, die stumm einen Schal für ihre kleine Tochter Else häkelte, schaute auf. Ihr Mann hatte in letzter Zeit nur wenig geredet. Vor einem Monat, im Januar, hatte ein Wintersturm das kleine Gebiet des Lustiger-Walds, den einzigen Besitz der Familie seit Generationen, verwüstet.

Nachdem der Sturm heulend weitergezogen war, in den Süden, war Leo an jenem Nachmittag, an dem es düster war wie um Mitternacht, mit einer Laterne in der Hand zusammen mit den anderen aus dem Dorf zwischen den Stümpfen und umgeknickten Stämmen hin und her geeilt, hatte mit bewundernswert fester Stimme Befehle gegeben, unermüdlich selbst Hand angelegt. Es war, als hätte er in diesen Stunden all seine Kraft gelassen, denn die nächsten Tage, als draußen das gesamte Dorf vom Zersägen des Holzes widerhallte, hatte er im Bett gesessen, mit offenen Augen, stumm.

»Was ist dir?«, hatte Rachel gefragt.

Er hatte sie lang und ohne etwas zu sagen angestarrt, bevor sein Blick wieder an ihr vorbei ins Leere ging.

Einmal hatte Rachel ihren Mann dann doch lachen und sogar singen gehört; spät abends war er nach Hause gekommen. Sie hatte schon geschlafen, war dann aber freudig aus dem Bett in die Essstube gestürzt. Vielleicht hatte sich ja unverhofft das Blatt gewendet und er hatte das Grundstück für gutes Geld verkauft? Aber nichts dergleichen. Betrunken war ihr Mann, stank nach Alkohol. Er war in genau jenem Wirtshaus Helmdorfs gewesen, der *Waldmühle*, wo doch nur, wie er mal vor einem Jahr gesagt hatte, die »unredlichen Leit« hingingen. Als Rachel weinte, äffte er sie nach, lachte über seine, wie er meinte, gelungenen Scherze. Den Mann, der da im Schein der Lampe Grimassen schnitt, kannte sie nicht, wollte bereits, das erste Mal in ihrer Ehe, ihre Stimme heben und ihn zurechtweisen, da bemerkte sie, dass Else in der Tür der Schlafstube stand, verschlafen fragte, was denn sei, was denn der Vater habe. Rachel hatte sie ins Ehebett getragen, Leo musste in der Küche schlafen.

Benēsi. Das seltsame Wort hatte an jenem Morgen nur ein kurzes Befremden bei Rachel hervorgerufen, weil sie nicht verstand, warum ihr Mann es vorlas, wo er sich doch um den Verkauf des Schlachtfeldes draußen, des ehemals prächtigen Lustiger-Waldes kümmern sollte. In Leo jedoch arbeitete es. Im Wirtshaus hatte er Gerüchte gehört, vom Meixner Josef, einem Schmied aus der Umgebung, der mit seiner Familie nach Amerika ausgewandert war, um »reich zu werden«, wie er gesagt hatte. Im Dorf war er damals dafür ausgelacht worden. Erst kürzlich war er dann auf Besuch gewesen – in einem Automobil! Seine Frau trug einen Pelz! Man hatte ihn zuerst gar nicht wiedererkannt und für einen Adeligen oder Großindustriellen gehalten. *Fürst* Meixner! Bis sich herausstellte, dass es sich ja um den Sepp handelte, der drüben, in Kalifornien, wirklich in kürzester Zeit so etwas wie ein König geworden sein musste.

Ein anderer im Wirtshaus wollte etwas von einem Bekannten in Oberstoß, dem Nachbarort, wissen, der nach Deutsch-Südwestafrika gegangen war. In Briefen hatte er von den Vorzügen des Klimas dort, dem angenehmen Leben auf den

Baumwollplantagen, den Begegnungen mit den Negern erzählt, die, so der Mann in der *Waldmühle* prustend in die Runde, alles, aber wirklich alles fürs Feuerwasser gäben – sogar ihre Weiber. Schallendes Gelächter in der Runde. Das waren freilich stets die Geschichten anderer gewesen, Abenteuergeschichten, von denen Leo nicht einmal träumen würde, sie betrafen ihn nicht. Als Gesprächsstoff, zum Lachen und Staunen taugten die Auswanderer; doch zurück im unerträglich stillen Haus wurden schnell wieder die drängenden Alltagssorgen laut. Wohin mit dem Holz? Was geschieht mit dem Grundstück? Was wird aus uns?

Das änderte sich mit dieser Annonce der Kolonialgesellschaft im Tagblatt. Forstarbeiter wurden gesucht; in der deutschen Kolonie Tola in Afrika. Die Ausrüstung, so stand es da schwarz auf weiß, würde gestellt, die Fahrt und Unterkunft jedem bezahlt, ebenso ein Startsalär, jedem – also auch Leo und seiner Familie. Und zum ersten Mal hatte das »Da drüben« und »Bei den Negern«, von dem im Wirtshaus die Rede gewesen war, einen Namen, den man im Atlas nachschlagen, zu dem man reisen und den man sich untertags, beim Beseitigen der letzten Stümpfe im nun vollends baumlosen Lustiger-Wald, vorsagen konnte, atemlos, mit jedem Hackenhieb, mit jedem Spatenstich, *Be-nē-si*.

Hier, allein bei der Arbeit, auf den Überresten seines Besitzes, kam Leo ein Gedanke. Nachdem er mit ungelenker Schrift einen Brief, eine unverbindliche Anfrage wegen der genauen Umstände eines möglichen Lebens in Tola nach Bremen an die Kolonialgesellschaft geschickt hatte und eine höfliche Antwort mit der persönlichen Aufforderung, zur Pflanzung und Aufzucht eines Waldes nach Benēsi zu kommen, erhalten hatte, war aus dem Gedanken eine unumstößliche Entscheidung geworden. Schon am folgenden Abend, den Blick auf seinen Teller Kartoffelsuppe gerichtet, brachte er sie vor, wieder ein wenig unsicher geworden, so unglaublich klang es für ihn selbst, als er es aussprach: »Wenn das Grundstück verkauft ist, ziehen wir nach Tola. Das ist in Afrika.« Else hatte gefragt, wo Afrika sei, und Leo hatte kurz erwidert, dass es dort sehr warm sei, Wüsten, Affen und schwarze Menschen gebe, die Neger heißen. Else hatte nachgedacht und gefragt, ob Afrika so sei wie der Tierpark Hagenbeck in Hamburg, von dem ihr in der Schule erzählt worden war und von dem sie Bilder in ihrem Schulbuch gesehen hatte. Rachel war stumm geblieben, hatte auf Leo und dann wieder auf den Tisch und dann wieder auf Leo geschaut.

Bei verschiedenen Gelegenheiten hatte sie später zaghaft versucht, ihren Mann umzustimmen. Weg? Von hier? Wo wir hier doch schon unser ganzes Leben sind. Wir könnten doch aus dem Grundstück ein Feld machen, eine Landwirtschaft aufbauen. Und was soll denn aus Elsechen werden, in so einem fremden Land? Und was aus uns, wenn es schiefgeht, Leo?

Immer hatte er unverzüglich mit harter Miene etwas geantwortet, dem sie nicht widersprechen konnte. »Jeder erhält dort ein Salaire von soundsoviel pro Monat! Man sucht dort deutsche Forstfachkräfte! Ich wurde persönlich aufgefordert – man hat mir persönlich aus Bremen geschrieben. Was haben wir für eine Zukunft hier? Außerdem zerreißt man sich über uns das Maul. Im Dorf hat man schon ausgemacht, wer welchen Teil des Grundstücks bekommt!« (Weil du dich so gehen lässt, weil man dir nichts mehr zutraut, wollte Rachel an dieser Stelle rufen). »Ich kann doch sonst nichts! Landwirtschaft! Sind wir Bauern? Ich habe schon herumgefragt, aber Waldarbeiter werden eben nach dem Sturm nicht gebraucht. Und da soll ich so ein Angebot ausschlagen? Hier ist keine Zukunft, Rachel!«

Mit dem Vorsatz, sich zu fügen, hatte sie Leo vertraut. Er hatte bisher gewusst, was richtig für die Familie war, er würde es auch weiterhin wissen. Alles andere schob sie beiseite, indem sie nicht mehr nur die Hausarbeit verrichtete, sondern – eines Tages und dann regelmäßig – auf dem Feld des Lustiger-Waldes erschien und mit Leo, der für einen Moment vor Überraschung sprachlos war, den geliehenen Ochsen vor den Pflug mit Rutenschlägen und Flüchen antrieb (wo hatte sie so zu fluchen gelernt?, fragte sich Leo), damit das Grundstück eiligst verkauft werden und der von Leo als Abreisetermin genannte Maitag eingehalten werden könne.

An jenem Samstag dann, an dem eine frische Brise wehte und schon alle Bäume und Blumen in voller Blüte standen, als würde, wie es Rachel vorkam, die Natur, deren Hüter sie so lange gewesen waren, ihnen den schönsten Abschied bereiten wollen, hatte sich ganz Helmdorf am Bahnhof versammelt, um den Lustigers Lebewohl zu sagen. Else und Rachel wurden mit Tränen in den Augen von Frauen umarmt, die mit den beiden bisher kein Wort gewechselt hatten; Leo wurde nicht nur von seinen Wirtshausbekanntschaften auf die Schulter geklopft. Man war stolz auf die beiden Helmdorfer und ihr Kind, die als erste aus dem Dorf in die weite Welt ziehen würden – und diejenigen, denen alle Aufmerksamkeit und nur freundliche Worte galten, waren es ebenso. Dann der Zug, das hastige Verladen der Koffer, die geschwenkten Taschentücher, die schrumpfende Ansammlung am Bahnsteig, der Fahrtwind im Gesicht, die Kühle auf den nackten Armen. Und als Rachel das Fenster des Abteils schloss, sich setzte, die Hand ihres Mannes nahm und der die ihre drückte, fest, da wusste sie, dass nicht nur sie, sondern auch er sich fürchtete, vor dem, was kommen würde. Denn das, was da vorbeizog, draußen, das war bereits die Welt, die sie bis heute nicht gekannt hatten und in die es nun ging – auch wenn Rachel bei sich dachte, dass Helmdorf als Welt ihr vollends genügt hatte.

Nur für Else, die mit heißen Wangen ans Fenster gedrückt saß, schien alles ein großes und aufregendes Spiel zu sein. Die Bilder aus ihrem Schulbuch hatten sich in ihrer Vorstellung mit jenen aus einer Märchenfibel vermischt, auf denen schwarze Menschen, Karawanen in Sandstürmen, Paläste mit verschleierten Prinzessinnen und Geister, die wie Wolken aus Lampen strömten, dargestellt waren. Dorthin fuhren sie also. Piraten würden sie begegnen, von Affen in putzigen roten Uniformen bedient werden und auf fliegenden Teppichen durch die Lüfte sausen.

Auf dem Schiff, der *Jonathan*, fanden sie sich schnell damit ab, dass es so viel Wasser geben konnte, dass man Tage und Tage fahren konnte und kein Land je in Sicht kam; auch wenn sie es nicht begriffen und der Gedanke daran, dass, wie ein Passagier erklärte, mehr Wasser als Land die Erde bedeckt, Rachel ängstigte. Schon am zweiten Tag wollte sie nicht mehr an der Reling stehen und wie Else auf die bewegte Fläche des Meeres blicken. Die meiste Zeit verbrachten sie von da an im Aufenthaltssaal, wo man es tagein tagaus, wenn man den Kopf an die Wand legte, stampfen und pfeifen hören konnte, die Maschinen, die wie eine Mühle mahlten.

Unter Deck gab es Passagiere, die so sprachen, dass die Lustigers glaubten, es sei Französisch, Holländisch, vielleicht Österreichisch, niemals jedoch Deutsch – doch das war es in der Tat, wie sich herausstellte. Viele Dialekte hatten sie noch nie gehört; zum ersten Mal sahen sie leibhaftige Sachsen oder Rheinländer. Für sie waren ihre Landsleute bisher nur Figuren in Geschichten des Luitpolder Schorsch gewesen. Nach der sonntäglichen Kirche stand der im *Pfaffenhof* nach ein, zwei Maß auf dem Tisch und *malte* mit Worten und Gesten, während man sich lachend, dann staunend um ihn scharte, in der ersten Reihe die Kinder: Die Erschaffung der Erde, die den Schorsch mit seinen rudernden Pratzen und aufgeblasenen Wangen selbst zum Herrgott werden ließ; ebenso wie das aktuelle Geschehen droben, bei den Preußen, der Kaiser mit seinen Ministern, schließlich die Röcke schwingenden Dirnen in den Städten.

Für Leo indes fuhr die *Jonathan* nicht nach Afrika, sondern zurück; zurück in den gedankenlosen Frohsinn der Helmdorfer *Waldmühle*. Voll ohnmächtigem Entsetzen musste Rachel zusehen, wie ihr Mann trank, Karten spielte und schließlich, als man in seiner Runde auf die Ecke, in der Rachel strickte, deutete, mit einer abfälligen Bewegung in ihre Richtung reagierte. Leo verstand sich über alle sprachlichen und kulturellen Hindernisse hinweg prächtig mit seinen neuen Kameraden und war wieder ganz der launische, vor allem aber völlig mit sich selbst beschäftigte Mann, der Rachel so fremd und unausstehlich war wie die meisten anderen Gestalten im Wirtshaus oder hier unten, im Bauch der Schiffes. Sie wurde krank, bekam Fieber. Leo fand sie eines Tages in der Koje, schweißüberströmt, kaum noch bei Bewusstsein; hin und wieder flüsterte sie einige Satzfetzen, stand plötzlich im Nachthemd auf ihrem Bett, erregt. Er rief ihren Namen, erst wütend, dass sie hier nicht so ein Theater machen solle, alle schauten, dann voller Angst: »Rachel, Rachel!« Wen hatten er und die Kleine denn schon hier und überhaupt außer seiner Rachel. Was für ein Esel er doch gewesen war, sie derart zu enttäuschen und allein zu lassen. Jetzt war sie es, die nicht mehr bei ihm war; wo aber war sie? Hin und wieder formten ihre Lippen einen Namen, *Bene, Benes, Benēsi.*

Im Alptraumland befand sie sich.

Als sie dann nach zehn Tagen, die er an ihrem Bett wachte, blass und schwach an seinem Arm an Deck trat, da wusste sie auf seine vorsichtige Frage, was sie denn im Fieber geträumt habe, keine Antwort und schaute nur stumm aufs Meer. Er mied seine Saufkumpanen im Aufenthaltssaal, ließ Else auf seinen Knien Ponyreiten, brachte Rachel bei, Patiencen zu legen, gegenseitig erzählten sie sich Geschichten, von Helmdorf, wie es war, und von Benēsi, wie es sein würde. Einmal standen sie an der Reling und Leo erklärte, dass tief unter ihnen, unter dem Bug des Schiffes, auch Pflanzen wuchsen, Algen, baumhoch, unter Wasser, ein Wald. Und während das Kind es nicht verstand und schließlich fragte, wie das sein könne, ihr Vater habe gesagt, man reise zu einem großen Wald, ob das denn nun der Wald unter ihnen sei und wie sie dorthin gelangen würden, wandte sich Rachel um, rannte zurück unter Deck zu ihrer Koje. Seine Erzählung, erklärte sie Leo dann atemlos, habe sie an etwas erinnert, an etwas, das sie im Fieber gesehen habe; nun gehe es schon wieder, sie habe nur dieses Bild auf einmal in sich auftauchen gesehen, dieses Bild ... Sie wolle nichts mehr davon wissen, Leo solle bitte nichts mehr von dem Wald unter Wasser erzählen.

Bei der Äquatortaufe lachte sie wieder: Als mit viel Geschrei und Hallo eines der Raubeine aus dem Aufenthaltssaal nach dem anderen mit dem Kopf in der kleinen Wanne an Deck von als bezopften Wikingerfrauen verkleideten Matrosen untergetaucht wurde. Dahinter, feixend, die sonst doch immer so unnahbaren Schiffsoffiziere; nicht in ihren vornehmen Uniformen, sondern als Meeresgötter mit Perücken, Dreizack und Muschelkränzen. Nur Bodelschwingh, der Missionar, zog eine sauertöpfische Miene und meinte, wenn man zum Heiden fahre, solle man sich nicht wie einer benehmen. Else hingegen schaute dem Treiben mit offenem Mund zu. Dieses Wort, *Äquator*, das sie noch nie zuvor gehört hatte: Es musste die Grenze markieren, wo die Welt ins Märchenreich überging.

Müde waren sie, als die graue Linie am Horizont zu Felsen wuchs und die zu einer Küste wurden. Bei der Landung in Loué hielt man sie zur Eile an. Verstohlen blickten sie, wenn sie einmal im Strom der anderen Siedler innehielten, auf die weißen Holzhäuser mit den schön verzierten Zäunen an der Uferpromenade mit den Palmen, auf das Gewimmel aus vornehmen Herrschaften unter Stoffschirmen und – tatsächlich auf von oben bis unten schwarze Menschen ... und dort! Das musste ein Kamel sein. Ein wenig war dieses Afrika so wie Rachel bei den Erzählungen des Luitpolder Schorsch sich das große Berlin vorgestellt hatte.

Sie sehnten sich danach, sich ausruhen zu dürfen, auf einer der Verandas, geschützt vor der tolalesischen Sonne; unter ihrem in kürzester Zeit die Haut verbrennenden Licht würde doch wohl kaum Wald wachsen. Dazu befand der sich im Landesinneren, wo es ohne die kühlende Brise des Meeres noch schlimmer sein musste ... Ein Offizier am Kai rief durch ein Sprachrohr, die Gruppe, die für Benēsi bestimmt sei, habe sich unverzüglich zum Bahnhof zu begeben, wo Beamte auf sie warteten, um ihre Personalien aufzunehmen, weiter gehe es dann in Zügen. Hinter einem Tischchen am Gleisende saß einer der schwarzen Menschen mit grauem

Bart, der, sie konnten es gar nicht glauben, deutsch! mit ihnen sprach, sie nach ihrem Namen fragte, Else, die ihre Puppe fest an sich gedrückt hielt, zulächelte und ihre Ausweise stempelte. Aufgeregt redeten sie noch davon, als sie, dicht mit den anderen Siedlern zusammengepfercht, in der kleinen Eisenbahn mit dem offenen Verdeck saßen. Der kräftige Hansen aus Hamburg sang mit seinen Zimmerleuten norddeutsche Seemannslieder, und obwohl Rachel kein Wort verstand, empfand sie jetzt schon Heimweh.

Als sie in Bismarckburg am Bahnhof empfangen wurden, stand dort inmitten einer Blaskapelle ein Riese, der ihnen allen einzeln die Hand schüttelte, sogar Else. Der Riese, ein gewisser Müsmann, ermahnte sie, sich die folgenden Sätze genau einzuprägen: Jeder von ihnen sei in Bismarckburg höchst willkommen, wenn man sich die Sache mit Benēsi anders überlegen sollte. Heute oder zu einem späteren Zeitpunkt. Tüchtige Fachkräfte wie sie könne man in einem Städtchen wie Bismarckburg immer gebrauchen, ja, man sei geradezu auf sie angewiesen. »Auf Ihren Schultern stehen unsere Kolonien, meine Damen und Herren!«, endete er.

Mancher von ihnen erinnerte sich an dieses Versprechen schon einen Tag später, als ihre Karren und Wägelchen vor dieser Festung hielten – und keiner sie erwartet zu haben schien. Der Neger vor dem Tor lief Hals über Kopf vor ihnen davon, als er sie kommen sah. Der elegante junge Mann, der sie dann aufgeregt begrüßte, stotterte etwas von einer »b-b-bedauerlichen Konfusion«, einer »Kommunikationspanne irgendwo zwischen B-Bremen, Bismarckburg und B-B-Benēsi« und führte sie in ihre Zimmer. Man wohnte zu zehnt, zu zwanzig in Sälen, in deren Ecken Spinnweben hingen. Schon bald, so hieß es, würde jeder draußen sein eigenes Häuschen erhalten. Zumindest war es hier kühler, gab es ausreichend zu essen.

Als Leo und Else ihre Hemden zum ersten Mal nach der Ankunft in Loué auszogen, schlug Rachel die Hände vors Gesicht: Überall dort, wo sie nicht bedeckt gewesen waren, schälte sich die verbrannte Haut. Von ihrem eigenen über und über mit roten Flecken übersäten Gesicht im Spiegel wandte sie sich schnell wieder ab. Nach ein paar Tagen traf auch Gerber ein, von dem der junge Herr immer gesprochen hatte, wenn er um noch ein wenig Geduld bat. Seine massige Erscheinung hatte endlich in etwa ihren Erwartungen von einem Verwalter entsprochen, einem Führer. Schon morgen würde in Benēsi die Arbeit beginnen. Auch er schloss mit dem Satz, den der Riese in Bismarckburg ihnen auf den Weg mitgegeben hatte: »Auf Ihren Schultern stehen unsere Kolonien, meine Damen und Herren!« Aus Müsmanns Mund hatte es überzeugender geklungen.

Wenn sie so dasitzen, dann hat jeder seine Heimlichkeiten. Hinter Rachels Augen, denkt Leo, liegt seit der Abreise etwas, zu dem er nie gelangen wird. Wie der Wald aus Algen im Ozean. Rachel aber betet, seit sie hier in Benēsi sind, oft vor dem Einschlafen zu dem Gott, von dem noch ihre Großmutter mit erhobenem Zeigefinger sagte, dass es nicht der ihre sei, und dass es einen Fluch nach sich ziehe, den Gott, zu dem die Abels immer beteten, für einen anderen zu verlassen, nur der Anerkennung im Dorf wegen. Bisweilen fragt sich Rachel, ob der Gott, von dem sie durch das Gerede der Großmutter fürchtete, es könne der falsche sein, auch hier wirke, am entlegensten Ort, der für sie nicht nur wegen seiner Temperaturen Ähnlichkeiten mit der Hölle besitzt.

Else hat einen neuen Spielkameraden. Einen großen schwarzen Neufundländer, der von allen Siedlern getätschelt und mit den Resten der spärlichen Essensrationen gefüttert wird. Man nennt ihn Buck. Die beiden dürren Wolfshunde, die stets auftauchen, wenn der Verwalter kommt, versucht sie, von sich und Buck fernzuhalten. Sie gucken so böse. Am liebsten fährt sie durch Bucks warmes schwarzes Zottelfell.

Er hat sich vor ihr auf den Boden gelegt, die Augen geschlossen und schnurrt wie ein Kätzchen.

16 DIE BESCHLEUNIGUNG DER UHREN

Die Stadt wächst. Sogar bei geschlossenem Fenster sind, schon bevor es hell wird und bis tief in die Nacht, die jetzt von den neuen elektrischen Lampen erleuchtet wird, das Sägen, das Hämmern und die Rufe von draußen zu hören. In Benēsi gibt es freilich ohnehin niemanden, den der Lärm vom Schlaf abhalten könnte. Plötzlich, nach den Monaten des Stillstands, scheint die Zeit ihren Rückstand aufholen zu wollen und hat zu rasen begonnen. Alles arbeitet. Und derjenige, der in der Stadt vielleicht am beschäftigsten ist und daher kein Auge mehr zutut, ist Henry. Die Anstrengungen sind ihm jedoch kaum anzumerken. In den wenigen stillen Momenten, etwa auf einem der Plumpsklos in der Festung, kommt es ihm so vor, als habe er das Dreivierteljahr, das er nun schon in Benēsi ist, immer nur für diese Momente geschlafen, gegessen, gelebt. Er ist überall, möchte hier bei einem Sandsack anpacken, dort die Säge selbst führen. Und als habe nicht nur die Menschen Emsigkeit und Eifer erfasst, sondern als ob sich sogar die Natur beteiligen will, rührt es sich dicht unter dem Boden, winden sich Würmchen, weiße Larven, wenn Henry in die Knie geht und genauer hinsieht. Mit Rührung sind ihm die Worte Lautenschlagers von den Einaugenfaltern in den Sinn gekommen, die sich einmal alle sechs Jahre aus der Erde wühlen. Nun, in diesem Sommer wird das zumindest in Benēsi nichts werden, da auf ihren Brutstätten bald feste Fundamente, Häuser stehen, ein Gedanke, der Henry mit einem gewissen Stolz erfüllt.

Aber das Ärgerliche ist: Keiner hält sich an die Pläne, die er in mühevoller Kleinarbeit gezeichnet und die er doch allen Zuständigen gezeigt und ausführlich erklärt hat. Keine Hauptstraße (auf dem Plan Kaiser-Wilhelm-Allee genannt), keine Kreuzung mit der Benēsi-Allee, keine Bismarck-Chaussee, keine Gerber-, keine Schirach-Gasse. Stattdessen eine einzige noch namenlose Schneise aus festgestampfter Erde in Richtung Sägewerk, von der viele kleine Pfade abzweigen, mit jedem Tag werden es mehr. Hansen, der Zimmermann, um dessen Gehilfen sich weitere Grüppchen von Männern geschart haben, sagt Henry frech ins Gesicht, er solle nur einmal um sich schauen. Die Siedler bräuchten so schnell wie möglich ein Zuhause, die *Gammelfestung* tauge ja wohl auf Dauer kaum dazu. Er, Hansen, und die seinen wollen hier nicht länger als unbedingt nötig bleiben und dann nach Bismarckburg zurück. Man müsse also fertig werden.

Henry hat erkannt, dass Hansen, so groß wie ein Bär, bei den Siedlern eine Autorität darstellt; man nickt. Feindselige Blicke. Raunen: »Hält sich für was Besseres, der.« Es wäre unklug, es sich bereits so früh mit jenen zu verscherzen, denen Henry doch eigentlich etwas Gutes hatte tun wollen.

Als er dann aber doch aufgeregt in Gerbers Büro stürzt und von ihm den Einsatz der Truppe verlangt, um dieses *riffraff* – wie es ihm unbedachterweise auf Englisch entfährt – zum Einhalten seines Stadtplans zu zwingen, blickt der ansonsten bestens aufgelegte *Fatso* Gerber ihn nur verständnislos an, erhebt sich zusammen mit seinen Wolfshunden und klopft ihm beschwichtigend auf den Rücken: »Lassen Sie die doch einfach weiterwursteln!«

Eine Zeit lang geht Henry noch unschlüssig zwischen den

Baustellen auf und ab. Sein Blick bleibt immer wieder an dem Ballon hängen, der ungewohnt und weiß seit neuestem ein paar Meter über einem der Türme der Festung schwebt. Gerber hatte gleich nach der Ankunft der Siedler eine mobile Funkausrüstung aus Bismarckburg kommen lassen. So eine Konfusion wie jene, die ihn völlig unnötigerweise nach Bremen hat reisen lassen, gelte es auf jeden Fall zu verhindern; man müsse in Zukunft unabhängig von diesen Rei- und Müsmännern agieren können. Benēsi brauche nun mehr denn je den Anschluss an die Welt, an die Zukunft, die Hoheit über den Äther sowie den direkten Draht nach Bremen und zur Reichshauptstadt.

Auf einem Ochsenkarren, in klapprigen Holzkisten waren die Geräte eingetroffen. Doch was für eine Verschwendung von Geld und Zeit! Denn als endlich der kleine Käutner alles zusammengesetzt und zu sich in die extra eingerichtete »Funk-Stube« im obersten Stock geladen hatte, stanzte der Stift des Telegrafen nur ein herzförmiges Rautenmuster in die eingespannte Papierrolle. Auch unter Zuhilfenahme des Morsealphabets war der schwitzende Käutner nicht in der Lage, daraus einen Satz zu lesen. Die Enttäuschung war besonders Gerber, der doch aus seiner Begeisterung für die neueste Technik nie einen Hehl gemacht hat und den der Telegraf eine gute Stange Geld gekostet haben musste, deutlich ins Gesicht geschrieben. Mit müder Stimme hatte er Käutner »Erwarte, dass das Problem demnächst gelöst ist« zugemurmelt, um dann als erster die Stube zu verlassen. Schirach hatte unschlüssig vor dem Schreiber gestanden, die verschränkten Arme vom Rücken genommen und auf den Kasten getippt, so wie man einen Käfer, der sich nicht mehr bewegt, berührt, um zu überprüfen, ob noch Leben in ihm ist;

dann hatte er sich wortlos grummelnd Gerber angeschlossen. Ob Käutner inzwischen einen Fortschritt erzielt hatte und der Stahlstift verständliche Worte und Sätze entstehen ließ?

Den neuen Bewohnern Benēsis kann es gleich sein. Die Kinder der Siedler spielen um die Baugruben herum mit Schweinen, Katzen und Hühnern, während die wenigen Frauen ihren Männern helfen, an Seilwinden Eimer in die Höhe zu hieven. Vielleicht als Zeichen seines guten Willens, lässt Hansen unter Henrys Leitung das Postamt und für den Pfarrer Bodelschwingh eine Kirche mit einem richtigen Türmchen errichten, kleiner und einfacher zwar, aber immerhin nach den ursprünglichen Plänen. Danach zieht Henry sich schmollend zurück. Man gibt ihm ja doch nur das Gefühl, er störe. Was soll er zwischen den Fassaden der Stadt, die eigentlich die seine werden sollte und nun doch nicht ist? In seinem Kopf hatte das alles ganz anders ausgesehen. Fast ist es, als beginne hier, in Benēsi, die Schöpfung von neuem; nur leider als ein einziges entsetzliches Chaos.

Zu allem Überfluss kommt eines Morgens auch noch Bodelschwingh auf Henry zugestürmt. Mit seinem bartlosen Mondgesicht und dem lustig abstehenden Haarschnippel auf der »erdabgewandten« Seite wirkt der Pfarrer wie ein übermütiger Junge.

In Vorahnung weiterer Forderungen, die nun gleich an ihn gestellt werden, wehrt Henry ab: »Wenn Sie sich wegen der Kirche beschweren wollen, wenden Sie sich bitte an Hansen. Er hat die Bauaufsicht.«

»Aber keineswegs«, Bodelschwingh lächelt überaus einnehmend, *vergebend*, wie Henry denkt. Er streckt die Arme aus und fasst Henry beim Arm. Die schwarze Soutane hat er, seit er hier ist, nicht gegen ein bequemeres Gewand eingewechselt. »Zwar ist es wohl ein bisschen klein geraten, das Kirchlein, aber immerhin.«

Henry würde etwas geben, so schöne Worte machen zu können wie Bodelschwingh. Die erste Messe im schmucklosen Holzbau der Kirche vor einer Woche, die nicht einmal die Hälfte der Siedler zu fassen vermochte, hatte Henry neben Gerber und Käthe in der ersten Reihe tief ergriffen. Bodelschwinghs lange Predigt hatte die Aufgaben und Pflichten zum Thema, deren sorgfältige Erfüllung Gott von den Europäern in Tola erwarte. Der Begriff der Hebung hatte darin eine gewisse Rolle gespielt. Den Wilden galt es zu heben, mütterlich an- wie hochzuheben, auf das Niveau des Weißen, auf dessen Schoß er sitzen solle wie ein Kind. Früher musste Henry von seinen Eltern am Arm in die Kirche gezogen werden, weil ihm der stets eiskalte Raum der St. Patrick's Cathedral damals unheimlich war. Hier, in einem der ursprünglichen christlichen Gemeinde vielleicht wesentlich näheren Rahmen, fühlte er sich nach der Messe mit einem Mal selbst in irgendeiner Weise *gehoben*.

Schnell richtet Bodelschwingh das Gespräch auf sein Anliegen; und auch dieses Mal erweist er sich als tapferer Streiter für seinen Lieblingsbegriff.

»Die Hebung, Sie erinnern sich«, Henry schlägt wissend die Augen nieder; als er merkt, dass er wie Bodelschwingh die Hände vor dem Bauch faltet, löst er sie und weiß nicht, wohin mit ihnen. »Es ist mir darum zu schaffen ... nun ... dass Sie einmal den Einheimischen hier eine herzliche Einladung von mir aussprechen. Sie mögen doch auch den Weg ins Gotteshaus finden nächsten Sonntag. Auch ich werde sie deshalb aufsuchen. Aber es kann nichts schaden, wenn einer, den sie

kennen, den sie schätzen... es ihnen auch noch einmal...
nun... einschärft, meinen Sie nicht auch?«

»Sicherlich, sicherlich«, pflichtet Henry ihm bei und wundert sich darüber, dass er wohl beim Missionar den Eindruck erweckt, er stände mit den Wilden auf gutem Fuße, jedenfalls auf einem besseren als jeder andere hier. Vielleicht stellt genau dies auch sein eigentliches Problem dar. Vielleicht ist er zu weibisch und traut ihm deshalb keiner zu, dass er seine eigenen Interessen mit strenger Hand durchzusetzen vermag. Schnell verabschiedet er sich und schlurft zur Festung.

In seinem Zimmer häufen sich zerknülltes Papier, schmutzige Kleidung, Decken, Toilettenartikel und Kisten, bei denen er vergessen hat, was sich darin befindet. In den letzten Wochen existierten für ihn nur die Siedler und die Stadt, für anderes war keine Zeit. Um sich abzulenken, beschließt er, ausnahmsweise nicht den Boy zu bestellen, sondern selbst aufzuräumen. Gerber, der nur noch damit beschäftigt scheint, in seinem Büro mit seitenlangen Briefen diese mysteriöse Kolonialgesellschaft über die raschen Fortschritte der Festung auf dem Laufenden zu halten und sie mit Aufstellungen über zusätzlich benötigtes Material zu bombardieren, meinte ohnehin neulich, das würde ihm guttun (Schulterklopfen): »... mit den Gedanken woanders zu sein, gell«.

Also stapelt Henry, legt Buch auf Buch, eine Tasse daneben, baut Häuser, dazwischen Straßen... *eine Stadt*... schon wieder muss er daran denken, was da gerade draußen vor sich geht – es will ihm einfach nicht gelingen, sich abzulenken und Ordnung zu schaffen; er schreitet auf und ab, zieht den Scheitel nach, plötzlich steht er wieder am Fenster, um den Fortschritt der Bauarbeiten zu kontrollieren. Beim Anblick der schnell wachsenden Ansammlung von Hütten, der stolzen Siedler, des wild gestikulierenden Hansens sticht es ihm ins Herz: Man braucht ihn nicht, und er sollte sich *goddamnit* gar nicht darüber den Kopf zerbrechen. Er muss sich vernünftig verhalten, was soll man denn von ihm denken? Er ist ja weiterhin der Erdenker und Erbauer, der Architekt Benēsis. Später kann man immer noch Gebäude und Straßen nach seinen Plänen errichten. Sollen die sich erstmal austoben da unten. Wie meinte Gerber? Wursteln ...

Diese Emsigkeit draußen. Wie Ameisen. Als hätten sie in ihrem Leben nie etwas anderes getan. Lassen alles zurück wegen der Aussicht auf ein bisschen Glück, nehmen Strapazen auf sich, fahren um die halbe Welt, kommen in einem Erdteil an, dessen Namen sie bis vor kurzem noch gar nicht kannten, und machen dort weiter wie bisher.

Zwei Männer stehen gebückt auf einer Kutsche, laden Bretter aus, ein anderer nimmt sie in Empfang, stellt sie an die Wand eines Hauses, dessen Umriss bereits zu erahnen ist; nur der Dachstuhl fehlt noch, den zu zimmern aber bereits ein vierter und ein fünfter im Begriff sind. Alles geht so schnell. Schon morgen werden sie mit neuen Möbeln einziehen, aus den Fenstern hoch zur Festung, zu ihm aufschauen, zu Henry. Der Boden zwischen den fertig gestellten Gebäuden, den Gerüsten und Gruben ist über und über bedeckt mit einer Schicht aus Erdklumpen und Sägespänen, in der die Siedler knöcheltief versinken; kleine Äste, Hölzer und Staub auf der Kleidung und im Haar, als erstrecke sich direkt vor den Mauern Benēsis, mitten in der Steppe, ein Sumpf, den seltsame Gestalten, halb Mensch, halb Baum, bewohnen.

Sind erst einmal die Anfangsprobleme überwunden und ist Hansen mit seinen Zimmerleuten wieder nach Bismarckburg verschwunden, wird es sich darin bequemer und moderner, mit einem Wort: besser wohnen als in der Heimat der Siedler, im wirklichen Deutschland also, Hessen, Bayern, Preußen. Auf dem zum Teil eingehaltenen quadratischen Grundriss kann man aufbauen, Henry wird schon noch seine Ideen verwirklichen. Er muss nur Geduld haben.

Unten bahnt sich Käthe in dem roten Kleid, das sie sich aus dem mit der letzten Lieferung eingetroffenen Stoff hat nähen lassen, einen Weg durch den Dreck und bietet in einer Art Bauchladen mit ihrem bezaubernden Lächeln auf den Lippen den Siedlern, denen die ungewohnte Hitze stark zusetzt, Erfrischungen an, Wasser, Brote, Früchte und Beeren aus dem Wald. Er könnte eine Unterhaltung mit Käthe führen. Es macht ihn ganz irre, dass nun sie, die sonst immer aus Langeweile Klavier spielte und Papierchen faltete, dass nun ausgerechnet sie plötzlich derart aufgeblüht ist, vor Tatendrang nur so strotzt.

Jetzt hat sie ihn an seinem Platz am Fenster entdeckt und winkt ihm zu, vielleicht in Erinnerung an die peinliche Situation damals im nächtlichen Hof, die, das sieht er ihrem fröhlichen Gesicht an, glücklicherweise nie ihre Freundschaft belastet hat – und das war es ja wohl, was sie hier hatten: eine Freundschaft.

Als er sich wieder seinem Zimmer widmet, macht er sich an eine Arbeit, die ihn immer schon heimlich gereizt hat: Er will endlich diese Kuckucksuhr über seinem Pult zum Laufen bringen. Aber mit Aufziehen allein ist es nicht getan. Er dreht den kleinen Schlüssel am Rücken des Kastens bis zum Anschlag und darüber hinaus. Es ratscht wie Schlittschuhe auf Eis, ein Geräusch, das er schon so lange nicht mehr gehört hat. Doch nichts tut sich. Die beiden kleinen Türen über dem friedlich im Gras mümmelnden Hasen und dem Rebhuhn mit den langen grünen Federn auf dem Ziffernblatt bleiben geschlossen. Jetzt wird Henry bescheidener; er will eigentlich nur erfahren, wer da zur vollen Stunde aus diesen Öffnungen tritt. Ob die Uhr funktioniert oder nicht, ist egal. Mit den Fingernägeln, dann mit einem Messer versucht er, in die Spalten zu fahren und die Türen zu erbrechen. Alles umsonst. Gut. Nun muss die Kuckucksuhr also daran glauben. Er schraubt ihren Rücken auf, starrt auf die Rädchen, nein, er muss auf die andere Seite, kneift die Augen zusammen und schielt über die Brille von unten in das Gehäuse hinein, ins Dunkle. Jetzt ist es genug. Er holt einen Hammer. *Peng.* Na siehst du wohl, denkt er, und schlägt weiter, bis erst links, dann rechts das geschnitzte Eichenlaub abfällt, das Ziffernblatt dumpf zu Boden kullert.

Hinter den Löchern, an denen sich eben noch die Türen befunden haben, stehen aufrecht, lauernd, ein Fuchs und ein Wolf.

Henry legt den Kopf auf die Knie. Lange schaut er auf die grinsenden Gesichter.

Beim Aufräumen seines Zimmers in den nächsten Tagen entdeckt er die schwarzen Koffer mit Lautenschlagers Nachlass wieder, den näher zu betrachten Henry bisher der Mut fehlte – zu sehr lastete die Nachricht des grausigen Todes auf seinem Herzen. Als die Schlösser aufschnappen, stößt Henry ein scharfer Geruch entgegen, den er nicht einordnen kann. Die vielen Fächer in den Koffern wirken einerseits mit Bedacht und Sorgfalt angelegt, andererseits zunächst völlig nutzlos, befinden sich darin doch nur dunkle Metallplatten, in deren glatten Oberfläche Henry sich spiegelt. Wo aber sind die Fotos?

Da fällt es ihm wieder ein: Es gibt sie; sie sind aber noch unsichtbar, denn sie müssen erst *entwickelt* werden, richtig. Als er beim Abendessen, das seit neuestem nicht mehr gemeinsam eingenommen wird, zufällig Schirach, eine Suppe schlürfend, antrifft und ihm von seinem Fund berichtet, ruft der ihm zu seinem Erstaunen Lautenschlagers Ausführungen über das Wesen der Fotografie wieder in Erinnerung.

»Bin hin und wieder dem Forscher bei der Arbeit zur Hand gegangen. Interessiere mich für alles Chemische – von Berufs wegen sozusagen«, behauptet der Offizier. Die Platten in den Fächern müssen »ins Bett«, in eine »Lösung«. Er müsse nachschauen, ob sich von den Substanzen im Lager der Truppe noch etwas finden ließe. Eine hochgiftige Angelegenheit sei dieses Entwickeln – und damit nicht genug: Man laufe Gefahr, dass die Platten, setzt man sie zu lange dem Tageslicht aus, beschädigt würden oder dass das, was auf ihnen auf unsichtbare Weise festgehalten sei, verloren gehe – für immer. Er sei aber, weiß Gott, kein Experte, wenn es um so etwas wie Fotografie gehe, und Selwin ja wohl erst recht nicht, Schirach lacht.

Noch in derselben Nacht riskiert man es dennoch. Schirach, der sich momentan wohl ähnlich nutzlos fühlt wie Henry, da seine Soldaten zur Arbeit auf der Baustelle abgestellt wurden, ist auf einmal richtiggehend begeistert von dem Projekt. Zu zweit steigen sie in den Keller hinab; der Offizier öffnet neben der Waffenkammer die Tür zu einer leeren Kammer. »Das Gefängnis«, erklärt er. Da man nicht davon ausgeht, dass man es demnächst braucht, richten sie darin ein provisorisches *Laboratorium* ein, wie Schirach es nennt. Schon am nächsten Vormittag, während draußen weiter Dächer gedeckt werden, flackert in einer Ecke das Licht einer Kerze; auf einem Tisch stehen zwei Wannen – die eine mit Wasser, die andere mit besagter »Lösung«, die, so Schirach nicht ohne

Stolz, nach seinen Vorschriften präpariert, eine ganze kleine Armee in die Luft jagen könnte.

»Jetzt die Platten!«, ruft er dann Henry zu. Es stellt sich nicht die Frage, wer hier wem Befehle erteilt. Schirach kann bei keinem seiner Sätze seinen Rang vergessen, auch nicht bei den Angelegenheiten abseits seiner Schutztruppe. Alles ist ein einziger Exerzierplatz für ihn, alles Befehl, denkt Henry und gehorcht stumm.

Er weiß nicht, was genau er sich von Lautenschlagers Fotos erwartet hat, aber als sich auf den Platten im Wasser der Wanne, erst blass, dann deutlich, Linien, Kreise und Spiralen abzeichnen, und das alles bleibt, keine Menschen, Tiere oder Landschaften, nur abstrakte Formen, ist er maßlos enttäuscht. Natürlich: Lautenschlager wollte Tätowierungen fotografieren. Aber vielleicht, so Henrys Hoffnung, hat er auch einmal eine Ausnahme gemacht, und man sieht etwas von der Landschaft, durch die er zuletzt reiste, die Menschen, die er so gutgläubig aufsuchte, und man erhält Anhaltspunkte für den Hergang der Ermordung.

»Nein, nein, an der Technik liegt es nicht. Alles wurde von mir überprüft, alle Regeln eingehalten. Ich versichere Sie: Das sind die Bilder, die Lautenschlager in den Tagen vor seinem bedauerlichen Tod machte«, sagt Schirach, und es klingt herablassend, als sei doch ohnehin alles völlig klar.

»Was diese Tätowierungen wohl bedeuten, Käthe? Bedeuten sie überhaupt etwas?«, fragt Henry dann eines Nachmittags, als er endlich allein mit Käthe auf dem Hügel neben dem Sägewerk in der Sonne sitzt. Überall hatte er nach ihr gesucht, in der Festung und in den engen Gassen der Stadt, in denen er sich zu allem Überfluss verirrte, nur um dann zufällig auf sie zu stoßen, als sie neben dem neuen Postamt mit Hansen und den Zimmerleuten plauderte. Die Abzüge hat er vor ihr auf einem weißen Tuch ausgebreitet. Die geschwungenen, miteinander verzahnten und geraden Linien wirken hier selbst wie Dickicht – man müsste nur in eines der Bilder eintreten und man wäre für immer verloren, denkt Henry.

»Zierrat? Vielleicht Schmuck?«, erwidert Käthe, die unruhig zur Gruppe vor dem Sägewerk blickt. Fluchend treibt man gerade einen Ochsen an, der auf einem Karren eine riesige Maschine zieht, die gezackten Räder blitzen in der Sonne.

»So wie ein Zopf, ein Sonnenschirm oder ein Rüschenhemd. Aber«, fährt sie nach einer Pause gedankenverloren fort, »was wäre, wenn es sich um verschlüsselte Botschaften handeln würde. Dies hier zum Beispiel...«, sie deutet, plötzlich wieder ganz konzentriert, auf die auf einen Oberarm tätowierte Spirale, »... könnte heißen: Ich gehöre dem und dem Stamm an und bin stark, hüte dich. Ober aber: Mein Stamm kommt von den Bergen südlich des Flusses, eine Landkarte...! Ja doch...«, Käthe neigt den Kopf. Henry entdeckt erstaunlich viele Falten unter ihren Augen und um ihre Mundwinkel. Wie sehr sie, seit sie sich zum ersten Mal begegneten, gealtert ist. In Tola gehen die Uhren wahrhaftig anders. Einerseits möchten die Zeiger nicht voranrücken; und andererseits, ehe man sich versieht, sind nicht Monate, sondern Jahre vorüber und haben an den Bäumen und Menschen ihre Spuren hinterlassen. Die einen sprießen, die anderen verblühen. Die Jüdin, die mit den Siedlern eintraf, sieht jedenfalls deutlich jünger aus als Käthe, obwohl beide dasselbe Alter haben müssen.

»... ja, ich erinnere mich. Lautenschlager erzählte mir einmal, dass die Stämme sich hier Karten ihres Totenreiches eintätowieren, damit sie, wenn sie sterben, aus dem Labyrinth der Unterwelt, wo keiner mehr ein Gedächtnis und nur seinen Leib besitzt, die rettenden Pfade finden.« Käthe blickt auf mit jenem Lächeln, das ihn sonst immer so entzückte. Und er kann es nicht verhindern, dass sie seinen prüfenden und wohl enttäuschten Ausdruck bemerkt, der augenscheinlich ihr gilt. Schnell schaut sie weg, um sich nichts anmerken zu lassen.

Über die unangenehme Szene auf der Anhöhe versucht er, in den folgenden Tagen nicht weiter nachzudenken. Die Fotos lenken ihn ab. Ja, bald beansprucht ihn ihre Entwicklung und die Beunruhigung, die dabei von ihnen ausgeht, völlig. Die Arbeit in der Dunkelkammer, ohne Schirach, dessen Hilfe er nicht mehr bedarf, unterbricht er nur für das Allernötigste. Kaum dass er noch an die Sonne kommt; morgens steigt er in den Keller hinab, abends, wenn er erschöpft in sein Bett fällt, ist es draußen Nacht und es zirpt aus den Bäumen. Je mehr Platten er aus der Lösung, dem Wasser zieht, desto mehr scheint es Henry, als glichen sich seine Gedanken, seine Bewegungen denen des Forschers an. Streicht sich Henry übers Kinn, ist es, als zupfe er sich als Lautenschlager den Bart, ja, mit jedem Foto fühlt er die Ermordung Lautenschlagers, die seine eigene sein wird, näherrücken, bis er auf den letzten Abzug aus dem letzten schwarzen Koffer starrt.

Ein auf eine männliche Brust aufgemalter sechseckiger Stern.

Für eine Weile wankt er durch die Gänge des Kellers und die Festung wie durch eine jenseitige staubig-graue Welt. Bilder drängen sich seinem inneren Auge auf, wieder, er hat sie schon einmal vor einiger Zeit gesehen, damals jedoch schnell verdrängt. Der Forschungsreisende, nackt, mit aufgerissenen Augen, wie am Spieß brüllend, krebsrot, in einem hölzernen

Kochtopf mit siedendem Wasser, über einem Feuer. Wilde, die im Kreis sitzen und an menschlichen Gliedern nagen.

Im Staub Lautenschlagers kalkweißes Haupt, vom Rumpf abgetrennt.

In seinem Zimmer sinkt Henry ermattet auf sein Bett. Murmeln. Lachen. Gesang.

Das Hämmern und Sägen draußen ist verstummt. Bis zu diesem Moment ist es ihm nicht aufgefallen.

Er tritt ans Fenster und blickt über fertig gedeckte Dächer, Gassen, Straßen, eine Chaussee, auf der Menschen spazieren.

Draußen steht eine Stadt.

17 EIN ENDE, EIN ANFANG

Brückner ist ein Fisch. Einer jener kleinen, eher breiten als langen, mit einem Rüsselchen und einem zitronengelb-erdbeerroten Karomuster. Er kann sich selbst sehen, so als ob er sich noch ein weiteres Mal hinter sich, dem Rüsselfisch, befindet. Einst gehörte er einem Schwarm an, das weiß er. Die ruckartigen Bewegungen, geradeaus-rechts-links-geradeaus, hat er noch vor nicht allzu langer Zeit zusammen mit den anderen Fischen gemacht, die genauso aussehen wie er. Jetzt ist er allein, in seichten Gewässern. Sonnenlicht pendelt in hellen Linien auf den Sanddünen unter ihm, aus denen sich in schillernden Farben Einbuchtungen, mit Schlingpflanzen bewachsene Vorsprünge und Grate erheben, ein Riff. Doch kein Fisch, Krebs oder Seepferdchen weit und breit. Es herrscht eine feierliche Stimmung, etwas Großes ist passiert oder wird jeden Moment passieren. Brückner ist stolz, ein derart schöner, graziler Fisch zu sein, unbeschreibliches Vergnügen bereitet es ihm, durch das angenehm warme Wasser zu schwimmen.

Musik ertönt. Eine Frauenstimme, ein Orchester. Brückner kennt die Musik, es ist eine Oper, die er vor vielen Jahren einmal gesehen hat. Die Quelle der Klänge hat Brückner, den die Schwingungen am ganzen Leib erzittern lassen, schnell ausfindig gemacht. Es handelt sich um eine dunkle Höhle am Fuß des Riffs, etwas wohnt darin. Brückner sieht sich, den Karo-Rüsselfisch, unschlüssig mit der Schwanzflosse schlagen. Hin. Her.

Für einen Augenblick befällt ihn fürchterliche Angst, und er möchte etwas rufen, eine Warnung. Aber jedes Mal, wenn er den Mund öffnet, schluckt er Wasser und muss husten. In dem Moment, in dem zu seinem Entsetzen der Rüsselfisch vorwärts, in die Höhle schwimmt, auf die schönen Klänge zu, ist er mit ihm eins geworden.

Nicht Dunkelheit, ein Licht umfängt ihn, kitzelt ihn warm an seinen Schuppen, die beginnen abzufallen, er spürt es ... Stück um Stück löst er sich auf ... hat er sich aufgelöst.

NACHDENKLICH steht Käthe vor Dr. Brückners Tür. Auf ihr Klopfen reagiert er nicht. In den vergangenen Tagen hat er sich kaum in der Stadt blicken lassen. Mit den Siedlern ist auch ein neuer, jüngerer Arzt eingetroffen, der sich geduldig um alle Verletzungen und Krankheiten kümmert: um die Dauermigräne einer Frau aus Bayern, einer Jüdin, die einen verbitterten Eindruck macht; aber auch gebrochene Arme und aufgeschürfte Hände mussten versorgt werden. Der Gschaftlhuber Hansen hatte sich beim Zersägen der Bretter beinahe einen Finger abgeschnitten.

Seit der Ankunft der Siedler war ihr wieder zu Bewusstsein gekommen, wie sehr sie sich in all den Jahren im Kongo und auch hier nach Menschen gesehnt hatte, richtigen Menschen – nicht nach diesen typischen Kolonialsnobs oder Farbigen, die sie nie vollends verstehen würde, sondern nach solchen, wie sie sie noch von früher aus Zwiesel und München kannte. Schon lange hat sie nicht mehr Klavier gespielt und dort Monologe in Tönen geführt; auch die Papierfiguren verharren unberührt auf ihrem Schreibtisch. Denn in der Hitze draußen sind Männer, Frauen und Kinder aus Fleisch und

Blut, mit denen man reden kann, als sei man zu Hause oder in einer anderen Zeit, in Bayern vor über 20 Jahren zum Beispiel; Menschen, die ihr ohne Hintergedanken, wie alle anderen in der Festung hier, ins Gesicht sehen und um jeden Rat dankbar sind: Hier ist es so schwül, was sollen wir tun? Wie kann ich mich gegen die Moskitos schützen? Wie oft kommt die Post? Menschen, die ihre Hilfe benötigen, selbst wenn diese nur daraus besteht, ihnen Erfrischungen zu reichen oder – wie in den meisten Fällen – den Klagen zuzuhören, zu nicken, Hände zu streicheln.

Nicht selten wird Käthe dabei klar, dass sie alle, wie sie da vor ihr sitzen, in den folgenden Monaten ihre Hoffnungen nur zu einem geringen Teil erfüllt sehen werden. Genauso ist es bei ihr gewesen, vor vielen Jahren. Sitzt sie der Jüdin gegenüber, die aus Bayern kommt, Frau Lustiger, scheint sie sich selbst ins Gesicht zu schauen. Enttäuscht von ihrem Mann, diesem vom Pech verfolgten Saufbold, den sie aber immer noch liebt; in einem fremden Land, wo sie notgedrungen von vorne anfangen muss; zugleich voller Stolz und mit dem Willen, sich nicht unterkriegen zu lassen. Käthe möchte diejenige Person sein, die gute Freundin, die sie in einsamen Stunden auf der Farm im Kongo und in der Festung sich an die Seite gewünscht hatte.

Warum soll sie sich in ihrem Zimmer weiter mit S. Suk beschäftigen, wenn sie weiß, plötzlich ohne Zweifel wie nie zuvor in ihrem Leben *weiß*, was sie auf dem Platz vor der Festung zu tun hat? Es ist zudem die beste Medizin gegen Selwins Blick neulich auf dem Hügel über dem Sägewerk. Wie er sie musterte, mit was für einem abschätzigen Ausdruck! Ein Schmerz, der sich aus der Mitte ihres Körpers bis in die Spitzen ihrer Glieder ausbreitet, wenn sie daran denkt. Wie sehr hatte sie sich während Ludwigs Abwesenheit danach gesehnt, dass Selwin endlich ihr gegenüber unternehmerischer wurde; wie beharrlich hatte sie darauf hingearbeitet. So oft hatte sie ihm die Hand hingestreckt, nie hatte er sie zu sich gezogen. Hätte sie nicht an jenem Abend, als sie sich ihm zeigte, ihm nachsetzen und zu seiner Tür schleichen sollen? Aber wäre er ihrer nach einem schnellen Sieg nicht überdrüssig geworden? Und wie zerschlagen war auch sie in jenen Tagen gewesen von der Arbeit im Forst? Und wie voll ihr Kopf mit Sorgen und mit Organisationsproblemen? Beim Tennismatch später hätte sie ihn vielleicht gewinnen lassen sollen. Hat er etwa Angst vor ihrer Stärke? Konnte es sein, dass sie den richtigen Zeitpunkt, mit Selwin eine Liebschaft einzugehen, hatte verstreichen lassen? Nein. Selwin würde ihr letztlich nicht widerstehen können. In den nächsten Tagen wird sie es ihm beweisen. Bis dahin gilt es, noch härter zu arbeiten.

Vorsichtig öffnet Käthe jetzt die Tür. Auf der Kommode steht das Grammophon; der Stahlstift ist an das Ende der Platte gelangt, die sich aber scharrend immer noch weiterdreht.

Dr. Brückner liegt rücklings auf der Couch. Ein Bein hängt schlaff herunter. Den Hals hat er steif gereckt. Käthe stampft mit dem Fuß auf. Nichts. Dann sieht sie die Ampullen auf dem Boden, Dr. Brückners aufgerissene Augen, kniet auch schon neben ihm, berührt seine kalten Arme, um nach dem nicht mehr vorhandenen Puls zu suchen, ruft seinen Namen, »Dr. Brückner« und »Gerd«, noch einmal »Gerd«, es ist aussichtslos, dieses Herz hat aufgehört zu schlagen. Aufschluchzend, das Gesicht in seiner angeschmuddelten Leinenjacke vergraben, die noch nach ihm riecht, hält sie ihn wie ein Kind, läuft sie auf den Gang, starrt auf den Hirschkopf, der dort an der Wand hängt, muss sich übergeben, auf den Boden, den frisch gewischten Boden, will nach Hilfe rufen, auch wenn es zu spät ist, jemand soll kommen und helfen. Aber sie bringt keinen Ton heraus. Die Luft ist wie Wasser, das ihr die Lungen füllt.

»ER IST TOT! Verstehst du? Tot!«, weint sie in Selwins Schulter, und sie merkt, wie ungelenk seine Bewegungen ihr gegenüber sind, waren sie es nicht immer schon? Seine Hand, die ihr erst zögerlich und dann viel zu unsanft über den Kopf streicht. Sie ist eine Fremde in den Armen des Mannes, von dem sie bei allem Zweifel tief im Inneren doch stets gehofft hatte, dass er sie wenn schon nicht begehrte, so doch mit ihr zu fühlen imstande war, weil sie ihm zur Freundin geworden war, der einzigen, die er hier hatte.

Sein »Ach, Käthe, nicht doch ... nicht doch ... ist doch zu erwarten gewesen, so ein Ende. Was?« Ihm sind ihre Tränen gleichgültig. Ihn interessiert die Statik eines Hauses mehr als die Verzweiflung der Frau, die da gerade vor ihm steht.

Der aber, von dem sie dachte, dass er zu ihr halte, weil sie doch als Bruder und Schwester zusammen gehören, hat bei der Todesnachricht des Doktors, der auch *sein* Freund gewesen sein musste, nur stumm die Augen aufgerissen und dann ausgerufen: »Wie gut, dass da mit den Siedlern noch dieser junge Arzt gekommen ist ... wie hieß der noch ...« Als sie darüber sprechen möchte, was ihr Dr. Brückner bedeutet hat, was für ein feiner Mensch er trotz allem war, winkt Ludwig nur ab: »Habe wirklich Wichtigeres zu tun, als mich jetzt in Reminiszenzen an einen Brückner zu verlieren, der sicherlich seine Verdienste hatte. Ein Begräbnis mit allen Ehren wird er erhalten, kein Zweifel. Aber die Stadt, Käthe! Achtung! Die Siedler! Die erste Holzlieferung! Das alles verlangt genaueste Planung von mir, dem Verwalter, du verstehst?«, sagt er in erregtem Ton und dann, als wolle er sie trösten: »Ist doch absehbar gewesen, Käthe, dass so jemand wie der früher oder später krepiert. C'est la vie, gell, das Gesetz des Dschungels sozusagen, welches hier wie überhaupt auf der ganzen Welt waltet. Aber gib ruhig deiner Trauer die nötige Zeit. Du kannst dich ja um die Beisetzung kümmern, und wie wäre es mit einer kleinen Rede, die du hältst? Wo du all das sagen kannst, über das du eben reden wolltest, hm? Das ist doch eine gute Idee...? Unter uns: Draußen... versteh mich jetzt bitte nicht falsch, Käthchen, aber... draußen stehst du sowieso nur im Weg herum... muss jetzt weiter...«

Sie kann es nicht glauben. Das also sind die ihr Nächsten. Ihr ganzes Leben hat sie für Menschen wie die hingegeben. Hat sie je ein eigenes Leben gehabt? Die Projekte, die sie zusammen mit ihrem Bruder verfolgte, sie drohen ihr zu entgleiten. Und wenn Benēsi glücken sollte, wer wird es genießen können? Alt wird sie dann sein, kraftlos, mit der Gewissheit, dass niemand aus der Familie ihr nachfolgt, keiner, der weint, wenn sie stirbt, wie beim armen Gerd; keiner, der sich an sie erinnert. Wozu nur hat sie immer mitgespielt bei den Soireen, Salons und Geschäftsessen, die stille, strenge und eine gewisse Zeit lang vielleicht sogar schöne Schwester, deren Fleiß und Ehrgeiz man freilich hinter vorgehaltener Hand nicht guthieß, so wie damals, als der Vater ihr Geschäfte in der Stadt auftrug und sie hinter ihrem Rücken das Getuschel in den Straßen hören konnte. Käthe fühlt, dass da in ihrem

Innern schon lange diese tiefe Wunde klafft, die in all den Jahren verheilte, aufriss, verheilte und immer so fort. Heute ist sie wieder aufgerissen, ein Stück weiter als sonst.

Käthe ist vor der kleinen Hütte der Lustigers stehen geblieben. Frau Lustiger gibt ihrem neuen Heim gerade einen Anstrich, trägt auf die Holzbretter Lack auf. Käthe stellt sich wortlos neben sie, greift nach dem zweiten Pinsel in der Dose und beginnt ebenfalls zu streichen. Sie kann es nicht unterdrücken, seufzt auf. Frau Lustiger wendet sich ihr zu. Dann streicht sie ihr tröstend über die Hand, in die Käthe, zur Faust geballt, vorhin ihre Fingernägel gegraben hat, bis es schmerzte.

MIT KLEINEN VORSICHTIGEN SCHRITTEN und ängstlichem Gesicht hat Nfer, die Küchenhilfe, die Tasse Wurzeltee den Wehrgang entlang belanciert. Als sie sie Henry endlich überreicht, guckt sie erleichtert und möchte sich schon zum Gehen wenden.

»Thank you«, murmelt Henry und spricht den Satz halblaut aus, den er eigentlich nur denken wollte, »... wondering what they're doing down there...«

Schon seit ein paar Minuten beobachtet er von hier oben aus die kleine Gruppe von schwarzen Arbeitern, die nur mit Schürzen bekleidet etwas abseits der Stadt sich an den Schultern gefasst und einen Kreis gebildet haben. Man tanzt aufeinander zu und voneinander weg, Henry muss an eine sich im Sekundentempo schließende und wieder öffnende Blüte denken. Irgendwo daneben, verdeckt von einem Baobab, steht nun auch das schmale Kreuz des ersten Toten der

Festung auf dem neuen Gottesacker; gestern ist in einer kleinen Prozession der Eichensarg Dr. Brückners von der Kirche dorthin geschoben worden. Weil das Grab wegen des zu harten Bodens nicht tief genug ausgehoben worden war, schaute der Vorderteil des Sarges noch heraus, während Bodelschwingh das Vaterunser sprach, mit gefalteten Händen neben ihm Käthe und mit einigem Abstand dahinter ihr Bruder. Auch wenn Henry Käthes stumme Trauer nicht nachvollziehen konnte, so rührte ihn der Anblick der ärmlichen Kiste und der nicht mehr jungen Frau, die mit ihrer Fassung rang, doch so sehr, dass er ihr am Ende der Zeremonie seinen Arm anbot, den sie, wie ihm schien, dankbar annahm.

»Wumu. It is Wumu, Sir«, erwidert Nfer in ihrem schwarzen Kleid mit der unbefleckt weißen Schürze. Von ihrem hochgesteckten Haar ist ihr eine gekräuselte Strähne ins Gesicht gefallen.

»Wie bitte?«, fragt Henry, erstaunt darüber, dass Nfer englisch spricht.

»Bitte, kein Deutsch«, Nfer knickst und lächelt ihn dabei so keck an, dass er wegschauen muss, auf die Schwarzen, die jetzt zu summen oder eher zu röcheln beginnen, eine monotone Melodie, im Rhythmus ihrer Bewegungen. Der Missionar habe sie im Unterricht erst die 20 wichtigsten deutschen Wörter gelehrt, erklärt sie auf Englisch und leiert auch schon mit geschlossenen Augen herunter: »Arbeit, Gott, Kaiser, Bibel, Geld, Gehorsam, Strafe, Peitsche, Gewehr, Deutschland, Afrika, Mann, Kind, Weib, Dorf, Kirche, Eisenbahn, Wald, Baum, Wasser«, bei den letzten Wörtern blickt sie erst Henry an und dann mit einem Ausdruck größter Langeweile zum Himmel.

Er hat »Haus« vergessen, denkt sich Henry und wundert sich erst dann über Bodelschwinghs seltsame Art des Deutschunterrichts. »What's that: Wumu?«, fragt er schnell.

Die Kinder des Staubgottes Wu, erwidert Nfer und lächelt dabei, als sei sie Henry, immerhin ihrem Herren hier, in irgendeiner Weise überlegen. Seltsamerweise findet Henry dieses überhebliche Lächeln aber gerade übermäßig anziehend. Wumu, die Kinder des Staubgottes, kröchen alle sechs Jahre aus der Erde. Ganz weiß seien sie, weil sie die Sonne nicht gewohnt sind. Manchmal brächten sie Unglück. Manchmal Glück. Man wisse es nicht. Man könne nur dafür tanzen und singen und beten.

Noch bevor Nfer weitersprechen kann, ist unten Hansen erschienen und ruft dem Kreis der Schwarzen irgendetwas zu, das Henry nicht verstehen kann. Unschlüssig stehen die Eingeborenen noch eine Weile beisammen, schließlich folgen sie dem Zimmermann zu den Hütten.

»Oh ... he should have let them finish ...«, beginnt Henry und merkt, dass er allein auf dem Wehrgang steht. Nfer muss sich davongeschlichen haben.

ALLES STEHT HEUTE STRAMM. Hat Haltung angenommen. Sogar die ausgestopften Raubkatzen in den Gängen, die Köpfe der Antilopen an den Wänden. Schirach schreitet sie ab, kontrolliert, ob sie auch wirklich frisch abgestaubt sind. An den Geweihen sind schwarz-weiß-rote Schleifen befestigt. Stickig und heiß ist es, Schirach möchte den goldenen obersten Knopf an seiner Paradeuniformjacke öffnen, am besten auch den Gürtel. Freilich: *Er darf nicht*. Denn heute

ist es endlich soweit. Der Jubeltag! Die große Freude! Heute wird das wahr, auf das man hier so lange gewartet hat. Heute wird mit dem Sonderzug aus Loué mit der Tola-Bahn ins kleine Benēsi Seine Majestät daselbst kommen. Der Kaiser. Da heißt es aufgepasst. Alles soll glänzen. Nichts darf die Stimmung trüben. Kein Knopf darf da offen sein. Noch dazu beim Offizier. Die Kolonien sind der kaiserliche Stolz, und Tola soll beweisen, dass es so recht ist. Spannung liegt über der Steppe. Ja, so scheint es Schirach, alles Getier ist heute vor Ehrfurcht verstummt, weil es um die Größe des Ereignisses weiß. Geschmückt mit Wimpeln und Spruchbändern, die Häuser. Davor das Volk im Spalier.
Da.
Ein Pfiff. Der Zug. Der Sonderzug. Die Ankunft. Schirach fliegt die Wendeltreppe im Turm hinab. Größte Angst. Hat er sich vertan? Seine Majestät sollte doch erst in einer Stunde eintreffen. Er wollte mit der Truppe noch einmal das Gruß-zeremoniell üben. Allein: Die schwarze Rauchwolke über dem Bahnhof zeigt ihm untrüglich an, dass es in der Tat nun soweit ist. Schon öffnen sich die Türen, betreten Seine Stiefel die herangeschobenen Stufen, tief knien der Verwalter und der Architekt nieder, sinkt Fräulein Gerber zum Knicks. Schirach ist es, als könne er all dies klar vor sich sehen. Während er über den Hof läuft, winkt er mit dem ausgestreckten Arm, gibt dem Musikkorps das Zeichen: Beginn! Augenblicklich! Die Kaiserhymne! Über den 500 Meter langen roten Teppich zur Festung, gemächlich, schreitet Er nun, umgeben von sei-nem Tross. Jubelnd, außer sich, das Volk. Hüte und Kränze in der Luft. Doch so sehr Schirach sich müht und auf die Ze-henspitzen geht: Inmitten des Getümmels ist lediglich die wackelnde Spitze der Pickelhaube Seiner Majestät auszuma-

chen. Dann der Moment: Schirach reißt salutierend die Hand zur Stirn, erstarrt, den Gruß Seiner Majestät erwidernd. Sein ebenmäßiges Antlitz. Der elegante männlich aufwärts strebende Bart. Der weiße Mantel, der im Wind der Steppe weht. Da hellen sich Seine ernsten Züge auf. Er lächelt, gütig. Nein. Was ist's? – Er lacht, hält im Gehen inne, nimmt die Hand vom Helm, weil er sich stützen muss, prustet los. Blamage! Schirach traut seinen Augen nicht. Panisch folgt er dem kaiserlichen Blick. Und was muss er sehen? Die Neger, seine Truppe: über und über beschmutzt, ihre Uniformen. Noch dazu falsch zugeknöpft, verkehrt herum angezogen. Die Soldaten, seine Soldaten: Wie Laffen Grimassen schneidend, feixend. Und der Kaiser lacht. Über Benēsis Schutztruppe, über Benēsis Oberkommandierenden. Schreckstarr steht er da und kann sich nicht rühren, will etwas zu seiner Entschuldigung hervorbringen.

Ich habe mich immer redlich gemüht!

Unverständlich muht es aus seinem Mund. Auch das Volk – es jubelt nicht mehr, es johlt. Über Schirach.

Schweißnass erwacht er. Stolpert durch das Dunkel seiner Stube, bis er wieder weiß, wo er sich befindet. Nein, der Kaiser kommt nicht nach Benēsi. Das Dorf besitzt noch keinen Bahnhof. Es ist nicht möglich. Und so sehr er sich auch den Anblick Seiner Majestät an vielen Tagen gewünscht hat – erleichtert schläft er wieder ein, weil er weiß, dass mit einem Besuch in absehbarer Zeit nicht zu rechnen ist.

»HERR SELWIN?« Es klopft noch einmal an Henrys Tür, dieses Mal hartnäckiger. Zuerst hat Henry gedacht, es sei Gerber, jetzt erkennt er aber die Stimme von Mtock, der mittlerweile genauso gut Deutsch spricht wie der selige Dédu.

»Ja doch, ja.« Henry eilt durchs Zimmer, schlüpft dabei stolpernd in seine Hosen; gerade ist er im Begriff gewesen, sich für die Abendtoilette am Waschtisch zu entkleiden.

»Also ich hoffe wirklich, es gibt einen triftigen Grund dafür...«, er spannt sich die Hosenträger über die Schultern, »... dass man mich zu dieser Unzeit...« Mtock hält ihm ein silbernes Tablett entgegen, darauf eine Karte. Vor den Augen des Boys, dessen Miene er nicht deuten kann, öffnet Henry sie. Sie stammt von Käthe, sofort erkennt er ihre kunstvoll geschwungene Handschrift, mit Anfangsbuchstaben wie kleine Vogelnester.

Bitte um umgehendes Treffen, steht da.

Hastig zieht sich Henry ein Hemd über und wundert sich, was um alles in der Welt um diese Zeit ein umgehendes Treffen mit Käthe erforderlich machen könnte. Mit einer bösen Vorahnung folgt er dem Boy, der ohne etwas zu sagen, ihm voraus mit dem flackernden Öllämpchen durch die Gänge, die Treppe herunter in den ersten Stock, zu Käthes Zimmer, leuchtet. Auf dem Weg dorthin betrachtet Henry die Geweihe, den alten Nilpferdkopf mit dem aufgesperrten Rachen. Ob er den Verwalter einmal fragen sollte, wie man es hier mit Affären zu einheimischen Frauen handhabe? Nfer jedenfalls scheint ein gewisses Interesse an ihm zu haben, sonst hätte sie ihn gestern auf dem Wehrgang nicht so herausfordernd angelacht.

Mtock klopft. Nur einen Spalt breit öffnet sich die Tür, Henry wartet. Vergebens. Er muss sich regelrecht hindurchzwängen, schon hat sie sich wieder geschlossen. Als erstes sieht er die weißen Kerzen, die im ganzen Zimmer verstreut brennen, am Boden, auf dem Fensterbrett, auf der Kommode, und vor allem, in einem Halbkreis, um das Bett herum, in den jetzt hastig Käthe mit federndem Schritt tritt. Sie trägt lediglich einen roten Morgenrock. Was für eine Verschwendung; sie muss den gesamten Kerzenvorrat der Festung geplündert haben... Woher soll man zu Weihnachten neue bekommen? Von der unerträglich stickigen Hitze bricht Henry sofort Schweiß aus. Noch dazu riecht es seltsam süßlich. Nach Pfirsichen. Henry versucht, sich sein Befremden nicht anmerken zu lassen, verbeugt sich und wartet auf ein Zeichen, das ihm verrät, was von ihm erwartet wird.

Käthe macht einen Schritt nach vorne; schnell vergewissert sie sich noch, dass der Saum ihres Rocks keine der Kerzen streift, zieht daran, dann lächelt sie Henry wieder zu. Das Licht erhellt ihr Gesicht von unten. Warum nur ist sie so nervös?

»Darf ich Ihnen einen Schluck anbieten?« Sie deutet auf die Vitrine neben ihrem Bett, hinter dessen Türchen eine Flasche Branntwein steht, davor zwei Gläser. Verwirrt winkt Henry ab. Ein überaus unguter Gedanke steigt da gerade in ihm auf...

»Also nicht...? Kein Wein?... gut«, sie räuspert sich. »Ich möchte offen mit Ihnen sein. Vollkommen offen, lieber Gustav«, flüstert sie und hat einen seltsam zuckenden Ausdruck dabei, als ob ihr gerade eben ein guter Witz erzählt worden ist und es sie nun größte Beherrschung kostet, nicht loszulachen. Überrascht, seit langem wieder mit dem Vornamen des toten Selwin angesprochen zu werden, öffnet er den Mund zum Widerspruch, »Henry«, möchte er sie korrigieren – nur um sich dann eines Besseren zu besinnen.

»Es lastet schon seit einigen Monaten auf meiner Seele, eigentlich seit Ihrer Ankunft, aber Sie wissen es ja selbst ... und doch: Es kann, es darf nicht sein. Und ich hoffe, ich bete, ich spreche da auch in Ihrem Sinne.«

Henry muss sich setzen. Nun ist er es, der versucht, nicht loszulachen. Wie bestellt befindet sich ein Samtsessel direkt hinter ihm.

»Die Ankunft der Siedler hat es mich nur noch klarer sehen lassen. Alles, was bisher war, ist nun vorbei. Jetzt, wo die Stadt endlich gebaut ist, beginnt doch etwas gänzlich Neues. Wir alle haben nun neue Pflichten. Was für eine Zukunft hätte unser übermütiges Techtelmechtel schon?«

Sie wirft ihm einen bittenden Blick zu, als ob sie erwartet, dass er ihr widerspricht.

Henry bemüht sich, umgehend und gut sichtbar zu nicken. Vorsichtshalber nickt er mehrmals.

Käthe macht ein paar Schritte zurück und lässt sich aufs quietschende Bett nieder, den Kopf auf den Arm aufgestützt. Wie zufällig ist der Morgenrock von ihrer rechten Schulter gerutscht. Sie wirft die blonde Lockenmähne zurück. Und klopft ihre rechte Hand nicht gerade sanft auf die Stelle neben ihr, als solle er dort Platz nehmen ...?

Ein peinlicher Moment der Stille tritt ein. Das dumpfe Klopfen. Wieder und wieder. Käthe, die Henry dabei mit geneigtem Kopf und offenem Mund ansieht.

Er hüstelt, zunächst nur gekünstelt, doch er verschluckt sich, schon prustet er laut los, ringt nach Luft, hält sich das Taschentuch vor den Mund. Käthe richtet sich auf dem Bett auf, sagt etwas.

»... bitte ... versteh' nicht ...«, bringt er mit Mühe hervor.

»Und so wollte ich Sie also fragen ...«, wiederholt sie mit lauter Stimme, aus der er Ärger herauszuhören meint, »... wollen wir Freunde sein, nein, bleiben und das aber, was war, für immer aus unserem Gedächtnis verbannen?«

Mit einem Knall steht er auf, der Sessel ist umgefallen. Noch einmal schüttelt Henry ein schlimmer Hustenanfall.

»Aber natürlich... meine liebe, liebe Käthe. Selbstverständlich! Nichts lieber als das, ich meine, Sie verstehen... es kann nicht, es darf nicht sein. Wie Sie eben sagten...« Er muss ganz rot angelaufen sein. Der Pfirsichduft kitzelt ihm in der Nase. Vorsichtig stellt er den Sessel auf seine dünnen Beine.

Sie erhebt sich, das Bett quietscht, auch die zweite Schulter ist jetzt entblößt... Haben sich ihre Augen tatsächlich mit Wasser gefüllt?

»Nun muss ich aber...«, er verbeugt sich, seine Hand tastet nach der Türklinke, wo ist sie nur...?

LANGE steht sie vor der Tür, die sich hinter ihm und seinen sich rasch entfernenden Schritten geschlossen hat. Es ist ihr, als wäre es das Tor zu einem Leben, das sie bis vor ein paar Minuten noch führen zu können meinte. Käthe, die Verführerische. Käthe, der man hier, in ihrer Festung, keine Bitte abschlägt. Käthe, vor der man kuscht. Käthe, die Königin. Und sie legt ihren Kopf an das warme Holz. Sie fühlt sich alt, so alt, 100 Jahre.

Die Stadt feiert. Nicht nur jene, die wie Leo Lustiger ohnehin jeden Abend in der frisch erbauten »Hofbräuhaus«-Halle die Maßkrüge mit Honigbier klingen lassen, sondern alle. Man hat Feuer angezündet, auf der Straße und auf den Zinnen der Festung, die die Häuser, Bäume, die Menschen dazwischen, nach dem wie immer plötzlichen Sonnenuntergang gegen sechs, in ein großes Schattenspiel verwandeln. Der Geruch von gebratenem Fleisch liegt in der Luft.

Es ist Gerbers Idee gewesen, den Geburtstag Benēsis auf den vierten August zu legen und ihn mit einem großen Fest zu begehen. Nach Festlegung des Datums herrschte allgemeine Ratlosigkeit, wie man dem willkürlich gewählten Gründungsdatum denn nun mehr Gewicht verleihen könne. Der Kriegsrat mit Schirach brachte die rettende Koinzidenz mit dem Jubiläum des Sieges von Weißenburg ans Licht. Erleichterung. Der Tag besitzt also traditionsgemäß Bedeutung für das Reich! Intuitiv hatte man sich richtig entschieden. Wenn das kein Zeichen war! Unter großem Geschrei hatte man Gerbers Generator in das Sägewerk geschafft und die Lampen entlang der Hauptstraße aufgestellt. Man hatte zu basteln und zu nähen begonnen; jede Provinz sowie jedes in Benēsi vertretene Fürstentum und Königreich Deutschlands sollte sich mit Wappen und Tracht in einem Umzug durch die Straßen der Stadt bewegen, eine »Weihe« sollte stattfinden. Anführen würden den Zug zwei Siedler mit übergroßen Masken des Kaisers und Bismarcks, der Väter der deutschen

Kolonialbewegung. Man probte. »Heil dir im Siegerkranz!«, »Was ist des Deutschen Tochterland?«, »O Tannenbaum«, die inoffizielle Hymne Benēsis, sowie für jedes Land typische Volksweisen erklangen tagsüber aus den Stuben und dem Gerber-Wald, wo die Holzfäller mit ihrer Arbeit begonnen hatten. Ein Sonderposten Alkoholika war in Bismarckburg bestellt worden, den Gerber spendierte. Gerade noch rechtzeitig traf er am Vormittag des Vierten ein. Jeder solle etwas von dem Fest haben. Ein Bewusstsein ist dafür zu entwickeln, dass man nun eine Gemeinschaft und das eigene Schicksal mit dem der anderen verbunden ist. Und endlich auch: dass dem Benēsischen Gouverneur und seinem Vize, wie Gerber sich und Schirach seit neuestem nennen lässt, das Wohl der Stadt am Herzen liegen.

Berauscht vom Gin, dann vom Branntwein und Bier, erschöpft vom Herumtollen mit den Hunden und Kindern der Stadt, Else, Gottlieb und Hans, die schnell mit den schwarzen Bälgern des Festungspersonals Freundschaft geschlossen hatten, ist Henry in einem Schaukelstuhl auf einer Veranda zusammengesunken. Käthe ist nirgendwo zu sehen. Seit jenem Abend hat er kein Wort mehr mit ihr gesprochen. Vor ihm sitzen die Leute in ihren Trachten auf Bänken um ein Feuer, in dem etwas Schweineähnliches am Spieß brät. Von den Giebeln hängen bunte Flaggen. Man singt und schunkelt.

Heilige Flamme, glüh / Glüh und erlösche nie / Fürs Vaterland.

In Henry steigen Erinnerungen auf an die vergangenen Jahre, das Leben des Henry Peters, der er damals noch war. Burnham mit seinem Monokel, was er wohl zu Benēsi sagen würde … wie am Morgen der rosa Dunst über dem Lake Michigan stand … die sich in den Fenstern der Hochhäuser gol-

347

den-rot spiegelnde Sonne. Tante Elfriede mit ihren Rauhaar-dackeln. Standen immer vor ihm und wedelten mit dem Schwanz, alle vier, synchron, wenn er abends zur Tür herein trat... sie mussten ihn schon aus der Entfernung gewittert haben...

Die mannsgroßen Masken des Kaisers und Bismarcks, unter denen die dürren Beine ihrer beiden Träger herausschauen, wackeln jetzt aufeinander zu, verbeugen sich und wagen unter dem Gegröle der Siedler ein Tänzlein.

Handel und Wissenschaft / Heben mit Mut und Kraft / Ihr Haupt empor.

Müde klatscht Henry mit, winkt dem Boy neben sich, um sich noch einmal nachschenken zu lassen.

Wie so stolz und hehr / Wirft über Land und Meer / Weithin der deutsche Aar / Flammenden Blick.

Schnell leert er das Whiskyglas, das ihm der Boy reicht. Im Licht der Fackeln wirken die Gesichter der Feiernden wie Fratzen, wer ist hier maskiert, wer nicht? Das Braun von Lederhosen mischt sich mit dem Dunkelblau der Uniformen Käutners und Schirachs, der den gezückten Säbel auf und ab schwingt, aber nicht vor seiner Truppe, sondern allein, immerzu im Kreis laufend, er muss besoffen sein. Hätte sich ja durchaus dankbarer zeigen können, dass Henry damals den Aufstand der Wilden verhindert hat, und ein gutes Wort einlegen können bei Gerber, um dafür zu sorgen, dass Hansen und seine Leute sich strenger an den Stadtplan halten. *But he didn't do it. Pighead...*

Dauernder stets zu blüh'n / Weh' unsere Flagge kühn / Auf hoher See.

Die Holzhäuser, die im Schein der elektrischen Lampen zu Schemen werden, dunkler die Dächer, die oberen Geschosse, wie Ruinen wirken sie, römische Ruinen, Säulen... dorisch, ionisch, korinthisch und noch mal: dorisch, ionisch, korinthisch... *quick like a shot*, hatte Burnham gesagt, müsse er das Wissen über die Architekturgeschichte parat haben... hatte er doch auch, auf seiner gesamten Grand Tour... aber dann... der Markusdom in Venedig... was für ein Stilmischmasch... wo und was sollte man da zu bestimmen anfangen? Einen halben Tag lang war er um das Gebäude herumgelaufen, hinein, zu den goldenen Mosaiken, der Pantokrator, der mit erhobener Hand auf ihn hinabschaute, und wieder hinaus, vor die mächtigen Tore, an die Sonne, wie angenehm ihm die Brise ins Gesicht wehte... die Rufe der Gondoliere... Tanzmusik, durcheinander, von einer der Kapellen, die auf dem Platz gegeneinander anspielten... immer wieder der Gedanke, wie es statisch möglich war, eine Stadt im Morast und auf Tausenden von Holzpfählen zu erbauen, die einen Dom, prunkvolle Paläste, den Campanile stützten... – deutlich glaubte er damals zu spüren, wie die Steine, wie der Boden unter ihm schwankten... es aus den Kanälen schwappte... die Leute schrieen... er das Gleichgewicht verlor.

– er erwacht mit dem Kopf auf der Veranda.

Er muss vom Stuhl gefallen sein.

Noch immer ertönen Schreie. Er sieht eine Gestalt im Nebel an ihm vorbeilaufen, einen kostümierten Mann mit langer aufgeklebter Nase, Karneval, beißender Geruch steigt ihm in die Nase. Schwefel. Der Nebel ist kein Nebel, sondern Rauch. Es brennt.

Den Alkohol in den Gliedern, eilt er auf die Flammen zu, die nicht rot, nein, schwarz aus den Häusern schlagen. Balken krachen, Funken stieben. Nicht länger als eine halbe Stunde kann er auf der Veranda eingenickt sein, er hatte ja nur einmal kurz die Augen zugemacht. Wie um alles in der Welt konnte ein Brand ausbrechen und dann auch noch so schnell um sich greifen? Vielleicht eine Unvorsichtigkeit, der Übermut der Neuankömmlinge. Das spielt jetzt keine Rolle. Benēsi brennt, soweit Henry das im Rauch beurteilen kann, und schlimmer noch – die Bäume dahinter, der Gerber-Wald steht in Flammen! Hitzewellen steigen ihm entgegen.

Eine Menschenkette hat sich gebildet aus denen, die eben noch ausgelassen in den Straßen feierten. Stumm reicht man sich Eimer um Eimer aus dem Usulū weiter. In ihrer Mitte der kräftige Hansen, der den Rhythmus vorgibt »Und zieh-hiet! Und zieh-hiet!« Aber wohin führt die Kette? Wo steht der letzte Mann? Henry kann es nicht erkennen, die Leute verschwinden im Qualm.

Da ist Gerber, er brüllt Befehle, seine Hunde, die wie irre an ihm hochspringen, antworten mit Kläffen, übertönt vom Knistern und Prasseln, das der Wind herüberträgt. Der Verwalter schüttelt den leeren Eimer und deutet auf die Wand aus Feuer vor ihm, wo einmal der mühsam angelegte und so sorgsam gegen den Wildwuchs verteidigte Hauptweg in den Wald führte.

Etwas streift Henry am Bein, etwas Weiches, für einen Moment glaubt er, in der Nacht hinter sich einen Be-Te-Affen gesehen zu haben, dann stürzt eine ganze Armada von Tieren auf ihn zu, Wolfskaninchen, Wildkatzen, eine Moquaschwein-Familie, die Sau, hinterdrein die Frischlinge, Vögel flattern, bunte Papageien, auf der Flucht. Dazwischen plötzlich auch Menschen, noch in Tracht, der Mann mit der Bismarck-maske, deren Pappmaché halb heruntergerissen ist. Im Halbdunkel sind für Henry, der die Brille abnehmen muss, weil sie von der Hitze beschlägt, alle Konturen zerflossen. Auf Menschenkörpern sitzen Tierköpfe, der einer Antilope, eines Schweins, einer der tausend Flughunde, die über ihm kreischen, besitzen Tiere Menschenrümpfe, tragen Leder- und Uniformhosen.

»Else!«, ruft da eine Frau und rennt an ihm vorbei, in den Wald, »mein Kind! Elsechen!« Schwarze in Uniform hinter ihr her, Henry will ihnen folgen. Eine Hand hat ihn an der Schulter gefasst, es ist Schirach. Seine funkelnden Augen: »Nicht, mein Junge. Mach dich nicht unglücklich wegen eines Judenmädels. Lass die Kaffer das man machen. Wir brauchen dich zum Löschen hier. Auf!«

Henry reißt sich los, stürzt in den Rauch, tiefer hinein, »Else! Else!« schreit er, hustet. Wo nur ist ein Pfad? Zweige schlagen ihm ins Gesicht, Formen aus Feuer um ihn herum, Quadrate, Kreise. Stimmen. Er ist gestürzt, im Unterholz, reißt ein Taschentuch an seinen Mund, hat sich das Knie geschlagen, bleibt liegen, starrt zur Seite, es ist Gerbers Versteck. Hier hatten sie gejagt. Aber kein Theater steht hier, wie er es sich damals vorgestellt hatte, sondern *ein Dom*. Henry befindet sich in einem gigantischen Dom, wie er oder der beste Architekt der Welt ihn niemals im Leben konstruieren könnte, wie es ihn nie geben wird. Und doch steht er hier. Mit Mauern, Säulen, Chor, Seitenschiffen und einer Kuppel – aus Flammen. Es ist das Schönste, was Henry je gesehen hat.

EINER STERNSCHNUPPE gleicht das, was von Benēsi übrig blieb: Die Stümpfe, hier und da noch ein einsam dastehender Baum, das verbrannte Erdfeld ist ihr lang ausgefächerter Schweif.

Die Stadt selbst ein gezackter Stern, Bodelschwinghs Kirche in der Mitte, die als das einzige noch halbwegs intakte Gebäude aus den stinkenden Trümmern ragt.

Als hätte sich jemand, der hoch oben in den Lüften wohnt – ein Gott? einer der mythischen Riesenvögel der Eingeborenenstämme? – die Zeit damit vertrieben, aus der Landschaft mit einem Feuerstrahl eine Figur auszuschneiden; vielleicht als eine Botschaft für seinesgleichen. Dass jene Unglücklichen dort unten, die jetzt so geschäftig zwischen den noch rauchenden Haufen hin und her eilen, verdammt sind. Ein Mahnmal. Die Festung aber, daneben, gänzlich unversehrt, nur die Nordseite der Mauern angekohlt.

Käthe hat mit der Hand ihr Gesicht gegen die Nachmittagssonne abgeschirmt und gen Himmel geschaut. In ein, zwei Wochen bricht die Regenzeit an, die Schwüle drückt schon, die Vögel fliegen tiefer. Allerdings sind zum Glück keine Wolken in Sicht. Denn jeder noch so leichte Niederschlag würde die Reste der Stadt und des Waldes in Sekundenschnelle in einen Sumpf verwandeln, in dem die Siedler endgültig untergehen würden. Mit gesenkten Köpfen, stumm, nur ab und zu hustend, wie Schlafwandler, scharren die meisten mit Stöcken in der Schicht aus Asche und verkohltem Holz, die den Boden bedeckt; suchen nach Dingen, die noch zu gebrauchen sind. Ihre Funde haben sie auf Leiterwagen gestapelt. Einen Schrank, einen Stuhl, Kleider.

Obwohl ihr Anblick für Käthe etwas Furchteinflößendes besitzt, packt sie mit den anderen an, versucht, wie überhaupt seit Tagesanbruch, so viel Zuversicht wie möglich zu verbreiten. Ein Mann kauert am Boden und starrt ins Leere, Käthe hockt sich zu ihm, spricht Tröstendes. »Es wird alles wieder. Wir schaffen das ...«

Ihr grasgrünes Kleid, bei dem sie jeden Riss in der Zeit der großen Langeweile in der Festung stets umgehend und mit großer Sorgfalt nähte, jeden Fleck sofort ausspülte, ist zerschlissen und verdreckt. Sie streicht dem Mann, der den Kopf in seine Arme vergräbt, über die Schulter.

Bereits bei seiner Ankunft war ihr Bodelschwingh vielleicht wegen der blauen Schatten um seine Augen wie ein Unheilsbote erschienen. Bei seinem Feldgottesdienst vor ein paar Stunden war denn auch nichts mehr von der Fröhlichkeit, die er sich sonst zu verbreiten bemühte, zu spüren. Mit rußgeschwärztem Gesicht redete er vom Unterschied zwischen Hölle und Fegefeuer. Auch wenn der Brand auf die meisten wie die Flammen der ewigen Verdammnis wirke, so habe man es doch mit einem am Ende vorübergehenden Zustand zu tun. Er wolle ihnen ein Geheimnis sagen. Der schwarze Kontinent – für die vatikanischen Kirchenobersten sei er tatsächlich das Purgatorium. »Und ich, Reiner Bodelschwingh«, schloss er, »zweifle in diesem Moment unter der Sonne Tolas nicht daran, dass sie Recht haben. Jawohl. Dies hier, Brüder und Schwestern, ist der Ort der großen Reinigung! Und nun lasset uns um Läuterung beten.« Gemeinsam, inbrünstig, sprach man das Vaterunser.

Ihr Bruder erklimmt gerade ein Podest aus Sandsäcken vor der Kirche. Während Schirach mit seinen Soldaten dazu aufruft, sich zur »Volkszählung« zu versammeln, hält Ludwig also eine Rede. Wie ein leibhaftiger Prophet hebt er beschwörend die Arme, funkeln seine Augen. Käthe kann aus der Ferne nur Bruchstücke verstehen. »Brandstiftung«, »Suchtrupp«, »feige Sabotage« weht es zu ihr herüber. Ludwig geht wohl tatsächlich davon aus, dass jemand Stadt und Wald angezündet hat. Der Schuldige solle aufgespürt und vor ein

Standgericht unter den Vorsitz des Benēsischen Verwalters gestellt werden. Insbesondere die Unterkünfte der schwarzen Arbeiter seien zu durchsuchen. Dass die Möglichkeit besteht, dass die damals hastig ausgehobenen Bewässerungskanäle zu schmal ausgefallen sind und in der Hitze, die seit Tagen herrscht, irgendwo zufällig im trockenen Unterholz ein Funke zur Katastrophe geführt hat, daran denkt er offenbar nicht. Zur Bekräftigung stampft er mit seinen Stiefeln wütend auf den Sack und verleiht mit dem Zeigefinger seinen Worten Nachdruck; sein schweißnasses puterrotes Gesicht glüht, als brenne es um ihn oder in ihm noch immer.

So ist er ihr fremd. Und wie soll er je wieder der Alte werden, der er war, jetzt, wo die Stadt unwiederbringlich, ja, sie weiß es in diesem Moment: *unwiederbringlich* zerstört ist. Doch wäre ihr überhaupt der Mensch, der er vor dem Brand war, lieber als der, der da heiser nach Vergeltung schreit? Und muss sie denn das jetzt entscheiden, denkt sie, während sie mit einem feuchten Tuch einem der Schreiner eine Wunde an der Schulter auswäscht.

Ja, sie muss.

Viel zu lange hat sie ihr Leben an das ihres Bruders gebunden. Was sie bereits die ganzen Jahre hindurch ihm gegenüber spürte, aber nicht zulassen wollte, weil er doch für sie da gewesen war, als sie keinen hatte und sie ihn brauchte, spürt sie nun beim Anblick dieses Mannes auf den Sandsäcken überdeutlich: Verachtung. Die Festung, die Aufforstung, der Traum von der Stadt, *ihrer* Stadt hat sie zusammengehalten. In der Öffentlichkeit hat sie sich ihm untergeordnet, wie sie es immer tat, um den Erfolg des Unternehmens nicht zu gefährden; hat sich von Selwin an der Nase herumführen lassen und ist ihm und seinem vorgetäuschten Charme wie damals jenem Antons erlegen. Aber Benēsi existiert nicht mehr. Das war kein Palast, in dem sie herrschte wie es ihr beliebte; vielmehr verhielt es sich umgekehrt: Benēsi, das Zauberschloss, herrschte über sie. Sie war eine Gefangene. Seit letzter Nacht ist sein Bann aber gebrochen. Tief atmet sie den Schwefel um sich herum ein.

»Frau Gerber?« Frau Lustiger steht hinter ihr. »Wissen Sie, wo Herr Selwin ist?«

Auch nachdem Else plötzlich allein aus dem Chaos aus Menschen, Tieren und Flammen aufgetaucht sei, mit ihrer Puppe unterm Arm, war Selwin im Wald verschwunden geblieben. Frau Lustiger deutet auf das rauchende Feld hinter der Stadt, das mit seinen umgestürzten Stämmen auf Käthe wie ein Friedhof wirkt. Mit einem Schlag richtet sie sich auf, in ihren Ohren klingelt es.

»Ich weiß nicht... wo ist er?«, möchte sie sagen, kann es aber nicht. Ihr Hals ist trocken. Im Mund hat sie den Geschmack von Rauch.

ER LÄUFT WEG, irrt über das riesige Areal des zerstörten Waldes, aus dem der Brand eine zweite, eine schwarze Stadt gemacht hat, mit Pfaden, die das Feuer gefressen hat und die zu noch immer glosenden Klumpen, Ruinen aus Holz und Hütten aus Kohle führen. Nur eine der Schonungen ist wie durch ein Wunder unversehrt geblieben. Vielleicht haben die Drähte und Pflöcke, die eigentlich vor Wildverbiss schützen sollten, die Flammen abgewehrt. Doch als Henry die blaugrauen Blätter und Zweige berührt, zerfallen sie in seinen Händen.

In den versengten Kronen umgestürzter Bäume schimmern rote Flecken, ein Schwarm Papageien sitzt da, nein, *liegt*, regungslos; vielleicht hat das Feuer sie im Schlaf auf den Ästen überrascht und erstickt. In einer Kuhle steckt ein Schwein, es zittert: sein Fell hebt und senkt sich. Dann erkennt Henry, dass der unversehrte Rumpf des Tieres in einen verbrannten Schädel übergeht.

Weg muss er, bloß weg von diesen Trümmern, dem Rauch. Er stolpert weiter durch die Steppe, dorthin, wo irgendwann den Flammen der Atem ausgegangen ist und es wieder wohltuend braun und grün wird, am Ufer des Usulūs entlang, auf die Sandbänke. Henry schließt die Augen, in denen es sticht. Und sieht es doch noch immer brennen. Wie die Funken durch die Nacht stieben, die glühenden Bretter der Häuser. Das Gluckern des Wassers im Flussbett.

Er wird das alles seiner Mutter und seinem Vater erzählen, eine Idee, an die er sich plötzlich klammert, weil sie die um die Stadt kreisenden Gedanken in seinem Kopf unterbricht. Er wird seinen Eltern einen Brief schreiben. Immer hat er es aufgeschoben, dann nicht mehr daran gedacht. So viel war zu erledigen. Außerdem wollte er ihnen erst ein Zeichen senden, wenn er es geschafft hatte. Wenn er ihnen beweisen konnte: Seht her, ich bin Architekt – und was für einer! Eine ganze Stadt habe ich gebaut! Er wollte sich erst in New York melden, wenn seine Eltern nicht anders hätten können, als stolz auf ihn zu sein. Denkt er jetzt an zu Hause, kommen ihm diverse Szenarien in den Sinn, die alle im Bereich des Möglichen liegen: Vater hat sich einen Nachfolger ausgesucht, *an Sohnes statt*, ja, das war der deutsche Ausdruck dafür. Die Eltern waren über Henrys Tod verzweifelt, machten sich Vorwürfe. Die Eltern fanden sich mit der Situation ab: Ihr einziger Sohn tot, vor sein in Silber gerahmtes Bild am Kaminsims im Wohnzimmer in New York stellt seine Mutter stets frische Blumen.

Einmal hatte Henry den Anfang eines Briefes aufgesetzt: »Dear Madam, dear Sir«. Er hätte nur ein paar Tage auf das Postauto warten müssen, dann hätten die Dinge ihren Lauf genommen, der Brief wäre nach Loué transportiert worden, dann wahrscheinlich nach Lissabon; dann, nach etwa zwei Monaten, wäre er in New York eingetroffen. Henry hätte leicht ein Postskriptum mit einer Bitte anfügen können: Schickt mir Geld, nach Erhalt reise ich sofort zurück, komme heim. Aber was sollte er dort? Er hatte das Schreiben zerrissen.

War er nun ein Mann oder keiner, würde er den eingeschlagenen Weg zu Ende gehen oder nicht?

Jetzt aber würde er den Eltern einen Brief schreiben, der *alles* enthält, das heißt: die Wahrheit. Seine Anschrift, eine Entschuldigung, eine Erklärung, eine Bitte. Warum nur hat Henry es sich nicht schon früher eingestanden? Er ist gescheitert. Alles war umsonst. Der Brief jedoch würde die Dinge ins rechte Lot rücken. Natürlich. Eigentlich war es ja ganz einfach. Die Zeit wird sich zurückdrehen, die Fehler werden sich ungeschehen machen lassen. Nach dem ersten Groll werden die Eltern alle Hebel in Bewegung setzen, um Henry nach Hause zu holen. Er selbst wird seinem Brief hinterher nach Loué reisen, von dort mit dem gewisslich bald eintreffenden Geld der Eltern nach New York, die Tür des Hauses wird ihm Richard, der Butler, öffnen; er wird seine Überraschung wie immer überspielen, der gute alte Richard ... hoffentlich lebt er noch. Henry wird ins Wohnzimmer eilen, seine Mutter würde sich erheben, ob sie sich verändert hat? Grau wird sie geworden sein und noch faltiger; er allein ist daran schuld. Er wird vor ihr auf die Knie sinken, ihr die Hand küssen, »Vergebung« wird er flüstern, »Vergebung«. Dann rasche Reintegration in die Firma seines Vaters. Der deutsche Wald in Afrika, die Festung mit ihren Bewohnern, Natalie, der Schiffbruch bald nur mehr verblassende Erinnerungen, ein Alptraum, aus dem er hin und wieder in seinem Bett in New York oder auch Berlin aufschreckt.

Henry kriecht auf allen Vieren über den glatten Lehmboden zum Fluss, wäscht sich das Gesicht. Kein Nilpferd ist zu sehen, kein Krokodil. Das dreckige Wasser ist kühl. Mit einem Knie sinkt er im Schlamm ein, zieht es mit letzter Kraft heraus, schleppt sich zurück, über die Sandbank, ins Gras. Und plötzlich kann er es nicht mehr zurückhalten, seinen Körper schüttelt ein Heulkrampf, er kommt nicht dagegen an. Bei jedem Aufschluchzen schmerzt sein Brustkorb.

»You idiot ... you stupid, stupid idiot ...«, ruft er in das Rauschen des Wassers, in den Himmel, »Grit your damn teeth together, you let-down«, weint, um seine Eltern, die er so ins Unglück gestürzt hat, um Natalie, die er doch nie wirklich liebte und deren Tod er und er allein zu verantworten hat, aus Scham über das lächerliche Theater, das er in Benēsi veranstaltete. Selwin.

Dann ist auch das vorbei.

Er wird jetzt all seine Kraft zusammennehmen und zur Festung zurückgehen. Keinen Brief schreiben. Er wird beim Wiederaufbau helfen. Seine Eltern wird er erst wieder sehen, wenn er ihnen männlich und stolz gegenübertreten kann.

Er hat sich für Benēsi entschieden, also bleibt er auch da, bis seine Mission hier erfüllt ist. *Until the job is done.* Widrige Umstände werden ihn nicht niederzwingen und ihn an der Vollendung seines Werkes hindern. Und während er aufsteht, weiß er, dass in dieser schweren Stunde des Elends um ihn herum endlich einer seiner großen Wünsche in Erfüllung gegangen ist. An jener Stelle, an der er gerade steht, am Fluss, lässt er den letzten Rest des »spoiled young man« zurück, den er für seine Kameraden in New York auch noch mit Ende 20 darstellte, als alle anderen bereits verheiratet waren und erfolgreich die Unternehmen ihrer Väter übernommen hatten. Heute würden sie ihn achten, wenn sie ihn so sehen könnten. Der Gedanke erfüllt ihn mit Wärme. Er macht sich auf den Weg übers Aschenfeld.

JEDEN NACHMITTAG schöpft Henry mit der Kelle Wasser aus dem Fass. Gierig schlürft er es herunter. Dieser Gang in den ansonsten leer geräumten Speisesaal ist ihm zur lieben Gewohnheit geworden. Ein Moment der Ruhe, des Alleinseins. Seit einigen Tagen schmerzt sein Kehlkopf bei jedem Schluck. In den Nächten in der Hängematte in seinem Zimmer, die er gegen das Bett eingetauscht hat, beschäftigt ihn deshalb vor allem der Gedanke daran, nur nicht krank zu werden. Wenn er jetzt krank würde, ernsthaft krank, könnte ihm nicht so schnell geholfen werden. Dr. Gutschmidt sagte, es seien kaum noch Medikamente vorhanden, der Fundus seines Vorgängers sei so gut wie aufgebraucht; man müsse auf die nächste Lieferung aus Loué warten. Das könne dauern. Käutner hatte mit dem endlich funktionstüchtigen Telegrafen nach Bismarckburg gedrahtet. Nichts. Der zuverlässigste schwarze Soldat aus Schirachs Truppe wurde losgeschickt, um das Anliegen Maysenbug selbst vorzutragen und es ihm in all seiner Dringlichkeit deutlich zu machen. Das ist über eine Woche her.

Später ist Urge, der Postbote, in seinem Automobil angetuckert gekommen. Als er sah, was passiert war, kratzte er sich ratlos an seiner Mütze. Er wurde von den Siedlern umringt wie ein Missionar von Negerkindern. Man hoffte auf Briefe aus Deutschland, von denen sich tatsächlich einige in seinem Packen befanden. Gerber persönlich übergab ihm mit wichtiger Miene eine Liste des Nötigsten. Auch davon ist bis jetzt nichts eingetroffen, sodass Vorschläge laut wurden, man solle Benēsi verlassen, in Bismarckburg würden sie besser versorgt. Der Verwalter hat die Stimmen abgeschmettert, bis sie so unaufhörlich und vielzählig mahnten, dass auch er seine Ohren nicht mehr verschließen konnte. Schließlich verkündete er, er werde alles für die vorläufige Auslagerung der Siedler nach Bismarckburg vorbereiten. In einem Monat sei die Festung für ihre Rückkehr wieder hergerichtet. Dann könne der Wiederaufbau der Stadt beginnen. Man jubelte nicht. Die meisten wollen in Bismarckburg bleiben, wie Käthe in Erfahrung gebracht hat.

»Müüüs-mann!«, Gerber war durch die Gänge der Festung gelaufen, und rief es immer wieder: »Müüüs-mann! Ein Komplott! Dieser Sauhund intrigiert! Mit Absicht hat der Kerl damals die Nachricht vom zweiten Schiff zurückgehalten! Mit Absicht! Und jetzt will er mir die Siedler abjagen. Müüüs-mann! Die Siedler gehören mir! Hörst du? Schwarz auf weiß hab' ich das! Schwarz auf weiß! Ich habe einen Vertrag, Herr Müsmann!« Und raste immer so weiter. Konnte man es ihm vorwerfen? Wenn Henry es sich recht überlegt, ist an Gerbers Theorie von einem Komplott durchaus etwas dran. Am Ende war sie sogar beruhigender als die Möglichkeit, dass all die neuesten technischen Geräte, über die das Reich und seine Kolonien verfügten, versagt hatten, weil jene, die sie bedienten, vom ununterbrochenen Strom der Nachrichten aus dem Äther überfordert waren.

Henry plagt solcher Hunger. Er könnte, wenn alle anderen draußen beschäftigt sind, zum Vorratsraum schleichen, vor der Wache behaupten, er besitze eine Sondergenehmigung vom Verwalter, und sich dann an den spärlichen Resten bedienen. Man würde nicht wagen, ihn abzuweisen. Pökelfleisch vom Tlok! Was war das damals für ein Festschmaus, den ihnen Käthe bei der Nachricht von der angeblichen Ankunft der Siedler auftischte. Filets! Petit Fours…! Doch er muss Haltung bewahren. Er selbst hat ja der strengen Rationierung der Lebensmittel zugestimmt.

Im Innenhof der Festung herrscht reges Treiben. Nachdem die einheimischen Waldarbeiter zu ihren Stämmen ins Hinterland zurückgeschickt waren, weil es ja keine Arbeit mehr für sie gab, haben die Siedler Wellblechhütten errichtet; die schwarzen Soldaten zeigten ihnen, wie man es macht. Dazwischen flackern Feuer. An Spießen braten die Vögel und die Antilope, die die Schutztruppe schoss. Viel ist es nicht. Der Brand scheint die Tiere der Steppe von diesem Flecken vertrieben zu haben.

Kurz nachdem man beschlossen hatte, in die nicht benutzten Räume der Festung zu ziehen sowie im Schutz des Innenhofs ein Lager zu errichten, zogen die Siedler durch die Flure und nahmen alles mit, was als Brennholz zu gebrauchen war, auch den Rahmen von Henrys Bett. Gegen die abendliche Kälte hüllen sie sich in die Wandteppiche. Als Henry einmal gedankenverloren aus seinem Zimmer trat und Stimmen hinter den Türen vernahm, hinter denen all die Monate im

Jahr zuvor Totenstille herrschte, hatte er für eine Sekunde die Gegenwart vergessen und es packte ihn das Grauen: Die Passagiere der *Brünnhilde*, die Ertrunkenen. Nun waren sie, wie er es immer befürchtet hatte, zurückgekehrt – bis er sich selbst schalt, dass ihm der Hunger und die Aufregung die Sinne vernebelten. Doch hatten die hohlwangigen Gesichter der Siedler, ungekämmt, verdreckt, in die er dann im Kabinett neben dem Speisesaal blickte, nicht durchaus Ähnlichkeit mit den Geistern aus seinen schlimmsten Träumen?

Sämtliches nicht unbedingt notwendiges Mobiliar ist zerkleinert worden, Henrys Schreibtisch, die Standuhren, sogar das Klavier, was Käthe allerdings nicht weiter zu kümmern schien. Mit ausdrucksloser Miene hatte sie dabeigestanden, als Hansen die Kiste zerhackte und sie bei jedem Hieb, als ob da ein seltenes Tier stürbe, Klänge wie Schreie von sich gab.

Überhaupt ist Käthe wie verwandelt. Unermüdlich geht sie in ihrem zerschlissenen grünen Kleid von Hütte zu Hütte. Nachdem Henry in den Trümmern der Stadt aufgetaucht war, fiel sie ihm sichtlich erleichtert um den Hals. »Du lebst, Gott sei Dank«, hatte sie geflüstert. Die kurze Schwärmerei für die Schwester des Verwalters liegt schon so weit zurück in der grauen Vergangenheit, einer Vergangenheit, die in Flammen aufgegangen ist.

Wichtiger denn je sind die einfachen Rechnungen, die er täglich mit Gerber anstellt. Der Verwalter zieht ihn ins Vertrauen. Er und Henry entscheiden über das weitere Geschick Benēsis. Wie viele Wagen benötigen wir für den Abtransport der Siedler? Wie viele Packungen Zwieback besitzen wir noch? Welches Gerät brauchen wir für den Wiederaufbau? Lässt sich Gerbers Generator wieder instand setzen? $1 + 2 + 3 = 6, 3 \times 16 = 48$.

Als Henry zu Ohren kommt, dass Käthe in einem Treck mit den Siedlern nach Bismarckburg ziehen will, stemmt er sich kurz dagegen. Sie soll hierbleiben. Ihr könnte etwas zustoßen auf dem Weg. Und wie soll man es ohne sie hier schaffen? Gerber hingegen scheint es sogar noch zu forcieren, dass seine Schwester die Festung verlässt. »Ein Offizieller muss die Siedler begleiten, Sie verstehen aber sicher, dass ich hier jeden Mann brauche«, erwidert er Henry, als er ihn zur Rede stellt. »Außerdem, keine Sorge: Zwei von Schirachs Soldaten begleiten die Leute; Bodelschwingh und damit Gottes Segen noch obendrein. Denen passiert nichts. Da ist ja eh nichts zu holen...« Ausnahmsweise beruhigt Henry danach der Anblick des starken Hansen, der zusammen mit seinen Männern schon dafür sorgen wird, dass alle wohlbehalten in Bismarckburg eintreffen und nach ein paar Wochen wieder zurückkehren.

Bei der Verabschiedung von Käthe stellen sich Gerber und Schirach neben ihn.

Als sie vor ihm steht, sagt er »Auf bald« und lächelt sie an.

Sie bleibt stumm, weicht ihm aus.

Er versucht, ihr in die Augen zu sehen, »Auf bald, ja?«, wiederholt er.

Als sie ihn endlich ansieht, ernst und traurig, und sie, allein für ihn merklich, den Kopf schüttelt, ist etwas in ihren braunen Augen, das ihm sagt, dass es wohl aus was für einem Grund auch immer nicht zu einem Wiedersehen kommen wird. Um seine innere Bewegung zu verbergen, umarmt er sie, Gerbers erstauntes Gesicht dabei ist ihm egal. Auch Käthe hat ihn fest an sich gedrückt, er kann ihren Herzschlag spüren. Und jetzt sollten sie sich wieder voneinander lösen, sonst werden Schirach und Gerber ihn nachher darauf ansprechen.

Er wünscht sich, dass seine Hände ihr Kraft geben, und tritt zurück.

Nachdem er der Prozession vom Tor aus nachgeschaut hat, bis sie verschwunden ist, Käthe als die Führerin an der Spitze – Bodelschwingh mit Kappe und Bibel in der Hand am Ende –, zwingt er sich, seine ganze Konzentration auf die Aufgaben zu richten, die auf ihn warten. Die leeren Hütten müssen beseitigt, alle zurückgelassenen Essens- und Kleidungsreste als potentielle Krankheitserreger verbrannt werden, ebenso die Trümmer vor dem Tor der Festung. Wie viele Soldaten müssen abgestellt werden, wie viele Männer sind vonnöten für dies und für das? Es ist so vieles vorzubereiten für die Rückkehr der Siedler.

NACHDEM Käthe sich ein letztes Mal umgedreht hatte und Selwin unschlüssig im Tor die Hand heben zu sehen meinte, sind ihr doch die Augen nass geworden ... Sie ist froh gewesen, dass die Ochsenkarren so viel Staub aufwirbeln und die Siedler mit vor dem Mund gebundenen Tüchern marschieren – wie Nomaden. Auf diese Weise kann keiner ihre Tränen bemerken, auch nicht Rachel Lustiger und ihr Mann, die stumm neben ihr herlaufen. Nur die kleine Else spielt ahnungslos-fröhlich Fangen mit dem gutmütigen Neufundländer, den sie mitgenommen hat.

Aber nein ... Als jetzt die Festung hinter ihnen nicht mehr zu sehen ist, weicht der überwältigende Schmerz der Erleichterung. Ludwig, der sture Esel, der sich nicht einmal richtig verabschieden mochte ... Mit dem Schmutz wischt sie auch die letzten Zweifel weg, ob es richtig ist, Benēsi für immer den

Rücken zu kehren und damit den einzigen Menschen, für die sie so etwas wie Zuneigung empfindet.

Sie möchte sich nicht mehr binden. An nichts und niemanden. Denn darin liegt, denkt sie darüber nach, alles Übel. Daher rühren die Enttäuschungen. In den Verpflichtungen gegenüber vermeintlichen Freunden oder der Familie. Die ständigen Pläne, die sich dann doch nur wieder in Luft auflösen. Irgendetwas wird sich für sie in Loué oder anderswo schon finden. Sie besitzt Erfahrung, Ludwig hat ihr vor dem Aufbruch eine Börse mit Geld zugesteckt. Viel wird es nicht sein – sie hat nicht nachgezählt –, dennoch fürs Erste genug. Die meisten Siedler wollen ja auch gar nicht wieder zurück nach Benēsi, sondern versuchen, in Bismarckburg oder der Hauptstadt eine Beschäftigung zu ergattern. Vielleicht wird sie sich den Lustigers anschließen. Rachel Lustiger sprach davon, möglicherweise in einer Schneiderei zu arbeiten.

In der Steppe wachsen die Telegrafenmasten aus dem trockenen Boden, die ihnen unfehlbar den Weg nach Bismarckburg anzeigen. Käthe muss an früher denken, wie das Kindermädchen im Sommer mit ihr zum nahe gelegenen Teich ging. Käthe schwamm immer viel zu weit hinaus. Die Angst, als ihr dann die Kräfte schwanden. Die Beruhigung, als sie die Hand nach den vom Ufer aus ein gutes Stück ins Wasser hineingebauten Pflöcken mit den Halteseilen ausstreckte. Das Gefühl der festen Knoten an den Fingerspitzen. *Jetzt kann mir nichts mehr geschehen.* Und so wie sie damals in wenigen und doch ewig langen Minuten in der Mitte des Teiches viele Meter über dem Grund strampelte, dem Tod, und ihr das ganze Ausmaß der Gefahr, in der sie eben geschwebt war, erst am Ufer bewusst wurde, wo sie zusammensackte, so spürt sie jetzt die Zeit in der Festung, die noch bis vor ein paar Mo-

mente andauerte, in ihren Gliedern, ihren Beinen. Heute jedoch marschieren sie unbeirrt, wie von selbst weiter. Immer
weiter. Schritt um Schritt.

Sie horcht auf das Stampfen der Ochsen, das Quietschen der
Wagenräder, den dumpfen gleichmäßigen Rhythmus, zu dem
in ihrem Kopf Töne entstehen, *dim-da-dam, dim-da-dam* ...
Fragmente einer ihr und nur ihr bekannten Melodie, die sie
noch nicht vollständig heraushört, die aber existiert. Bald
wird sie sie summen, sie ist sich sicher.

19 DIE UMWANDLUNG

Lange dachte Käutner, der Telegraf sei auf dem Transport von Bismarckburg nach Benēsi beschädigt worden. Alle Anweisungen des Beihefts hatte er doch befolgt, hatte am Ende sogar den ganzen Apparat vorsichtig auseinandergeschraubt und wieder zusammengesetzt, falls Sandkörner hineingeraten sein sollten. Es half nichts. Die Funkstation war keine Direktverbindung nach Bismarckburg, Loué oder gar nach Deutschland, wie mancher in der Festung gehofft hatte, sondern nur ein weiteres hochtrabendes Versprechen, das sich nicht erfüllte.

Man ließ Käutner allein in seiner Stube. Er schien der Einzige zu sein, der von dem nutzlosen Ding, das munter summte, aber ansonsten keine Reaktion zeigte, weiterhin fasziniert blieb. Draußen hatte alle Geschäftigkeit ergriffen; Gerber, Selwin und die Schwester des Verwalters hielten sich die meiste Zeit auf der Baustelle auf. Wenn Käutner nach seiner Schicht vor der Waffenkammer abgelöst wurde und von den Siedlern die Post entgegengenommen hatte, die vielen Briefe, die ihm mit zusätzlichen Erklärungen und Bitten in die Hand gedrückt wurden, als würde er sie persönlich zustellen, empfand er eine seltsame Lust, das Uhrwerk des Telegrafen sich doch noch bewegen und den Stahlstift seine Punkte und Striche in den Papierstreifen ritzen zu lassen, um endlich all die Nachrichten lesen zu können, die um sie herum, unsichtbar, wenn er es richtig verstanden hatte, durch den Äther flirrten.

Die Funkstation schlich sich in seine Träume, nachts wie tagsüber. Wesen sah er, Schlangen mit gläsern-transparenten

Körpern, endlos lang, die mit jedem Funkenstoß jener gigantischen Station im Havelländischen unter ohrenbetäubendem Lärm in den Himmel geschossen wurden. Als sagenhaften Ort, halb mittelalterliche Schmiede, halb hochmoderne Fabrik, stellte er sich dieses Nauen vor. Aber jene Luftgeister… Wenn sie, einmal losgeschickt und über Meere und Kontinente gereist, nun keinen hatten, der sie in Empfang nimmt – was wird dann aus ihnen? Sind sie gefangen und irren sie weiter, in immer neuen Kreisen, über die Länder? Im Halbschlaf war es Käutner manchmal, als könne er durch das offene Fenster, schwach und fistelig, Hilferufe vernehmen.

Eines Morgens dann das nicht mehr für möglich Gehaltene: Im Kasten ruckelte es, als ob das Ding sich räusperte. Und das Uhrwerk – drehte sich! Käutner wagte nicht zu schlucken, um die Zeremonie, der er da eben beiwohnen durfte, auch ja nicht zu stören. Wie ein Ministrant das Handtuch für den Pfarrer bei der Wandlung, so hielt er den Papierstreifen in seinen zitternden Händen und starrte auf die Löcher darin, riss hastig sein Dechiffrierungsbuch auf, blätterte, lang, kurz, kurz, lang… Buchstabe um Buchstabe setzte er zusammen, bis daraus Wörter wurden, die er sich mehrmals vorsagte, und er ihren Sinn begriff. Eine Nachricht, nicht an Bismarckburg oder an Loué, nein, an Benēsi. Man rief sie.

BREMEN AN BENĒSI STOPP ERBITTEN AUSKUNFT UEBER FORTSCHRITTE IN SACHEN STAEDTEBAU STOPP.

Mit dem wehenden Blatt in der Hand war er sofort über die Baustelle gelaufen und hatte den Verwalter gesucht. Als er dann jedoch vor ihm stand, ihm stolz die Funktionstüchtigkeit der Station Benēsi meldete und dabei mit dem Telegramm wedelte, da winkte der nur ab. Ja, gute Arbeit, Käutner, aber momentan gibt es hier Wichtigeres. Antworten Sie Bremen doch einfach in meinem Namen. Bitte mich nur stören, wenn etwas von Dringlichkeit... Sie wissen schon. Und so weiter.

Nach der anfänglichen Enttäuschung war Käutner Gerbers Teilnahmslosigkeit recht gewesen. Nichts Aufregenderes als die Kunst der Telegrafie geistig vollends zu durchdringen, die Wechselwirkung des Elektromagnetischen, die Tücken der fehlerfreien Übertragung. Käutners Untersuchung der Antenne über dem Turm Benēsis beförderte den Fehler zutage, der zur Stummheit des Apparats geführt hatte. Ein winziger Hebel, der für die zu empfangenden Hertz-Frequenzen zuständig war, war falsch eingestellt gewesen und hatte sich – was für ein glücklicher Zufall – wohl durch einen Windstoß in seine richtige Position bewegt. Nun aber brauchte er nur seine Anlage zu elektrifizieren und Käutner *flog*, flog mit den englischen, französischen und seltener deutschen Wörtern übers Meer und direkt nach Hause – auch wenn es sich dabei um Europa handelte und keine weitere Nachricht die Festung betraf.

Das Morsealphabet konnte er bald auswendig. Er lernte, dass Telegrafisten nicht, wie er naiverweise angenommen hatte, von Strichen, Punkten und Pausen, sondern von *Dahs*, *Dits* und *Schweigen* sprechen. Einmal blickte er erschreckt in die lachenden Gesichter seiner schwarzen Kameraden im Schlafsaal der Schutztruppe, die plötzlich alle um ihn herum mit ihren Fingern auf ihre Pritschen tippelten. Dass er seit kurzem immerzu mit den Händen klopfe, tagsüber beim Essen, an seinen Napf, *tipp-tipp*, abends auf seine Decke, *tipp-tipp*. Und tatsächlich – als Käutner darauf achtete, merkte er, dass er Morsezeichen abgab und leise seinen Mund dazu formte, *dah-*

dahdit ... *Telegraf,* nicht mehr Käutner, nannten ihn die Schwarzen.

Diese glücklichen Stunden, in denen er am Schreibtelegraf etwas gefunden hatte, was er schon so lange vermisst hatte, eine Aufgabe, die nur er erfüllen konnte, diese glücklichen Stunden endeten abrupt in der Nacht des Brandes, die Käutner in seiner Stube verschlief, den Kopf auf den Aufzeichnungen, die er sich zu Chiffrierungstechniken gemacht hatte. Buchstaben standen für Wörter, Zahlen für Sätze.

Als ihn Horp wachrüttelte und aufgeregt von dem großen Unheil berichtete, dem alles vernichtenden Feuer, lag das Schicksal der Stadt oder besser das, was davon übrig war, mit einem Mal zu einem guten Teil in seiner Hand – und dort lag es gut. Die wochenlange Übung ermöglichte es Käutner, in dieser Situation fehlerfrei und rasch seine Pflicht zu erfüllen und aus Bismarckburg schnelle Hilfe anzufordern. Man muss Haltung bewahren.

Genutzt hatte es freilich bis jetzt nichts. Man schien dort, in der Zentrale, wo das Nilpferd Müsmann das Regiment führte, mit anderem beschäftigt zu sein.

NACHRICHT ERHALTEN STOPP BEFEHLE ERFOLGEN DEMNAECHST AUS LOUÉ STOPP, las Käutner.

Man wartete vergebens. Nichts *erfolgte.* Bis auf Seltsames. Denn plötzlich standen da endlose Kolonnen auf dem Papier, die einfach keinen Sinn ergeben mochten; keiner der vielen Dechiffrierungsschlüssel Käutners konnte da helfen. Des Rätsels Lösung folgte wenig später. Käutner war auf die Zinnen gestiegen, um frische Luft zu schnappen. In der Ferne konnte er gerade noch die letzten Ausläufer eines Gewitters erkennen. Als er zurück in die Stube trat, klackte das Uhrwerk nur noch schwach, mit dem letzten Donnerschlag versiegte auch der Zeichenstrom. Die elektrischen Ströme des Unwetters aber, so Käutners Folgerung, sie hatten gesprochen.

JHW301EO KM88888WEFNJWEFOWUEUEUE9FDM 101010 X PFTA.

Und die Frage beschäftigte ihn in den folgenden Stunden nicht wenig, ob es sich nicht auch hier um einen Code der speziellen Sorte handelte; ob nicht letztlich allen Dingen eine Sprache zu eigen sei, die zu entschlüsseln schon bald mittels der Techniken des Funks möglich sein wird.

Es ist für eine Sekunde dieser Gedanke, dass atmosphärische Störungen dafür verantwortlich sind oder vielleicht ein Vogelschwarm, als Käutner jetzt, einen Tag nach dem Abzug der Siedler, die Löcher im Papier entziffert, die der Stahlstift eben ritzte. Er versteht nicht.

KR. IEG. steht da.

Und: STOERSENDER.

Dann entziffert er die Sätze:

OESTERR. KRONPRINZ FRANZ FERDINAND ERMORDET STOPP und STOERSENDER AB SOFORT STOPP und GEHEIM STOPP und UNVERZUEGLICH STOPP.

Hat Käutner richtig gelesen? Und betrifft das überhaupt Tola? Krieg? Bei *uns* in Afrika? Etwa wieder eine Strafexpedition? Wegen der Ermordung des österreichischen Thronfolgers? Vor über einem Monat? Gehört hatten sie davon, das schon. Aber welche Konsequenzen hätte man hier, in Benēsi, daraus ziehen sollen?

Käutner tippt einen Satz, den er in letzter Zeit den Verwalter öfter hat sagen hören: Man habe hier wichtigere Dinge zu tun.

Die unverzüglich erfolgende Antwort aus Bismarckburg, wahrscheinlich vom Wichtigtuer Müsmann selbst diktiert: Aufgabe der Festung und unverzügliche Verstärkung der Truppen in Bismarckburg.

DAS IST EIN BEFEHL STOPP.

Wenig später – Käutner sitzt mit zusammengekniffenen Augen da, als könnte er die rettende Idee irgendwo in der Ferne ausmachen –, wenig später noch einmal das Scharren des Stiftes, das Käutner zum allerersten Mal nur ungern vernimmt, aber darauf achtet ja niemand hier, jetzt schreibt man ihm, plötzlich auch noch aus dem Oberkommando in Berlin, da steht es, *dahdahdah*: OK. Warum hat man sich zuvor nie gemeldet oder auf Käutners Hilferufe reagiert; was kümmert die plötzlich Benēsi, denkt Käutner noch, während er die Wörter liest, die so ähnlich eben, vor einigen Minuten aus Bismarckburg, eingegangen waren.

KRIEG STOPP BELGIEN GEFALLEN STOPP AUF NEUTRALITÄT KANN NICHT GEBAUT WERDEN STOPP.

Langsam begreift Käutner, was da gerade in Europa und das heißt also: auch hier vor sich geht.

Er reißt die Augen auf.

Kampfhandlungen des Feindes seien wahrscheinlich, heißt es weiter, insbesondere der Franzosen im Osten, Paris setze bereits gegen die Abmachungen der Kongo-Akte Störsender ein, um den kolonialen telegrafischen Verkehr lahmzulegen. Ab sofort sei keiner Nachricht des Funkraums mehr zu trauen, auch wenn sie auf Deutsch abgefasst sei. Es werde geraten, sich nach Bismarckburg zu begeben, um dort den deutschen Zugang zum Äther zu schützen.

Ende.

Das Uhrwerk dreht sich ein letztes Stück weiter, als ob es seufze. Dann steht es still.

Käutner wird das alles zuviel. Ja, freilich, er hat sich immer gewünscht, dass ihm endlich Verantwortung übertragen wird, dass es etwas zu tun gibt. Aber das kann keiner von ihm verlangen, dass er übermittelt und zugleich *versteht*, was gerade passiert. Er steht auf, streicht sich, wieder und wieder, über den Kopf. Der Verwalter und Schirach werden die Lösung kennen. Sollen *sie* eine Entscheidung treffen.

Draußen, über dem Trümmerfeld vor der Festung, kann er die Störwellen förmlich spüren. Wie sie über dem Land liegen, wie er sie mit der Luft einatmet. Und er beginnt schneller zu gehen, stolpert, läuft, atemlos trifft er Gerber neben einem Zelt an; an einem Tisch hat die Schutztruppe um sich versammelt; aha, eine Lagebesprechung, man weiß es also schon, irgendwie hat man es erfahren, Gott sei Dank.

»Herr Verwalter«, schnauft Käutner und zwängt sich zwischen dem Architekten, Schirach und den Soldaten hindurch, die um Gerber herumstehen.

Der guckt verdutzt. »Sie entschuldigen mich für einen Moment, meine Herren«, sagt er und entfernt sich mit Käutner ein paar Schritte von der Runde.

Was man denn nun tun solle. Was er antworten solle.

Er verstehe nicht, flüstert Gerber, die anderen am Tisch im Blick. Was dieser Auftritt Käutners zu bedeuten habe. Ob den Siedlern etwas zugestoßen sei.

Dass dies nichts mit den Siedlern zu tun habe, sagt Käutner und muss sich wegen des Stechens in seinen Seiten mit den Händen auf den Oberschenkeln aufstützen.

Gerber atmet erleichtert auf. »Ja, was denn dann! Ich bitte Sie, Käutner! Wir befinden uns in einer wichtigen Versammlung!«

Paris, Störsender, bricht es aus Käutner heraus. Krieg! Dass Deutschland Frankreich und Russland den Krieg erklärt habe, dass Krieg sei, der Kronprinz, der österreichische, Franz Ferdinand, ermordet, hustet Käutner. Belgien sei bereits gefallen.

»Nicht möglich... wie?«, Gerber runzelt die Stirn. »Der Kongo ist gefallen?«

ES GIBT so viel zu organisieren. Wenn die Trümmer beseitigt sind, kehren die Siedler wieder zurück. Gerber hat es gründlich durchdacht. Stundenlang ist er zwischen den Schutthaufen herumgeirrt, den Ruinen seiner Stadt, seines Lebens. Fassungslos. Hin und wieder war er in die Knie gegangen und hatte seine Hände in die noch immer warme Asche gesteckt, gewünscht, das wäre er... wäre er bloß mitverbrannt.

Er hatte auf einen der vielen kleinen knallgelben Vögel gestarrt, die mit ihren roten Schnäbeln im Boden stocherten. Aufgeregt zwitschernd, Essbares hervorziehend. Plötzlich hatte er etwas gesehen. Strahlend hatte es sich über dem Trümmerfeld ausgebreitet. Gerber war eine Vision zuteil geworden.

Ein Rindvieh. Mit dürren Beinen. Es stapfte über die Steppe Benēsis. Muhte zufrieden. Sattgrüne Grasbüschel im Maul. In Gerbers Kopf wurden daraus viele Rindviecher, sehr viele. Eine ganze Herde, die auf ihn zutrampelte und an ihm vorbei. Das kurze braun glänzende Fell der Tiere, das Donnern ihrer Hufe. Und dazwischen er, unversehrt. Lächelnd. Triumph.

Er könnte Rinder züchten, Ostfriesische Bullen, mit Hilfe jener Siedler, die dazu willens sind.

Er ist ein Gerber. Nach wie vor. Die Kolonialgesellschaft vertraut ihm. Nach wie vor. Sie muss. Es war nicht sein Fehler, dass das Dorf und der Forst in Flammen aufgingen. Der Schuldige, diese Kanaille, wird schon noch gefunden werden. Jetzt heißt es, nach vorne schauen. Er hat doch bewiesen, dass er etwas aufzubauen in der Lage ist. So soll es nicht enden mit seinem Benēsi. Er wird Saatgut bestellen, auf Kredit. Den kriegt er schon. Wenn nicht von der Kolonialgesellschaft, dann von irgendwo anders her. Weideland wird auf dem toten Wald entstehen. Es wird eine Auferstehung sein. Der Boden ist geradezu ideal für saftiges Gras, Mais oder ähnliches. Das Feuer hat ihn – Ironie des Schicksals – fruchtbarer gemacht denn je.

Die Rindvieh-Vision hat ihm neue Kraft eingeflößt. Er fühlt sich stark genug, alles Nötige in die Wege zu leiten. Bald wird er Schirach und Selwin einweihen. Er bedarf ihrer Hilfe, besonders der Schirachs und seiner Truppen. Nur ein Gedanke bedrückt ihn: Wie, um alles in der Welt, soll der stolze Schirach in seiner stets sauberen Uniform für die Rinderzucht begeistert werden? Es braucht eine übergeordnete Idee, um ihn und wohl auch Selwin zu begeistern... *eine Sache*... ja, die Sache wird das Reich sein. Man wird Rinder züchten für den Kaiser, Majestäts-Rinder, große, kräftige, einzigartige Tiere, ihr Fleisch wird legendär, eines Kaisers würdig. Sie wird es zu verteidigen gelten gegen alles Feindliche, Raubkatzen wie Kaffer.

Plötzlich steht da Käutner vor ihm, atemlos, zwischen Selwin, Schirach und ein paar Soldaten, mitten in der Runde der Getreuen, die Gerber einberufen hat, um über die nächsten

Tage zu reden (Rationierung der Lebensmittel, Wiederaufbau). Gerber nimmt das Bürschlein zur Seite, das immerzu
etwas von einem Funkspruch faselt, von einem Krieg, nicht in
Afrika, sondern zu Hause, in Europa; Deutschland befinde
sich im Krieg, es gelte, die Befehle des Oberkommandos zu beachten.

Je länger Gerber Käutner zuhört, desto klarer werden ihm
einige entscheidende Dinge, die ihn eine stramme Haltung
einnehmen lassen: Dieser Krieg – er kümmert ihn nicht. Hat
sich denn bisher das Reich, hat sich der Gouverneur um ihn
gekümmert? Was heißt »zu Hause«? Das hier, das Stück
Land um die Festung, in das er alles investiert hat, in das er
seine ganzen neu erwachten Hoffnungen setzt, Benēsi ist
sein Zuhause. Nach dem Verkauf von Zwiesel und Franzfeld
besitzt er kein anderes. Seit Montag herrscht also Krieg und
man soll auf den Feind achten. Was aber, Eure Herzoglichkeit Maysenbug, wenn hier die Wochentage, Montag, Diens-
tag, Mittwoch und so weiter, keine Gültigkeit besitzen und
man sich schon lange eigentlich außerhalb der Zeit befindet?
Dieser Krieg hat Gerber nur insoweit zu scheren, als dass er
das Unternehmen »Viehzucht« und seine Finanzierung nicht
durch Raubtiere oder Neger, sondern durch Franzosen und
Briten gefährden könnte. Zugleich ist dieser Krieg eine
Chance. Schirach und seine Schutztruppe wären vielleicht
nach der Brandkatastrophe abgezogen worden. Nun werden
sie zur Verteidigung bleiben. Sie müssen ja nicht unbedingt
erfahren, dass in den nächsten Stunden möglicherweise Befehle des Oberkommandos eingehen, das anderes mit ihnen
im Sinn hat...

»Nichts ändert der Funkspruch«, sagt er in das überraschte
Gesicht Käutners mit bebender Stimme. »Gar nichts.« Und

wieder beherrschter: »Ich werde diese wichtige Nachricht unverzüglich selbst bekannt geben. Bis dahin bitte Stillschweigen. Unterdessen werde ich alle notwendigen Vorbereitungen zur Verteidigung der Festung veranlassen. Sie können sich jetzt entfernen.«

Gerber wartet, bis Käutner, der sich immer wieder unsicher nach ihm umschaut, außer Hörweite ist und tritt wieder zu der kleinen Runde.

»Nun? Was gibt's denn?«, fragt Selwin neugierig.

In einer Stimmung, in der er das »heilige Ergriffensein« aus den Predigten des Pfarrers in der Zwieseler Dorfkirche zu erkennen meint, wendet er sich den anderen zu und bittet um Ruhe. Während er dann zu sprechen beginnt, ihn alle anblicken, ist es ihm, als spanne sich etwas um sein Haupt, über den Schirm seines Tropenhelms hinaus.

Ein Schein.

Eine Aureole.

Die Macht.

Die er um noch einiges stärker zu spüren glaubt, in seinem ganzen Körper, als Selwin und Schirach nach seiner Ansprache aufgeregt durcheinanderrufen, »Was ist denn nun zu tun?«, »Nein, so etwas!«, »Wie lauten Ihre Befehle?« Auch wenn es natürlich genau genommen nicht *Gerbers* Befehle sind, nach denen sie verlangen.

»Kameraden«, seine Stimme klingt zu seinem eigenen Erstaunen fest, obwohl er so gerührt ist von diesem Moment, »wir werden verteidigen, was das unsere war und sein wird. Bis zum letzten Tropfen. Ich ordne hiermit an: Räumung der Ruinen. Vorbereitungen zur Verteidigung der Festung gegen den Feind.«

Er wird Benēsi nicht enttäuschen. Die Worte, die ihm wie automatisch über die Lippen kommen, sind im »Hurra!« und »Heil!« Schirachs, Selwins und auch der Schwarzen untergegangen, die die Jubelrufe ihrer weißen Herren, wie Gerber meint, nachzuahmen versuchen. »Mein Kurs ist der richtige«, ruft er, »ich führe euch herrlichen Tagen entgegen. Diejenigen, welche mir dabei behilflich sein wollen, sind mir von Herzen willkommen; diejenigen aber, welche sich mir bei dieser Anstrengung entgegenstellen – die zerschmettere ich!«

COLONEL DURAND weicht zurück. Ungläubiges Staunen spiegelt sich auf seinem Gesicht. Direkt vor ihm, wenige Zentimeter vor seiner Stiefelspitze war eine Kugel in den Boden eingeschlagen. Hätte sie nicht eine kleine Staubwolke hochgewirbelt, die durch die Windstille in der Luft steht wie ein seltsames verdorrtes Gewächs, Durand würde denken, er hätte sich das eben eingebildet. Aber jetzt reißt ihn auch schon sein Unteroffizier nach unten. Seine Soldaten ducken sich und bringen ihre Gewehre in Anschlag.
Ein Knall hallt durch die Steppe.
Der Ballon mit der Antenne, der über einem der Türme der Festung schwebte, ist zerschossen, seine Fetzen flattern hinab. Gleich darauf erscheint, wie in einem Kasperletheater oder bei einer Spieluhr, eine weiße Fahne zwischen den Zinnen. Nein. Es ist ein Fetter, so breit wie ein Laken, im Anzug. Durand gibt mit der Hand dem Soldaten, der ein paar Meter entfernt von ihm hinter einem Stück Wellblech Deckung sucht, ein Zeichen: *Jetzt!*

ALS WÄRE Gerber gegen eine unsichtbare Wand gelaufen, denkt Henry. Übereifrig war der Verwalter mit seinem Karabiner auf dem Wehrgang aus seinem Versteck heraus gesprungen und feuerte – da riss er plötzlich den Kopf hoch, verdrehte die Augen, ließ die Waffe fallen, taumelte, brach zusammen, einen letzten Seufzer auf den Lippen, keinen Meter von Henry entfernt.

Henry, der rufen wollte, »Wait« oder »Attention«, sieht jetzt den feinen roten Strich, der sich über die schweißnasse Stirn Gerbers zieht, die Nase und die Wange herunter, von der das Blut zu tropfen beginnt. Gerbers gläserner Blick, nicht auf ihn, sondern auf etwas dort oben gerichtet.

Zu seiner eigenen Überraschung verspürt Henry in diesem Moment keine Angst. Erregung: ja. Noch gestern hatte eben jener Gerber, der nun leblos vor ihm liegt, im Speisesaal vom Kampf gesprochen, wobei er die Fäuste schüttelte. Wie genau ein solches Scharmützel gegen ein bestens ausgerüstetes französisches Bataillon eigentlich aussehen sollte, und vor allem welche Rolle ihm dabei zufallen würde, daran hatte Henry keinen Gedanken verschwendet, bevor er in einen kurzen traumlosen Schlaf fiel. Eines freilich wusste er aus den Büchern: dass eben diese Situation – den Abend vor der Schlacht – so viele große Helden schon vor ihm erlebt hatten; und dass er nun zu ihnen zu zählen war; wie auch die anderen Festungsbewohner, die ihm in der letzten Zeit zunehmend gleichgültig geworden waren. Mit einem Mal aber kamen sie ihm wie Brüder vor, sogar die einheimischen Soldaten, die, stumm auf ihre Gewehre gelehnt, Tabak kauend, die flammende Rede Gerbers verfolgt hatten.

Und jetzt kniet er also hier auf den Zinnen neben jenem Verwalter, der vor ein paar Stunden noch sprach und plante.

Es ist still.

Der Himmel, strahlend blau.

Eine einzelne verirrte Schwalbe, die – warum auch immer – nicht mit den anderen Vögeln zurück nach Europa geflogen ist, kreist über dem Turm, ziept. Wieder und wieder.

Plötzlich glaubt Henry ganz genau zu wissen, was er zu tun hat, jeder Handgriff, jede Bewegung sitzt. Als könne sich sein Leben, das ihm gestern Abend, je mehr er darüber gebrütet hatte, ziellos dahinzuplätschern schien, als könne es sich an diesem Nachmittag in Afrika tatsächlich zu jener Geschichte formen, die er in den Räumen der Festung schon so oft zu erahnen gemeint hat. Doch nur das Ende, das er jetzt unmittelbar vor Augen hat – es trennen ihn lediglich einige wenige Sekunden davon, wenn er will –, nur das Ende wird, mit einem Schlag und für jedermann beglückend einleuchtend, aus den lose zusammenhängenden Episoden etwas Zusammenhängendes, Logisches formen. Etwas Sinnvolles.

Mit diesem Gedanken erhebt er sich und tritt er aus seiner Deckung heraus. Es ist ein überraschend kleiner Schritt. Die unendliche Strecke von der Idee zu ihrer Niederschrift und Umsetzung, die er bei seiner Arbeit am Schreibtisch oft als so quälend empfand. Dieses Mal überwindet er sie. Ein für alle Mal.

Die Sonne brennt ihm ins Gesicht.

Kugeln schlagen um ihn herum ein, Mörtel bröckelt. Aus dem Abgrund schallen Rufe.

JAHRELANG geschlafen, tief, fest, beginnen sie sich zu bewegen, plötzlich, und jetzt alle, durch die Erde, regenschwer, nach oben, krümmen sich und strecken sich und erschnuppern süßen Geruch, den von Leichen, machen Umwege, nasennach, eilig, ein Päuschen zum Naschen, winden sich ärmeldurch, in Hosen, zur Haut, satt gefressen und Fett angesetzt, weiter dann, aufwärts, ans Licht, schon schnuppern sie, verpuppen sich, aus ihrer Mitte sprießt es, links, rechts, ein Fühlerpaar, ein Flügelpaar, ein Ruckeruck, ein Hopserhops und da fliegenflattern sie, nun überall: aus dem Boden, den Bäumen, der Asche, in Schwärmen, die leere Festung hoch, vorbei an schattigen Mauern, zerschossenen Fenstern, grün, schwarz, braun, die Einaugenfalter, schlagen mit den Flügeln, klappenauf, klappenzu, und auf und zu.

INHALT